제2판

경제학 101

노택선 · 김중렬

ECONOMICS 101

경제학은 '과학적'이어야 한다는 생각에서 정교해지고 복잡해져 왔지만,
그 때문에 일반대중으로부터 멀어진 것도 사실이다.
그러나 과학적 분석이 가능하다는 것이 오히려 경제학이 가진 매력이기도 하다.
뜬구름 잡기가 아니라 우리가 처한 현실을 과학적으로 분석할 수 있다는 것은
다소의 수고가 아깝지 않은 하나의 축복이 아닐까?

도서출판 해남

■ 제2판 **경제학 101**

2008년 8월 28일 초판 발행
2013년 2월 8일 제2판 인쇄
2013년 2월 15일 제2판 발행

저자와
협의하에
인지 생략

저 자 노택선 · 김중렬
발행인 노 현 철
발행처 도서출판 해남
서울특별시 서대문구 충정로 3가 227-1 우리타워 6F
전화 739-4822 팩스 720-4823
e-mail haenamin30@naver.com
homepage www.hpub.co.kr
등록 1995. 5. 10 제 1-1885호

ISBN 978-89-6238-058-3 93320

경제학 101

제2판 머리말

『통계와 함께 배우는 경제학』을 개편하여 『경제학 101』을 낸 지도 벌써 4년이 흘렀다. 처음 책을 낼 때 차별성으로 내세웠던 현실 통계는 하루만 지나도 '옛날 통계'가 되어 버리기 때문에 책을 내고 나면 늘 왠지 모를 불편함이 있다. 그러나 독자들이 책에 나온 통계를 필요하면 항상 업데이트하면서 볼 만큼 충분히 현명할 것이라는 믿음으로 애써 위안을 삼아 본다.

주로 거시경제 부문에 우리나라의 해당 현실 통계를 붙여서 처음 책을 냈을 때와 달리 지금은 경제학 교과서에 우리나라의 통계를 실어 놓은 책들이 심심찮게 보이는데, 그런 교과서를 만날 때마다 이 책의 가치를 인정받는 기분이 든다.

제2판에서는 지난 번과 마찬가지로 통계와 그래프를 모두 업데이트하였다. 2012년 후반기에 개편작업이 이루어졌기 때문에 통계자료가 2012년 상반기 시점에서 수정 보완된 것은 어쩔 수 없는 한계로 독자들이 혜량을 바란다.

그리고 제2판에서는 미시경제학 부문을 앞으로 배치하였다. 많은 경제학 교과서들은 그 동안 원리를 설명하는 미시이론을 앞부분에, 현실 경제의 흐름을 설명하는 거시이론을 뒷부분에 배치하는 것이 일반적이었다. 그러나 이 책은 거시부분에 통계를 붙여서 설명하였다는 나름대로의 장점을 부각시키기 위해 거시이론을 먼저 소개하였으나, 많은 독자들이 불편하다고 하여 일반적인 예를 따르기로 한 것이다.

책을 개편하면서 다시 꼼꼼하게 읽어 보니 설명이 부족한 부분도 있고, 얼굴이 화끈거리는 실수도 있어 모두 수정하였다. 그렇

다고는 해도, 책을 내 본 경험이 있는 사람이면 누구나 알고 있겠지만 교정을 위해 책을 읽으면 읽을 때마다 틀린 부분이 나온다. 이 책에도 여전히 오류가 있을 수 있으며, 모든 잘못은 필자들에게 있으니 독자들의 이해과 질정을 바란다.

책의 출간을 위해 애쓰신 노현철 사장님과 직원분들에게 감사할 따름이다.

2013년 2월

노택선 · 김중렬 씀

머리말

저자들은 지난 2005년 『통계와 함께 배우는 경제학』을 펴냈다. 당시에 책을 쓰면서 가졌던 문제의식은 딱딱하고 어려운 경제학을 좀더 쉽고 친근하게 다가올 수 있도록 하는 것이었다.

경제학은 어렵고 딱딱하고 골치 아픈데, 경제학을 모르고는 아무것도 할 수 없다는 모순된 상황 속에서 사람들은 좀더 쉬운 책을 찾게 되었고, 경제학을 전공한 사람들은 수많은 입문서와 해설서들을 내게 되었다. 그러나 입문서의 홍수 속에서도 사람들은 여전히 갈증을 느끼고 있다. 단편적인 상황에 대한 이론적 설명형식의 입문서들은 현실 속에서 재미있게 경제학을 이해할 수 있다는 주장에도 불구하고, 읽고 나면 남는 게 별로 없다. 왜일까? 그것은 대부분의 입문서들이 경제학에 대한 전체적인 체계를 갖추지 못하였기 때문이다. 우리가 마시는 커피 가격이 어떻게 결정되는가에 대한 설명을 읽어 보면 이해는 되는데, 왜 가격이 문제가 되는지, 다른 제품들과의 관계는 어떻게 되는지, 어떤 상황에서 가격이 변하게 되는지 등 조금만 더 깊은 의문을 가지면 막혀 버리고 만다.

그래서 이론과 현실을 좀더 체계적으로 연결시킬 방법을 찾게 되었고, 그 결과로 이론을 설명하되 이론에 해당되는 현실통계를 붙인 책을 내게 되었던 것이다. 당연히 책의 내용이 거시경제학 분야로 한정되었다.

책을 낸 지 2년여가 흘렀고, 당시에 인용하였던 통계자료를 업데이트할 필요성이 생긴 즈음, 경제학의 원리를 설명하는 미시경제학 분야도 포함시킬 필요성을 여러분들이 말씀해 주셨다. 저자들은 이러한 충고를 겸허히 받아들여, 기존의 책에 미시경제학 분야를 덧붙여 새롭게

책을 내게 된 것이다.

저자들이 대학에서 강의한 지도 벌써 10년을 훌쩍 넘어섰고, 그 동안의 강의에서 나름대로 느꼈던 점들을 책 내용에 담고자 하였다. 기존 교과서들은 이론 중심이었고, 해설서는 현실 중심이었다. 따라서 새로운 책에는 우리 나라의 현실통계를 이론체계에 맞추어 연결시켜 줌으로써 재미있고도 쉽게 이해할 수 있도록 노력하였다.

그렇다고 이 책이 대단히 깊이 있는 이론체계를 섭렵한 것은 아니다. 또 현실의 모든 경제통계를 담고 있어서 이 책 하나면 모든 경제문제를 이해할 수 있다는 말은 더더욱 아니다. 이 책 역시 하나의 입문서에 불과하다. 다만 갈증을 느끼는 사람에게 한 모금의 물은 더 많은 물을 찾아 나설 수 있는 힘을 줄 수 있다는 점에서, 이 책의 역할이 있었으면 하는 것이 저자들의 바람이다.

앞부분의 거시경제학 분야는 기존의 책 『통계와 함께 배우는 경제학』을 그대로 실었고, 단지 통계부분을 업데이트해서 설명하였다. 후반부의 미시경제학 분야는 경제학원론 교과서의 미시부분을 핵심적인 내용만 실었다. 경제학의 기본이 되는 수요 · 공급의 원리, 수요결정의 원리가 되는 소비자이론, 공급결정의 원리가 되는 생산자이론, 수요와 공급이 만나는 시장이론, 그리고 시장이 제대로 기능하지 못하는 시장실패와 정보경제학 등을 다루었다. 물론 미시경제학 분야에는 누락된 부분도 많이 있다. 생산요소시장의 이론이나, 일반균형이론, 게임이론 등은 좀더 깊이 있는 이론공부에서 필요한 것이므로 이 책에는 포함시키지 않았다.

경제학을 배우는 학생들은 경제학 교과서를 가지고 공부하면서 이 책을 부교재로 활용하면 좋을 것이다. 또한 경제학에 대한 전문지식을 필요로 하지 않는 경우에는 이 책을 교재로 하고 경제학 교과서를 부교재로 하여 필요한 부분을 찾아 참고하면 좋을 것이다. 그리고 이 책은

PREFACE

앞서도 언급하였듯이 이론적 체계를 갖춘 입문서이므로, 책을 읽고 나서 신문이나 기타 경제연구소에서 나오는 자료를 읽고 여러 가지 분석에 응용해 보면 좋을 것이다. 저자들은 이 책이 경제학 입문서를 읽고 경제학에 대한 관심이 커져 교과서로 옮겨 가는 과정에서 하나의 징검다리 역할을 해 준다면 좋겠다는 생각을 해 본다. 이 책의 제목을 『경제학 101』이라고 한 것도 바로 그런 이유에서이다. 101이란 어떤 전공과정의 개설과목 가운데 첫 번째에 개설되는 입문강의의 학수번호를 말한다.

끝으로 이 책이 나올 수 있었던 데는 많은 사람들의 도움이 있었다. 우선 노승준 군은 책의 집필에 직접적으로 수고를 해 주었고, 학과 선후배 동료 교수님들은 지난 번과 마찬가지로 내용과 형식에 있어서 아낌없는 충고를 해 주셨다. 도서출판 해남의 노현철 사장님과 직원 여러분들은 변함 없는 인내와 애정으로 책이 더욱 '보기 좋게' 애써 주셨다. 모든 분들께 감사드리며, 다만 책의 잘못된 부분은 전적으로 저자들의 책임임을 다시 한번 밝히고자 한다. 독자 여러분들의 질정(叱正)과 조언을 바란다.

책을 쓴다는 것은 저자들에게 고통스런 작업이지만, 사랑과 인내로 울타리가 되어 준 가족들은 항상 그 고통을 견딜 만큼의 가벼움으로 만들어 준다. 고마울 따름이다.

2008년 8월 이문동 연구실에서

노택선 · 김중렬 씀

경제학 101

차 례

경제학 101

CONTENTS

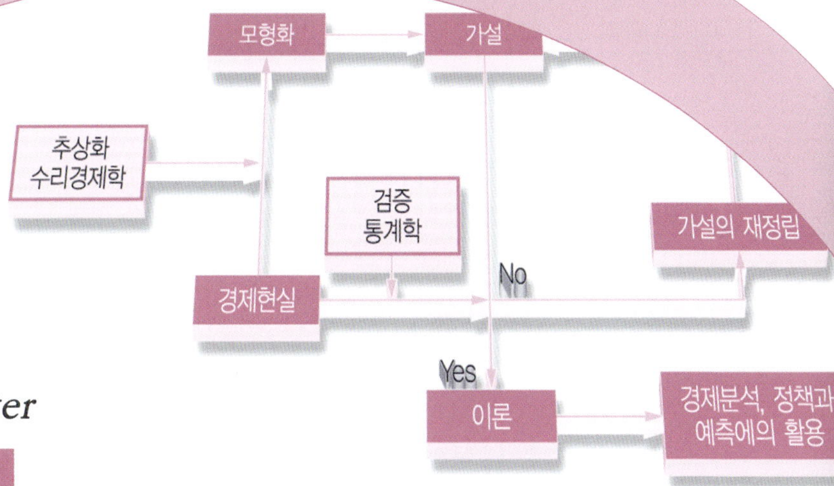

Chapter

1 서론: 책을 시작하는 세 가지 이야기

1.1 경제이야기
1.2 통계이야기
1.3 이 책에 대한 이야기
부록 한국은행 웹사이트에서 통계자료 찾기

1 서론: 책을 시작하는 세 가지 이야기

이 책은 경제학 입문서로 쓰여졌다. 경제학을 보다 친근감 있게 느껴지도록 하기 위해 이론과 현실의 접목을 시도한 것이다. 거시경제부문에서는 이론을 따라가면서 우리나라의 통계를 붙여 설명하고자 하였다. 그리고 미시경제부문에서는 이론의 핵심을 좀더 쉽게 설명하고자 하였다. 결국 이 책의 핵심은 경제이론과 통계라고 할 수 있다. 그러나 경제학도 그렇고, 통계학도 그렇고 배우고자 하는 사람들에게 평판이 그리 좋지 못하다. 그러니 경제와 통계에 대한 '변명'으로 이 책을 시작하는 것이 당연한 순서일 듯하다. 먼저 경제이야기, 통계이야기로 시작하여, 이 책에 대한 이야기에서 효율적인 책의 활용법에 대해 설명하고자 한다.

1.1 경제이야기

경제, 경제학이라는 말을 들었을 때 경제전문가가 아닌 사람들의 머릿속에 가장 먼저 떠오르는 단어나 이미지는 무엇일까? 불행하게도 그것은 경제학자들의 바람과 달리 '어렵다', '골치 아프다', '딱딱하고 재미없다' 등이다. 한 마디로 경제학은 내용도 어렵고 재미도 없다.

그러나 경제문제가 어렵고 재미없음에도 불구하고 우리는 끊임없이 경제문제에 대해 분석하고 이야기한다. 왜일까? 그것은 우리가 한시도 경제문제를 생각하지 않고는 살 수가 없기 때문이다. 어렵고 재미없지만 그래도 꼭 필요한 것, 그것이 바로 경제학이다.

피해 갈 수 없고, 무시하고 살 수 없다면 가능하면 쉽고 재미있게 경제학을 공부할 수 있는 방법을 찾는 수밖에 없다. 물론 그것은 경제학을 전공한 사람들의 몫이다. 이 책 또한 그러한 전문가들의 몫을 생각하며 쓰였다.

경제학이 가지고 있는 어렵고 재미없는 문제를 극복하기 위해서는 왜 경제학이 그렇게 되었는지를 생각해 보는 것으로부터 시작해야 할 것이다. 경제학은 왜 어렵고 재미없는가? 답은 의외로 간단하다. 그것은 경제학을 전공한 전문가들도 경제를 잘 모르기 때문이다. 그럴 리가? 실례를 들어 보자.

미국의 연방준비은행들(Federal Reserve Banks: FRB)은 매년 경제심포지엄을 개최한다. 연방준비은행은 미국의 중앙은행체계의 하나로 12개의 연방준비은행이 있고, 이들을 총괄하는 연방준비제도이사회(연준리, Federal Reserve Board: FED)가 중앙은행의 역할을 한다. 따라서 미국의 연방준비은행들은 매우 중요한 거시금융정책을 시행하는 국가기구이며, 따라서 많은 거시경제학자들을 고용하고 있다. 이러한 중요한 기구에서 경제문제와 관련한 심포지엄을 하니 당연히 유명한 거시경제학자들이 대거 참석한다.

이러한 연방준비은행들의 심포지엄 가운데서도 가장 권위를 자랑하는 심포지엄은 캔자스시티 연방준비은행이 와이오밍주의 잭슨 홀(Jackson Hole)에서 개최하는 심포지엄이다. 2박 3일 동안 개최되는 이 심포지엄에는 많은 언론들도 관심을 가지고 취재하게 된다. 이 심포지엄과 관련하여 지난 2003년 8월 21일자의 영국 시사경제주간지 *Economist*에는 "Jackson Poll"이라는 제목의 자그마한 상자기사가 실렸다. 해마다 이 심포지엄에 참여한 거시경제학자들을 대상으로 *Economist* 기자가 약식 설문조사를 실시한 내용이었다.

미국의 주식시장이 나스닥의 붐을 바탕으로 한창 주가를 올리고 있었던 2000년 8월의 질문은 "지금의 주식시장이 거품인가?(Is this a Bubble?)"이었다. 세계적 권위를 자랑하는 거시경제학자들의 대답은 "아니요"이었다. 당시 5,000포인트를 넘나들던 나스닥지수는 그 후 최저점이 1,700선까지 떨어졌다. 2001년 8월의 질문은 "미국 경제가 침체에 빠질 것 같은가?(Will America's economy dip into a recession?)"이었다. 거시경제학자들의 대답은 "절대 그럴 리가 없다(No Chance!)"는 것이었다. 그러나 얼마 안 가서 미국의 언론들은 침체가 아니라 이중침체(double dip)라는 단어로 지면을 도배하다시피 하였다. 2002년의 질문은 "앞으로 1년 이내에 (당시 1.75%이었던) 연방기금 금리가 1%선까지 또는 그 아래로 떨어질까?(Will the federal fund rate (then 1.75%) fall to 1% or less within the next year?)"이었다. 이때 단 두 명을 제외하고는 모든 거시경제학자들이 고개를 가로저었다. 연준리는 0.25%포인트씩 세 차례에 걸쳐 연방기금 금리의 목표치를 인하함으로써 2003년 3월에 1%선을 터치하였다.

이 상자기사의 부제목은 "미래를 예측하는 확실한 방법(A sure way to predict the future)"이었다. 기사에 언급되지는 않았지만 그 확실한 예측방법이란 바로 경제학자들의 예측과 반대로 가면 된다는 것이 아니었을까?

이 예는 그저 재미있는 하나의 가십일 수도 있지만, 경제예측과 관련한 어떤 의미를 보여 주고 있다. 즉, 앞에서 이야기한 내용대로 경제학자들도 제대로 경제의 앞날을 예측하기 어렵다는 것이다. 예측이 잘 맞지 않는다는 것은 경제이론이나 예측을 위한 도구 등이 어딘가 잘못되었다는 말이 될 것이고, 따라서 경제학자들은 보다 과학적인 이론체계를 위해 끊임없이 기존의 이론을 수정·보완하게 된다. 이러한 작업의 예측가능한 유일한 결과는 재미없고 어려운 경제학 바로 그것이다.

경제이론은 '과학적'이어야 한다는 생각에서 정교해지고 복잡해져 왔다. 경제학이 과학적이기를 추구해 왔기 때문에 마치 원죄인 것처럼 일반대중의 사랑을 받지 못한 것도 사실이지만, 달리 생각해 보면 이것이 바로 경제학이 가지고 있는 매력인지도 모르겠다. 오늘날 전 세계적으로 가장 많이 읽히고 있는 경제원론 교과서를 집필한 하버드대학의 맨큐(N. G. Mankiw) 교수는 바로 경제학이 과학적인 분석을 하고 있다는 데서 큰 매력을 느꼈음을 고백하고 있다. 늘 식탁에서 정치에 관한 토론을 하던 가정에서 자란 그는 막연히 뜬구름잡기 식의 정치학에 일종의 염증을 느꼈고, 과학을 매우 좋아하였다고 한다. 그런데 대학 1학년 시절

경제학원론을 수강하고, 이것이야말로 정치학과 과학의 장점을 결합해 놓은 학문이라는 생각을 가졌다고 한다.

경제학자들은 어렵고 딱딱한 경제학의 문제를 해결하기 위해 많은 노력을 기울여 왔다. 이러한 노력의 일환으로 그 동안 경제해설서가 많이 출간되었고, 또한 어렸을 때부터 경제에 대한 개념을 생활 속에서 찾을 수 있도록 도와 주기 위한 여러 가지 프로그램들도 개발되었다. 그 결과 이전보다 경제, 경제학이 훨씬 더 가까이 우리 곁으로 다가온 것이 사실이다.

그러나 이러한 노력이 아직 부족한 것도 인정해야 할 현실이다. 따라서 경제학을 보다 쉽게 접근하고 이해할 수 있도록 경제전문가들의 노력은 지속되어야 한다. 그러한 노력 가운데 하나가 이론과 현실을 접목시키는 것이다. 경제현실을 이야기할 때 가장 두드러진 것은 통계라고 할 수 있다.

우리의 현실에서는 더욱더 많은 경제통계들이 작성되어 보도 · 분석된다. 한편으로는 통계의 홍수 속에서, 다른 한편에서는 계속 달아나는 이론의 배를 잡지 못하고 끝없이 허우적거리는 것이 오늘날 경제생활을 하는 일반인들의 모습이 아닐까? 따라서 이론과 현실의 접목은 결국 통계가 뒷받침되는 바탕 위에서 체계적으로 경제를 이해하려는 노력이라고 해석할 수 있을 것이다.

경제를 이해하기 위해서 오늘날 알려져 있는 모든 이론을 섭렵할 필요는 없다. 그렇다고 경제를 제대로 파악하기 위해 모든 통계를 꿰뚫고 있어야 할 필요도 없다. 필요한 이론과 그에 맞는 적절한 통계를 접목시킴으로써 원리와 현실을 동시에 체계적으로 파악하는 것이야말로 경제를 잘 이해하기 위한 가장 확실한 해결책일 것이다. 경제문제가 나와 직접 관련이 있고, 내 주변에서 실제로 벌어지고 있으며, 정책담당자와 언론에 의해서 끊임없이 이야기되고 있다는 것을 통계를 통해서 확인할 때 경제이론은 정말로 재미있다고 느낄 수 있을 것이다. 그저 몇 가지 단편적인 사실을 새롭게 알려 주거나, 재미있는 언어의 유희로 느낄 수 있는 것과는 차원이 다른 그런 재미를 느낄 수 있다.

경제의 기본 문제는 욕구를 충족시킬 수단은 한정되어 있는데 욕구는 무한하다는 점이다. 이를 희소성의 원리하고 하는데 이것이 경제문제의 출발점이다. 따라서 사람들은 무엇인가를 선택해야 하고, 그 선택의 기준은 효율성이 되는 것이다. 선택과 효율을 생각하면 하나의 자원을 다른 용도로 사용하였을 경우의 결과를 고려해야 하는데 이것이 바로 기회비용인 것이다.

기회비용

기회비용이란 어떤 선택을 하였을 때 포기된 여러 가지 가능성 가운데 가장 큰 만족을 주는 차선책의 가치를 말한다. 예를 들어, 1만 원을 내고 프로야구를 보러 가기 위해 5시간의 아르바이트를 포기하였다면, 야구관람의 기회비용은(시급 5,000원일 때) 3만 5,000원이 된다. 시급 6,000원짜리 아르바이트도 같은 시간만큼 할 수 있었다면 기회비용은 4만 원이 된다.

1.2 통계이야기

우리가 사는 세상은 온통 통계로 이루어져 있다. 물론 통계는 인간이 자신의 필요에 따라서 만들어 낸 것이지만, 그러한 필요성이 점차 커지면서 우리는 자연상태로부터 점점 통계가 많아지는 상태로 진화해 왔다. 원시시대 인간은 그저 자연의 일부로 먹는 것, 사는 것, 종족번식에 관한 것만을 위해 세상을 살았다. 그때 누구의 키가 얼마인지, 이쪽 계곡 마을에 몇 명이, 저쪽 계곡 마을에 몇 명의 사람이 사는지가 무슨 필요가 있었을까? 그런데 오늘날 우리는 기계에 올라서기만 하면 키, 몸무게는 물론이고, 근육비율, 체지방률 등등 눈에 보이지 않는 것까지도 숫자로 척척 통계를 만들어 내는 세상에 살고 있다. 그러니 우리는 모든 것을 통계에 의존하며 살고 있다고 해도 과언이 아닐 정도다. 최근에는 인간이 가질 수 있는 가장 지고지순한 사랑에 대해서도 과학적 분석을 앞세워 유효기간이니, 이성에 대한 반응속도니 하는 통계의 틀을 들이대게 되었음에랴. 이처럼 우리는 통계로 이루어진 세상에서, 통계에 의한, 통계를 위한 삶을 살다가, 죽어서 사망률통계로 남겨지는 것이다.

학문적으로도 거의 모든 자연과학 및 사회과학 분야에서 통

그림 1-1

경제이론의 구조

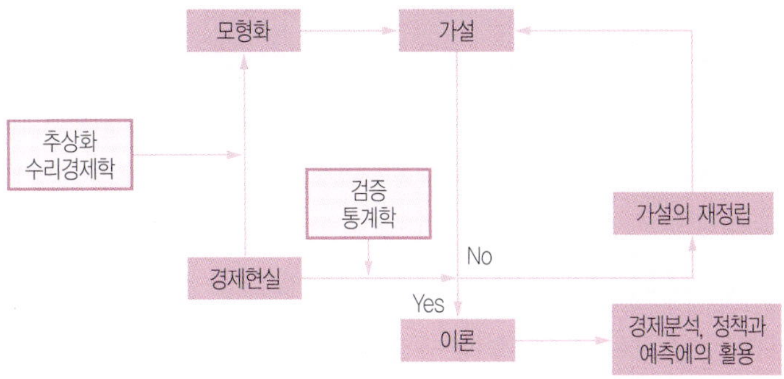

계학을 절대적으로 필요로 한다. 분야별로 중요한 것 한 가지씩 만 예를 들어 보더라도 교육학에서는 평가와 관련된 성적처리의 문제가 있고, 정치학에서는 정책 또는 특정 정당에 대한 여론조사가 있고, 경영학에서는 생산 · 판매 · 회계 등에 관한 조사 및 분석이 있다. 생물학 · 물리학 · 화학 등 자연과학에서도 실험하는 과정은 결국 통계자료의 생성 및 분석과정으로 생각할 수 있고, 공학 역시 처리 및 제어의 과정은 통계적 분석을 필요로 한다.

경제학에서도 통계학이 꼭 필요하다는 것은 새삼 강조할 필요가 없을 것이다. 특히, 경제학은 인간의 행위를 주요 대상으로 하는 '사회적' 현상을 '과학적'으로 분석하는 학문이다. 여기서 사회적 현상이라는 말에는 1+1=2와 같은 확정적(deterministic) 과정이 아니라는 의미가 내포되어 있고, 그럼에도 불구하고 과학적 분석을 한다는 말에는 반복적으로 발생가능성이 높은 확률적(stochastic) 과정을 중요한 전제로 삼고 있다는 뜻이 들어 있다고 할 수 있다. 따라서 경제학은 태생적으로 통계학과 뗄래야 뗄 수 없는 관계를 가지고 있다.

이제 〈그림 1-1〉을 통해 경제학의 이론적 구성에 대해 간결하게 설명하면서 통계학이 그 속에서 어떤 역할을 하는지 살펴보자. 경제학은 다른 모든 사회과학이 그렇듯이 기본적으로 경제

현실로부터 출발한다. 그러나 경제현실은 다양한 경제주체들이 다양한 사고방식에 따라 저마다 합리적이라고 판단하여 경제행위를 하기 때문에 하나의 이론적 틀에 담을 수 없을 만큼 복잡하고 다양할 수밖에 없다. 따라서 현실로부터 경제이론을 만들어 내기 위해서는 몇 가지 가정을 통해 매우 중요하고 공통분모로서의 특성을 갖는 것들을 뽑아 낸다. 이렇게 뽑아진 특성들을 하나의 명제로 정리하여 가설을 만드는 것이다. 이 가설은 다시 출발점이었던 현실을 잘 설명할 수 있는지의 여부를 현실에 의해 검증받아야 한다. 검증을 통과하면 하나의 이론으로 성립되어, 경제현상에 대한 분석과 예측, 정책의 수립 및 시행에 활용되는 것이다. 검증을 통과하지 못하면 수정된 새로운 가설을 만들어서 다시 현실설명력에 대한 검증을 받아야 하는 것이다.

바로 이와 같은 검증과정에서 통계학의 역할이 있다. 세워진 가설을 현실에 의해 검증한다고 하면, 이는 현실의 통계자료가 가설에 나타난 명제의 상관관계나 인과관계를 잘 보여 주는지를 검증하는 것이다. 따라서 현실경제의 통계자료를 수집하고, 이들 자료를 근거로 경제변수들 사이의 관계를 규명하는 것이 바로 통계학이 하는 역할이다. 어떻게 보면 통계학이 경제이론의 구성에 결정적 역할을 하는 것이다. 물론 경제학 이론을 위해서는 경제적 마인드를 바탕으로, 변수들 사이의 관계에 대해 일종의 직감을 가지고 접근하는 것이 가장 중요하지만, 그 다음의 과정에 대해서는 통계학과 계량경제학이 대단히 중요한 위치를 차지하고 있다.

그렇다면 현실경제를 이해하기 위해서는 통계학을 얼마나 잘 알고 있어야 되는가? 사실 현실경제를 이해하는 데 통계학을 꿰뚫고 있어야 되는 것은 아니다. 앞서도 설명한 바와 같이, 통계학은 경제학 이론을 세우고 검증하는 데 필요한 측면이 강하기 때문에, 경제학을 전공하지 않는 사람의 입장에서는 통계의 기초개념 정도를 이해하는 것으로 충분하다.

통계학은 크게 기술통계부문과 통계적 추론부문으로 구별할 수 있다. 기술통계(descriptive statistics)는 자료를 모으고, 그 자료의 특성을 기술하는 것을 말한다. 자료의 특성을 나타내 주는 가장 대표적인 통계가 평균과 분산이다. 또한 이렇게 모아진 자료를 어떻게 남에게 효과적으로 제시할 것인가, 즉 도수분포표 · 그래프 · 히스토그램 등과 같은 도표의 작성 역시 기술통계의 부문에 포함된다. 통계적 추론(statistical estimation)은 표본의 특성으로부터 알지 못하는 모집단의 특성을 찾아 내거나, 여러 변수들 사이의 관계를 찾아 내는 것을 말한다.

여기서 말하는 통계적 추론이 주로 경제이론을 만드는 과정에서 중요한 역할을 맡는 통계의 분야라고 할 수 있다. 그러나 현실경제를 이해하는 데에는 기술통계에 대한 이해만으로도 충분하다고 할 수 있다. 이번 절은 기술통계의 이해에 필요한 기초통계의 몇 가지 개념을 소개하는 것으로 마무리하고자 한다.

우선 자료의 종류에는 정량적 자료 · 정성적 자료가 있다. 정량적 자료는 숫자의 형태로 표시될 수 있는 자료로, 대부분의 경제자료는 여기에 해당된다. 정성적 자료는 자료의 특성으로 표시되거나 범주로 나누어지는 자료로 봄 · 여름 · 가을 · 겨울이라든지, 전문직 · 판매직 · 생산직과 같이 직종에 따른 분류 등의 자료를 말한다.

대부분의 경제자료가 해당되는 정량적 자료는 다시 시계열자료(time series data)와 횡단면자료(cross sectional data)로 구분된다. 시계열자료는 말 그대로 시간의 흐름에 따라 형성된 자료를 말한다. 연도별 GDP · 분기별 경제성장률 · 일별 주가지수 등이 여기에 해당된다. 횡단면자료는 특정한 시점에서 자료의 특성에 따라 형성된 자료를 말한다. 지역별 인구 · 직종별 소득수준 등이 그것이다.

통계자료를 도시하는 방법은 대부분의 사람들이 익숙하기 때문에 중언부언할 필요는 없겠으나, 표를 만드는 방법과 그래프를 그리는 방법이 있다. 가장 많이 쓰이는 통계표는 도수분포표이다.

이는 특정한 값을 갖는 통계자료의 숫자를 대응시켜 표로 작성한 것이다. 예를 들어, 어느 자동차 대리점에서 10월중 자동차를 판매한 대수별 사원의 숫자를 표로 만들면, 하나도 못 판 사원(0) 몇 명, 1대 판 사원 몇 명과 같은 식으로 표를 작성하는 것이다. 그래프는 컴퓨터 프로그램으로 다양한 모양으로 작성할 수 있도록 되어 있으나, 대체로 자료의 특성에 따라 적합한 모양을 택하는 것이 좋다. 예를 들어, 꺾은선그래프는 시계열자료를 보여 주는 데 유용하며, 원그림표는 구성요소의 비중을 표시하는 데 적합하다.

통계자료는 그 자체가 확정적인 관계를 보여 주지 못하고 확률적 성격을 갖기 때문에, 어떻게 제시하는가에 따라서 전혀 다른 의미를 나타낼 수 있다. 뿐만 아니라 자료를 모으거나 표본을 추출하는 과정에서 어떤 편의(偏倚)가 들어가면 통계처리의 결과가 잘못된 결론에 이르게 될 수도 있다. 예를 들어, 경제성장률과 같은 경우 비교시점을 어떻게 잡는가에 따라 성장률이 완전히 다르게 나타날 수 있다. 제8장에서 자세히 설명하겠지만, 경제성장률처럼 어떤 변수의 변화율은 직전 기간과 비교할 수도 있고, 지난 해 같은 기간과 비교할 수도 있다. 연간 자료의 경우 직전 기간이 지난 해이기 때문에 차이가 없지만, 분기별 자료의 경우 전혀 다른 결과가 나올 수 있다.

표본을 바르게 추출하지 못해서 생기는 통계분석의 오류는 그 예가 너무나 많다. 예를 들어, 1936년 미국 대통령선거의 여론조사 같은 경우가 전형적이다.[1] 당시 경합을 벌였던 루스벨트와 랜든 후보에 대해 리터러리 다이제스트에서 여론조사를 실시하였는데, 그 결과 랜든 후보가 크게 이길 것으로 예측되었다. 그러나 실제 선거에서는 루스벨트가 압승을 거두었다. 이처럼 전혀 엉뚱한 결과가 나왔던 것은 당시 여론조사가 전화번호부에서 추출한 표본에 대해 설문을 발송하여 실시되었기 때문이었다. 당시로서는 전화를 가지고 있다는 것이 부유층을 의미하였고, 이들 부유층은 대부분 공화당의 랜든 후보를 지지하였던 것이다.

[1] 김양렬 · 민충기, 『경제경영통계학』(2005), p.156.

이처럼 통계자료를 이용해 어떤 분석을 시도하거나, 통계를 이용해 분석된 어떤 결론에 대해서는 항상 어느 정도 객관성을 확보할 수 있는지에 대한 분명한 판단이 있어야 하는 것이다. 경제분석에서 오류가 발생하거나, 경제예측이 빗나가는 많은 경우에 바로 이와 같은 통계처리에서의 문제가 있을 수 있다는 점을 유의해야 한다.

이 책에서는 주로 한국은행과 통계청에서 발표하는 통계자료를 이용하였다. 이들 정부기관은 통계처리와 분석에 있어서 최고의 권위를 갖고 있는 전문가집단이기 때문에 위에서 지적한 바와 같은 문제는 그리 크지 않을 것으로 생각된다. 이 장의 부록에 한국은행의 웹사이트에서 통계자료를 찾는 방법에 대해 간략히 소개한다.

1.3 이 책에 대한 이야기

이 책은 저자들이 10여 년간 대학에서 경제학을 가르치고, 현실경제에 대해 나름대로 많은 고민을 한 결과라고 생각할 수 있다. 앞서도 언급하였듯이, 경제학이라는 것이 너무 어렵고 재미없다는 것은 경제학을 전공한 사람들의 책임이 크고, 따라서 일종의 숙제를 풀려는 적극적인 노력을 필요로 한다.

그 동안 경제이론에 대한 깊이 있는 연구가 진행되면서도 경제입문서 또한 많이 출간되었고, 그 결과 경제, 경제학이 사람들에게 훨씬 친숙해진 것도 사실이다. 그럼에도 불구하고, 이론과 현실 사이의 간극은 여전히 넓다. 저자들이 보기에는 아직도 교과서를 비롯한 경제이론서들이 원리와 이론을 소개하는 데 치중하고 있고, 경제입문서들은 현실경제에 대한 다소 피상적인 설명에 그치고 있다.

이와 같은 문제의식에서 출발하였기 때문에 이 책의 목표는 경제원리를 현실경제에 접목시켜서 보다 쉽게, 그러나 보다 체계적으로 이해하도록 하는 데 있다. 따라서 이 책은 현실경제를 다루는 거시경제학 분야를 대상으로 시작하여 경제원리를 설명하는 미시경제학 분야를 덧붙이는 형식으로 쓰여졌다. 현실경제 흐름으로서의 거시경제학은 필연적으로 많은 통계자료를 만들어 내고, 이들 통계자료를 이론적 배경을 가지고 제대로 읽고 해석하는 것이야말로 경제를 이해하는 첫걸음이 되어야 한다. 바로 이것이 이 책의 기본 목표인 '이론과 현실의 접목'인 것이다.

미시경제학은 개별 경제주체의 합리적 경제행위에 대한 원리를 설명하는 것이다. 효용극대화를 목표로 하는 가계의 합리적 소비행위, 이윤을 극대화하려는 기업의 합리적 생산활동, 이들이 수요와 공급으로 만나는 시장, 시장이 실패할 경우 어떻게 시장실패를 치유할 수 있는가 등을 다루는 것이 미시경제학이다.

이 책은 이론과 현실을 두루 포괄하고 있지만, 그 자체로서 이론의 모든 것, 현실경제의 모든 것은 결코 아니다. 경제학원론에서 기초적인 이론, 즉 뼈대만을 뽑아 내고, 거기에다 통계의 살을 붙인 것으로 이해하면 될 것이다. 따라서 이 책을 읽는 독자들은 필요에 따라 교과서를 가지고 이론을 보충하거나, 한국은행 등 정부기관의 보다 상세한 통계자료를 찾아보아야 할 것이다.

저자들은 독자들이 이 책을 이렇게 활용하면 좋을 것으로 생각한다. 먼저 경제학을 공부하는 독자들은 (자신의 전공이든, 아니면 관심을 갖고 경제원론 강좌 하나를 듣는 경우이든) 부교재 정도로 생각하면 좋겠다. 사실 저자들이 이 책을 쓰게 된 동기 가운데 하나가 경제학원론의 훌륭한 교재들은 상당히 많이 있지만 이론에 대한 현실설명으로서의 통계가 따라오는 책은 흔하지 않다는 점이었다. 외국의 교재도 대부분 미국의 통계자료를 사용하고 있기 때문에 우리나라의 통계를 매번 일일이 찾아보아야 하는 번거로움이 있었다. 따라서 현실의 통계자료와 함께 경제학을 공부하면 이해도 쉬울 뿐 아니라, 훨씬 재미있다는 점을 강조하고 싶다.

경제학을 전공하지 않은 독자들은 이 책을 통독하는 것만으로도 이론적 갈증과 현실에 대한 이해를 동시에 해결할 수 있을 것이다. 이 책에서 다루고 있는 이론이 결코 깊이 있는 난해한 수준이 아니기 때문에 입문서로 읽는 데 무리가 없을 것이다. 이 책을 읽으면서 혹시 부분적으로 더 자세한 설명이 필요하다면 교과서를 참고할 수 있을 것이다. 말하자면 입문서로서 이 책을 교재로 하고, 교과서를 부교재로 사용하면 좋을 것이다.

부록 한국은행 웹사이트에서 통계자료 찾기

한국은행의 웹사이트에는 우리나라의 경제통계를 언제든 다운받아 활용할 수 있도록 되어 있다. 모든 자료는 엑셀 파일로 다운로드를 받아 각종 연산과 그래프그리기 등을 할 수 있으므로, 여기에서는 자료를 다운로드 받는 방법에 대해 간단히 소개한다.

1. 한국은행 웹사이트를 열고 경제통계시스템(그림의 빨간 원)을 클릭한다.

2. 다음의 화면에서 필요한 큰 카테고리부터 원하는 항목이 나올 때까지 차례로 클릭한다. 예를 들어, 국내총생산에 대한 지출을 보고 싶으면, 아래의 화면에서 국민계정→부속표를 클릭한다.

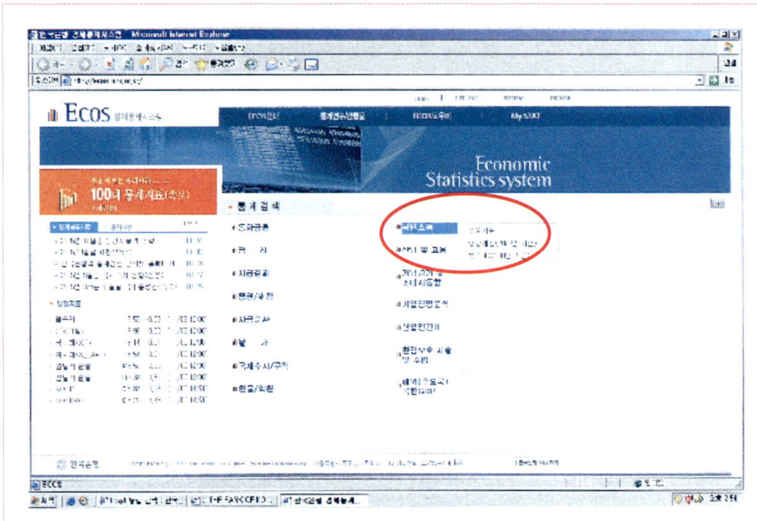

3. 부속표의 '통계분류선택'에서 필요한 항목(빨간 원)을 선택하여 클릭하면 상세항목란이 나타난다. 상세항목란에서 필요한 것을 선택하여 박스에 체크하고, 조회조건에서 주기와 기간을 정하고 선택된 시계열항목의 빈 칸에 체크표시가 되도록 클릭한다. 예를 들어, 주기를 분기로 선택하고, 기간을 1970. 1~2007. 4로 선택한 후 조회를 클릭한다.

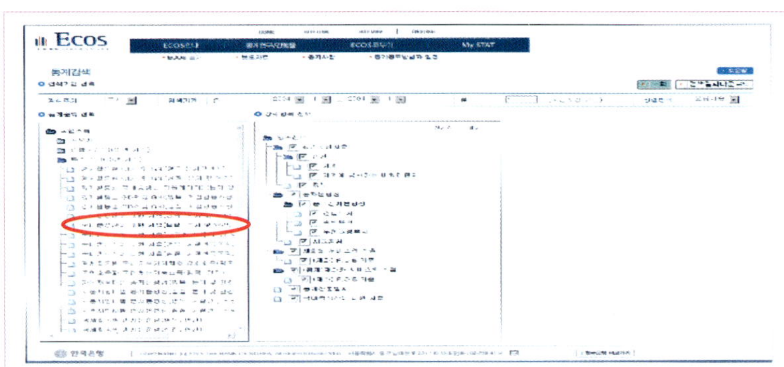

4. 다음의 조회화면이 뜨면 자료를 확인하고 필요한 변환을 시행한다.

자료변환 왼쪽의 컬럼 A에 있는 체크박스에 필요한 자료를 선택하고, 위쪽의 '원자료'라고 표시되어 있는 박스를 클릭해서 원하는 자료의 종류를 선택하고, 자료가 변환되기를 원하는 형태를 선택한 후 '자료변환'을 클릭한다.

그래프보기 왼쪽의 컬럼 A에 있는 체크박스에 필요한 자료를 선택하고, '차트로 보기'를 클릭한다.

자료받기 조회한 자료를 다운받기 위해서 '검색결과 다운로드'를 클릭하고 엑셀이나 PDF를 선택하고 저장한다.

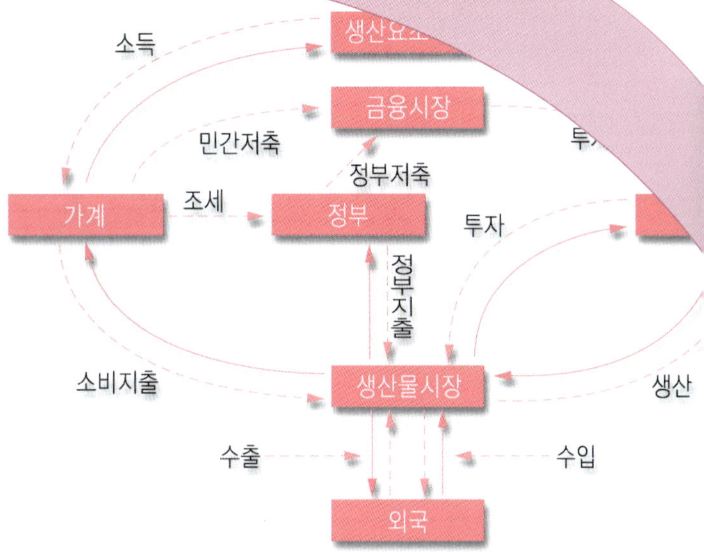

Chapter

2 국민소득의 순환

2 국민소득의 순환

한 나라의 경제는 과연 어떤 모습일까? 경제는 눈으로 볼 수 없기 때문에 그 구체적인 모습을 알 수 없고, 따라서 어떤 과정을 거쳐 어떻게 돌아가는지 파악하기가 쉽지 않다. 워낙 많은 사람들이 각기 다른 생각을 가지고 경제적 의사결정을 하기 때문에, 이러한 행위들의 결과가 궁극적으로 어떤 모습으로 나타나게 될지 알 수 없는 것이다.

그러나 경제문제를 올바르게 이해하기 위해서는 전체적인 흐름이 어떻게 되는지를 먼저 파악하고, 이를 바탕으로 세부적인 내용을 이해하는 방향으로 나아가야 한다. 그런 의미에서 국민소득의 순환은 경제 전체의 모습, 경제가 전체적으로 어떤 흐름을 갖는 것으로 이해할 것인가를 보여 주는 것이라고 할 수 있다. 말하자면 거시경제적 흐름을 이해하는 경제의 밑그림 같은 것이다. 따라서 국민소득의 순환을 알게 되면, 여기에 등장하는 경제문제 또는 경제개념을 하나씩 보다 자세히 파악함으로써 거시경제 전체의 흐름을 체계적으로 이해할 수 있게 되는 것이다. 이번 장에서는 우선 국민소득의 순환을 설명하고, 끝부분에서 이를 바탕으로 본서의 구성을 설명하고자 한다.

국가적 차원에서의 경제를 이야기할 때 가장 많이 등장하는 말이 바로 국민소득이다. 국민소득이란 경제 전체를 놓고 보았을 때 상품과 서비스를 얼마나 생산하였고, 그 결과로 국민들이 얼마만큼의 소득을 올렸는가를 가리키는 말이다. 국민소득의 개념을 보다 체계적으로 이해하기 위해서는 국민소득의 순환을 살펴볼 필요가 있다.

2.1 국민소득 순환의 개요

국민소득의 순환이란 경제 전체가 어떤 흐름으로 돌아가는가를 보여 주는 일종의 개념도로 생각할 수 있다. 이는 마치 우리 몸에서 피돌기를 순환계라고 부르는 것을 떠올리면 좀더 쉽게 이해될 수 있다. 심장에서 흐르기 시작한 피는 동맥을 거쳐 온몸 구석구석을 돌아다니다가 정맥을 거쳐 다시 심장으로 돌아온다. 경제에서도 돈과 상품 및 서비스, 생산요소가 생산자 · 소비자 · 정부를 돌아다니면서 하나의 순환적 흐름을 형성하고 있는데, 이것을 도식화한 것이 바로 국민소득의 순환이다.

국민소득의 순환을 이해하기 위해서는 우선 경제활동을 하는 주체, 즉 경제주체가 무엇이고, 이들이 각각 어떤 경제활동을 하는지 알아보는 것으로부터 시작해야 한다. 경제학에서 말하는 경제주체는 경제활동에 따라 크게 세 가지로 구분한다. 가계(households), 기업(producers) 그리고 정부(government)가 그것이다.

가계는 생산에 필요한 생산요소를 제공하고 그 대가로 소득을 얻으며, 이렇게 해서 얻어진 소득을 지출함으로써 상품과 서비스를 소비한다. 가계가 제공하는 생산요소는 노동과 자본이다. 생산요소로서의 노동을 제공한다는 것은 매우 '경제학적'으로 들릴지 모르겠으나, 어떤 곳이든 직장에 나가 일을 하는 것을 말한다. 생산요소로서의 자본을 제공한다는 것은 번 돈 가운데 일정 부분을 저축하는 것을 의미한다. 여기서 저축이란 꼭 은행과 같은 금융기관에 돈을 맡기는 것만을 뜻하지 않는다. 주식시장에 투자를 한다든지, 채권을 구입한다든지, 개인적으로 아는 사람에게 돈을 빌려 주는 것까지를 포함하는 것이다. 이러한 경제행위에는 그 대가가 따라오게 된다. 즉, 직장에 나가서 일을 하면 월급을 받게 되고, 남에게 돈을 빌려 주거나 금융기관에 저축을 하면 이자를 받게 되고, 주식이나 채권에 투자를 하면 투자수익을 얻는다. 따라서 가계가 생산요소시장에 생산요소를 공급한다는 말은 결국 우리가 돈을 벌기 위해서 하는 경제적 행위를 말하는 것이다. 이렇게 돈을 벌면, 가계는 구성원들의 생활을 유지하고 만족감을 높이기 위해 물건이나 서비스를 구입하여 소비하게 되는 것이다. 이를 소비지출이라고 한다. 결국 가계는 생산요소시장에서는 공급자가 되고, 생산물시장에서는 수요자가 된다.

기업은 가계로부터 생산요소를 구입하고, 이를 이용해 상품과 서비스를 생산하여 판매함으로써 수입을 얻게 된다. 앞에서 설명한 가계의 경제행위를 생각하면서 대칭적으로 이해하면 쉽다. 즉, 기업은 사람을 고용하고 금융기관이나 주식 · 채권시장에서 가계가 맡겨 놓은 돈을 빌려다 쓴다. 이들 생산요소를 잘 활용하여 재화와 서비스를 생산하고, 이를 생산물시장에 내다 팔아 수입을 얻게 되는 것이다. 따라서 기업은 생산요소시장에서는 수요자이고, 생산물시장에서는 공급자가 된다.

이들 두 경제주체를 묶어서 민간부문이라고 한다. 가계가 생산요소를 제공하고, 기업은 이를 이용해 상품 및 서비스를 생산하고, 다시 가계는 생산요소를 제공한 대가로 얻은 소득으로 생산된 상품 및 서비스를 구입해서 소비함으로써 경제생활을 누리는 것이다. 이것이 민간부문만을 고려한 가장 단순한 국민소득의 순환이다. 이 과정에서 상품 및 서비스는 생산물시장에서, 그리고 생산요소는 생산요소시장에서 거래가 이루어진다.

그런데 이러한 거래가 시장에서 항상 부드럽게 작동하는 것은 아니다. 여러 가지 이유로 시장이 제대로 작동하지 않는 경우가 있는데, 이를 시장실패(market failure)라고 부른다. 시장이 실패하면 제3의 경제주체인 정부가 개입을 하게 된다. 시장실패에 따라 정부가 개입하게 되는 가장 대표적인 경우는 공공재의 공급이다.

공공재의 공급 외에도 정부는 경제의 방향을 조절하는 정책을 시행하는 역할을 한다(정부의 정책에 관해서는 제13장을 참조). 그런데 공공재를 공급하거나 정책을 수행하는 경제활동을 위해서는 정부 역시 일정한 수입을 확보하고 이를 지출하는 것이 필요하다. 즉, 정부는 세금을 걷어 이를 가지고 물건을 구입함으로써 정부지출을 하게 된다. 세금은 앞서 설명한 민간부문의 소득순환에서 빠져 나오는 것이고, 정부지출을 통해 다시 소득순환의 흐름으로 돌아가게 된다. 정부가 재정균형을 이루게 되면, 즉 걷는 세금만큼 지출을 하게 되면 소득순환의 흐름에서 빠져 나오는 부문과 다시 되돌아가는 부문이 같아지기 때문에 전체 소득순환의 흐름은 계속 유지된다고 할 수 있다.

소득순환의 흐름과 관련하여 경제의 3주체 이외에 해외부

공공재

공공재(public goods)는 일반적으로 사용재(private goods)에 대응되는 개념으로, 사용재가 경합성 및 배제성을 갖는 데 반해 비경합성·비배제성을 갖는 특성이 있다. 다시 말해, 어떤 재화를 얻기 위해 경쟁을 할 필요가 없다거나, 내가 어떤 재화를 사용한다고 해서 다른 사람이 그 재화를 사용할 수 없다거나 하지 않는 특성이다. 대표적인 예로 도로 같은 것을 들 수 있다. 도로의 경우 한 번 공급이 되면 그 재화를 이용하기 위해 경합할 필요가 없고, 내가 도로를 이용한다고 해서 다른 사람의 이용이 배제되지 않는다. 이러한 특성을 갖는 재화를 공공재라고 하는데, 따라서 공공재는 남이 만들어 놓으면 그냥 이용하려는 사람들이 많다. 이를 무임승차자의 문제(free rider's problem)라고 한다. 결국 공공재는 아무도 돈을 들여서 공급하려 하지 않고 서로 무임승차만 하려는 경향을 보이기 때문에 시장에서 수요·공급의 원리에 따라 거래될 수 없는 것이다(제7장 참조).

문도 고려해야 한다. 우리가 쓰는 물건은 우리가 생산한 것만이 아니고, 또한 우리가 만든 물건이라고 모두 우리가 쓰는 것은 아니다. 외국에서 생산된 재화나 용역은 수입을 통해 우리 시장에 공급되고, 우리가 생산한 재화나 용역은 또한 외국에 수출됨으로써 소비된다. 따라서 수출은 재화와 서비스로 표시된 소득순환의 흐름에서 빠져 나가고, 수입은 소득순환의 흐름으로 들어온다(재화 및 서비스의 흐름에 반대로 움직이는 돈의 흐름을 기준으로 하면 수출은 소득순환의 흐름으로 들어오는 것이고, 수입은 빠져 나가는 것이다). 역시 대외균형이 이루어진다면 소득순환에서 빠져 나가는 것과 소득순환으로 들어오는 것이 같아지므로 국민소득의 순환은 여전히 균형을 이루게 된다.

이상과 같은 논의를 기초로 하여 경제 전체의 균형이라는 개념을 하나의 그림과 식으로 표현해 보자. 다음 절에서는 소득순환의 흐름을 그림으로 설명하고, 이것으로부터 국민소득의 균형식을 만들어 본다.

2.2 국민소득 순환도

이제 이러한 내용을 알기 쉽게 나타낸 그림을 가지고 설명해 보자. 국민소득 순환의 흐름을 도표로 나타낸 것이 〈그림 2-1〉이다. 앞서 설명한 대로 가계와 기업은 생산요소시장과 생산물시장을 매개로 생산요소와 생산물을 거래한다. 시계방향으로 흘러가는 것은 재화와 서비스, 그리고 생산요소들이다. 이러한 재화와 서비스, 생산요소의 흐름은 그 반대급부의 흐름을 동반해야 한다. 바로 돈이다. 생산요소시장에서 가계로 흘러들어 오는 돈은 가계에서 제공한 생산요소에 대한 대가이다. 노동에 대한 대가는 임금이고, 자본에 대한 대가는 이자 · 배당금 · 자본이

그림 2-1

국민소득 순환도

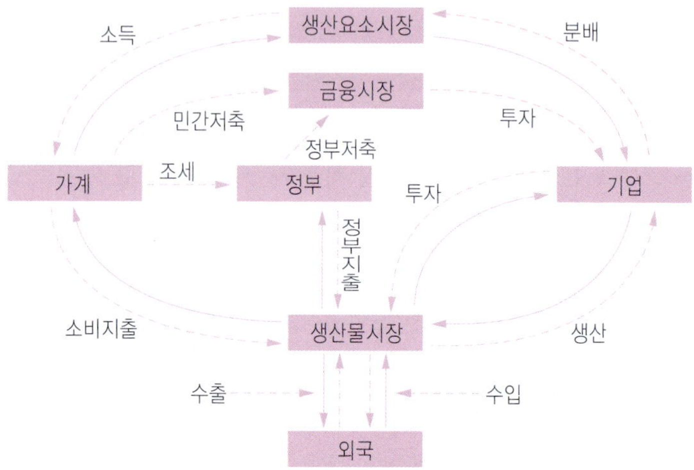

득 등의 자본수익이다. 이들을 합하여 가계의 소득으로 생각할 수 있다. 이는 소득이 생산요소들 사이에 어떻게 배분되는가 하는 측면에서도 볼 수 있다. 가계는 이러한 소득을 생산물시장에서 재화와 서비스를 구입하는 데 쓴다. 바로 지출인 것이다. 기업은 재화와 서비스를 생산하여 생산물시장에 공급하고 수입을 얻는다. 이렇게 얻은 돈이 바로 금액으로 표시한 생산이다. 기업은 이 수입을 가지고 가계로부터 생산요소를 구입하는 데 쓴다.

이러한 국민소득이 순환적인 형태로 흐름을 형성하고 있다면 그 균형은 어떤 것일까? 그것은 어떤 방향으로든 화살표로 나타낸 것의 크기가 같다는 것이다. 재화 및 서비스 · 생산요소의 흐름을 나타내는 화살표는 재화마다 단위가 다르기 때문에 이를 돈으로 환산한 반대쪽(반시계방향)의 흐름, 즉 돈의 흐름을 기준으로 생각해 보자. 그 화살표 가운데 어느 하나가 크다면 순환적 흐름을 통해 소득의 흐름은 마치 원이 나선형으로 점차 커져 가는 형태가 될 것이다(이는 경제규모가 커지는 것으로서의 성장과는 구별되어야 한다. 경제규모가 커지고 생산능력이 향상되는 경제성장을 굳이 국민소득의 순환도와 연결지어 설명한다면, 화살표의 크기는 다 같되 원의 지름이 커지는 것으로 이해할 수 있다). 반대로 화살표 가운데 어느 하나가 작다면 안으로 파고드는 나선형태가 되어 경제는 어느 경우든 균형상태를 유지하지 못하게 된다. 즉, 균형이라면 모든 화살표의 크기가 같아야 되는 것이다.

이러한 균형은 앞서 반시계방향의 화살표에다 이름을 붙였던 것을 떠올려 보면 다음과 같은 상태를 의미한다. 즉, 지출과 생산과 요소에 대한 분배로서의 소득의 크기가 같다는 것이다. 위의 그림이 국민소득의 순환을 나타내는 그림이므로, 다시 말하면 지출국민소득=생산국민소득=분배국민소득이 되는 것이다. 그림에서 가계와 생산요소시장 사이(또는 기업과 생산요소시장 사이)를 자르면 분배국민소득이 되고, 가계와 생산물시장 사이의 화살표를 자르면 지출국민소득이 되고, 기업과 생산물시장 사이의 화살표를 자르면 생산국민소득이 된다. 따라서 이들 세 가지 측면에서 파악한 화살표 단면의 크기가 같아야 국민경제는 균형이 된다. 이것이 이른바 '국민소득 3면등가의 원칙'이라고 부르는 것이다. 이것은 어떻게 보면 같은 경제적 행위를 다른 입장에서 살펴본 것으로 생각할 수 있기 때문에, 3면등가의 원칙은 당연한 것일 수밖에 없다.

이제 정부와 대외부문을 국민소득 순환의 흐름에 연결시켜 보자. 정부는 가계와 기업으로부터 세금을 거두어 이를 다시 지출함으로써 경제활동을 한다. 따라서 세금은 소득순환의 흐름에서 빠져 나오게 되고, 이는 정부지출을 통해 다시 소득순환의 흐름으로 되돌아간다. 정부의 수입과 지출이 균형을 이루면, 즉 정부가 균형재정을 이루면 전체 소득순환의 흐름은 여전히 균형상태를 유지하게 된다.

여기에 다시 대외부문을 연결시켜 보자. 수입은 소득순환의 흐름으로 들어오는 것이고, 수출은 소득순환에서 빠져 나가는 것이다. 물론 돈의 흐름은 반대이니 수출을 통해 소득은 늘어나고 수입을 통해 소득은 감소한다. 역시 대외부문도 균형을 이루면

누출과 주입

민간부문만의 소득순환에서 빠져 나오는 것과 들어가는 것을 누출(leakage)과 주입(injection)으로 표현하기도 한다. 먼저 저축은 소득순환의 흐름에서 빠져나가므로 누출이 되고, 금융시장을 거쳐 다시 기업에 의해 투자되는 돈은 소득순환의 흐름으로 돌아오므로 주입이 된다. 조세는 누출이 되고 정부지출은 주입이 된다. 외국에서 수입하는 재화 및 서비스에 대한 지출은 누출이 되고, 수출은 소득순환에 기여하므로 주입이 된다. 저축·조세·수입 등의 누출과 투자·정부지출·수출 등의 주입이 같아질 때 국민소득은 균형을 이루게 되는 것이다.

전체 소득순환의 균형은 여전히 유지된다.

이 모든 것을 고려하였을 때 균형은 어떻게 될까? 소득순환의 흐름이 전체적으로 균형을 이룬다는 것은 앞서 살펴보았던 화살표의 크기가 같다는 것을 의미한다고 하였고, 따라서 균형을 말하기 위해서는 특정 부분만을 떼어서 분석할 수도 있다. 경제학에서 가장 중요하게 생각하는 것이 생산이므로 생산물시장만을 떼어서 균형을 살펴보자. 생산물시장에서의 균형은 생산물시장에 공급된 재화 및 서비스의 크기와 생산물시장에서 가져다 쓴 재화 및 서비스의 크기가 같다는 말이다. 공급은 생산(Y)과 수입(M)으로 구성된다. 수요는 가계의 소비지출(C)과 정부의 정부지출(G), 그리고 기업들이 생산을 위해 구입한 재화 및 서비스, 즉 투자(I), 외국에서의 수요, 즉 수출(X)로 구성된다. 그러므로 이를 식으로 표현하면 $Y+M=C+I+G+X$가 되고, 좌변의 M을 우변으로 보내면 경제학에서 가장 중요한 다음의 방정식을 얻을 수 있다.[1]

[1] T.G. 부크홀츠, 『유쾌한 경제학』(1996), p.287.

$$Y=C+I+G+X-M$$

이 방정식이 의미하는 바는 한 경제의 총생산(GDP 또는 GNP: 이들의 개념상 차이는 제8장에서 설명)은 가계의 소비지출, 기업의 투자지출, 정부의 정부지출, 그리고 순수출로 구성된다는 것이다. 그런데 이 방정식은 사실 엄밀하게 말하면 항등식이다. 즉, 사람들이 갖다 쓸 수 있는 재화 및 서비스의 크기는 시장에 공급된 재화 및 서비스의 크기를 밑돌 수도 없고 넘을 수도 없다.

point-2.1 저축과 투자로 나타낸 균형

위의 국민소득 순환도에 나타난 것 중 특이한 것은 바로 저축이다. 저축은 생산 · 소비와 관련이 없기 때문에 기본적인 국민소득 순환도에는 잘 나타나지 않는다. 여기서는 금융시장을 매개로 가계(민간)와 정부가 저축을 하고 이를 대출받아 기업이 투자에 활용하는 모습으로 순환도에 포함시켜 보았다. 이제 편의상 대외부문을 고려하지 않은 상태에서 국민소득을 달리 표현해 보자. 가계의 입장에서 보면, 소득(Y)은 소비지출(C)과 민간저축(S_H), 그리고 조세로 구성되어 있다. 이를 식으로 표현하면 다음과 같다.

$$Y = C + S_H + T$$

정부저축(S_G)은 정부가 거둔 조세수입에서 정부지출을 빼고 남은 것이다.

$$S_G = T - G$$

따라서 국가 전체의 저축, 즉 국민저축(national savings: S)은 민간저축과 정부저축을 합한 것이다.

$$S(= Y - C - T + T - G) = Y - C - G$$

즉, 국민저축은 소득(생산)에서 민간소비지출과 정부지출을 뺀 것이다. 그런데 앞에서 총수요와 총공급의 균형을 나타내는 식을 $Y = C + I + G$라고 하였으므로, 이를 투자에 관해서 풀면 $I = Y - C - G$가 되고, 이는 국민저축과 같아진다. 따라서 경제 전체의 균형은 다음과 같은 조건으로 나타낼 수 있다.

$$I = S$$

다시 말하면, 경제 전체의 저축과 투자가 같아질 때 균형이 이루어진다고 말할 수 있다. 국민소득 순환도에서 보면 국민소득 순환에서 빠져 나간 민간저축과 조세, 그리고 순환으로 다시 들어온 정부지출과 투자의 크기가 같은 것이 균형이다. 조세와 정부지출의 차이를 정부저축이라고 하였으므로, 결국 저축과 투자가 같은 것이 균형조건이 되는 것이다.

통계보기

국민소득이 지출 측면에서 소비지출 · 투자지출 · 정부지출 · 순수출로 구성되어 있다는 것은 이론적으로만 존재하는 것은 아니다. 다시 말해, 경제학 교과서에만 나오는 것이 아니라는 말이다. 한국은행에서 발표하는 국민계정 가운데 '국내총생산(GDP)에 대한 지출'이 바로 이와 같은 식에 근거해서 작성된다.

최종소비지출은 가계의 소비지출(C)과 정부지출(G)로 구성되어 있고, 총자본형성은 기업의 투자(I)를 의미한다. 여기에 재화와 서비스의 수출(X)을 더하고 재화와 서비스의 수입은 공제($-M$)하도록 되어 있다.

표 2-1

우리나라의 국내총생산에 대한 지출(명목)(단위: 10억 원, %)
자료: 한국은행.

항목명	2009년	2010년	2011년	
			규 모	비 중
민간소비지출	575,970.2	616,982.6	654,857.7	52.9
정부지출	170,324.7	178,396.1	190,485.6	15.4
총고정자본의 형성	309,714.0	331,734.1	339,416.8	27.4
재고증감 및 귀중품 순취득	−29,856.0	14,696.1	24,923.0	2.0
재화와 서비스의 수출	529,645.1	613,368.3	694,765.8	56.2
(공제)재화와 서비스의 수입	490,188.3	583,157.3	669,746.4	54.1
통계상 불일치	−573.0	1,254.8	2,425.5	0.2
국내총생산에 대한 지출	1,065,036.8	1,173,274.9	1,237,128.2	100.0

그런데 〈표 2-1〉에서 두 가지 점에 주목하자. 첫째는 앞에서 $Y=C+I+G+X-M$이 사실은 항등식이라고 하였다. 즉, 시장에서 수요되고 지출을 통해 구입된 것은 공급된 것의 이상도 이하도 될 수 없다는 것이다. 그런데 기업이 물건을 만들면 모두 팔 수 있는가? 그렇지 않다. 기업이 만드는 물건 가운데 팔리지 않는 것도 있다. 이것이 잘 알려져 있다시피 '재고'이다. 재고가 있는 한 위에서 제시한 국민소득의 방정식은 항등식이라고 할 수 없지 않은가? 그러나 위의 표를 자세히 보면 투자, 즉 총자본형성의 한 항목 가운데 '재고증감'이라는 소항목이 있다. 즉, 기업이 만들어 놓고 팔지 못한 물건은 기업이 투자한 것으로 간주한다는 것이다. 재고가 투자로 간주되는 논리는 생각해 보면 간단하다. 앞 절에서 설명한 대로 기업은 생산요소를 투입해 재화와 서비스를 생산하고, 이를 판매함으로써 수입을 얻는다. 이때 생산요소의 구입에 지출된 돈(투자)은 판매수입을 통해 (금액으로 표시된) 생산으로 전환된다. 따라서 투자와 생산의 차이는 그 재화 또는 서비스가 판매됨으로써 기업의 수입으로 전환되었는가에 있다. 즉, 생산되었지만 아직 판매되지 못하였다면 투자가 아직 생산으로 전환되지 못한 것을 의미하고, 따라서 재고는 투자로 간주되는 것이다. 재고를 투자로 간주한다면 이제 위의 식은 다시 항등식이 된다.

주목해야 할 또 다른 항목은 '통계상 불일치'라는 항목이다. 항등식이라더니 또 통계상 불일치는 뭐란 말인가? 이는 통계의 작성과 관련된 항목이다. 사실 GDP를 추계할 때 앞서 설명한 항등식, 즉 $Y=C+I+G+X-M$에 의해서 오른쪽 항목들을 추계하고, 이를 합하여 GDP를 작성하는 것이 아니다. GDP는 생산의 측면에서 따로 작성하고 오른쪽의 항목들은 또 각각 추계를 한다. 따라서 위의 항등식에서 좌변과 우변의 크기는 같을 수 없고 차이가 존재하기 마련인데, 이것이 바로 통계상의 불일치이다. 만일 통계상의 불일치가 통상적으로 용인되는 수준보다 훨씬 크다면 이는 좌변과 우변의 통계작성에 있어서 무언가 잘못이 있었다는 말이 되고, 그렇게 되면 다시 추계를 해야 하는 것이다. 이러한 오차의 크기가 용인될 수 있는 일정 범위 안으로 들어오게 되면 좌변과 우변이 같다고 "간주하는 것"이다.

point-2.2 GDP의 규모

국내총생산에 대한 지출의 표는 전체 명목GDP의 크기를 알려 준다(GDP의 개념 가운데 명목과 실질이 있는데, 이에 대해서는 제8장에서 구체적으로 설명한다). 보통 우리나라의 GDP규모를 알고 있는 사람들은 많지 않다. 조 이상의 단위로 가면, 그 크기에 대한 감이 없어 그저 하나의 숫자로만 인식되기 쉽다. 그럼에도 불구하고 전체 GDP의 규모를 알고 있으면 다른 지표나 경제적 사실을 접하였을 때 도움이 될 수 있다. 예를 들어. 우리나라의 부동자금 규모가 300조 원 이상이라거나, 부실채권의 규모가 OOO조 원이라든가, 공적자금의 투입규모가 OOO조 원이라는 식의 발표가 있을 때, 이들이 GDP에 대비해서 어느 정도인가를 감을 잡을 수 있는 것이다.

point-2.3 GDP에 대한 지출항목의 비중

〈표 2-1〉에서 알 수 있는 중요한 사실 가운데 또 하나는 우변의 각 항목이 전체 GDP에서 차지하는 비중이 어느 정도인지를 알 수 있다는 점이다. 예를 들어, 2011년의 경우 소비지출은 전체 GDP에서 52.9%의 비중을 차지하고 있고, 투자와 정부지출은 각각 27.4%와 15.4%의 비중을 차지하고 있다. 다만 수출과 수입의 경우는 순수출의 비중보다는 수출과 수입 각각의 비중을 살펴보는 것이 더 의미가 있다. 그것은 실제로 우리나라의 생산능력과 관련된 것은 수출이고, 따라서 수출의 증감 여부가 경제의 성장과 밀접하게 연관되어 있기 때문이다. 수출은 GDP에서 56.2%의 비중을 나타냈다. 이처럼 각 지출항목의 비중은 경제성장과 관련해서 중요한 의미를 갖는다. 예를 들어, GDP에서 차지하는 비중이 큰 소비지출이 부진하다면 투자나 정부지출이 늘어도 경제가 성장하는 데 어려움이 있을 것으로 생각할 수 있다. 경제성장에 관한 결과가 발표되고 그에 대한 해석이 붙을 때면 항상 가장 먼저 등장하는 설명이 소비에 관한 것이다. 경제성장이 예상보다 높은 것은 소비가 크게 늘었기 때문이라든가, 소비자태도지수 또는 소비자신뢰지수가 나빠졌기 때문에 경기전망이 어둡다든지 하는 것이 그것이다. 또 우리나라의 경우 수출의 비중이 상당히 큰 편이기 때문에 경제성장이 수출에 의존하는 정도 또한 크다고 할 수 있다. 특히, 반도체가 단일품목으로 수출에서 가장 큰 비중을 차지하면서 반도체의 국제시세가 우리 경제에 미치는 영향이 커진 것도 이와 같은 배경하에서 이해될 수 있다. 그러나 2010년과 2011년의 경우 소비증가율은 다소 둔화되는 모습을 보였고, 대신에 수출부문에서 증가세를 나타냄으로써 그나마 성장률을 유지하였음을 알 수 있다.

표 2-2

미국의 국내총생산에 대한 지출 (명목, 2011)

자료: Bureau of Economic Analysis.

point-2.4 미국 GDP와의 비교

항목명	규모(10억 달러)	비중(%)
민간소비지출	10,871.6	71.0
정부지출	3,021.9	19.7
총고정자본의 형성	1,941.4	12.7
재고증감	68.7	0.4
수출	2,113.2	13.8
수입(공제)	2,697.4	17.6
국내총생산(GDP)	15,319.4	100.0

참고로 미국의 GDP자료를 살펴보자. 미국의 경우 전체 명목GDP가 15조 3,194억 달러에 달해 우리보다 15배 정도 큰 규모를 보이고 있다. 흥미로운 것은 GDP에 대한 각 지출항목의 비중이 우리나라와는 큰 차이를 보인다는 것이다. 가계의 소비지출 비중이 가장 큰 것은 같지만, 우리보다 비중이 훨씬 높아 71%를 차지하고 있다. 이는 미국 경제의 성장을 이야기할 때 소비의 중요성이 그만큼 더 크다는 것을 의미한다. 앞서 우리나라의 성장을 이야기할 때 소비가 반드시 중요한 요인으로 등장한다고 하였는데, 미국의 경우 그 중요성이 더욱 크다는 말이다. 반면 수출의 비중은 13.8%로 우리에 비해 훨씬 낮은 편이다. 이는 미국 경제를 논할 때 대외적인 측면보다는 대내적인 측면을 훨씬 강조하는 이유가 된다고 할 수 있다. 그러나 최근 들어 미국의 대외무역 적자가 크게 늘어나면서 미국의 국내경제변수, 예를 들면 고용 등에 미치는 영향이 점차 커짐에 따라 미국 정부는 대외적인 측면에도 신경을 많이 쓰고 있다. 적자를 줄이기 위해 우리나라를 비롯해 일본과 중국 등 미국에 대해 무역흑자를 많이 기록하고 있는 나라들에 대해 통화가치 절상압력을 가하는 것이 좋은 예라고 할 수 있다. 무역적자와 환율의 문제는 이 책 제12장에서 자세히 다룬다.

2.3 국민소득 순환도와 이 책의 구성

국민소득 순환도는 거시경제 전체가 돌아가는 모습을 보여주는 것이므로 이 그림 하나를 제대로 이해하면 기초적인 수준의 거시경제 전체를 이해하였다고 해도 과언이 아닐 정도다. 따라서 이 책은 국민소득 순환도에 나타난 각 부분을 자세히 설명하는 방식으로 구성하였다.

우선 미시경제학 분야에서는 각 경제주체의 경제적 의사결정원리와 시장에 대해 설명한다.

제3장에서는 미시경제학의 기초가 되는 수요 · 공급의 일반적 원리에 대해 설명한다.

제4장에서는 수요의 주체인 가계의 합리적 의사결정과정을 소개한다. 효용을 극대화하려는 소비자의 합리적 의사결정은 결국 시장에서의 수요곡선으로 도출된다.

제5장에서는 생산의 주체인 기업의 합리적 의사결정과정을 다룬다. 기업의 의사결정과정은 크게 두 단계로 나누어지는데, 먼저 비용을 극소화하거나, 또는 생산을 극대화하는 의사결정을 하게 되고, 이로부터 비용함수가 도출되면 이를 바탕으로 두 번째로 이윤을 극대화하는 의사결정을 하게 된다. 생산자의 합리적 의사결정은 결국 시장에서의 공급곡선으로 도출된다.

제6장에서는 수요와 공급이 만나는 시장의 형태에 대해 설명한다. 시장에서 생산자와 소비자가 어떠한 상황에 처해 있는가에 따라 시장의 형태는 완전경쟁 · 독점 · 과점 등으로 구분된다. 각 시장의 형태에 따른 균형의 특성에 대해 소개한다.

제7장에서는 시장이 제대로 기능하지 못하는 시장실패의 상황에 대해 소개한다. 이와 아울러 정보의 불균형이 야기하는 제반 문제를 다루는 정보경제학을 소개한다.

제8장에서는 생산물시장과 관련하여 가장 중심이 되는 국내총생산(GDP)과 관련한 여러 가지 개념을 소개하고, GDP가 지속적으로 커지는 개념으로 경제성장의 문제를 다루었다.

제9장에서는 경제성장이 항상 일정한 속도로 이루어지지 않고 때로는 빠르게, 때로는 더디게 진행되므로 이러한 변동을 제대로 읽기 위해 경기변동에 관한 내용을 다루었다.

제10장에서는 돈의 흐름을 다룬다. 국민소득 순환도에서 돈의 흐름은 점선으로 표시되어 있는데, 돈은 일반상품과는 다른 방식으로 수요 · 공급되므로 화폐시장을 별도로 다룰 필요가 있다.

여기서는 통화의 공급과 이자율, 금융시장의 문제를 소개한다.

제11장에서는 노동의 수요 · 공급과 관련이 있는 거시경제문제로 실업의 문제를 소개한다. 실업의 문제는 교과서에서 흔히 필립스곡선의 형태로 인플레이션과 함께 다루어지기 때문에 이 책에서도 실업과 인플레이션을 함께 설명한다.

제12장에서는 대외부문을 소개한다. 대외부문에 있어서 가장 중심이 되는 거시경제문제는 국제수지의 균형과 환율이다. 특히, 환율문제는 최근 세계경제의 흐름에 있어서 매우 중요할 뿐 아니라, 수출이 GDP에서 차지하는 비중이 큰 우리나라로서는 매우 민감한 문제이므로 이에 대한 설명에 중점을 두고자 한다.

제13장에서는 마지막으로 정부정책에 대해 소개한다. 정부정책은 기본적으로 실물부문을 대상으로 한 재정정책과 화폐시장을 대상으로 한 금융정책을 중심으로 다루고자 한다.

더 찾고 생각해 보기

1. 우리나라의 경제성장에 대해서는 한국은행에서 발표한다. 가장 최근의 관련기사를 찾아서, 각각의 지출항목과 관련하여 성장의 요인을 어떻게 설명하였는지 알아보자.
2. 미국의 경우 GDP에서 각 지출이 차지하는 비중은 어떻게 되는지 알아보고, 역시 성장과 관련하여 각 지출항목과 관련하여 어떤 설명이 되고 있는지 알아보자.

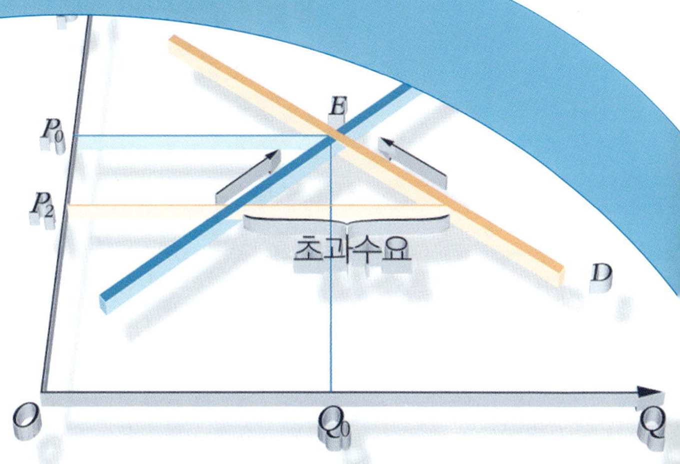

Chapter

3 수요 · 공급의 기초

3 수요 · 공급의 기초

경제학을 사회과학의 여왕이라고 부르는 이유는, 여러 가지 의미가 있겠지만 경제학의 원리 또는 경제학적 사고방식이 우리의 삶과 사회가 돌아가는 데 상당한 지배력을 가지고 있기 때문일 것이다. 경제가 모든 것을 결정한다는 경제결정론 또는 경제지상주의(economism)와 같은 오류 가능성에도 불구하고 이와 같은 주장이 설득력을 갖는 바탕에는 바로 수요와 공급, 그리고 이들이 만들어 내는 균형의 논리가 있다. 경제학은 바로 이 수요 · 공급이론으로부터 출발한다.

사람은 살면서 누구나 생활을 영위하기 위해서 자신의 (식욕과 같은 동물적인, 또는 뮤지컬을 보고자 하는 예술적인) 욕망을 충족시켜야 한다. 먹어야 하고, 잠자야 하고, 입어야 한다. 그러기 위해서는 돈을 벌어야 하고, 사람들이 필요로 하는 것을 만들어 팔아야 한다. 정신적 피로를 풀어 효율적으로 일하기 위해 여행도 하고 뮤지컬도 본다.

그런데 왜 영화는 7,000원이고 쌀 한 포대(20kg)는 5만 원일까? 영화 한 편 보는 데 10만 원이라면 어떤 일이 벌어질까? 또 그게 1,000원이라면 어떨까? 농민들이 쌀수입 개방을 심하게 반대하는 근본적인 이유는 무엇일까? 변호사 수임료는 왜 이렇게 비싼가? 이러한 물음에 답하기 위해서는 수요와 공급의 기초원리를 잘 이해할 필요가 있다. 이 장에서는 수요와 공급에 관련된 기초 개념들을 소개하고 수요와 공급의 균형이 어떻게 이루어지며, 이를 어떻게 활용할 수 있는지 알아본다.

3.1 수요

3.1.1 수요의 개념, 수요함수, 수요곡선

수요란 사람들이 무엇인가를 필요로 한다는 말이다. 그런데 어떤 물건은 왜 필요한가? 그 물건이 없으면 죽거나, 불편하거나, 기분이 나쁘기 때문이다. 밥을 먹지 않으면 죽을 것이고, 30km나 되는 거리를 걸어서 출근하려면 불편할 것이고, 내가 좋아하는 배우가 나오는 영화를 보지 못하면 기분이 나쁠 것이다. 이를 좀더 경제학적으로 표현하면, 수요(demand)란 소비자가 어떤 재화나 용역을 구매하고자 하는 욕구를 말한다. 여기서 욕구란 우리들 머릿속에 존재하는 것이기 때문에 추상적 개념이라고 할 수 있다. 이러한 수요가 구체적으로 어떤 물건 '몇 개'라는 형태로 욕구의 크기를 나타내면 이는 수요량이 된다. 경제학에서 수요량(quantity demanded)이란 소비자가 어떤 재화나 용역을 구매하고자 하는 양을 말한다(수요와 수요량의 개념을 구별하는 것은 뒤에서 설명할 '수요의 변화'와 '수요량의 변화'가 다르기 때문이다).

그렇다면 그 어떤 물건은 나에게 얼마만큼의 양이 필요한 것인가? 이것은 물론 어떤 물건인가에 따라, 그리고 사람마다 신체의 특성, 환경, 기호 등에 따라 모두 다를 것이다. 그런데 경제학적으로 볼 때 가장 중요한 것은 각자의 소득과 그 물건의 가격이다. 연봉 3,000만 원인 사람이 걸어다니기 불편하다고 1억 원짜리 자동차를 살 수는 없는 노릇이고, 내가 좋아하는 배우를 보기 위해 한 편에 10만 원짜리 영화를 보기는 쉽지 않다. 이 두 가지 요소 가운데 소득은 단기간에 그렇게 쉽게 변하는 것이 아니므로 어떤 물건이 나에게 얼마나 필요한가를 결정하는 변수로서는 그 물건의 가격이 가장 중요하다고 할 수 있다.

이제 수요량과 가격 사이의 관계를 좀더 구체적으로 살펴보자. 우선 쉽게 생각해 볼 수 있는 것은 물건의 가격이 오르면 사람들은 그 물건을 더 적게 사려고 할 것이고, 가격이 떨어지면 더 많이 사려 할 것이다. 바로 이것이 이른바 수요의 법칙(law of demand)이다. 즉, 물건의 가격과 수요량 사이에는 반비례의 관계가 있다는 것이다(물론 예외가 되는 사람이나 물건이 있지만 이에 대해서는 나중에 다시 언급하기로 하자). 이는 너무나도 쉽고 당연한 소리로 들리지만 경제학은 이렇게 쉽고 당연한 것으로부터 출발한다.

이제 우리가 도출해 낸 수요의 법칙을 다양하게 표현하는 방법을 생각해 보자. 위에서 설명한 바와 같이 그냥 말로 설명을 해도 무방하지만, 좀더 쉽게 시각적으로 보고 바로 알 수 있도록 그래프로 표현하거나, 좀더 엄밀하고 과학적 분석을 위해 수식으로 표현할 수도 있다. 우선 수식으로 표현한다면 가격(P)이 변할 때 수요량(Q_d)이 변하기 때문에 Q_d는 P의 함수와 같은 형태로 나타낼 수 있다. 이것이 바로 수요함수(demand function)라는 것이다. 여기서는 함수 가운데 가장 단순한 형태인 1차함수로 표현해 보자.[1]

[1] 경제학의 수준이 높아지면 고차 고계함수를 써서 일반적인 경우에 대한 분석을 하지만, 1차함수를 가지고도 수요의 기본적인 특성을 파악하고 분석하는 데는 전혀 문제가 없기 때문에 경제원론에서는 1차함수를 많이 활용한다. 1차함수를 그래프로 그리면 직선이 되기 때문에 1차함수는 선형함수라고도 한다.

$$Q_d = a + bP \quad (\text{단, } a>0,\ b<0)$$

이 식은 너무나 간단해서 중언해 설명할 필요도 없지만 새롭게 등장한 절편 a와 기울기 b에 대해서 간단히 언급해 보자. a는 수요량에 영향을 주는 가격 이외의 다른 요인에 의한 영향을 대표한다. 앞서 말하였듯이, 가격은 경제학적으로 볼 때 수요량을 결정하는 '가장 중요한' 요인이라고 하였다. 이는 가격 이외에도 수요량에 영향을 주는 요인들이 더 있음을 의미한다. 여기에는 소득이라든가, 다른 상품의 가격, 소비자들의 기호 등이 포함된다. 소득이 커지면 대체로 그 상품에 대한 수요량이 늘어난다. 다른 상품의 가격이 변하는 경우에도 (그 다른 상품의 성격에 따라) 수요량이 늘거나 준다. 과학기술의 발달이나 문화 및 환경의 변화로 인한 기호의 변화에 의해서도 특정 상품의 수요량은 늘거나 준다. 그런데 이들 요인에 의한 변화는 우리가 변수로 생각하는 가격의 모든 수준에서 늘거나 줄어드는 것이기 때문에 기울기가 아닌 절편의 변화로 나타나게 된다.

b는 기울기로 가격이 변할 때 수요량이 변하는 비율을 의미한다. 우리가 사용하는 상품 가운데는 가격이 조금만 올라도 수요량이 크게 줄어드는 게 있는 반면, 가격이 크게 변해도 수요량에는 별반 영향이 없는 것도 있다. b는 바로 이처럼 가격이 수요량에 미치는 영향의 정도를 보여 주는 것이다(비슷한 개념인 탄

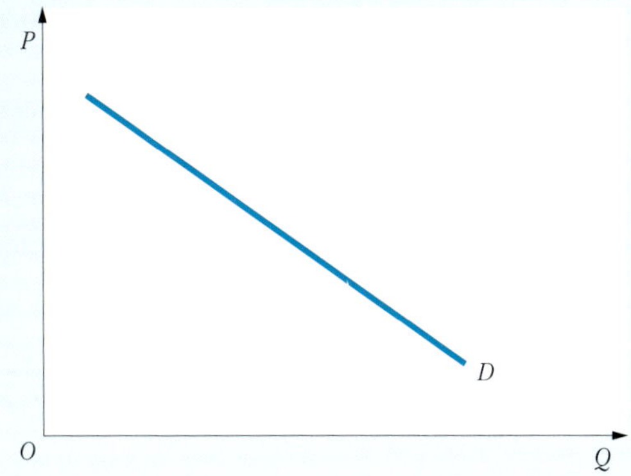

그림 3-1
수요곡선

력성과의 차이는 뒤에서 설명한다).

이제 이 수요함수를 그래프에 옮겨 보면 수요곡선이 되는데, 이는 〈그림 3-1〉과 같다.

point-3.1 역수요함수

〈그림 3-1〉의 그래프는 일반적으로 우리가 (중학교에서) 배웠던 함수의 그래프와는 좀 다르다. 수요함수를 보면 Q_d가 세로축에, 그리고 P가 가로축에 그려져야 한다(즉, Q_d가 종속변수이고 P가 독립변수이다). 그런데 〈그림 3-1〉에는 반대로 가격(P)이 세로축에, 수요량(Q_d)이 가로축에 그려져 있다. 경제학교과서에는 대부분 이렇게 그려져 있는데 왜일까? 그것은 수요 · 공급에 관한 이론을 체계화하고 그래프화하는 데 크게 공헌하였던 경제학자 마셜(Alfred Marshall)이 처음에 그렇게 하였기 때문이라는 것이 가장 유력한 설이다. 그렇다면 이것은 마셜의 실수일까? 그렇지 않다고 주장하는 사람들은 실은 마셜이 수요하는 양에 따라 지불가격을 정하는 현상을 염두에 두고 그렇게 그렸던 것이라고 설명하고 있다. 즉, 소비자들이 수요량을 늘리게 되면 한계효용이 체감하기 때문에 좀더 낮은 가격을 지불하고자 하는 경향을 보인다는 것이다. 이 경우는 수요량이 독립변수, 가격이 종속변수가 된다.

어쨌든 이런 이유로, 주어진 수요함수를 관례에 따라 P가 세로축, Q_d가 가로축인 그래프에 그릴 때는 함수를 역함수로 만들어야 한다. 즉, 주어진 식을 P에 관하여 다시 정리해야 한다는 말이다. 위에 나온 경우를 가지고 설명하면 역수요함수(inverse demand function)는 $P=-\frac{a}{b}+\frac{1}{b}Q_d$가 된다. 이때 a는 양수이고 b가 음수이므로 역수요함수의 절편은 양수, 기울기는 음수가 된다.

3.1.2 수요와 수요량의 변화

이제 수요와 수요량의 변화가 무엇인지 알아보자. 수요의 변화는 앞서 설명한 바와 같이 추상적 개념으로서의 수요, 즉 재화나 용역에 대한 구매욕구의 변화를 말하고, 가격의 변화 등으로 인한 구체적인 수요의 크기가 변하는 것을 수요량의 변화라고 한다. 예를 들어, 토마토의 암예방효과에 관한 과학적 사실이 새롭게 밝혀져 토마토를 먹으려는 사람이 많아지거나, 또는 사람들이 더 많은 토마토를 먹으려 한다면 이는 토마토에 대한 수요의 변화가 일어난 것으로 보아야 한다. 반면 토마토의 가격이 하락해서 사람들이 더 많은 토마토를 사려고 한다면 이는 소비자들이 가격의 변화에 대응해서 수요의 크기를 변화시킨 것이므로 수요량이 변한 것이다.

〈그림 3-2〉의 (a)는 가격이 P_0에서 P_1으로 하락하였을 때 수요량의 변화를 표시하고 있고, (b)는 가격 이외의 요인이 변함으로써 수요가 변하는 것을 보여 주고 있다. 그림 자체를 가지고 기하학적으로 설명하면 수요량의 변화는 수요곡선상의 움직임, 즉 가격이라는 변수의 변화가 수요곡선을 따라 수요량의 변화를 초래하는 것을 말한다. 수요의 변화는 수요곡선 자체가 위쪽이나

그림 3-2
수요와 수요량의 변화

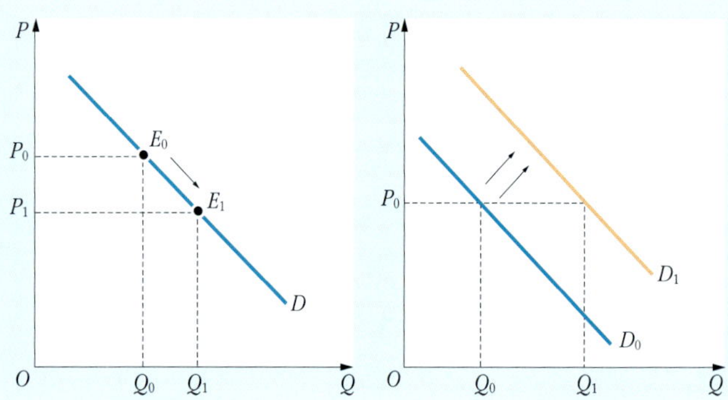

(a) 수요량의 변화 (b) 수요의 변화

아래쪽(또는 왼쪽이나 오른쪽)으로 평행이동하는 것을 말한다.

그렇다면 수요의 변화와 수요량의 변화를 굳이 구별하는 이유는 뭘까? 그것은 수요의 변화인가 수요량의 변화인가에 따라 각 경제주체들의 대응이 달라질 수 있기 때문이다. 예를 들어, 토마토 생산농가에서는 수요의 변화에 따른 소비의 증가가 발생하면 토마토 생산을 늘려서 대응할 것이다. 그러나 가격의 하락으로 인한 소비의 증가가 발생하였는데 토마토 생산을 늘리면, 가격이 더욱 폭락해서 토마토 생산농가는 망하게 될 수도 있다. 그런데 여기서 수요의 변화를 초래하는 요인은 경제적이지 않은 요인인 경우가 많고, 또 대부분의 경우 오랜 기간에 걸쳐서 일어나거나 그렇게 자주 발생하는 것이 아니기 때문에, 경제분석에서는 가격의 변화에 따른 수요량의 변화를 중심으로 그 경제적 효과를 분석하는 것이다.

3.1.3 수요의 가격탄력성

경제학적 분석에서는 가격의 변화에 따른 수요량의 변화가 가장 중요하다는 점을 설명하였다. 그렇다면 다음으로 궁금한 것은 가격이 변할 때 수요량이 얼마나 민감하게 반응하여 변하는가 하는 그 정도일 것이다. 가격이 변할 때 수요량이 어떠한 비율로 변하는가 하는 것이 중요한 이유는 민감한 정도가 경제학의 분석에서 중요한 의미를 갖기 때문이다. 예를 들어, 비디오대여점에서 대여료를 변화시키고자 하는 경우를 생각해 보자. 비디오가게의 주인은 전체적인 물가수준도 오르고 해서 비디오의 대여료를 인상하려고 한다. 그런데 비디오 대여에 대한 수요가 가격의 변화에 민감해서 대여료가 조금만 올라도 수요량이 큰 폭으로 줄어드는 경우라면 어떤 결정을 해야 할까? 지금 1편당 1,000원씩, 한 달에 평균 1,500건 정도의 대여가 이루어진다면 이 사람은 한 달에 150만 원의 수입을 얻을 수 있다. 그런데 돈을 더 벌고 싶은 생각에서 대여료를 1,500원으로 올리는 경우 비디오에 대한 수요가 크게 줄어 월간 1,000건 아래로 떨어지면 이 사람은 차라리 대여료를 안 올리는 게 나을 것이다. 따라서 대여비디오에 대한 수요가 가격의 변화에 얼마나 민감하게 반응하는지를 알아야 경제적 의사결정을 할 수 있는 것이다.

가격의 변화에 따른 수요량의 변화를 나타내는 것으로, 보통 수요량의 변화를 가격의 변화로 나누면 될 것처럼 보인다. 그러나 경제학에서는 물리학의 기초개념에 해당되는 탄력성(elasticity)의 개념을 원용해서 가격과 수요량 사이의 관계를 표현한다.

약간의 수학을 동원해서 설명해 보자. 예를 들어, 가격은 P에서 ΔP만큼 변하고, 수요량은 Q에서 ΔQ만큼 변하였다고 하자. 가격이 변하는 데 따라 수요량의 변화가 반응하는 정도는 그냥 두 변화 사이의 비율, 즉 $\Delta Q/\Delta P$로 표시할 수 있다. 다시 말해, 가격이 1원 변할 때마다 수요량이 얼마씩 변하는가를 나타내 준다. 그렇다면 왜 이렇게 간단한 방법을 놓아 두고 복잡하게 물리학의 탄력성 개념을 도입한 것일까?

위에서 제시한 방법(이를 탄력성의 개념과 구분하여 변화율이라고 하자)을 사용하면 각 상품 또는 서비스의 가격탄력성을 구할 수 있지만, 서로 다른 상품의 탄력성을 비교하는 것은 어려워진다. 자동차의 경우 가격을 100만 원 올렸더니 수요량이 1대 줄어든 반면, 볼펜의 경우 10원을 올렸더니 수요량이 1개 줄어들었다고 하자. 그러면 자동차의 가격에 대한 수요량 변화율은 0.000001이고 볼펜은 0.1이 된다. 그렇다고 해서 볼펜이 자동차보다 훨씬, 즉 10만 배나 더 민감하게 가격에 반응한다고 할 수 있을까? 이처럼 수요량의 변화와 가격의 변화를 단순히 나눈 변화율은 각 상품과 서비스의 단위당 가격이 모두 다르기 때문에 각 상품의 반응 정도를 서로 비교할 수 없다는 단점이 있는 것이다.

그렇다면 이러한 문제를 어떻게 해결할까? 변화가 시작된 시점에서 가격과 수요량의 변화를 변화의 절대적 크기가 아닌

탄력성: 물리학 vs. 경제학

탄력성은 본래 물리학 용어이다. 물리학에서 탄력성은 어떤 물체에 물리적 힘을 가하였다가 이를 제거하면 본래의 상태로 되돌아오는 성질을 말한다. 가장 쉽게 떠올릴 수 있는 물건으로는 고무줄이나 용수철 등을 들 수 있다. 경제학에서는 외부충격에 반응하는 정도를 가리키는 말이니 양쪽에서 쓰이는 탄력성의 의미는 사뭇 다르다고 할 수 있다. 다만 고무줄은 '탄력적'이고 나무토막은 '비탄력적'이라고 하면, 힘을 가하였을 때 고무줄은 많이 늘어나고 나무토막은 그렇지 않다는 의미이므로, 경제학적 용어로서의 탄력성과 통하는 데가 있다고 할 것이다.

변화율로 바꾸고 이들 변화율 사이의 비율을 가지고 반응 정도를 측정하면 어떨까? 이를 식으로 표현하면 다음과 같을 것이다.

$$\varepsilon = \frac{\frac{\Delta Q}{Q}}{\frac{\Delta P}{P}} = \frac{P}{Q}\frac{\Delta Q}{\Delta P}$$

이것이 탄력성의 기초개념이다. 즉, 특정한 점에서 가격의 변화율에 수요량의 변화율이 얼마나 민감하게 반응하는가를 나타낸다.

그러나 이 개념도 문제를 완전히 해결한 것은 아니다. 위 식에서 가격이 P_0에서 P_1으로, 그리고 수요량이 Q_0에서 Q_1으로 변하였을 때, 어떤 가격과 수요량을 기준으로 변화율을 계산하는가에 따라 탄력성의 값이 달라지기 때문이다. 예를 들어 보자. 사과의 가격이 개당 500원(P_0)에서 550원(P_1)으로 오르자 수요량이 1주일에 20개(Q_0)에서 18개(Q_1)로 줄었다면, 우리는 다음과 같은 두 개의 탄력성을 계산할 수 있다.

$$\varepsilon_0 = \frac{500}{20}\frac{(-2)}{50} = -1$$

$$\varepsilon_1 = \frac{550}{18}\frac{(-2)}{50} = -1.22$$

따라서 일관성 있는 탄력성을 계산하기 위해서는 어느 특정한 값을 사용하지 않고 가격과 수요량의 평균을 사용하는 방법을 쓸 수 있다. 이를 호(弧)탄력성(arc elasticity)이라고 하며, 그 공식은 다음과 같다.

$$\varepsilon_{호} = \frac{(P_0+P_1)/2}{(Q_0+Q_1)/2}\frac{\Delta Q}{\Delta P}$$

물론 이렇게 해서 문제를 해결할 수는 있지만, 여전히 절차가 번거롭고, 또한 개념의 정밀성에 다소 흠집이 생기기 때문에 경제학자들은 여기서 수학의 미분 개념을 도입하였다. 즉, ΔP와 ΔQ 대신에 dP와 dQ를 사용하는 것이다. 미분에서 dP와 dQ는 변하긴 하였으되 그 변화의 크기가 너무 작아서 변하지 않은 것과 거의 비슷하다는 일종의 극한 개념이다. 따라서 우리는 P_0와 Q_0에서 어떤 변화가 생겼을 때 탄력성을 계산할 수는 있으나 P_0, P_1 그리고 Q_0, Q_1 사이에서 고민할 필요가 없어진 것이다. 변화의 크기가 거의 없는 것과 같다고 하였으므로 이를 점탄력성(point elasticity)이라고 하고, 그 공식은 다음과 같다.

$$\varepsilon_d = \frac{P}{Q}\frac{dQ}{dP}$$

여기서, $\frac{dP}{dQ}$: 수요곡선의 기울기

일반적으로 탄력성을 말할 때는 주로 점탄력성을 말하므로, 따로 표기하지 않고 d를 하첨자로 하여 수요의 탄력성임을 표시한다. 이것이 탄력성의 대표 개념인 수요의 가격탄력성이다.

point-3.2 탄력성 공식 외우지 말자

탄력성 공식은 굳이 외우려고 노력할 필요가 없다. 그저 탄력성의 개념만을 잘 파악하고 있기만 하면 된다. 즉, 수요의 가격탄력성은 가격이 변할 때 수요가 얼마나 민감하게 반응하는가를 의미하므로 ① 수요량의 변화를 가격의 변화로 나누되, ② 변화량의 절대크기로는 서로 다른 상품 사이의 탄력성을 비교할 수 없으므로 변화율의 비율로 나타내고, ③ 여기에 미분의 개념을 도입하여 점탄력성으로 표시한다는 점만을 기억하면 된다. 이를 식으로 표현하면 $\frac{dQ/Q}{dP/P}$가 되고, 이를 다시 정리하면 위의 공식을 얻을 수 있다.

수요의 가격탄력성과 관련하여 주의할 점 하나는 탄력성의 수치가 대체로 음수가 된다는 것이다. 이는 수요곡선의 기울기가 음수이기 때문이다. 그러므로 탄력성의 크기를 이야기할 때는 절대값을 가지고 말해야 한다. 예를 들어, 탄력성을 계산해 보니 A는 -2, B는 -1.5가 나왔다면, 수학적으로는 -1.5가 더 큰 수이지만 탄력성은 A가 더 크다고 한다.

수요의 가격탄력성은 다음과 같은 요인에 의해 영향을 받는다.

point-3.3 탄력성의 다른 표현

수요의 가격탄력성을 나타내는 위의 공식을 조금 변형하면 다음과 같이 쓸 수 있다.

$$\varepsilon_d = \frac{P}{Q}\frac{dQ}{dP} = \frac{P}{Q}\Big/\frac{dP}{dQ} = \frac{\text{평균}}{\text{한계}}$$

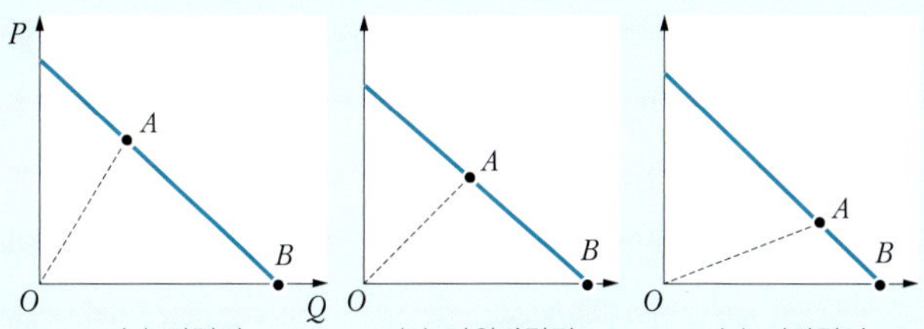

(a) 탄력적 (b) 단위탄력적 (c) 비탄력적

이를 그래프와 관련하여 설명하면, 그래프상에 직선으로 나타나 있는 수요곡선에서 탄력성을 가시적으로 판단하는 유용한 방법이 있다. 즉, 수요곡선상에 있는 한 점(A)에서의 탄력성은 그 점과 원점을 이은 직선(OA)의 기울기(P/Q, 즉 평균)와 그 점에서의 기울기, 여기서는 수요곡선이 직선이라고 하였으므로 수요곡선의 기울기(dP/dQ, 즉 한계)의 크기를 비교하는 것이다.

- OA의 기울기>수요곡선의 기울기 → 탄력적(탄력성이 1보다 큼; 위 식에서 분자가 더 큼)
- OA의 기울기<수요곡선의 기울기 → 비탄력적(탄력성이 1보다 작음)
- OA의 기울기=수요곡선의 기울기 → 단위탄력적(탄력성이 1)

기하학적으로 볼 때, $\triangle OAB$가 이등변삼각형이면 단위탄력적이고, $\angle ABO$가 $\angle AOB$보다 크면 비탄력적, $\angle ABO$가 $\angle AOB$보다 작으면 탄력적인 것이다.

단위탄력적 수요곡선

그림 (b)에서처럼 두 직선의 기울기가 같은 점들을 평면상에 찍어 연결하면 항상 수요의 가격탄력성이 1인 수요곡선을 그릴 수 있는데, 이를 단위탄력적 수요곡선이라고 한다. 수학적으로는 $PQ=k$(k는 상수)로 쓸 수 있다. 이 수요곡선을 역수요함수로 만들면 $P=\frac{k}{Q}$가 되고, $\frac{dP}{dQ}=-\frac{k}{Q^2}$이므로 탄력성은 $\varepsilon=\frac{P}{Q}\frac{dQ}{dP}=P\frac{1}{Q}\frac{dQ}{dP}=\frac{k}{Q}\frac{1}{Q}\left(-\frac{Q^2}{k}\right)=-1$이 된다.

① 대체성의 정도: 다른 상품이나 서비스로 쉽게 대체할 수 있는 경우는 가격이 조금만 올라도 수요가 큰 폭으로 줄어들기 때문에 탄력성이 크다고 할 수 있다.

② 재화의 성격: 상품 또는 서비스가 우리의 생활에 얼마나 필요한가 하는 특성에 따라 탄력성은 달라진다. 우리 생활에 꼭 필요한 필수재의 경우 가격이 올라도 수요를 크게 줄일 수 없기 때문에 탄력성이 작은 반면, 없어도 지낼 수 있는 사치재의 경우 탄력성이 크다.

③ 소득에서의 비중: 재화에 대한 지출이 전체 소득에서 차지하는 비중이 클수록 탄력성은 작다. 예를 들어, 볼펜의 경우 가격이 400원에서 500원으로 25%가 올라도 사람들은 대수롭지 않게 생각하는 반면, 50만 원짜리 양복의 경우에는 5만 원(10%)만 올라도 부담스럽게 생각하여 수요를 줄이게 된다.

④ 시간의 경과: 가격이 변하는 경우 시간의 흐름에 따라 탄력성은 달라진다. 가격변동 후 단기에는 대체품을 찾거나 자신의 선호를 갑자기 바꾸기 어려우므로 탄력성은 낮아지겠지만, 시간이 흐르면서 사람들은 다른 상품을 찾거나 자신의 선호를 변화시킬 가능성이 높아지기 때문에 장기에는 수요가 보다 탄력적이 된다.

3.1.4 탄력성의 확장

수요의 가격탄력성은 그 자체로도 중요한 의미와 용도를 갖고 있지만, 이를 확장하면 더욱 재미있고 유용한 원리를 찾아 낼 수 있다.

수요의 소득탄력성

먼저 가격의 변화에 대해 수요가 얼마나 민감하게 반응하는가를 보는 대신 소득의 변화에 따라 수요가 어떻게 변하는가도 살펴볼 수 있다. 이는 당연히 수요의 소득탄력성(income elasticity of demand)이라고 할 것이다. 앞에서 설명한 수요의 가격탄력성 공식을 활용하면 이 경우의 공식도 쉽게 얻을 수 있다.

$$\varepsilon_m = \frac{M}{Q}\frac{dQ}{dM}$$

사람들은 보통 소득이 증가하면 물건을 더 많이 사거나, 뮤지컬을 보고 외식을 하는 등 더 많은 서비스를 구입할 것이다. 여기서 '보통'이라고 하였으므로 많은 경우에 그렇다는 것이고, 따라서 이를 정상적인 경우로 생각하자. 즉, 소득이 증가할 때 수요량이 증가하면, 다시 말해 수요의 소득탄력성이 양수인 경우 이러한 재화나 용역을 정상재(normal goods)라고 한다. 그렇다면 그 반대의 경우는 어떠한가? 예를 들어, 소득은 증가하였는데 어떤 특정 재화의 수요가 감소한 경우를 생각해 보자. 그런 경우가 흔하지는 않겠지만 어른들이 "옛날엔 말이지, 하도 없이 살아서……" 하면서 말씀하실 때 항상 등장하는 재화들은 대체로 여기에 해당될 것이다. 연탄이나 보리쌀 등이 대표적인 상품이다. 이러한 재화나 서비스들은 돈을 많이 벌게 되면 덜 쓰게 되므로 상품 자체의 특성이 좀 떨어지는 것으로 생각할 수 있고, 따라서 이러한 재화를 열등재(inferior goods)라고 한다. 수요의 가격탄력성의 경우와는 달리 소득탄력성의 경우에는 탄력성의 부호가 중요한 의미를 갖는다.

교차탄력성

우리는 지금까지 하나의 재화를 대상으로 설명하였는데, 생각해 보면 어떤 특정한 상품의 수요량은 다른 상품의 가격에 의해서 영향을 받는 경우도 있을 수 있다. 예를 들어, 소고기의 값이 오르면 돼지고기나 닭고기의 수요가 늘어나게 된다. 이런 경우 한 상품의 가격변화가 다른 상품의 수요량에 어떤 영향을 주는지 측정한 것을 교차탄력성(cross elasticity)이라고 한다. 상품 1의 가격변화가 상품 2의 수요량 변화에 주는 영향을 측정하는 경우 공식은 다음과 같다.

$$\varepsilon_c = \frac{P_1}{Q_2}\frac{dQ_2}{dP_1}$$

교차탄력성

미국의 대법원은 1965년 듀폰사의 독점금지법 위반 여부를 판단하는 데 교차탄력성의 개념을 결정적 근거로 삼았다. 당시 듀폰사는 미국 셀로판시장의 75%를 장악하고 있었는데, 미국 법무부가 듀폰사를 기소하였지만 대법원은 듀폰사가 독점기업으로 행세하는 것을 막을 경쟁적인 대체재가 존재하는지를 조사하였다. 결국 대법원은 연성포장재시장에서 교차탄력성이 높은 재화, 즉 대체재가 존재하기 때문에 듀폰사는 독점기업이 아니라고 판정한 것이다(Baumol & Blinder, 1985, p.389).

교차탄력성의 경우에도 탄력성의 부호가 중요한 의미를 갖는다. 앞서 예를 든 소고기의 경우를 보자. 소고기의 값이 오르면 닭고기의 수요량이 증가한다. 소고기가격의 변화도 양수이고, 닭고기 수요량의 변화도 양수이므로 교차탄력성을 계산하면 양수가 된다. 이때 소고기와 닭고기 사이에는 서로 다른 제품을 대체하는 성격이 있음을 알 수 있다. 즉, 소고기가 비싸지면 사람들은 소고기 '대신' 닭고기를 먹게 된다. 따라서 이들 두 상품 사이에는 대체재(substitution goods)인 관계가 있다고 한다.

반대로 커피와 커피크림의 관계를 보자. 커피의 가격이 오르면, 사람들은 커피에 대한 수요를 줄일 것이고, 따라서 커피에 타 먹는 커피크림의 수요도 같이 줄어들 것이다. 즉, 커피의 가격이 오르면 커피크림의 수요가 준다. 따라서 교차탄력성의 부호는 음수가 된다. 이들 두 상품 사이에는 서로에게 필요한, 다시

point-3.4 배추와 소금은 보완재(?)

농산물의 가격은 날씨에 크게 영향을 받는다. 즉, 강원도의 고랭지 배추 산지에 홍수가 나면 배추값은 크게 오른다. 이렇게 되면 흔히 김치가 아니라 금(金)치라는 말을 재미삼아 하곤 한다. 김치를 담그려면 배추를 소금에 절여야 하는데, 그렇다면 이때 배추와 소금은 어떤 관계일까? 정상적으로 생각하면 당연히 보완재가 될 것이다. 그러나 배추값이 비싸지면 음식점에서 밑반찬으로 주는 김치는 대체로 짜지는 경향이 있다. 이럴 때는 배추값은 오르고 소금의 수요는 늘었으니 배추와 소금은 보완재가 아니라 대체재라고 해야 하나?

말해 기능을 서로 보완해 주는 성격이 있음을 알 수 있다. 따라서 이들 두 상품 사이에는 보완재(complimentary goods)인 관계가 있다고 한다.

탄력성과 수입

장사를 하면서 돈을 더 많이 벌고 싶다면 파는 물건의 가격을 올리면 될까? 얼핏 보기에 맞는 말 같지만, 탄력성(elasticity)을 배운 사람은 그렇게 단순하게 생각하지 않는다. 우선 물건의 가격을 올리면 파는 물건의 수가 줄어들 것이고, 따라서 돈을 더 벌 수도 있지만, 오히려 수입(revenue)이 줄어들 수도 있다. 예를 들어, 비디오대여점에서 대여료 1,000원에 월간 평균 2,000개의 비디오를 빌려 주고 있는데, 대여료를 1,200원으로 올리면 이 가게의 수입은 어떻게 될까? 사람들은 대여료가 오르면 비디오를 덜 빌려 보게 된다. 만일 비디오 대여건수가 1,800건으로 줄어들면 216만 원으로 수입이 늘어나겠지만, 대여건수가 크게 줄어 평균 1,500건이 되면 수입은 180만 원으로 오히려 줄어들게 된다. 전자의 경우 탄력성이 1보다 작아 가격변화에 수요량이 민감하게 반응하지 않으므로 가격인상의 효과가 나타나지만, 후자의 경우 탄력성이 1보다 크기 때문에 가격상승으로 인한 수입증가효과보다 수요량 감소에 따른 수입감소효과가 더 크게 나타난다. 따라서 전체 수입이 감소하는 것이다.

가격이 떨어지는 경우에는 정반대의 현상이 발생한다. 가격을 10% 내렸는데도 수요량은 10%보다 적게 늘어난다면(탄력성이 1보다 작은 경우) 수입은 감소할 것이다. 그러나 수요량이 10%보다 많이 늘어난다면(탄력성이 1보다 큰 경우) 수입은 증가한다.

일반적으로 생활필수품의 성격이 큰 경우 탄력성은 작다. 예를 들어, 쌀값이 오른다고 먹는 것을 크게 줄일 수 없고, 지하철요금이 오른다고 하루 걸러 출근할 수는 없는 노릇이기 때문이다. 반면에 기호품이나 장식품 등 사치재는 꼭 필요한 것이 아니

그림 3-3

수요의 탄력성과 수입(收入)

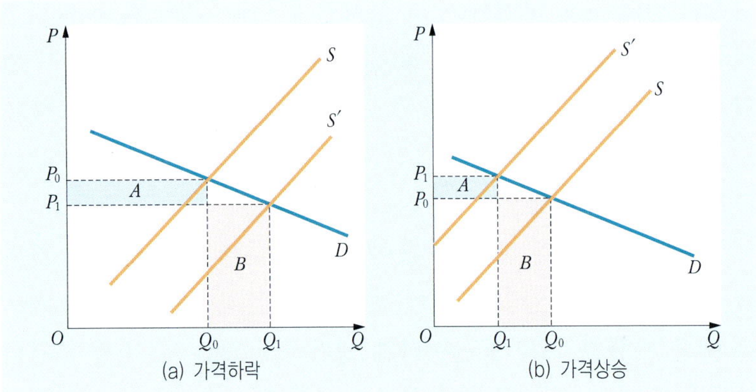

사치재와 소비문화

우리나라에서는 경기가 나쁜 상황에서도 명품의 소비가 오히려 늘어난다는 신문기사를 종종 접할 수 있다. 더구나 일부 명품판매업자들은 가격이 비쌀수록 잘 팔린다면서 명품에 터무니없는 가격을 매겨 바가지를 씌우는 경우도 있다. 이런 경우라면 사치재의 가격을 올림으로써 수입이 큰 폭으로 늘어날 것이다. 그러나 이는 경제학원리에 도전하는 잘못된 소비문화 탓으로, 예외적인 경우이기를 바랄 뿐이다.

므로 가격이 오르면 대체로 수요량이 큰 폭으로 줄어든다. 따라서 판매자의 입장에서는 필수재의 경우 가격인상이 수입증가의 효과를 가져오는 반면, 사치재의 경우 가격인상은 오히려 수입감소를 초래할 수 있다. 가격이 하락할 때는 정반대의 결과가 초래된다. 즉, 사치재의 경우 수입은 증가하고, 필수재의 경우 수입은 감소할 수 있다.

〈그림 3-3〉에서와 같이 수요의 가격탄력성이 큰(즉, 수요곡선이 완만하게 누워 있는) 경우 가격이 P_0에서 P_1으로 떨어지면 수요량은 크게 늘어난다. 가격하락으로 줄어든 수입(면적 A)보다 수요량의 증가로 인한 수입의 증가(면적 B)가 더 크기 때문에 전체적인 수입은 증가한다. 그러나 반대로 가격이 P_1에서 P_0로 상승하는 경우를 생각해 보면 가격상승으로 인해 증가하는 수입(A)보다 수요량 감소에 따른 수입감소(B)가 더 크다는 것을 알 수 있다.

표 3-1

재화의 종류와 수입(收入)

	수요의 가격탄력성	수입의 변화	
		가격하락	가격상승
쌀	1보다 작음 (필수재)	가격이 하락한 만큼 수요가 같은 비율로 늘어나 주지 않기 때문에 수입감소	가격이 상승한다고 해도 수요의 감소폭이 크지 않기 때문에 수입증가
장미꽃	1보다 큼 (사치재)	가격이 하락하면 수요가 큰 폭으로 증가하기 때문에 수입증가	가격이 상승하면 수요가 큰 폭으로 감소하기 때문에 수입감소

농산물의 경우 대체로 필수재에 속한다고 할 수 있는데, 여기에 바로 농민들의 애환이 있는 것이다. 농사가 잘 되어서 풍년이 들면 가격이 떨어지기 마련인데, 문제는 농산물이 필수재이므로 가격이 하락해도 수요는 크게 늘지 않는다는 데 있다. 때문에 농민들의 수입은 오히려 줄어드는 경우가 많다. 반대로 흉년이 들어 농산물의 가격이 오른다면 가격이 오른 비율보다 작은 비율로 수요가 감소하기 때문에 이론적으로 수입은 증가할 수 있다. 그러나 흉년이 들었다고 농민들에게 이득이 된다고 생각할 수는 없는 노릇이다. 예로부터 농민들은 풍년이 들면 풍년이 들어서, 흉년이 들면 흉년이 들어서 걱정이라는 말이 경제학적 근거가 있는 말이었는지도 모를 일이다.

3.2 공급

3.2.1 공급의 개념, 공급함수, 공급곡선

우리는 앞에서 수요란 무엇인가에 대해 살펴보았다. 공급은 수요와 대칭되는 개념이기 때문에 수요에 대한 이해를 잘 하고 있다면 공급을 이해하기는 훨씬 쉬워진다(수요에 대한 설명에서 단어만 적절히 바꿔 주면 공급에 대한 설명이 될 정도로 수요와 공급의 개념은 대칭적 성격이 크다고 할 수 있다. 이러한 대칭성을 강조하기 위해 실제로 이 책에서도 그렇게 설명할 것이다). 수요에 대한 설명과 같은 순서로 공급의 개념, 공급함수, 공급곡선에 대해 설명해 보자.

공급은 사람들이 필요로 하는 물건이나 서비스를 만들어서 제공하는 것을 말한다. 이 역시 경제학적으로 표현하면 **공급(supply)이란 기업이 어떤 재화나 용역을 판매하고자 하는 욕구 또는 의사를 말한다.** 그러니까 공급도 추상적 개념이며, 공급이 구체적으로 어떤 물건 '몇 개'라는 형태로 팔고자 하는 의사를 크기로 표현되면 공급량이 된다. 즉, 공급량(quantity supplied)이란 기업이 어떤 재화나 용역을 판매하고자 하는 양을 말한다(수요에서와 마찬가지 이유로 공급과 공급량의 개념을 구별한다).

그렇다면 기업은 얼마만큼의 물건을 만들어 팔 것인가? 여기서도 공급에 영향을 주는 여러 가지 요인들을 생각해 볼 수 있지만, 경제학에서 가장 중요하게 생각하는 것은 역시 가격이다. 즉, 기업이 물건을 만들어서 얼마에 팔 수 있는가에 따라 공급의 크기가 달라질 것이다(물론 얼마에 팔 수 있는가라는 말의 뒤에는 사실 얼마만큼의 돈을 벌 수 있는가라는 더욱 중요한 문제가 전제가 되는 것이지만, 이에 대해서는 뒤의 생산자이론에서 더 구체적으로 설명하기로 한다). 물건을 만들어서 팔려고 하는 데 값이 낮아서 생산비조차 건지기 힘들다면 생산을 하지 않을 것이요, 값이 비싸서 이윤을 더 많이 얻을 수 있다면 신이 나서 더 많이 만들어 팔려고 할 것이다.

공급을 결정하는 가장 중요한 요소로서의 변수 역시 가격이 된다는 말이다. 가격이 낮아지면 공급량은 줄어들 것이고, 가격이 오르면 공급량은 증가할 것이다. 이것을 공급의 법칙(law of supply)이라고 한다. 수요에서와 마찬가지로 공급의 법칙 역시 그래프와 수식에 의한 다양한 방법으로 표현할 수 있다.

우선 수식으로 표현한다면 가격(P)이 변할 때 공급량(Q_S)이 변하기 때문에 Q_S는 P의 함수와 같은 형태로 나타낼 수 있다. 이것이 바로 공급함수(supply function)라는 것이다. 수요와 같이 가장 단순한 형태인 1차함수로 표현해 보면 다음과 같다.

$$Q_S = c + dP \quad (\text{단, } c>0,\ d>0)$$

이 식은 앞서의 수요함수와 똑같지만 절편 c와 기울기 d만 달라졌다. 절편 c는 공급량에 영향을 주는 가격 이외의 다른 요

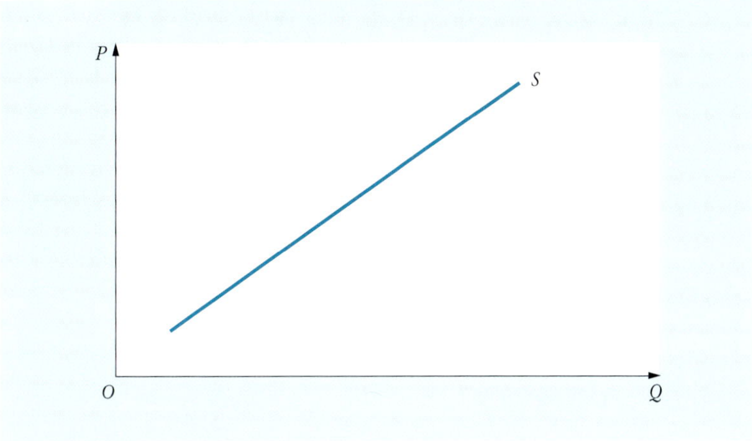

그림 3-4
공급곡선

인에 의한 영향을 대표한다. 가격은 경제학적으로 볼 때 공급량을 결정하는 '가장 중요한' 요인이라고 하였는데, 이는 가격 이외에도 공급량에 영향을 주는 요인들이 더 있음을 의미한다. 여기에는 기후라든가, 생산기술 등 물건을 만드는 비용에 영향을 주는 요인과 다른 상품의 가격 등이 포함된다. 그런데 이들 요인에 의한 변화는 우리가 변수로 생각하는 가격의 모든 수준에서 늘거나 줄어드는 것이기 때문에 기울기가 아닌 절편의 변화로 나타나게 된다.

d는 기울기로 가격이 변할 때 공급량이 변하는 비율을 의미한다. 우리가 사용하는 상품 가운데는 가격이 조금만 올라도 공급량이 크게 늘어나는 게 있는 반면, 가격이 크게 변해도 공급량에는 별반 영향을 주지 못하는 것도 있다. d는 바로 이처럼 가격이 공급량에 미치는 영향의 정도를 보여 주는 것이다.

이제 이 공급함수를 그래프에 옮겨 보면 공급곡선이 되는데, 이는 〈그림 3-4〉와 같다.

그림 3-5
공급과 공급량의 변화

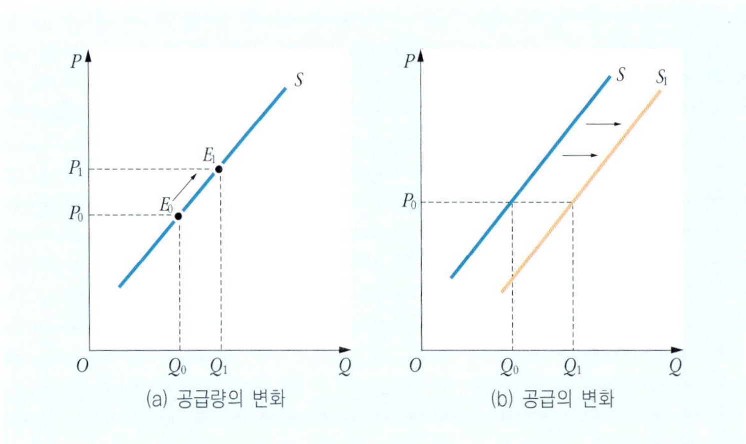

3.2.2 공급과 공급량의 변화

공급의 변화와 공급량의 변화 역시 수요의 경우와 같다. 공급의 변화는 추상적 개념으로서의 공급, 즉 재화나 용역을 얼마나 공급하고자 하는가 하는 욕구의 변화를 말하고, 가격의 변화 등으로 인한 구체적인 공급의 크기가 변하는 것은 공급량의 변화라고 한다. 예를 들어, 토마토의 재배방법 같은 기술적 변화에 의해 토마토를 생산하고자 하는 농가가 많아지거나 같은 비용으로 더 많은 토마토를 생산할 수 있게 되면, 이는 토마토에 대한 공급의 변화가 일어난 것으로 보아야 한다. 반면 토마토의 가격이 상승하여 재배농가에서 더 많은 토마토를 생산하려고 한다면, 이는 공급을 담당한 생산자들이 가격의 변화에 대응해서 공급의 크기를 변화시킨 것이므로 공급량이 변한 것이다.

〈그림 3-5〉에서 (a)는 가격이 P_0에서 P_1으로 상승하였을 때 공급량의 변화를 표시하고 있고, (b)는 가격 이외의 요인이 변함으로써 공급이 변하는 것을 보여 주고 있다. 그림 자체를 가지고 기하학적으로 설명하면 공급량의 변화는 공급곡선상의 움직임, 즉 가격이라는 변수의 변화가 공급곡선을 따라 공급량의 변화를

초래하는 것을 말한다. 공급의 변화는 공급곡선 자체가 위쪽 또는 아래쪽으로 평행이동하는 것을 말한다.

수요의 경우와 마찬가지로 공급의 변화와 공급량의 변화를 구별하는 이유도 공급이나 공급량의 변화에 따른 대응이 달라질 수 있기 때문이다.

3.2.3 공급탄력성

앞서 설명한 수요의 탄력성과 같은 방식으로 공급의 탄력성도 생각해 볼 수 있다. 공급의 가격탄력성은 가격이 변할 때 공급량이 어떤 비율로 변화하는가를 나타내는 것이다. 따라서 그 공식은 다음과 같이 쓸 수 있다.

$$\varepsilon_S = \frac{P}{Q}\frac{dQ}{dP}$$

물론 이때 Q는 공급함수의 Q를 의미한다.

point-3.5 공급탄력성의 기하학적 의미

직선으로 표시되는 공급곡선의 경우, 공급의 탄력성은 공급함수가 양의 기울기를 갖는다는 함수의 특성 때문에 기하학적으로 수요의 경우와 다른 독특한 성질을 갖는다. 즉, 공급함수의 절편이 양수, 0 또는 음수인가에 따라 탄력적 · 단위탄력적 · 비탄력적이 되는 것이다.

먼저 절편이 0인 경우에는 공급곡선상의 한 점에서 $\frac{P}{Q} = \frac{dP}{dQ}$가 되므로 공급의 가격탄력성은 항상 1, 즉 단위탄력적이 된다(그림 (a)).

절편이 양수인 경우에는 $\frac{P}{Q} > \frac{dP}{dQ}$가 되므로 공급의 가격탄력성은 1보다 커서 탄력적이 된다(그림 (b)).

절편이 음수인 경우에는 $\frac{P}{Q} < \frac{dP}{dQ}$가 되고 탄력성이 1보다 작은 비탄력적 공급곡선이 된다(그림 (c)). 따라서 공급곡선의 경우 수요곡선의 경우와는 달리 절대적 크기를 가지고 탄력적, 비탄력적을 판단하기보다는 탄력성의 상대적 크기를 중요하게 생각한다.

리히텐슈타인의 「행복한 눈물」과 공급탄력성

「행복한 눈물」이라는 만화 같은 그림이 정말 만화에나 등장할 법한 엄청난 가격이 매겨져 있다는 뉴스가 있었다. 여인의 감정을 팝아트의 기법으로 섬세하게 묘사하였기 때문이라는 예술적 평가만으로는 비싼 가격을 다 설명할 수 없다. 대체로 골동품이나 유명작가의 예술품 등이 비싼 가격에 거래되는 것은 근본적으로 공급탄력성이 매우 비탄력적이기 때문이다. 공급곡선이 매우 비탄력적이어서 거의 수직에 가깝다면 그 가격은 수요에 따라서 천정부지로 올라갈 수 있는 것이다. 유명한 연예인이나 운동선수들의 몸값이 엄청난 것 역시 비탄력적인 공급곡선으로 설명할 수 있다.

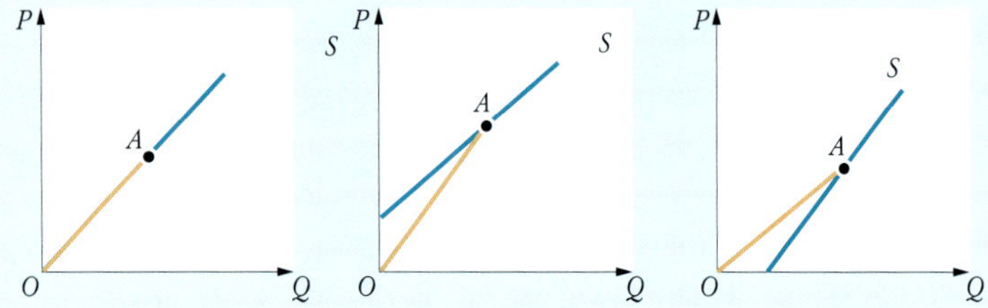

(a) 단위탄력적 (b) 탄력적 (c) 비탄력적

공급탄력성은 다음과 같은 요인에 따라 영향을 받는다. 먼저 생산요소의 탄력성이다. 재화의 가격이 올라서 생산자가 공급을 늘리고자 하는 경우를 생각해 보자. 그런데 생산자가 생산을 늘리려고 하니 생산요소에 대한 수요가 늘어 생산요소의 가격이 오르게 된다. 재화의 가격이 올라서 수입이 늘어난 것보다, 생산요소의 가격이 올라서 비용이 더 크게 늘어난다면 생산자는 공급을 크게 늘리지 않을 것이다. 그 밖에도 공급탄력성은 생산기술의 조건에도 영향을 받는다.

point-3.6 소비자잉여와 생산자잉여

수요와 공급곡선에 대해 알아보았으니 이제 소비자잉여와 생산자잉여에 대해 알아보자. 수요곡선은 가격이 하락하면 수요량을 늘리는 대응관계를 보여 주는 것이다. 예를 들어, 갑 · 을 · 병 세 사람의 사과수요를 생각해 보자. 갑은 워낙 사과를 좋아해서 사과 하나당 최고 2,000원까지 지불할 용의가 있다. 을은 사과를 덜 좋아해서 1,800원을, 병은 1,600원을 각각 지불할 용의가 있다. 사과의 가격이 2,000원으로 주어지면 사과에 대한 수요는 1개가 되고, 가격이 1,800원이라면 사과의 수요는 2개가 된다. 가격이 1,600원이 된다면 수요는 3개가 된다. 이것이 바로 사과에 대한 수요곡선인 것이다. 그런데 사과의 가격이 1,600원이면 세 사람 모두 사과를 하나씩 구입하게 된다. 앞서 말한 대로 갑은 사과를 워낙 좋아해서 2,000원에라도 구입할 생각이 있는데, 시장에서 가격이 1,600으로 주어졌기 때문에 1,600원에 사과를 사고 400원을 절약한 셈이 된다. 을의 경우는 200원을 절약한 결과가 된다. 이는 소비자들이 생각지도 않던 이득을 챙기게 된 것이므로 소비자잉여(consumer's surplus)라고 한다. 그림 (a)에서 P_0의 가격이 시장에서 주어졌다면 가격과 수요곡선으로 이루어진 삼각형의 면적이 바로 소비자잉여가 되는 것이다.

공급곡선을 보자. 예를 들어, 컴퓨터를 생산하는 A, B, C 세 기업이 있는데, A사는 효율적으로 생산할 수 있는 기술이 있어 생산비가 60만 원 들고, B사와 C사는 각각 80만 원과 100만 원의 생산비가 든다고 하자. 컴퓨터의 가격이 60만 원으로 주어지면 B사와 C사는 생산하지 못하고 A사만이 생산하게 된다. 컴퓨터의 시장가격이 80만 원이 되면 B사 역시 생산하게 되어 컴퓨터의 공급량은 2대가 되고, 가격이 100만 원이 되면 공급은 3개가 된다. 시장에서 컴퓨터의 가격이 100만 원으로 주어졌다면 A사는 60만 원에라도 공급할 생각이 있었기 때문에 40만 원의 이득이 거저 생긴 셈이다. B사의 경우도 20만 원의 이득을 덤으로 챙기게 된다. 이것이 생산자잉여(producer's surplus)이다. 그림 (b)에서 가격과 공급곡선으로 이루어진 삼각형의 면적이 바로 생산자잉여가 된다.

소비자잉여와 생산자잉여는 사회후생을 분석하는 데 중요한 도구로 활용되므로 잘 이해하고 넘어가자.

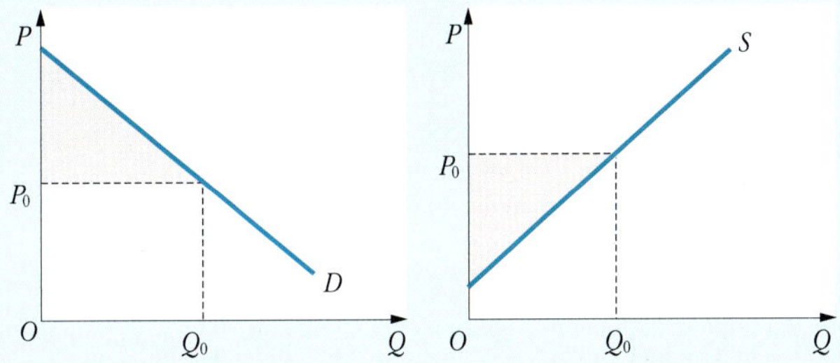

(a) 소비자잉여 (b) 생산자잉여

3.3 시장균형

3.3.1 시장균형의 성립

수요와 공급은 시장에서 만나 균형을 이루게 된다. 수요자와 공급자는 '보이지 않는 손'에 의한 조정으로 균형가격과 균형수급량을 결정함으로써 시장균형을 달성하게 되는 것이다.

그림 3-6
시장불균형

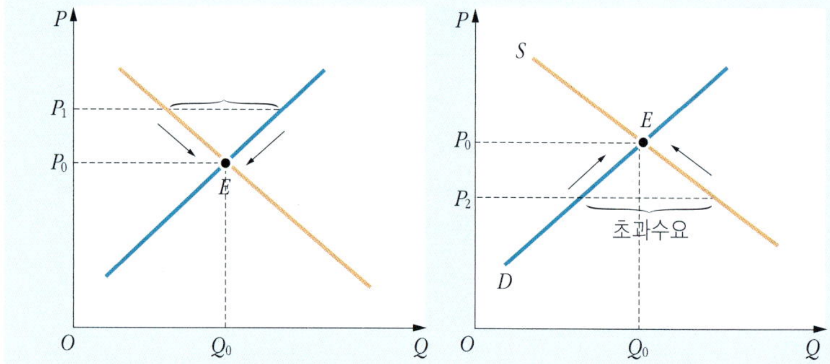

(a) 초과공급　　(b) 초과수요

〈그림 3-6〉에서 알 수 있듯이, 시장가격이 P_1에서 형성된다면 시장에 공급하려는 재화의 양이 수요되는 재화의 양보다 많아지고, 따라서 초과공급이 존재하게 된다. 그러므로 공급자는 생산된 많은 양의 재화를 시장에서 팔지 못해 손실을 입게 된다. 공급자들은 가격을 조금 낮추어서라도 물건을 팔아 손실을 줄이려 할 것이고, 가격이 낮아지면 수요는 조금씩 늘어나게 된다. 초과공급은 점차 줄어들지만, 초과공급이 아직 존재하는 한 이와 같은 공급자들의 경쟁적 노력은 계속될 것이고 가격은 계속 하락하게 된다. 이러한 움직임은 움직임의 원인이 사라질 때까지 계속된다. 즉, 초과공급이 사라짐으로써 균형점에 도달할 때까지 계속되는 것이다.

시장가격이 P_2에서 형성된다면 초과수요가 존재한다. 가격이 매우 낮기 때문에 소비자들은 많은 물건을 사고자 하지만, 공급자들은 노력에 비해 수지가 맞지 않기 때문에 낮은 수준에서 공급을 하게 된다(좀더 정확히 말하자면 낮은 가격에도 불구하고 수지를 맞출 수 있는 기업은 많지 않은데, 이들만이 시장에 물건을 만들어 공급을 하게 되므로 시장에 공급되는 재화의 양이 적은 것이다). 따라서 소비자들은 원하는 물건을 하나라도 더 확보하기 위해 가격을 올리게 되고, 가격이 오르면 공급이 조금씩 늘어난다. 가격이 오른 이유는 초과수요가 존재하기 때문이고, 가격상승의 움직임은 초과수요가 사라질 때까지 계속될 것이다. 결국 시장에서는 수요자와 공급자들이 경쟁을 함으로써 균형점을 향해 움직이게 되고, 마침내 균형을 달성하는 것이다.

균형가격은 수요와 공급의 변동에 의해 이동한다. 예를 들어, 사과가 고혈압을 예방하는 데 특효가 있다는 연구결과가 발표되면 사과에 대한 수요가 증가할 것이다. 이렇게 되면 사과에 대한 수요곡선이 오른쪽으로 이동(모든 가격수준에서 수요가 증가하는 것이므로)할 것이고, 따라서 시장에는 초과수요가 존재하게 된다. 가격은 상승하고 공급량은 공급곡선을 따라 늘어나게 된다. 여기서 '수요'의 변동이 가격의 변동을 통해 '공급량'의 변동을 초래하였음을 유의하자. 즉, 수요는 수요 자체가 변동한 것이고, 공급은 가격의 변화가 공급곡선상의 움직임을 초래함으로써 공급량이 변동한 것이다.

공급이 변화해도 균형가격은 변동한다. 예를 들어, 예상치 못한 태풍이 몰아닥쳐 사과수확이 크게 줄었다면, 사과의 공급곡선은 왼쪽으로 이동할 것이다. 이렇게 되면 시장에서 초과수요가 발생한다. 이로 인해 수요곡선을 따라 시장가격은 상승하며,

point-3.7 균형의 안정성

위에서 설명한 시장균형은 균형에서 벗어나면 다시 균형으로 돌아가려는 힘이 작용한다. 따라서 수요 · 공급의 시장균형은 안정적 균형이다. 안정적 균형이란 외부적 힘에 의해 균형에서 벗어나더라도 다시 균형으로 돌아가려는 힘이 존재하는 경우를 말한다. 반면 지금은 균형상태에 있지만 외부의 힘에 의해 균형에서 벗어났을 때 지속적으로 균형으로부터 이탈하려는 힘이 존재하는 경우를 불안정적 균형이라고 한다. 아래의 그림은 안정적 균형과 불안정적 균형의 전형적인 예를 보여 주고 있다.

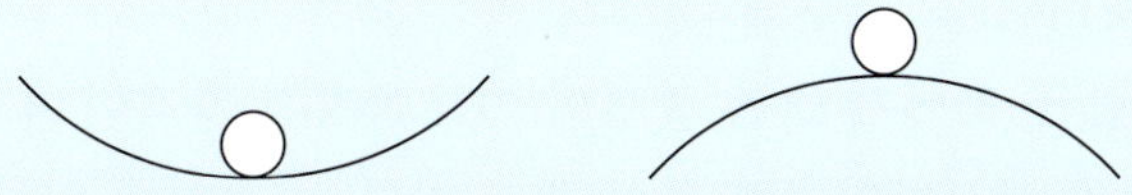

그림 3-7
균형의 이동

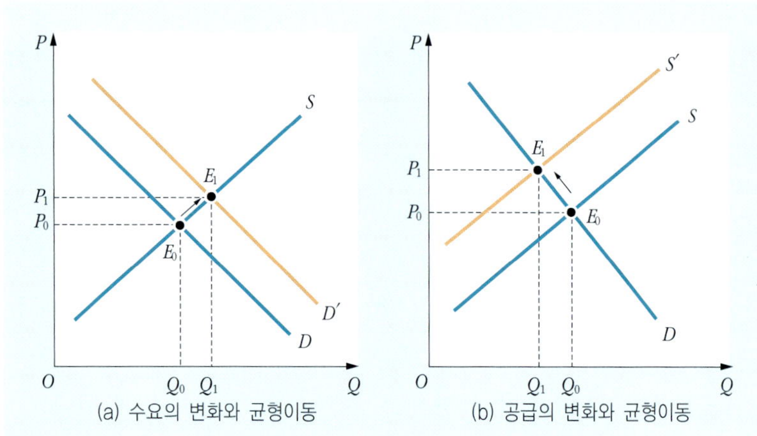

수요량이 감소하여 새로운 균형에 도달하게 된다. 수요가 감소하거나 공급이 늘어나는 경우의 예도 생각하여 균형의 이동을 각자 분석해 보자.

3.3.2 시장균형의 효율성

시장균형은 안정적이라고 하였다. 그렇다면 시장균형은 얼마나 효율적인가? 이를 알아보기 위해 가격기구(price mechanism)의 역할을 살펴볼 필요가 있다. 앞서 살펴본 바와 같이, 시장가격은 수요와 공급의 균형을 맞추어 주는 역할을 한다. 가격의 이러한 기능이 잘 작동되도록 갖추어진 체제를 가격기구라고 한다.

가격기구가 작동하여 수요와 공급의 균형을 이루면 시장은 최상의 효율을 달성하게 된다. 수요의 측면에서는 소비자잉여, 공급의 측면에서는 생산자잉여를 가지고 균형의 효율성을 알아볼 수 있다. 〈그림 3-8〉은 균형이 이루어진 상태와 초과수요·초과공급이 존재하는 경우의 소비자잉여와 생산자잉여를 각각 표시한 것이다.

〈그림 3-8〉에서 ⓐ는 균형이 이루어져서 가격이 P_0일 때, 소비자잉여와 생산자잉여를 보여 주고 있다. 삼각형의 윗부분은 소

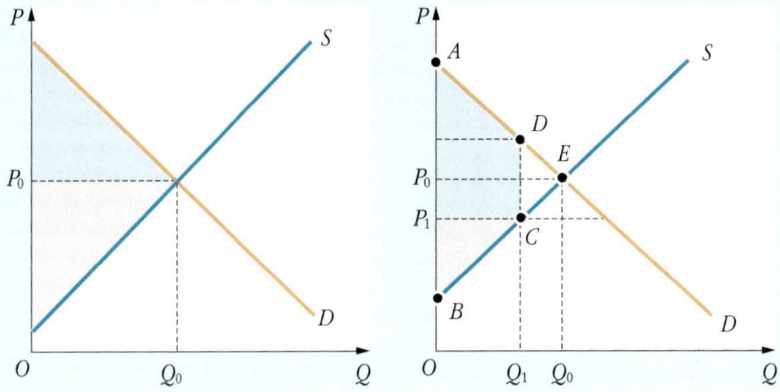

(a) 시장균형과 잉여 (b) 초과수요와 잉여의 손실

그림 3-8
시장균형의 효율성

비자잉여를, 아랫부분은 생산자잉여를 나타낸다. 그러나 그림 (b)에서와 같이 가격이 P_1으로 주어져 초과수요가 존재하면 소비자잉여는 사다리꼴의 음영부분($ADCP_1$)이 될 것이고 생산자잉여는 아랫부분의 삼각형(P_1BC)이 되어, 결과적으로 $\triangle CDE$만큼의 잉여손실이 발생한다. 마찬가지로 초과공급이 발생한 경우에도 잉여손실이 발생한다. 각자 그림을 그려 확인해 보자.

시장에서 가격기구가 제대로 작동한다면 이와 같은 잉여손실이 발생하지 않고 따라서 효율적인 균형이 달성되겠지만, 현실에서는 여러 가지 이유로 균형이 달성되지 못하는 상황이 존재한다. 예를 들어, 정부가 특별한 정책적 목표를 위해 최저가격 또는 최고가격을 설정하여 이를 지키도록 한다면 시장의 왜곡에 의한 효율성의 저하가 발생한다. 정부에서 최저가격을 설정하는 대표적인 예로는 농산물가격지지정책을 들 수 있다.

농산물의 경우 재화의 특성상 시장상황에 따라 공급을 조절할 수 없기 때문에 시장균형가격이 생산비에도 못 미치는 상황이 생길 수도 있다. 이렇게 되면 정부에서는 농민들의 소득보전을 위해 가격을 시장균형가격보다 높은 수준에서 유지되도록 하는 정책을 쓴다. 이를 농산물가격지지정책이라고 한다. 최저가격제는 시장에서 초과공급을 발생시킴으로써 농산물의 가격은 높아지겠지만 판매량은 최저가격제를 실시하기 전보다 줄어든

이중곡가제

우리나라에서 정부가 실시하였던 대표적인 농산물가격지지정책의 하나가 바로 이중곡가제이다. 우리의 주식인 쌀을 정부가 시장가격보다 높게 책정하여 구매해 주는 것이다. 그러나 농민들의 소득보전을 위해 쌀가격을 높게 책정하면 도시의 근로자들이 어려워지기 때문에 정부에서는 농민들로부터 비싸게 사들여서 싼값에 시중에 내다파는 정책을 썼던 것이다. 이 과정에서 당연히 정부는 손해를 보게 되었는데, 이를 '양특적자'라고 하였다. 지금은 WTO가 이러한 정책을 경쟁을 제한하는 불공정 보조금으로 간주하기 때문에 폐지하였다.

그림 3-9

농산물가격지지정책의 효과

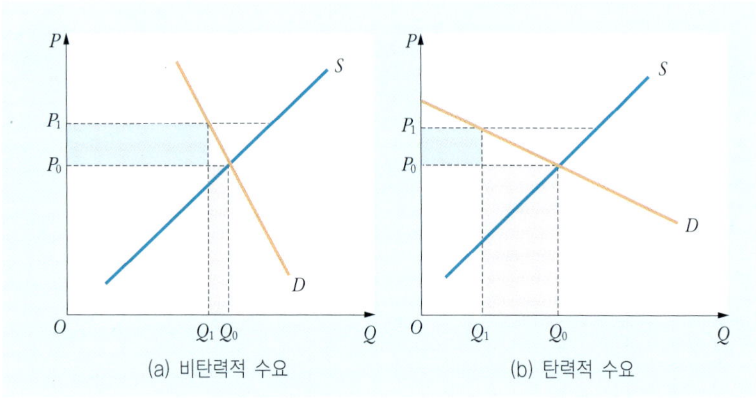

다. 결국 최저가격제에 의해 농민들의 총수입이 늘어나게 되는지의 여부는 해당 농산물의 수요탄력성에 달려 있다. 〈그림 3-9〉를 보자. 그림 (a)는 수요의 가격탄력성이 낮은 경우로 최저가격제의 실시로 수입이 늘어났고, 그림 (b)는 탄력성이 높아 수입이 감소한 것을 보여 주고 있다. 탄력성이 낮은 경우 가격을 크게 올려도 수요량의 감소가 크지 않기 때문에 수입이 늘어나는 것이다. 농산물의 경우 대체로 수요의 가격탄력성이 낮은 필수재인 경우가 많기 때문에 이러한 정책적 가격설정이 효과를 볼 수 있다. 가격통제의 다른 예로는 최저임금제와 아파트의 분양가를 통제하는 정책을 들 수 있다.

3.3.3 조세의 귀착

수요 · 공급의 균형분석을 응용하면 정부가 부과하는 조세가 경제구성원에게 어떻게 배분되는지 알 수 있다. 이를 조세의 귀착이라고 한다. 조세의 징수방식은 크게 종량세(specific tax)와 종가세(ad valorem tax)로 나누어지는데, 종량세란 제품의 크기나 개수에 따라 세금을 매기는 것이고, 종가세는 판매가격의 일정 비율을 조세로 부과하는 방식이다. 조세의 귀착은 세금의 징수방식에 따라 달라지지만, 분석방법은 크게 다르지 않다. 여기서는

그림 3-10

조세의 귀착

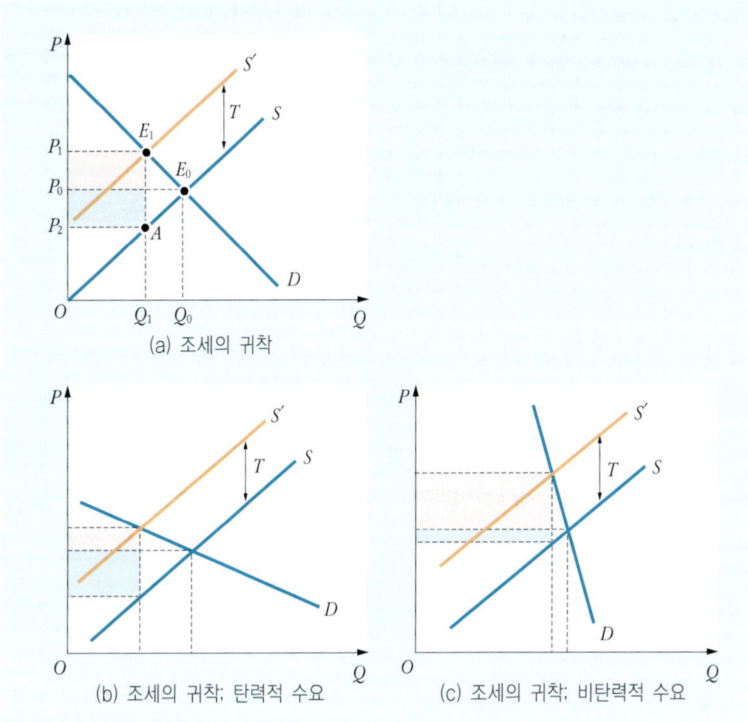

종량세를 기준으로 조세의 귀착을 알아보자.

우선 종량세란 제품의 크기나 개수에 따라 세금을 매기는 방식이다. 즉, 재화나 용역 한 단위당 얼마씩의 세금을 부과하는 것이다. 종량세를 부과하면 공급자는 이를 전적으로 가격에 반영할 것이고, 결국 제품의 가격이 세금의 크기만큼 올라가게 된다. 따라서 모든 판매량에서 가격이 세금만큼 높아진 것이므로 공급곡선은 조세의 크기만큼 위로 수평이동하게 된다.

〈그림 3-10〉 ⒜에서 공급곡선이 조세의 크기인 T만큼 위로 수평이동하면 균형은 E_0에서 E_1으로 이동한다. 따라서 균형가격은 P_0에서 P_1으로 오르고, 균형수급량은 Q_0에서 Q_1으로 감소한다. 균형점을 비교해 보면 소비자잉여는 $E_0E_1P_1P_0$만큼 감소하였고, 생산자잉여는 $E_0P_0P_2A$만큼 감소하였다. 이와 같은 잉여의 감소분 가운데 $P_1E_1AP_2$만큼은 정부의 수입으로 돌아갔고, $\triangle E_0E_1A$

는 어느 누구에게도 귀속되지 않고 시장에서 사라져 버렸다. 즉, 조세에 의해 시장이 왜곡됨으로써 사회적 후생손실이 발생한 것이다. 결국 빨간 음영부분은 소비자의 부담으로, 파란 음영부분은 생산자의 부담으로 귀착된 것이다.

그런데 이러한 조세부담의 귀착은 수요와 공급곡선의 탄력성에 따라 달라진다. 그림 (b)는 수요곡선이 아주 탄력적인 경우로, 조세의 대부분이 생산자에게 귀착됨을 보여 주고 있다. 수요곡선이 탄력적이면 가격이 오를 때 수요를 크게 줄이게 되고, 따라서 조세부담이 공급자에게 돌아가는 것이다. 그림 (c)는 수요곡선이 아주 비탄력적인 경우로 조세의 대부분이 소비자에게 귀착됨을 보여 주고 있다. 공급곡선의 경우에 대해서도 탄력성에 따라 조세의 귀착이 달라지는 것을 그림을 그려 확인해 보자.

더 찾고 생각해 보기

1. 정부는 부동산시장의 안정을 위해 여러 가지 대책을 세워 시행하고 있다. 특정 지역의 아파트가격이 급등하는 이유를 설명해 보자. 아파트가격의 안정을 위해 정부가 시행한 정책 가운데 하나가 분양가상한제이다. 분양가상한제가 무엇인지 알아보고, 이러한 정책의 효과를 생각해 보자.

2. 미국산 소고기의 수입이 재개되면 산지의 한우의 가격이 최고 14% 정도 하락할 것으로 예상된다는 농촌경제연구원의 보고가 있었다(www.krei.re.kr, 2008년 4월 22일자 보도자료). 이러한 추정이 가능한 논리를 생각해 보자.

3. 2007년 이후 국제밀가격이 오르면서 국내음식료업계에 지대한 영향을 주었다. 밀가루를 이용하는 과자 · 자장면 · 라면의 가격이 올랐을 때 균형수급량과 수입(收入)에 미치는 결과를 탄력성을 가지고 설명해 보자.

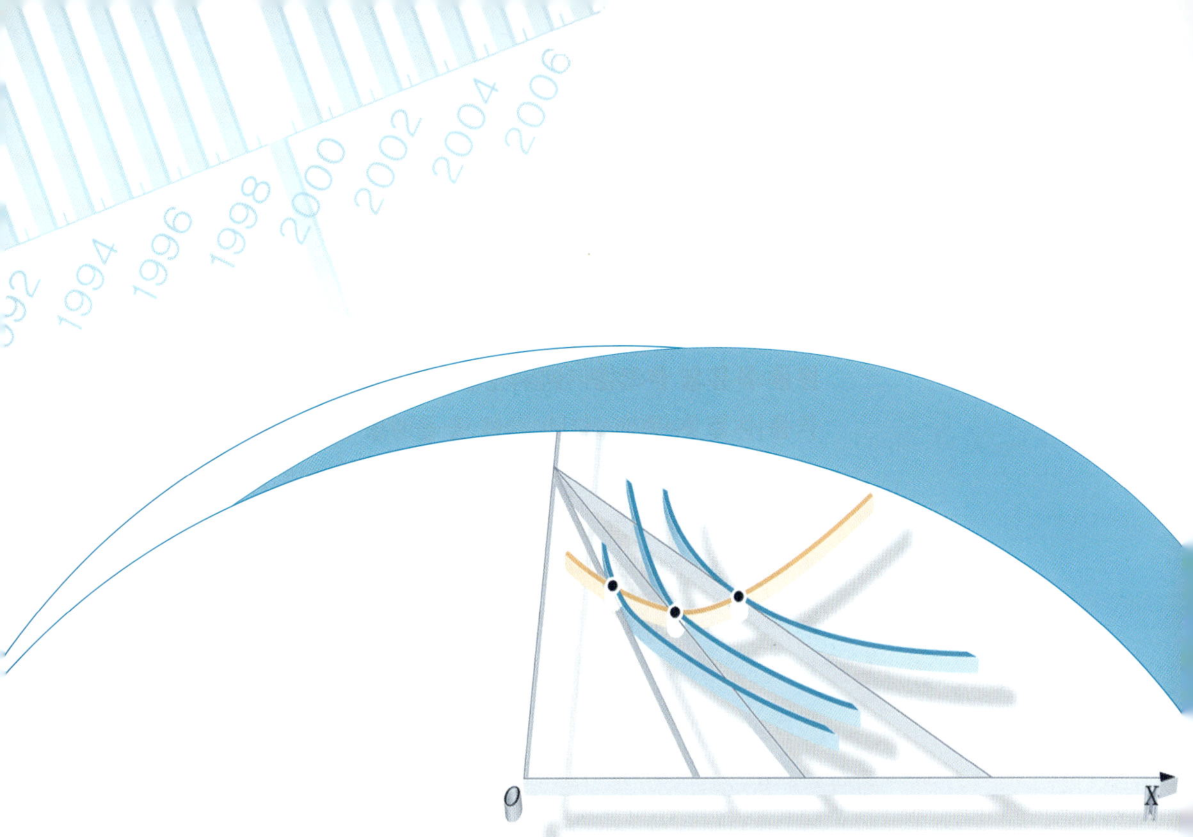

Chapter

4 소비자이론: 수요곡선의 도출

4 소비자이론: 수요곡선의 도출

이 장에서는 소비자들의 행위가 어떤 원리에서 이루어지는지, 그리고 그 결과가 시장에서 어떻게 나타나는지를 살펴본다. 먼저 우리가 매일 수 없이 많은 소비행위를 하고 있는데, 과연 우리는 어떤 결정과정을 거쳐서 그러한 행위를 하고 있는지 생각해 보자. 아침에 일어나서 샴푸로 머리를 감고, 토스트를 구워서 오렌지주스 한 잔과 함께 아침을 먹고, 버스를 이용해 학교에 온다. 등교하는 짧은 과정만 생각해 봐도 우리는 많은 재화와 용역을 사용하게 되는 것이다. 여기서 우리는 별 생각 없이 지나칠 수도 있지만 사실은 다양한 의사결정을 하였음을 알 수 있다. 아침은 밥을 먹을 것인지, 아니면 빵으로 할 것인지, 그리고 주스는 어떤 종류로 할 것인지 등을 결정한 것이다. 그리고 그러한 결정에 따라 빵과 주스는 어떤 종류로 하고, 어떤 브랜드로 살 것인지를 결정한 것이다. 그렇다면 그러한 결정의 기준은 무엇이었을까?

첫 번째로는 필요하니까 샀을 것이고, 또한 여러 가지 선택가능성이 있는 경우에는 내가 좋아하는 정도에 따라서 샀을 것이고, 마지막으로 내가 가지고 있는 돈이 어느 정도인지 그 범위 안에서 샀을 것이다. 첫 번째 기준의 경우는 소비생활의 전제가 되는 것이기 때문에 소비결정의 기준이 되는 것으로 보기는 어렵다. 따라서 어떤 특정한 재화나 용역에 대해 얼마에 어느 정도의 양을 구매할 것인지를 결정하는 데는 나의 선호(選好, preference)가 어떻게 되고, 그것을 위해 내가 쓸 수 있는 돈의 크기인 예산(豫算, budget)이 어떻게 되는지, 바로 이 두 가지가 가장 중요한 기준이 된다고 할 수 있다. 이 두 가지 기준에 따라 우리가 어떻게 합리적으로 소비에 관한 의사결정을 하는지, 그리고 이것이 어떻게 앞서 말한 수요곡선으로 도출되는지 알아보자.

4.1 소비자의 선호

어떤 재화나 서비스에 대해 우리가 가지고 있는 선호는 모두 다르다. 예를 들어, 친구들과 맥주 한 잔 하기로 하였을 경우, 어떤 친구는 유독 술을 좋아하고, 또 어떤 친구는 안주를 많이 챙겨 먹는다. 따라서 맥주를 10캔 사고 오징어를 두 마리 살지, 아니면 맥주를 5캔만 사고 오징어를 4마리 살지를 결정하는 데 있

> **point-4.1 효용과 선호**
>
> 경제학에서 효용이란 선호의 다른 표현이라고 할 수 있다. 선호이론은 재화나 서비스를 좋아하는 정도에 따라 순서로 표시할 수 있다는 것(서수적)이고, 효용이론은 재화나 서비스의 유용한 정도를 구체적인 숫자로 표시할 수 있다는 것(기수적)이다. 좋아하는 정도나 유용한 정도는 표현만 다를 뿐이지, 사실 재화를 소비함으로써 만족감을 얻는다는 측면에서는 같다고 할 수 있다. 그러나 실제로 재화나 서비스를 소비함으로써 얻을 수 있는 만족감 · 효용은 구체적인 수치로 나타낼 수 없다. 따라서 선호이론이 효용이론보다는 더 현실에 가까우며, 소비자이론의 전체적인 체계는 선호이론으로 설명하고, 효용이론은 구체적 함수 등을 이용하기 때문에 소비자이론을 분석하고 가르치는 데 유용하게 쓰인다고 할 수 있다.

어서 사는 사람의 선호는 매우 중요한 역할을 하는 것이다(물론 가진 돈이 얼마인지도 중요하지만 이는 다음 절에서 설명한다). 이처럼 소비행위를 분석하기 위해서는 사람들의 선호체계가 어떻게 생겼는지를 파악하는 것이 선행되어야 한다.

그런데 우리가 어떤 재화나 서비스를 얼마나 좋아하는지, 그 좋아하는 정도가 어떻게 생겼는지를 구체적으로 파악할 수 있을까? 이는 주관적인 것이라서 사람마다 다 다를텐데 어떻게 일반화시킬 수가 있을까? 여기에는 두 가지 방법이 있다. 하나는 우리가 어떤 재화나 서비스에 대해 좋아하는 정도를 구체적인 수치로 측정할 수 있다고 가정하고 이를 근거로 분석하는 효용이론과, 구체적인 수치는 알 수 없고 어느 것보다 어느 것을 더 또는 덜 좋아하는 순서만을 매길 수 있다고 주장하는 선호이론이 그것이다. 여기서는 우선 선호이론으로 전체적인 소비자이론의 체계를 설명하고 효용이론은 부가적으로 설명하고자 한다.

4.1.1 선호체계에 관한 가정

선호이론은 앞서 말한 바와 같이 사람들이 재화나 서비스에 대해서 그 좋아하는 정도를 비교하여 순서를 매길 수 있다는 전제에서 출발한다. 어떤 재화나 서비스가 담겨진 바구니 같은 것을 상상하여, 바구니 안에 담긴 물건들을 소비묶음이라고 한다. 앞서 예를 든 맥주 10캔과 오징어 두 마리가 하나의 소비묶음이 되는 것이다. 소비자는 이러한 하나의 소비묶음을 다른 소비묶음과 비교하여 어느 것을 더 좋아하는지 판단하는 것이다. 물론 어떤 특정의 소비묶음들을 놓고 어떤 것을 더 좋아하는지를 물어 본다면 이는 사람마다 조금씩 다 다르겠지만, 여기서는 사람들이 상식선에서 공통으로 생각하는 선호의 체계를 알아보자. 경제학적으로 상식선에서 말하는 선호체계의 일반적 성질은 대체로 여섯 가지이다(여기에 등장하는 용어는 수학적 개념의 냄새가 나기 때문에 어렵게 느껴질 수도 있으나 그 의미만을 생각하면 결코 어렵지 않다).

① 완전성: 이것은 모든 소비묶음을 소비자는 언제나 비교할 수 있다는 것이다.

② 반사성: 이것은 소비자가 어떤 소비묶음을 놓고 보았을 때 자신의 소비묶음에 대해서는 최소한 같은 선호를 갖는다는 말이다. 이것은 너무나 당연한 말이라서 다소 황당하게 들릴지 모르겠으나, 경제학을 좀더 높은 단계에서 연구할 때 정밀한 수학적 방법론을 사용하기도 하는데 그럴 때 필요하다는 정도로 이해하고 넘어가자.

③ 이행성: 이것은 소비묶음 A를 소비묶음 B보다 선호하고, 소비묶음 B를 소비묶음 C보다 선호하면 소비묶음 A는 소비묶음 C보다 선호된다는 것을 말한다. 이는 가위–바위–보 게임처럼 서로 물고 물리는 선호의 순환성을 방지하기 위한 하나의 장치로 상식선에서 인정할 수 있는 것이다.

이상의 세 가지 성질은 어떻게 보면 너무나 당연한 것이어서 공리라고 부르기도 한다.

④ 연속성: 모든 소비묶음에 대한 선호는 갑자기 변하지 않는다는 말이다. 예를 들어, 사과 2개와 배 2개의 소비묶음과 사과 3개, 배 3개의 소비묶음을 비교할 때 전자보다 후자를 100배쯤 좋아한다는 것은 있을 수 없다는 말이다.

⑤ 단조성: 소비묶음에 포함된 재화나 서비스의 양이 많을수록 더 선호한다는 말이다. 사과 2개, 배 2개인 소비묶음보다는 사과 2개, 배 3개의 소비묶음을 더 선호한다는 말이다.

⑥ 볼록성: 소비자들은 어느 한 재화나 서비스에 편중된 소비묶음보다는 여러 가지 물건이 적절하게 섞여 있는 소비묶음을 더 좋아한다는 말이다. 즉, 소비자들은 사과 10개와 배 1개인 소비묶음보다는 사과 5개, 배 5개인 소비묶음을 더 선호한다는 것이다(여기서 볼록성이라는 말도 어려운 수학적 용어 가운데 하나이지만 그 의미만을 생각하자).

불연속적인 선호

연속적이지 않은 선호의 대표적인 예로 사전편찬방식(lexicographic)의 선호를 들 수 있다. 이는 여러 가지 재화로 이루어진 소비묶음 가운데 어느 특정한 제품의 많고 적음이 가장 중요하고, 이 제품의 수가 같을 때 다음 제품의 개수로 선호를 판단하는 경우를 말한다. 예를 들어, *X*, *Y* 두 제품으로 구성된 소비묶음에서 소비자가 *X*라는 제품을 워낙 좋아한다면, *Y*가 아무리 더 많은 소비묶음이라도 *X*가 적으면 덜 선호하게 되는 경우이다. 다음과 같은 소비묶음 *A*(5, 7)를 생각해 보자. 이 소비자는 소비묶음 *B*(3, 9)보다 *A*를 더 선호한다. 이 소비자는 또 소비묶음 *C*(4, 9)보다 *A*를 선호한다. *X*재의 개수가 5에 가까워질수록 선호도는 높아지겠지만, *A*보다는 작았다가 *X*재가 5가 되는 순간 선호도는 *A*보다 높아진다. 즉, *X*재의 개수를 늘리면서 *A*와 똑같은 선호를 갖는 소비묶음은 존재하지 않게 되는 것이다. 즉, 연속적이지 않다는 말이다. 이를 사전편찬방식이라고 하는 이유는 사전을 편찬할 때 ㄱ, ㄴ, ㄷ 등 첫 번째 글자를 가지고 먼저 순서를 매기고, 그 안에서 다시 모음과 받침순으로 순서를 매기는 방식과 같다고 해서 붙여진 이름이다.

4.1.2 무차별곡선의 도출

이상의 선호체계에 대한 가정들은 상식선에서 납득할 수 있는 내용들이다. 이러한 성질에 기초하여 소비자들의 의사결정을 분석하는 데 유용한 도구인 무차별곡선을 도출해 보자.

무차별곡선이란 소비자의 선호에 차이가 없는(무차별한) 소비묶음들을 그래프에 표시하여 이를 연결한 것을 말한다. 사과와 배가 있는 경제를 생각해 보자. *X*축에 사과를, *Y*축에 배를 표시하면 사과와 배의 소비묶음은 이차원 평면에 한 점으로 나타낼 수 있다. 예를 들어, 사과 5개와 배 5개로 구성된 소비묶음 *A*(5, 5)를 생각해 보자. 이 소비자는 소비묶음 *A*와 좋아하는 정도에 있어서 차이가 없는, 즉 무차별한 선호를 갖는 소비묶음들을 평면상에서 찾아 표시할 수 있다. 이러한 점들을 찾아서 연결한 곡선을 무차별곡선이라고 한다. 이 곡선은 어떻게 찾을 수 있을까?

〈그림 4-1〉에서 우선 점 *A*를 중심으로 평면을 4개의 분면

그림 4-1
무차별곡선의 도출

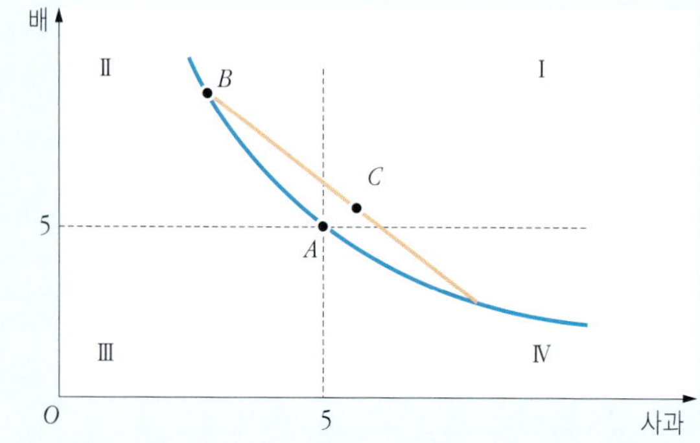

으로 나누어 보자. 첫째, 점 *A*와 무차별한 소비묶음은 그림의 Ⅰ, Ⅲ분면으로는 갈 수 없다. 이는 앞서 설명한 선호의 성질 가운데 단조성의 가정 때문이다. 즉, 재화나 서비스가 많을수록 선호가 크다고 하였기 때문에 Ⅰ분면의 소비묶음들은 소비묶음 *A*보다 사과나 배 가운데 적어도 하나는 더 많은 소비묶음이므로 소비묶음 *A*보다 항상 더 선호되는 소비묶음들이다. 따라서 선호에 있어서 *A*와 무차별한 소비묶음은 Ⅰ분면에 존재하지 않는다. 마찬가지로 Ⅲ분면의 경우 점 *A*보다 항상 덜 선호되는 소비묶음들이기 때문에 무차별한 소비묶음은 Ⅲ분면에 존재하지 않는다. 따라서 무차별곡선은 Ⅱ, Ⅳ분면으로 갈 수밖에 없다.

둘째, 선호체계가 갖는 볼록성의 성질 때문에 무차별곡선은 원점에 대해서 볼록하게 그려진다. 그림에서 점 *B*는 사과가 적고 배가 많은 소비묶음이다. 여기서 사과와 배를 비례적으로 바꿔 나가면 소비묶음은 *B*와 *C*를 연결한 직선을 따라 내려온다. 여기서 소비묶음 *B*와 *C*를 비교해 보자. 볼록성의 성질에 따르면 사람들은 두 가지 재화가 골고루 섞인 것을 더 좋아한다고 하였으므로 *B*보다는 *C*를 더 선호하게 된다. 따라서 *B*와 같은 선호를 갖는 소비묶음은 *C*보다 아래쪽 어딘가에 위치하게 되고(예를 들어, *A*와 같은 점), 따라서 무차별곡선은 원점을 향해 볼록한 모양

point-4.2 그려질 수 없는 무차별곡선

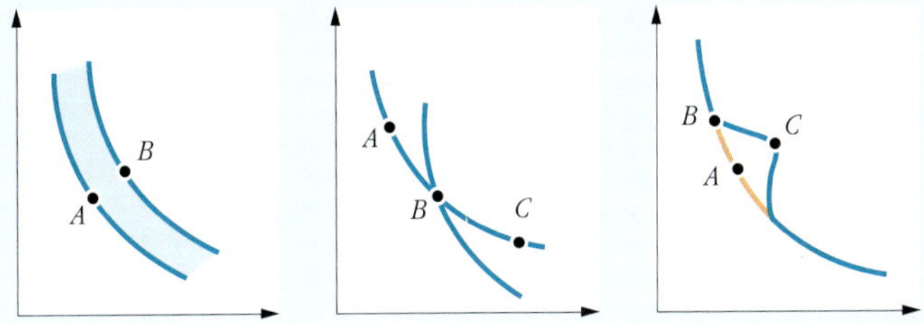

- 무차별곡선은 면적으로 나타낼 수 없다(단조성의 위배).
- 무차별곡선은 겹치게 그릴 수 없다(이행성의 위배).
- 무차별곡선은 울퉁불퉁하게 그릴 수 없다(볼록성의 위배).

을 갖게 되는 것이다(사실 재화가 골고루 섞인 소비묶음을 더 선호한다는 볼록성이라는 선호체계의 성질은 바로 무차별곡선의 이러한 모양에서 나온 말이다).

무차별곡선은 평면상에 수없이 많이 그릴 수 있다. 점 *A*를 중심으로 오른쪽 위쪽으로는 선호가 더 큰 점들을, 왼쪽 아래쪽으로는 선호가 더 작은 점들을 무수히 찾을 수 있는데, 이들 각각의 점에 대해서 선호가 무차별한 곡선을 다 그릴 수 있기 때문이다.

4.1.3 한계대체율 체감의 법칙

무차별곡선은 소비자의 일반적 선호체계의 특성을 그대로 반영한다. 앞서 설명한 바와 같이, 무차별곡선은 Ⅱ, Ⅳ분면으로 갈 수밖에 없기 때문에 음의 기울기를 갖고 원점에 대해서 볼록한 모양을 하게 된다. 여기서 한 가지 궁금한 것은 무차별곡선상의 위치에 따라 같은 선호를 유지하기 위해 바꿔야 하는 사과와 배의 개수가 달라진다는 것이다.

예를 들어, 〈그림 4-2〉를 볼 때 점 *B*에서 점 *A*로 이동하려면 많은 배를 적은 개수의 사과와 바꿔야 한다. 또 점 *A*에서 점 *C*

그림 4-2
한계대체율 체감

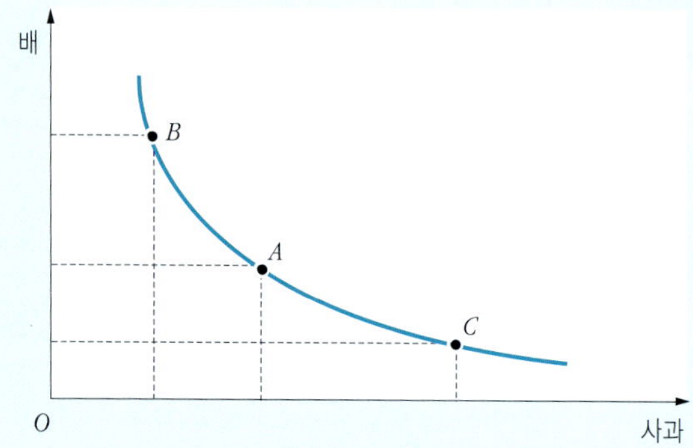

로 이동하려면 많은 개수의 사과와 적은 개수의 배를 바꿔야 한다. 따라서 무차별곡선상의 위치에 따라 같은 선호를 유지하기 위해 교환해야 하는 사과와 배의 개수는 계속 달라진다. 여기서 변화되는 사과의 개수를 분모에, 변화되는 배의 개수를 분자에 놓은 것을 한계대체율이라고 한다. 이를 수식으로 나타내 보자.

$$\text{한계대체율}(MRS) = \frac{\text{배의 변화}(-)}{\text{사과의 변화}} = -\frac{\Delta Y}{\Delta X}$$

이때 배를 사과로 바꿈으로써 같은 선호를 유지하면서 소비묶음을 오른쪽으로 계속 이동시키면 한계대체율의 크기는 갈수록 작아진다(물론 이 경우에도 오른쪽으로 갈수록 사과는 증가하고 배는 감소하기 때문에 비율을 수학적으로 나타내면 음수가 되지만, 탄력성의 경우와 마찬가지로 절대크기를 비교한다). 이것이 바로 한계대체율 체감의 법칙(diminishing marginal rate of substitution)인 것이다. 그 경제학적 의미는 간단하다. 점 B에서는 배가 많고 사과는 적어서 배의 상대적 가치는 낮고 사과의 상대적 가치는 높으므로, 같은 선호를 유지하면서 배와 사과를 바꾼다면 배를 많이 주고 사과를 조금 얻게 되는 것이다. 점 C에서는 배의 상대적 가치가 크기 때문에 배를 조금 주고도 많은 사과를 얻게 된다.

point-4.3 한계대체율과 한계효용

한계효용이란 재화의 소비를 1단위 더 늘림으로써 추가로 얻어지는 효용을 말한다(다음 절에서 자세히 설명). 지금까지 선호이론으로 설명해 왔음에도 한계효용의 개념을 이용하는 것은 설명의 편리함 때문이다. 그렇다면 한계대체율을 한계효용의 개념으로 표시할 수 있을까? 먼저 한계대체율의 정의에 있어서 '같은 선호 또는 효용을 유지하면서'라고 하였기 때문에 Y재(배)를 X재(사과)로 대체할 때, 배를 줄임으로써 감소한 효용의 크기와 사과를 늘림으로써 증가한 효용의 크기는 같아야 한다. 즉, $\Delta U_X+\Delta U_Y=0$이 되어야 한다. 한계대체율의 공식을 다음과 같이 변형하여 여기에 윗식을 대입해 보자.

$$MRS=-\frac{\Delta Y}{\Delta X}=-\frac{\frac{1}{\Delta X}}{\frac{1}{\Delta Y}}=-\frac{\frac{\Delta U_X}{\Delta X}}{\frac{\Delta U_X}{\Delta Y}}=\frac{\frac{\Delta U_X}{\Delta X}}{\frac{\Delta U_Y}{\Delta Y}}=\frac{MU_X}{MU_Y}$$

이 식은 한계대체율 공식을 분수의 형태로 바꿔 쓰고 분자분모에 같은 수(ΔU_X)를 곱해 준 다음, $\Delta U_X=-\Delta U_Y$를 대입하여 한계효용의 형태로 표시한 것이다. 즉, 한계대체율은 X재의 한계효용을 Y재의 한계효용으로 나눈 것이 된다.

point-4.4 특이한 모양의 무차별곡선

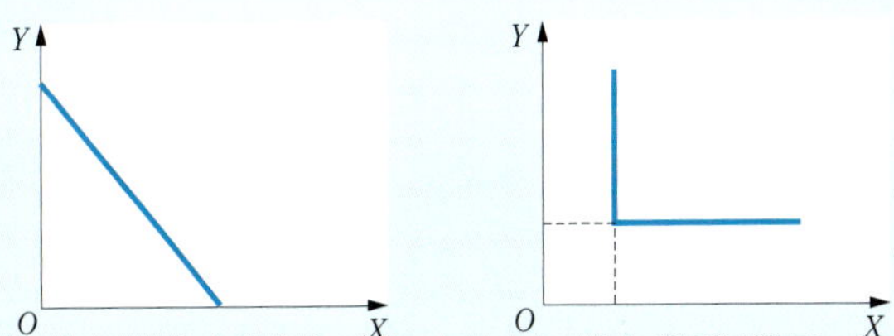

(a) 완전대체재 (b) 완전보완재

대표적인 예로 완전대체재는 검정색 볼펜과 파란색 볼펜을, 완전보완재는 오른쪽 신발과 왼쪽 신발을 들 수 있다. 완전대체재는 선호의 수준을 결정하는 데 있어서 검정색이든 파란색이든 상관없이 전체 볼펜의 개수만 중요한 경우라고 할 수 있다. 완전보완재는 두 재화가 같이 존재할 때만 효용이 생기는 경우이다. 왼쪽 신발이 두 개 있는데 오른쪽 신발은 3개, 4개 있어도 선호가 무차별한 경우이다.

4.2 예산선

이제 소비자의 행위를 결정하는 다른 기준에 대해 알아보자. 사람들은 자기가 좋아하는 재화나 서비스를 무한대로 구입할 수는 없다. 가진 돈이 한정되어 있기 때문이다. 이를 예산제약이라고 한다. 이번 절에서는 소비자들의 소비행위를 제약하는 예산선에 대해 알아본다.

4.2.1 예산선의 형태

예산선은 내가 가지고 있는 돈으로 재화나 서비스를 얼마나 구매할 수 있는지를 보여 주는 선이다. 예를 들어, 사과(X)와 배(Y)가 있는 경제를 생각해 보자. 내가 가지고 있는 돈(M)으로 구매할 수 있는 사과와 배의 개수는 다음 식으로 표현할 수 있다.

$$M = XP_X + YP_Y$$

즉, 값이 P_X인 사과를 X개만큼, 값이 P_Y인 배를 Y개만큼 구입하는 데 드는 돈이 내가 가지고 있는 돈과 같아질 때까지 물건을 살 수 있다. 간단한 이 식을 보다 시각적으로 이해하기 위해 그래프를 그려 보자. 여기서 내가 가지고 있는 돈과 두 재화의 가격은 다른 데서 결정되어 주어진 것으로 생각하였기 때문에 변수는 구입하기로 한 사과와 배의 개수가 된다. 사과(X)와 배(Y)의 평면에 예산선을 그려 보자. Y축을 배로 하였으므로 위 식을 배에 관해서 풀어 놓고 그래프를 그린다(〈그림 4-3〉 참조).

그림 4-3

예산선

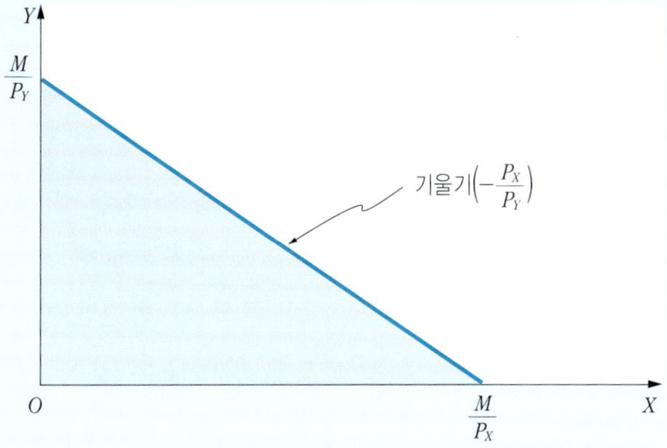

$$Y = -\frac{P_X}{P_Y}X + \frac{1}{P_Y}M$$

위에서 표시한 예산선은 수학적으로 볼 때 1차함수이기 때문에 그래프를 그리면 직선 형태가 된다. 수학에서는 이러한 함수를 선형함수(linear function)라고 한다. 그림으로 나타낸 예산선의 수학적 의미와 경제학적 의미를 하나씩 살펴보자.

기울기 이 예산선의 기울기는 두 재화의 가격비율이다. 살 수 있는 사과와 배의 개수를 서로 바꾸기 위해서는 두 재화의 가격비율에 따라서 해야 한다는 말이다. 예를 들어, 사과가 500원이고 배가 1,000원이라면 배 하나를 더 사기 위해서는 사과 두 개를 포기해야 한다는 의미라는 말이다.

절편 Y축 절편(M/P_Y)은 내가 가진 돈 모두를 Y재 구입에 썼을 경우 살 수 있는 Y재의 개수이다(X재를 하나도 구입하지 않은 경우이기 때문에 X=0을 최초의 예산선 식에 대입하여 구한 Y값). 같은 이치로 X축 절편은 가진 돈 모두를 X재 구입에 썼을 경우 살 수 있는

예산선과 소득

예산선을 그릴 때 Y축에 표시되는 상품을 '돈'이라고 하면 Y축 절편은 바로 소득이 된다. 돈의 단위가격은 1원이고 소득(M)이 30만 원이라면 30만 원/1원, 즉 돈 30만 개를 구입할 수 있다는 말이 된다. 1원짜리 30만 개는 30만 원이다. 이 책에서는 다루지 않았지만, 생산요소시장의 이론에서 노동의 공급은 소득과 여가시간 사이의 선택의 문제가 된다. 이때 세로축에 소득, 가로축에 여가시간을 놓고 예산선과 무차별곡선을 그려 접점에서 노동시간을 공급하는 것으로 설명한다.

X재의 개수이다($Y=0$을 대입하면 $X=\frac{M}{P_X}$). 그래서 이들 절편은 각각 Y재의 개수로 표시한 소득, 또는 X재의 개수로 표시한 소득이라고도 한다.

부등식 사실 예산선은 가진 돈으로 구매할 수 있는 최대한의 재화의 개수를 의미한다. 즉, 가진 돈을 다 써서 구매할 수 있는 재화의 수량이다. 그러나 가진 돈을 다 써야 할 필요는 없다. 따라서 예산선은 다음과 같은 부등식으로 나타내는 것이 더 정확하다고 할 수 있다.

$$M \geq XP_X + YP_Y$$

다시 말해, 재화를 구입하는 데 쓴 돈이 내가 가진 돈을 초과할 수 없는 것이다. 위의 그래프에서 이 부등식은 X, Y축과 예산선으로 이루어진 삼각형의 안쪽을 의미한다. 그래서 이 부분을 구매가능 범위라고 하고 예산선 위쪽을 구매불가능 범위라고 한다. 구매가능 범위를 구매가능한 점들의 모임으로 생각하면 이를 하나의 집합으로 볼 수 있는데, 따라서 좀더 어려운 경제학에서는 예산집합이라는 개념을 사용하기도 한다.

4.2.2 예산선의 이동

예산선을 그리면서 소득과 재화의 가격은 외부에서 주어진 것이라고 가정하였다. 그런데 이처럼 주어진 요소들이 변하게 되면 예산선은 이동하게 된다. 예산선의 이동은 소득의 변화나 가격의 변화에 따라 달라진다(〈그림 4-4〉 참조).

그림 4-4
예산선의 이동

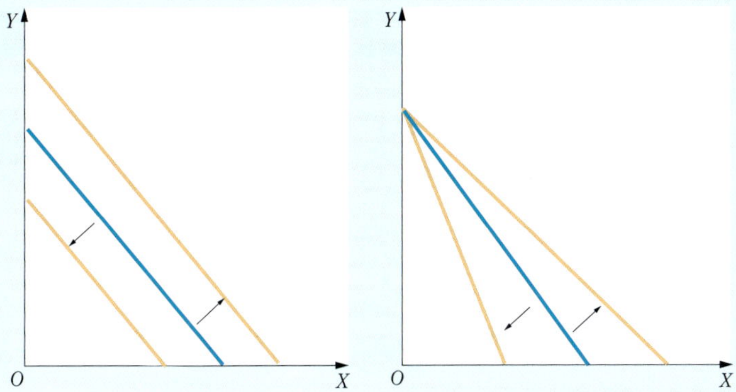

(a) 소득의 변화 (b) 가격의 변화

소득의 변화 재화의 가격에 변화가 없고 소득만 변하는 경우 예산선은 원래의 예산선과 평행하게 움직인다. 소득이 증가하면 오른쪽 위쪽으로 이동하고, 소득이 감소하면 왼쪽 아래쪽으로 이동한다. 재화의 가격에 변화가 없기 때문에 소득이 변한 만큼 두 재화를 비례적으로 더 사거나 덜 사게 되는 것이다. 수학적으로 말하면 그래프의 절편만 변하게 되고 기울기는 변하지 않는 것이다.

가격의 변화 재화의 가격이 변하면 기울기가 달라진다. 소득과 Y재의 가격이 변하지 않고 X재의 가격만이 하락할 경우, 예산선의 기울기는 완만해진다. 즉, Y축 절편을 중심으로 해서 오른쪽으로 회전하는 형태의 움직임을 보이게 된다. 모든 소득을 Y재 구입에 사용하더라도 구매할 수 있는 Y재의 개수에는 변함이 없지만 모든 소득을 X재 구입에 사용하는 경우 구매할 수 있는 X재의 개수는 늘어난다. X재의 가격이 상승하는 경우에는 예산선이 안쪽으로 회전이동하게 된다. X재의 가격이 변하지 않고 Y재의 가격만 변할 경우에도 같은 원리에 따라 X축 절편을 중심으로 예산선이 회전하는 움직임을 보이게 된다.

4.3 최적의 소비묶음 찾기

앞에서 우리는 합리적 소비행위를 결정하는 두 가지 기준에 대해서 알아보았다. 그렇다면 이러한 기준을 이용하여 어떻게 최적의 소비묶음을 찾을 수 있는지 살펴보자.

4.3.1 접점의 해법

최적의 소비묶음이란 내 소득을 가지고 구매할 수 있는 범위 내에서 선호도가 가장 큰 소비묶음이다. 이러한 소비묶음은 예산선과 무차별곡선을 한 평면에 그렸을 때 우선 두 선이 만나는 점 가운데 하나가 될 것이다.

〈그림 4-5〉에서 예산선과 무차별곡선 I_0가 만나는 점 A의 경우를 생각해 보면, 이 점은 예산선상의 점이기 때문에 구매가 능한 소비묶음이기는 하지만 소비자 선호가 가장 큰 점이라고 할 수는 없다. 점 B와 비교해 보면 같은 예산선상에 있으면서도 선호가 I_1으로 더 높아질 수 있기 때문이다. 같은 논리로 점 B도 최적의 소비묶음이 아니라는 것을 바로 알 수 있다. 무차별곡선

그림 4-5
효용극대화

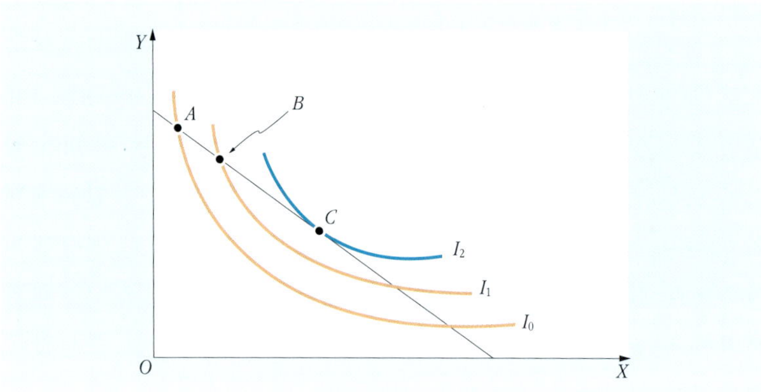

이 예산선을 자르고 들어가는 경우에는 반드시 그보다 높은 선호를 가진 소비묶음이 존재하게 된다. 그렇다면 더 이상 높은 선호를 찾을 수 없는 경우는 언제인가? 그것은 바로 예산선과 무차별곡선이 한 점에서 만나는 경우이다. 그림에서 점 C보다 높은 선호를 갖기 위해서는 구매할 수 있는 범위를 벗어나게 되기 때문에 예산범위 안에서 그 이상의 선호는 존재하지 않으므로 점 C가 최적의 소비묶음이 된다.

예산선과 선호체계(무차별곡선)가 주어지면 최적의 소비묶음은 유일하게 존재하게 되는데, 최적의 소비행위는 바로 예산선과 무차별곡선의 접점에서 이루어지는 것이다. 이것이 이른바 접점의 해법이다.

두 선이 하나의 점에서 만나는 접점에서는 두 선의 기울기가 같아져야 하는데, 이것을 접점의 조건이라고 한다. 예산선의 기울기는 두 재화의 가격비율이고, 무차별곡선의 기울기는 같은 선호를 유지하기 위한 두 재화의 대체비율인 한계대체율이었다. 이를 식으로 정리하고 약간의 변화를 줌으로써 접점의 조건이 갖는 경제적 의미를 살펴보자.

예산선의 기울기＝무차별곡선의 기울기(MRS)

$$\frac{P_X}{P_Y} = \frac{MU_X}{MU_Y} \Rightarrow \frac{MU_X}{P_X} = \frac{MU_Y}{P_Y}$$

접점의 조건과 '물과 다이아몬드의 역설'

애덤 스미스가 말한 물과 다이아몬드의 역설은 물은 효용가치가 높은데 매우 싸지만, 다이아몬드는 효용가치는 적은데 매우 비싸다는 것이다. 접점의 조건을 가지고 살펴보면 물은 한계효용이 낮은 반면, 다이아몬드는 한계효용이 매우 크기 때문에 가격차이가 나는 것을 알 수 있다. 한계효용이 차이를 보이는 것은, 물은 흔하고 다이아몬드는 매우 희소하기 때문이다. 그러나 우리가 실제로 사용하는 물의 양은 엄청나게 많은 반면, 다이아몬드의 양은 매우 적기 때문에, 한계효용이 아니라 총효용의 개념을 생각하면 물의 총효용(한계효용× 사용된 물의 총량)이 다이아몬드보다 훨씬 크다는 점을 알 수 있다. 따라서 한계효용이 아니라 총효용을 생각하면 역설은 해결된다고 하겠다.

변형된 마지막 식은 X재의 한계효용을 X재의 가격으로 나눈 값과 Y재의 한계효용을 Y재의 가격으로 나눈 값이 같아야 한다는 것을 말해 준다. 먼저 한계효용을 재화의 가격으로 나눈 값은 무엇을 나타내는가 알아보자. 예를 들어, 사과 하나의 가격이 500원이고, 사과 하나를 더 사서 소비하였을 때 소비자가 추가로 얻는 효용이 1,000이라고 하자. 1,000을 500으로 나누면 2가 되고, 이것은 사과구입에 1원을 추가로 지출하였을 경우 추가로 얻게 되는 효용을 말한다. 1원에 2의 효용이 증가하므로 500원을 지출해서 사과 하나를 더 사면 1,000의 효용을 추가로 얻는 것이다. 다시 말해, 한계효용을 재화의 가격으로 나눈 값은 그 재화에 단위화폐를 지출하였을 때 추가로 얻는 효용을 나타낸다.

따라서 위 식은 X재 구입에 1원을 추가로 지출하였을 때 더 얻는 효용과 Y재 구입에 1원을 추가로 지출하였을 때 더 얻을 수 있는 효용이 같아야 한다는 조건을 의미하는 것이다. 이 조건의 의미를 보다 쉽게 알 수 있도록 그렇지 않은 경우에 어떤 상황이 되는지를 알아보자.

$\frac{MU_X}{P_X} > \frac{MU_Y}{P_Y}$인 상황은 X재 구입에 단위화폐를 지출하였을 때 얻는 효용이 Y재 구입에 같은 금액을 지출하였을 때 얻는 효용보다 크기 때문에 Y재 구입에 지출된 돈 1원을 빼서 X재 구입에 사용한다면 예산변동 없이 전체 효용이 늘어나게 된다. 따라서 이 상황은 같은 돈을 가지고 선호도가 '더 높은' 소비묶음을 찾을 수 있는 것이므로 최적의 선택이라고 할 수 없다. $\frac{MU_X}{P_X} < \frac{MU_Y}{P_Y}$의 경우는 반대의 경우로, 같은 논리에 따라 역시 최적의 선택이라고 할 수 없다. 결국 최적선택이 되는 경우는 돈을 어느 쪽으로 이동해도 효용 또는 선호도가 향상되지 않는 경우, 즉 양변이 같은 경우뿐이다.

4.3.2 가격소비곡선과 소득소비곡선

최적선택점은 재화의 가격이나 소득이 변하는 경우 당연히 변하게 된다. 이때 변화되는 최적선택점들을 연결하면 경제적으로 의미 있는 선을 얻게 되는데, 먼저 가격이 변하는 경우부터 살펴보자. 가격이 변함으로써 변화되는 최적선택점들의 궤적을 연결한 선을 가격소비곡선(price-consumption curve)이라고 한다.

X재의 가격이 점차 하락하는 경우의 가격소비곡선을 생각해 보자. X재의 가격이 하락하면 예산선은 Y축 절편을 중심축

으로 하여 점차 밖으로 이동하게 된다. 따라서 더 높은 선호도를 나타내는 무차별곡선과 접하는 점에서 차례로 최적소비묶음을 얻게 된다(〈그림 4-6〉 참조).

소득이 변하는 경우는 어떨까? 가격이 변하지 않고 소득만 변하는 경우 예산선은 수평이동을 하게 된다. 소득이 점차 증가하는 경우를 보자.

예산선은 오른쪽 위쪽으로 이동하게 되고 따라서 더 높은 선호도를 나타내는 무차별곡선과 접하는 점에서 최적소비묶음

그림 4-6
가격소비곡선

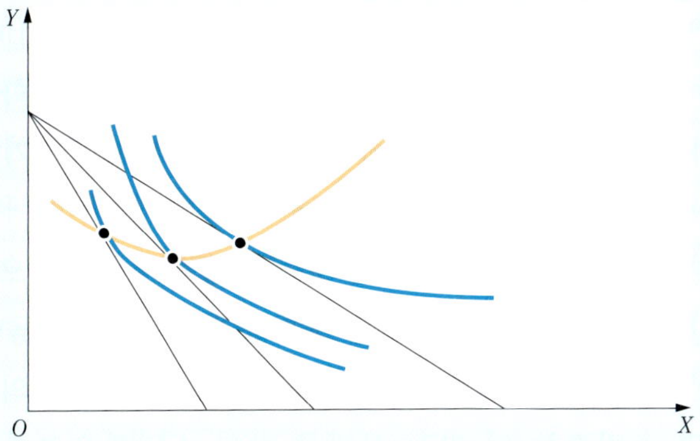

그림 4-7
소득소비곡선

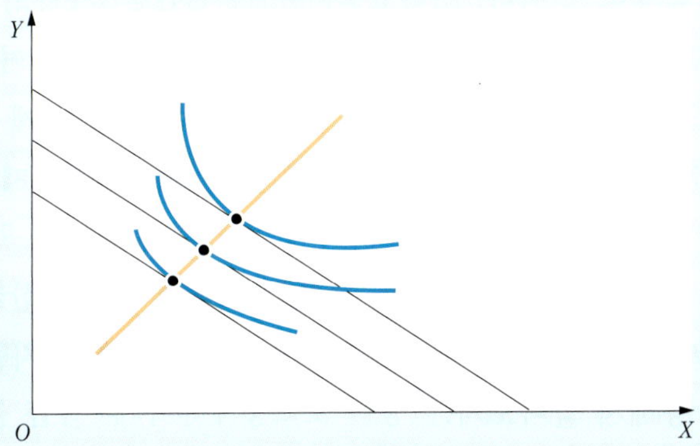

그림 4-9

기펜재

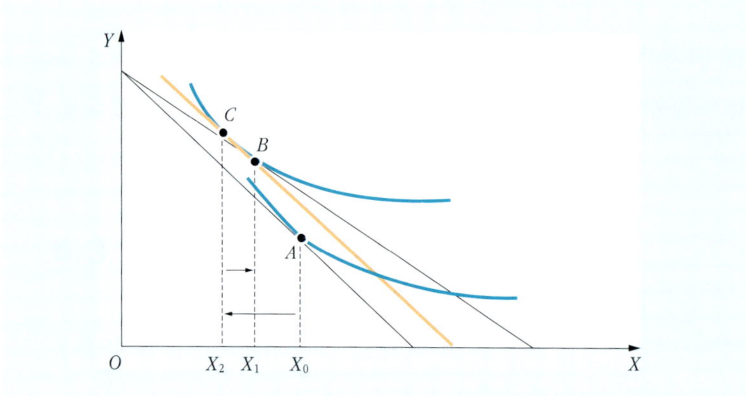

일단 소득효과가 측정되면 이제 새로운 무차별곡선상에서 가격의 변화를 통해 Y재를 X재로 대체하는 효과가 생기게 된다. Y재의 가격은 변하지 않고, X재의 가격은 변하였기 때문에 상대적으로 더 싸진 X재의 구매를 늘리는 것이다. 이것이 대체효과이다. 그림에서는 점 C에서 점 B로 이동함으로써 재화의 구매수량이 늘어난 것($X_2 \rightarrow X_1$)이 여기에 해당된다. X재의 가격이 하락하였을 경우 소득효과와 대체효과가 모두 X재의 구매를 늘리는 쪽으로 작용하면 X재의 가격하락은 X재에 대한 수요를 늘리게 된다.

그러나 그렇지 않은 경우도 있을 수 있다. 예를 들어, X재의 가격이 하락하여 소득이 증가한 효과를 가져왔는데도 오히려 X재에 대한 수요를 줄임으로써 소득효과가 음수가 되는 경우가 있을 수 있다. 소득이 증가하면 소비가 감소하는 재화를 열등재(inferior goods)라고 한다. 연탄이나 보리밥 같은 경우가 대표적인 열등재라고 할 수 있다. 그러나 대체효과는 여전히 수요를 늘리는 쪽으로 작용하고, 그 크기가 소득효과에 의한 수요의 감소보다 크다면 전체적인 가격효과는 여전히 재화에 대한 수요를 늘리는 쪽으로 작용을 하게 된다.

기펜(Robert Giffen, 1837~1910)

기펜은 영국의 통계학자였다. 기펜은 주로 *The Economist*와 같은 언론 쪽에서 많은 일을 하였는데, 나중에는 정부에서 통계 담당 일을 맡기도 하였다. 기펜재는 기펜의 이름에서 따온 것으로, 마셜은 "미스터 기펜이 지적하였듯이, 빵의 가격이 오르면 가난한 집에서는 고기 등 비싼 품목의 소비를 줄이고, 빵의 소비를 늘린다"고 하여 기펜재를 설명하고 있다. 그러나 학자들은 기펜의 저작 어느 곳에서도 이러한 내용의 언급을 아직 찾지 못하였다고 한다(Wikipedia).

〈그림 4-9〉에서와 같이, 만일 소득효과가 재화의 수요를 줄이는 쪽으로 작용하고(열등재), 그 크기도 대체효과에 따른 재화의

소득효과	대체효과	가격효과	재화의 종류
수요증가(+)	수요증가(+)	수요증가(+)	정상재
수요감소(−)	수요증가(+)	수요증가(+)	열등재
수요감소(−)	수요증가(+)	수요감소(−)	열등재, 기펜재

표 4-1
가격효과와 재화의 구분

수요증가분보다 더 크다면 전체적인 가격효과는 수요를 줄이는 쪽으로 가게 된다. 다시 말해, 가격이 하락하였는데도 오히려 수요가 줄어드는 것이다. 이 경우를 특별히 기펜재(Giffen's goods)라고 한다. 열등재나 기펜재의 경우 현실세계에서는 흔하지 않다. 〈표 4-1〉은 재화의 가격이 하락할 경우 재화의 수요변화에 따라 재화의 종류를 분류한 것이다.

한편, X재의 가격이 변할 때 Y재에 대한 수요는 어떻게 될까? Y재의 경우 역시 선호체계에 따라, 다시 말해서 무차별곡선의 모양에 따라 수요가 감소할 수도 있고 증가할 수도 있다. X재의 가격이 하락하면 소비자는 Y재 대신 값이 싸진 X재를 구입하게 되기 때문에(대체효과) Y재 구매가 줄어든다. 다른 한편으로는 X재의 가격이 하락하였다는 것은 전체적으로 소비자의 실질적인 소득을 증대시킨 효과가 있기 때문에(소득효과) Y재의 구매도 늘리게 된다. 따라서 대체효과와 소득효과 중 어떤 효과가 더 큰가에 따라 Y재 소비의 규모는 달라진다.

4.3.4 수요곡선의 도출

가격의 변화가 재화에 대한 최적선택에 어떻게 영향을 주는지 살펴보았으므로 이제 수요곡선을 도출해 보자. X재의 가격을 연속적으로 변화시키면서 각 가격에 대응하는 최적선택점에서의 X재 구매량을 대응시키면 바로 수요곡선을 얻을 수 있다.

〈그림 4-10〉에서 보는 바와 같이, X재의 가격이 P_X^0, P_X^1, P_X^2로 변하면서 최적선택점은 A, B, C로 바뀌고, 이에 따라 X재의 구매량도 X_0, X_1, X_2로 변한다. 이를 X재의 가격과 수량 평면에 옮

그림 4-10

수요곡선의 도출

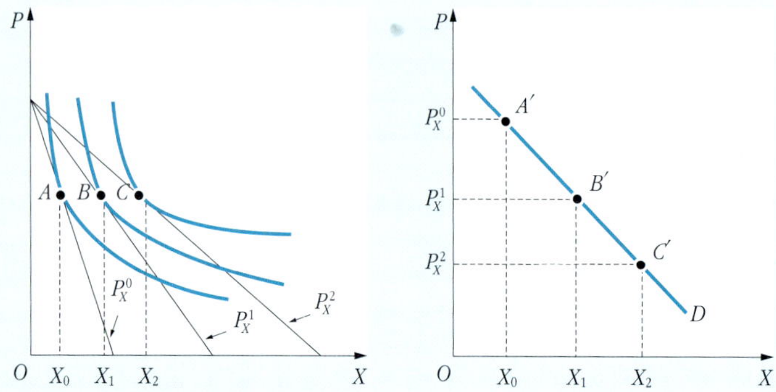

(a) 최적소비묶음의 변화 (b) 수요곡선

기게 되면 수요곡선을 얻게 되는 것이다. 이 수요곡선은 앞 장에서 우리가 직관에 의해 구성하였던 수요의 법칙과 이를 바탕으로 그렸던 수요곡선과 같은 형태임을 알 수 있다. 따라서 우리가 직관에 의해 만들었던 수요곡선이 소비자의 합리적 소비행위의 결과임을 우리는 확인할 수 있는 것이다.

더 찾고 생각해 보기

1. 특이한 모양의 무차별곡선인 완전대체제와 완전보완재의 경우(point-4.4 참조) 최적선택이 어떻게 결정되는지 알아보자. 각각의 경우 두 재화의 상대가격이 변하면 최적선택에 어떤 영향을 주는지 생각해 보자.

2. 1960, 1970년대에 중고등학교를 다닌 사람들은 도시락에 대한 추억이 있다. 특히, 1970년대 정치적으로 암울했던 시절에는 먹거리마저 정부에서 간섭을 하기도 했는데, 쌀을 아끼기 위해 도시락에 일정 비율의 보리 등을 섞어 혼식을 하도록 선생님들로 하여금 지도 · 감독을 하도록 하였던 것이다. 당시 정부가 보리밥을 먹도록 '강요'할 수밖에 없었던 경제적 이유를 보리쌀의 가격효과(대체효과 및 소득효과)를 가지고 설명해 보자.

3. 제3장에서 설명한 수요의 법칙과 제4장에서 도출한 수요곡선 사이의 관계를 생각해 보고, 구체적으로 자신이 소비하는 재화를 하나 선정하여 두 방법에 의한 가격과 수요량 사이의 관계를 스스로 어떻게 느끼는지 설명해 보자.

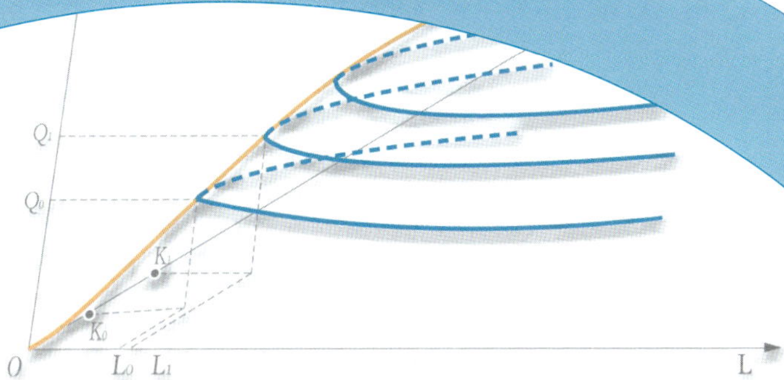

Chapter

5 생산자이론: 공급곡선의 도출

5 생산자이론: 공급곡선의 도출

이 장에서는 생산자인 기업들이 어떤 원리에 따라 생산활동을 하게 되는지, 그리고 그 결과가 시장에서 어떻게 나타나는지를 살펴본다. 생산자는 우리의 생활에 필요한 수없이 많은 재화와 서비스를 생산한다. 생산활동의 목표는 당연히 돈을 버는 것이다. 그렇다면 어떻게 생산활동을 해야 돈을 벌 수 있을까?

생산이란 자본과 노동이라는 생산요소를 투입함으로써 어떤 물건이나 서비스를 만들어 내고, 이를 시장에 내다 파는 것이다. 따라서 생산에 들어가는 돈은 가능한 한 줄이고 만들어진 물건은 가능한 한 비싸게 팔아야 돈을 벌 수 있다.

합리적인 생산은 크게 두 단계로 구분하여 생각해야 한다. 첫 번째 단계에서 기업의 합리적 의사결정을 통해 비용최소 또는 산출극대를 이룰 수 있는 비용과 생산량 사이의 관계(비용함수)를 도출하고, 두 번째 단계로 시장에서 물건을 팔아 얻을 수 있는 수입(수입함수)을 고려하여 이윤극대를 이룰 수 있는 생산량을 결정하는 것이다.

생산이론은 생산에 필요한 가변요소가 하나인 경우와 둘 이상인 경우로 나누어 설명한다(생산요소에 대한 설명과 기간의 장단에 대한 설명은 아래 박스를 참조). 가변요소가 하나인 경우(단기)에서는 생산기술이나 비용에 대한 기초개념을 강조하여 설명한다. 가변요소가 둘인 경우(장기; 노동과 자본을 모두 고려하는 경우)에는 산출극대화를 통해 도출할 비용함수와, 시장에서 얻어지는 수입함수를 가지고 이윤극대화를 논의하게 된다.

point-5.1 생산요소와 생산의 장단기

생산에 필요한 요소를 생산요소라고 한다. 일반적으로 생산의 3요소라고 하면 토지 · 노동 · 자본을 꼽는다. 그런데 토지는 그 공급에 제약이 있기 때문에, 경제이론에서 분석대상으로 삼는 생산요소는 노동과 자본이 대표적이다. 생산요소는 투입량을 변화시킬 수 있는가에 따라 고정요소와 가변요소로 구분한다. 생산요소의 투입을 조정할 수 없는 것은 고정요소, 변동시킬 수 있는 것은 가변요소라고 한다. 노동과 자본을 가지고 설명하면, 노동은 수시로 고용을 조정할 수 있으므로 가변요소이고, 공장시설과 같은 자본은 수시로 조정할 수 없으므로 고정요소라고 할 수 있다. 그런데 좀더 기간을 길게 잡는다면 기계나 공장시설과 같은 자본 역시 조정이 가능하기 때문에 자본도 장기적으로는 가변요소가 될 수 있다.

여기서 생산이론에 있어서 장기와 단기라는 기간의 정의를 생각해 볼 수 있다. 앞에서 '좀더 기간을 길게 잡는다면'이라고 하였는데, 기간의 절대적 크기를 가지고 장기와 단기를 구별하는 것이 아니라, 고정생산요소가 있는지의 여부에 따라 장기와 단기를 구별하는 것이다. 즉, 노동과 자본을 생각해 본다면, 자본이 고정요소가 되어 자유롭게 변동시키지 못하는 기간은 단기이고, 자본까지도 변동시킴으로써 투입을 조절할 수 있는 기간을 장기라고 한다. 교과서에 따라 생산에 있어서 단기와 장기를 가변요소가 하나인 경우와 둘인 경우로 쓰기도 한다.

5.1 가변요소가 하나인 경우

가변요소가 하나인 경우에는 일반적으로 생산요소 가운데 자본은 고정되어 있고 노동투입만 변화하는 경우를 말한다. 투입변수로서의 생산요소가 하나이기 때문에 비교적 단순한 모형으로, 단기생산함수와 단기비용에 관해 알아보자.

5.1.1 단기생산함수

먼저 생산함수가 무엇인지에 대해 설명해 보자. 생산함수란 정해진 기간 동안 투입되는 생산요소와 생산되는 산출물 사이의 관계를 나타내는 기술적 관계로 정의할 수 있다. 생산함수의 수학적 표현부터 살펴보자.

$$Q=f(K, L)$$

위의 함수는 자본(K)과 노동(L)을 함수 f로 주어진 기술에 따라 투입하면 Q라는 산출량을 얻는다는 의미이다. 여기서 함수가 바로 생산기술을 의미한다. 즉, 자본과 노동을 어떤 방식으로

콥-더글러스 생산함수

생산함수는 함수의 구체적 형태에 따라 다양하게 표현된다. 본문에 예를 들었던 $Q=K^{1/2}L^{1/2}$는 콥-더글러스 생산함수이다. 이 함수는 일반적으로 $Q=AK^{\alpha}L^{\beta}$로 쓴다. 이 식은 본래 빅셀(Knut Wicksell)에 의해 처음 고안되었으나 콥(Charles Cobb)과 더글러스(Paul Douglas)에 의해 통계적으로 의미가 있다는 점이 밝혀져, 콥-더글러스 생산함수라고 한다(Wikipedia). 콥-더글러스 생산함수는 오늘날 생산기술에 가장 적합한 생산함수로 알려져 있다. 이 생산함수는 노동과 자본의 투입, 그리고 기술이 경제성장에 얼마나 기여하였는지를 다루는 거시경제학에서도 매우 중요하게 활용된다.

결합하여 생산에 임할 것인가를 나타내는 것이다. 예를 들어, 생산함수가 $Q=K^{1/2}L^{1/2}$와 같은 형태로 주어졌다고 하면 자본 1단위와 노동 1단위를 투입하면 물건 1개를 만들 수 있다는 말이다. 또 자본 4단위를 투입하면 노동을 1/4단위 투입해도 물건 1개를 만들 수 있다는 말이다. 자본 4단위와 노동 9단위를 투입하면 물건을 6개 만들 수 있다는 말이다. 이처럼 자본과 노동을 어떻게 결합하여 물건을 만들 것인지를 나타내는 것이므로 경제학에서는 이를 생산기술이라고 한다.

그런데 자본과 노동이라는 두 생산요소 가운데 고정요소가 있다면, 앞서 설명한 바와 같이 이는 단기생산함수가 된다. 일반적으로 자본이 고정요소라고 한다면 단기생산함수는 다음과 같이 쓸 수 있다.

$$Q=f(\overline{K}, L)$$

자본 K가 일정한 수준으로 고정되어 있으므로 여기에서는 고정된 자본에 노동투입량을 변화시키면서 생산에 임하면 얼마의 산출을 얻게 될 것인가를 보여 주는 함수가 되는 것이다.

〈표 5-1〉은 가변요소의 투입과 생산량 사이의 관계를 예시적으로 나타낸 것이다.

표 5-1
단기생산

자본	노동	총생산(TP)	한계생산(MP)	평균생산(AP)
20	0	0	0	0
20	1	50	50	50
20	2	120	70	60
20	3	165	45	55
20	4	180	15	45
20	5	185	5	37
20	6	180	−5	30
20	7	168	−12	24

우선 자본의 투입이 20단위로 고정되어 있는 상황에서 노동투입을 1단위씩 늘리고 있다. 그런데 노동투입을 한 단위씩 늘릴 때마다 총생산(total products)은 그에 비례하여 늘어나지 않음을 알 수 있다. 왜 그럴까? 여기에는 경제학적 이유가 있다. 만일 노동투입에 비례하여 총생산이 늘어나거나, 또는 투입노동의 증가보다 더 빠른 속도로 총생산이 증가한다면 생산자는 노동투입을 무한대로 늘리면 그만이다. 경제적으로 얼마의 노동을 투입하는 것이 가장 좋은지에 대해 고민할 필요가 없다는 말이다. 그러나 현실은 이를 뒷받침해 주지 못한다. 공장에 기계 한 대를 들여놓고 이를 가동시키는 사람의 수를 하나씩 늘리면서 생산을 한다고 해보자. 처음에는 사람을 늘리면 일을 효율적으로 할 수 있어 생산량이 급격히 늘어날 것이다. 그러나 기계는 그대로인데 사람의 수만 자꾸 늘어나면 그 효율성이 점차 떨어져 총생산이 증가하는 폭이 줄어들고, 결국에는 총생산이 오히려 감소하는 상황이 초래될 수도 있는 것이다(사공이 많으면 배가 산으로 간다고 했던가). 이를 그래프로 그려 보면 〈그림 5-1〉과 같이 된다.

총생산의 증가폭에 대해 일정한 규칙을 찾을 수 있을까? 앞서 설명한 대로 총생산은 노동의 투입을 한 단위씩 늘릴 때마다 처음에는 크게 늘어나다가, 점차 늘어나는 폭이 감소하고, 나중에는 증가폭이 마이너스(다시 말해, 총생산이 감소)가 된다. 여기서 노동의 투입이 한 단위 증가할 때 늘어나는 총생산의 크기를 한계생산(marginal products: *MP*)이라고 하는데, 〈표 5-1〉의 네 번째 칸에 나와 있다. 이를 수학적으로 표현하면 다음과 같다.

$$MP = \frac{\Delta TP}{\Delta L}$$

혹은 미분 개념을 사용하면

$$MP = \frac{dTP}{dL}$$

그림 5-1

단기총생산 · 평균생산 · 한계생산

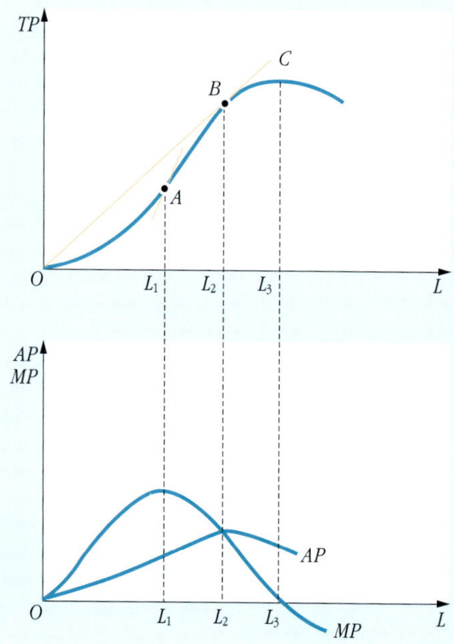

이 역시 그래프로 표시할 수 있다. 총생산을 보여 주는 그래프와 한계생산의 그래프는 서로 밀접한 관계가 있다. 총생산이 빠르게 증가하는 동안 한계생산은 증가하고, 총생산의 증가폭이 둔화되면 한계생산은 감소하며, 총생산 자체가 감소하면 한계생산은 음수가 된다(한계생산이 총생산을 미분한 것이라는 수학적 개념을 이해하면, 한계생산은 총생산함수의 기울기가 되고 둘 사이의 관계는 보다 쉽게 도출될 수 있다. 미분 개념을 모르면 역시 그냥 넘어가도 상관없다).

총생산과 관련한 또 다른 유용한 개념으로 평균생산(average products: *AP*)을 생각해 볼 수 있다. 평균생산은 말 그대로, 투입된 노동단위당 평균적으로 얼마가 생산되었는가를 나타내는 것이다. 따라서 총생산을 투입된 노동의 단위수로 나누면 된다. 이는 〈표 5-1〉의 다섯 번째 칸에 나와 있다. 수학적인 표현은 다음과 같다.

point-5.2 단기에 있어서 총생산 · 평균생산 · 한계생산의 일반적 관계

단기에 있어서 총생산그래프는 요소투입의 증가에 따라 총생산이 빠르게 증가하는 구간($O \rightarrow A$), 증가세가 둔화되는 구간($A \rightarrow C$), 총생산이 감소하는 구간($C \rightarrow$)으로 나누어 볼 수 있다. 한계생산은 총생산 그래프의 기울기를 나타내는 그래프이므로 총생산의 변곡점을 나타내는 점 A에서 최고값을 갖고, 이후 감소하기 시작하여 총생산이 최대가 되는 점 C에서 0이 된 뒤 음의 값을 갖는다. 평균생산은 원점과 총생산곡선상의 점을 연결한 직선의 기울기이므로 점 B에서 최대가 되었다가 이후 점차 감소하지만 음의 값을 갖지는 않는다(〈그림 5-1〉 참조).

한계수확 체감과 한계수확 체증

〈그림 5-1〉에서와 같이 노동의 투입량을 늘려 갈수록 한계생산이 점차 감소하는 현상을 확인할 수 있는데, 이를 한계수확 체감이라고 한다. 한계수확 체감의 법칙은 일반적으로 전통적인 제조업에 적용되는 경제논리로 받아들여져 왔는데, 최근 들어 정보통신 · 생명공학 등 이른바 지식기반산업이 확대되면서 이런 분야에는 한계수확 체증의 논리를 적용해야 한다는 주장이 제기되고 있다. 이러한 지식기반산업들은 초기에 개발비용으로 엄청난 규모의 투자를 필요로 하지만 일단 개발되면 생산비가 거의 들지 않는 특성이 있다. 따라서 생산설비나 인력을 더 고용해서 상당한 규모까지 생산을 늘릴수록 평균비용이 계속 감소하는 양상을 보인다. 이러한 시장에서는 먼저 시장을 선점한 기업이 시장을 독차지하게 될 가능성이 커진다. 먼저 시장에 참여한 기업은 가격을 계속 낮추면서 생산을 늘려 가도 손실이 나지 않게 되고 나중에 참여한 기업은 이를 견뎌 내지 못할 것이기 때문이다.

$$AP = \frac{TP}{L}$$

위의 식도 그래프로 표시할 수 있다(〈그림 5-1〉 참조). 평균생산 역시 총생산 및 한계생산과 밀접한 관계가 있다. 만약 한계생산이 증가하면 평균생산도 증가하지만, 한계생산이 감소하면 평균생산은 한계생산과 같아질 때까지 증가하다가 그 이후 감소한다. 그러나 평균생산은 한계생산과 달리 음수가 되지는 않는다.

5.1.2 단기비용

이제 단기에 있어서 생산량과 생산비용 사이에는 어떤 관계가 있는지 알아보자. 앞서도 언급하였듯이, 생산에 있어서 단기란 고정요소가 있는 경우이다. 다시 말해, 생산에 고정요소와 가변요소가 필요하다는 것이다. 따라서 총비용(TC) 역시 고정비용(FC)과 가변비용(VC)으로 나누어 생각해 볼 수 있다. 자본이 고정요소이고 노동이 가변요소인 경우에 총비용은 다음과 같은 식으로 표시할 수 있다.

$$TC = FC + VC = r \cdot \overline{K} + w \cdot L$$

여기서, r: 자본의 가격

w: 노동의 가격

고정비용은 단기에는 변함이 없기 때문에 총비용의 변화는 가변비용과 같이 변하게 된다. 그런데 가변비용은 앞에서 살펴본 단기생산함수와 밀접한 관계를 갖는다. 단기생산함수는 가변요소의 투입을 한 단위씩 늘려 갈 때, 초기에는 생산이 빠르게 증가하다 일정 시점을 지나 효율성이 떨어지면 생산량의 증가가

point-5.3 단기생산함수와 가변비용의 관계

앞서 단기생산함수는 $Q=f(\overline{K}, L)$이라고 하였고, 이것을 오른쪽의 유일한 변수인 노동(L)에 관해 풀면 $L=f^{-1}(Q)$로 쓸 수 있다(f^{-1}은 역함수를 나타낸다). 이 식의 양변에 노동의 가격(w)을 곱해 주면 다음과 같은 가변비용의 식을 구할 수 있다.

$$VC = w \cdot L = w \cdot f^{-1}(Q)$$

즉, 가변비용은 단기생산함수의 생산량을 X축에, 비용을 Y축에 표시하는 형태로 바꿔 놓은 것으로 생각할 수 있는 것이다.

그림 5-2

총비용 · 가변비용 · 고정비용

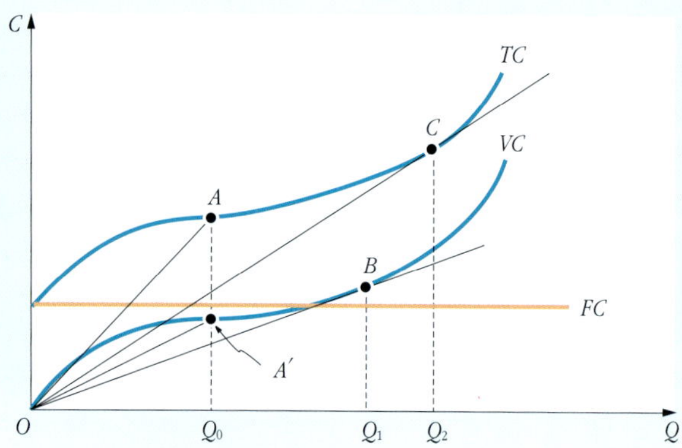

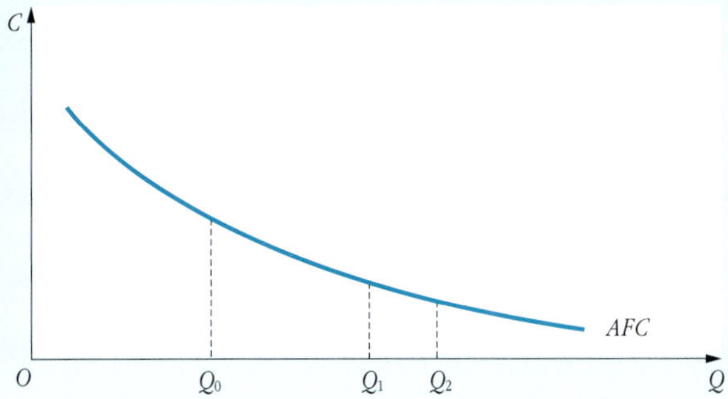

그림 5-3
평균고정비용

둔화되고, 마침내 생산이 감소한다고 하였다. 이를 뒤집어서 생각해 보면 생산을 한 단위씩 늘려 갈 때 필요한 가변요소의 크기가 초기에는 작았다가 일정 시점을 지나면 급속하게 커지는 것을 의미한다. 따라서 가변비용의 모양은 단기생산함수를 뒤집어 놓은 것과 같은 모양을 하게 된다.

따라서 총비용은 가변비용에 일정한 크기의 고정비용을 합한 것이므로 가변비용을 고정비용에 해당되는 크기만큼 위쪽으로 수평이동시킨 것과 같은 모양을 나타낸다. 이제 단기의 비용함수와 그래프로부터 우리는 다양한 비용의 개념과 이들 사이의 관계를 도출해 낼 수 있다.

평균고정비용

이는 단위생산량당 고정비용을 의미하므로 다음과 같은 식으로 나타낼 수 있다.

$$AFC = \frac{FC}{Q}$$

여기서 FC는 상수이므로 평균고정비용(AFC)은 〈그림 5-3〉과 같은 모양을 갖는다.

그림 5-4

평균총비용 · 평균가변비용

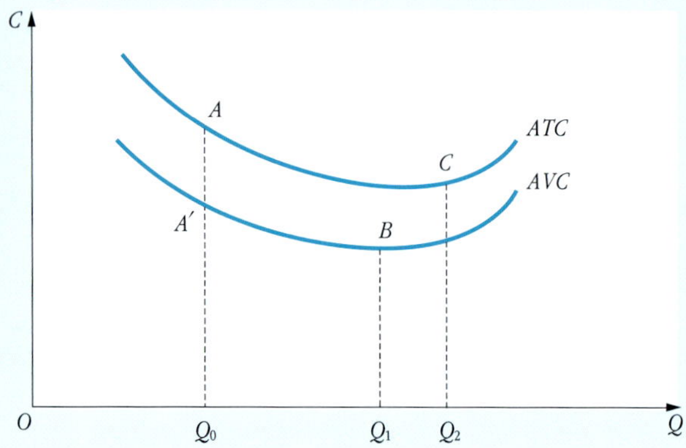

평균가변비용과 평균총비용

이들 역시 각각 단위생산량당 가변비용과 총비용을 의미하므로 다음과 같은 식으로 표시할 수 있다.

$$AVC = \frac{VC}{Q}$$

$$ATC = \frac{TC}{Q}$$

평균의 개념을 그래프와 관련하여 설명하면 원점과 곡선상의 한 점을 연결한 직선의 기울기가 된다. 따라서 평균가변비용(AVC)과 평균총비용(ATC)의 그래프는 〈그림 5-4〉와 같다.

이들 비용곡선의 특성을 살펴보면 다음과 같이 요약할 수 있다.

첫째, 평균총비용은 평균가변비용보다 항상 크다(생산량이 같을 때 총비용곡선상의 점과 원점을 연결한 직선의 기울기가 가변비용곡선상의 점과 원점을 연결한 직선의 기울기보다 항상 크다. 〈그림 5-2〉에서 Q_0의 경우).

둘째, 평균비용은 원점으로부터 그은 직선이 접하는 점에서 가장 작아진다(〈그림 5-2〉에서 Q_1의 경우). 따라서 평균가변비용은 생산량이 Q_1일 때, 평균총비용은 생산량이 Q_2일 때 최저가 되며, 평균총비용의 최저점이 평균가변비용의 최저점보다 오른쪽에 위치하게 된다.

한계비용

이는 생산을 한 단위 늘렸을 때 추가로 들어가는 비용을 의미하므로 가변비용곡선 또는 총비용곡선의 기울기가 된다. 이의 수학적 표현은 다음과 같다.

$$MC = \frac{dVC}{dQ} = \frac{dTC}{dQ}$$

가변비용을 위쪽으로 고정비용만큼 수평이동한 것이 총비용이므로 가변비용곡선과 총비용곡선의 기울기는 같고, 따라서 한계비용(MC)은 가변비용과 총비용 구별 없이 하나만 존재한다. 이를 그래프로 그리면 〈그림 5-5〉와 같다.

가변비용(또는 총비용)곡선의 기울기는 생산량이 늘어나면서

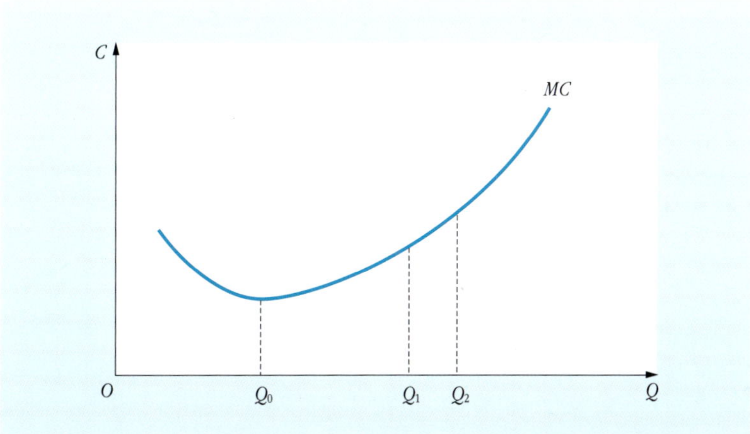

그림 5-5
한계비용

점차 감소하다가 변곡점을 지나면서 다시 커지므로 한계비용은 〈그림 5-2〉와 〈그림 5-6〉의 Q_0에서 최저가 된다.

평균비용과 한계비용 사이의 관계

이제 이들 단기평균비용곡선들과 한계비용곡선을 하나의 평면에 그려 보고 이들 사이의 관계를 정리해 보자. 생산량의 크기에 따라 평균비용과 한계비용 사이의 관계는 다음과 같이 요약할 수 있다.

① $0 < Q < Q_0$: 모든 평균비용과 한계비용이 감소

$$MC < AVC < ATC$$

② $Q = Q_0$: 한계비용이 최저점

③ $Q_0 < Q < Q_1$: 모든 평균비용은 감소하고 한계비용은 상승

④ $Q = Q_1$: 한계비용이 평균가변비용의 최저점에서 만남

$$MC = AVC < ATC$$

⑤ $Q_1 < Q < Q_2$: 평균고정비용과 평균총비용은 감소, 한계비용과 평균가변비용은 상승

$$AVC < MC < ATC$$

그림 5-6
단기비용들 사이의 관계

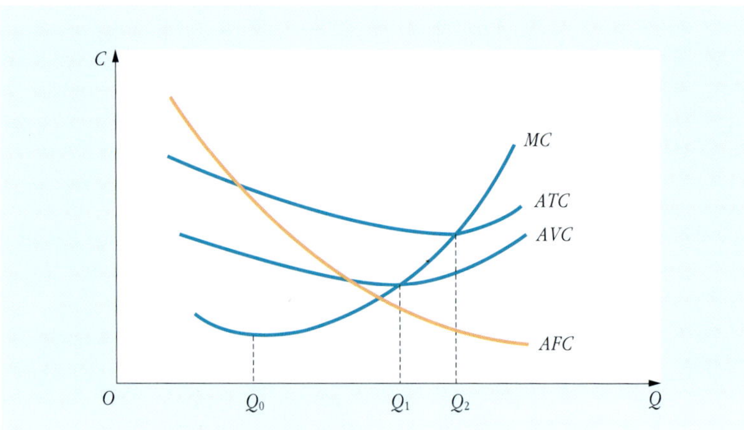

⑥ $Q = Q_2$: 한계비용이 평균총비용의 최저점에서 만남

$AVC < MC = ATC$

⑦ $Q_2 < Q$: 평균고정비용은 감소, 평균총비용과 평균가변비용, 한계비용은 상승

$AVC < ATC < MC$

여기서 AFC는 ATC보다는 작지만 고정비용의 크기에 따라 AVC보다 클 수도 있고 작을 수도 있어 일반적인 관계를 확정적으로 말하기 어렵다.

5.2 가변요소가 둘인 경우

생산에 있어서 장기란 투입되는 생산요소 가운데 고정요소가 없는 경우라고 하였다. 앞에서 언급한 대표적인 생산함수에서 가장 중요한 투입요소가 자본과 노동 등 두 가지라고 하였으므로, 여기서 가변요소가 둘이라고 함은 장기를 의미하는 것이다. 즉, 노동뿐 아니라 자본까지도 투입을 조절할 수 있을 만큼 긴 기간을 두고 투입과 생산물 사이의 관계를 보여 주는 것이므로 장기생산함수가 된다.

장기의 경우는 투입변수가 두 개가 되므로 생산함수나 비용함수의 분석이 단순하지 않다. 장기생산의 경우는 다음의 두 가지 단계를 나누어 합리적 선택의 과정을 살펴본다. 먼저 생산함수로부터 비용최소화 또는 산출극대화를 달성하는 문제를 알아보고, 이로부터 장기비용함수를 도출하여 두 번째 단계로 이윤극대화의 과정을 살펴본다.

5.2.1 장기생산함수(등량곡선)

장기생산함수는 자본과 노동 등 두 개의 투입요소가 모두 가변요소인 경우다. 따라서 생산함수의 오른쪽 항에 변수가 두 개가 된다. 이를 수학적으로 표현하면 다음과 같다.

$$Q = f(K, L)$$

오른쪽 항의 변수가 두 개가 되면 그래프는 3차원이 된다. 밑면의 가로축과 세로축에 자본과 노동의 투입량을, 그리고 수직축에 생산량을 표시한다. 이렇게 되면 원점에서 자본과 노동의 투입을 늘릴수록 생산량이 증가하므로 그림에서와 같은 산의 모양으로 입체적인 그래프가 그려진다.

이 그래프를 밑면의 X축과 평행하게 수직으로 자르면 자본이 고정요소인 단기생산함수를 얻을 수 있다. 그런데 3차원의 그래프를 가지고 생산에 대한 경제학적 분석을 하는 것은 쉽지 않은 일이므로, 좀더 쉬운 방법을 찾을 필요가 있다. 그래서 찾은 것이 생산량을 일정한 수준으로 고정시키고, 그 생산량을 얻기 위해 자본과 노동을 어떻게 결합시킬 것인가를 알아보는 것이다. 이것이 이른바 등량곡선(iso-quant curve)이다.

등량곡선

〈그림 5-7〉에서 3차원의 생산함수 그래프를 정해진 생산수준을 기준으로 밑면에 평행하게 수평으로 자르면 마치 지도의 등고선과 같은 선이 나타나게 된다. 생산수준을 변화시키면서 이와 같은 등고선을 만들어 밑면에 투영시키면 얻을 수 있는 것이 〈그림 5-8〉의 등량곡선이다.

등량곡선은 생산함수에서 생산함수를 일정 수준으로 고정시

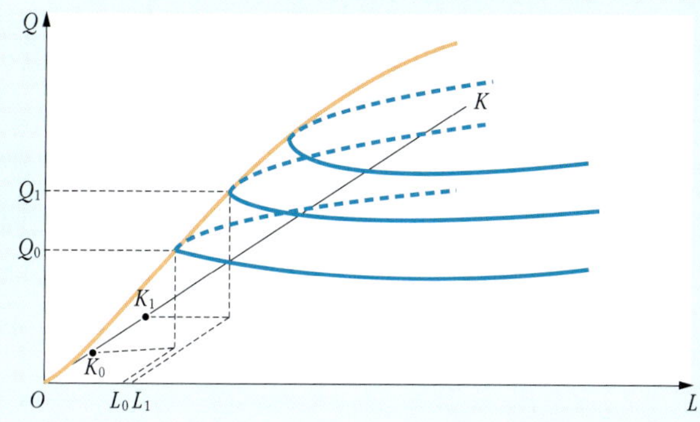

그림 5-7
장기생산함수

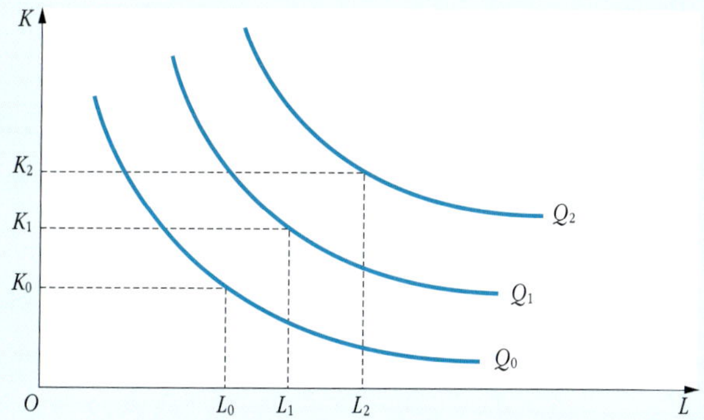

그림 5-8
등량곡선

키고, 그러한 생산수준을 달성하기 위한 자본과 노동의 결합방식을 표시하는 것이다. 예를 들어 생산함수가 $Q=3KL$로 주어졌다고 하자. 이 식에서 생산량을 Q_0로 고정하고 자본(K)에 관해서 식을 풀면 $K=\frac{Q_0}{3}\frac{1}{L}$이 된다. 이를 세로축 K와 가로축 L의 평면에 그리면 〈그림 5-8〉과 같은 등량곡선을 얻을 수 있다. 생산량을 Q_0에서 Q_1, Q_2로 변화시키면 같은 평면에 여러 개의 등량곡선을 그릴 수 있다.

등량곡선의 성질

등량곡선의 모양이나 성질은 앞서 다룬 소비자이론의 무차별곡선과 매우 유사하다. 따라서 등량곡선의 특징을 무차별곡선의 특징과 비교하여 이해하면 도움이 된다. 등량곡선의 특징은 다음과 같이 요약할 수 있다.

첫째, 등량곡선은 우하향한다. 등량곡선은 장기생산함수를 나타낸 것이므로, 모든 생산요소는 가변요소가 되어 생산요소 간의 대체가 가능해진다. 그러므로 같은 양의 생산물을 만들어 내는 생산요소들의 묶음이 등량곡선이므로 등량곡선은 우하향한다. 즉, 한 생산요소의 투입을 줄이면서 같은 생산을 유지하기 위해서는 다른 생산요소의 투입을 늘려야 한다.

둘째, 원점에서 먼 등량곡선은 더 많은 생산량을 나타낸다. 생산요소의 투입이 증가하면 생산량도 증가하는 것을 의미한다. 앞서 3차원의 그래프를 생각해 보면 밑면의 두 생산요소 투입을 증대시키면 산(생산량)이 높아지는 형태의 그래프가 그려지고, 이 산의 등고선을 밑면에 투영시킨 것이 등량곡선이므로 원점에서 멀어질수록 더 높은 해발(더 많은 생산량)을 나타냄을 알 수 있다.

셋째, 등량곡선은 서로 만나지 않는다. 같은 평면에 그려지는 여러 개의 등량곡선은 서로 만나지 않는다. 이는 앞장에서 살펴본 무차별곡선의 경우, 선호의 이행성 때문에 서로 겹치지 않는 것과 같은 원리이다.

넷째, 등량곡선은 원점에 대해 볼록하다. 이는 생산에 있어서 한계기술대체율이 체감한다는 것을 의미한다. 우선 한계기술대체율이 무엇인지부터 알아보자. 우리는 무차별곡선에서 한계대체율(*MRS*)이라는 개념을 배웠다. 바로 이것에 상응하는 생산이론의 개념이 한계기술대체율(marginal rate of technical substitution: *MRTS*)이다. 즉, 한 생산요소의 투입을 줄였을 때 같은 생산량을 유지하기 위해 투입해야 할 다른 생산요소의 크기를 비율로 표시한 것이다. 여기서 기술이라는 말이 들어간 것은 노동과 자본이라는 생산요소를 결합하는 방식이 생산기술이라고 하였기 때문에, 어떤 특정한 기술을 전제로 하였을 때 대체하는 비율을 의

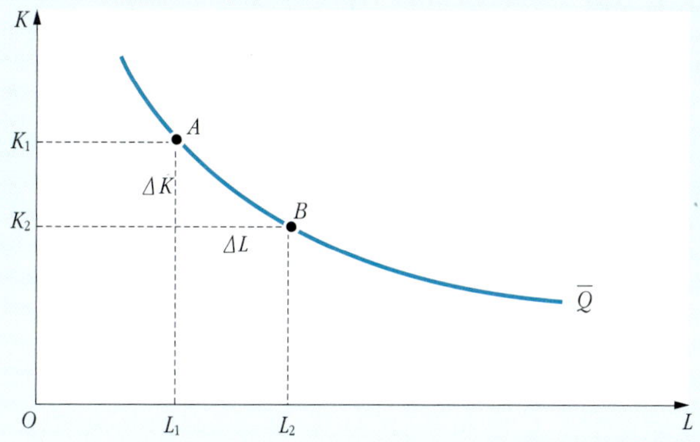

그림 5-9
한계기술대체율

미하는 것이라고 생각하면 된다.

〈그림 5-9〉에서 점 *A*에서 점 *B*로 이동하면 생산량은 같은데 자본의 투입이 (K_1-K_2)만큼 줄고 노동투입이 (L_2-L_1)만큼 증가하였다. 이것이 한계기술대체율이다.

$$MRTS = \frac{\Delta K}{\Delta L}\left(= \frac{dK}{dL}\right)$$

위 식의 맨 오른쪽은 역시 변화율을 미분의 개념을 도입해서 표현한 것이다(여기서도 미분의 개념을 모르면 'd'란 Δ의 크기가 매우 작은 것을 나타낸 것으로 생각하면 된다).

그런데 계속 자본을 노동으로 대체해서 투입하면 어떻게 될까? 즉, 그림에서 등량곡선의 오른쪽 아래쪽으로 계속 이동하면 *MRTS*가 어떻게 변할까? 자본을 노동으로 대체해 나감으로써 자본투입은 줄고 노동투입은 늘어난다. 그런데 앞에서 한 생산요소의 투입변화가 생산에 주는 영향을 살펴보면서 생산요소의 투입이 증가하면 생산의 효율성이 감소하여 생산의 증가폭이 감소한다는 이른바 수확체감의 법칙을 설명한 바 있다. 이를 여기에 적용해 보면 노동으로 자본을 대체해 나감에 따라 자본의 효율성

point-5.4 왜 체감인가?

한계기술대체율이 점차 감소한다는 것이 체감이라는 말의 의미인데, 이는 한계기술대체율을 정의할 때 자본과 노동 가운데 어떤 것을 분모, 분자에 넣는가에 따라 달라진다. 보통은 자본을 세로축에, 노동을 가로축에 표시하므로 등량곡선의 기울기인 한계기술대체율은 노동의 변화가 분모에 들어가게 되고, 따라서 노동의 투입이 점차 늘어나면서 MRTS는 그 크기가 점차 감소하는 것이다.

은 점차 증대하고 노동의 효율성은 점차 감소할 것이다. 따라서 같은 크기의 자본을 대체하기 위해서는 갈수록 더 많은 노동이 필요하게 될 것이다. 위의 그림에서 점 B에서 C로 옮겨 가면서 자본 · 노동 간의 대체투입비율이 크게 달라진 것을 볼 수 있는데, 이것이 바로 한계기술대체율 체감의 법칙이다. 한계기술대체율이 체감하면 등량곡선은 원점에 대해 볼록하게 그려진다.

이러한 내용을 역시 수학적으로 한 번 표현해 보자. 등량곡선상의 움직임은 생산량의 크기에 변화가 없다는 것을 말한다. 즉, 자본의 변화에 따른 생산량의 변화와 노동의 변화에 따른 생산량의 변화를 합하면 0이 된다는 말이다.

$$\Delta K \times MP_K + \Delta L \times MP_L = 0$$

여기서 MP는 자본과 노동의 한계생산물을 의미한다. 즉, 자본 또는 노동 한 단위의 변화가 얼마의 생산변화를 가져오는가를 나타낸다. 예를 들어 보자. 자본 한 단위의 변화로 5의 생산변화가 있고($MP_K=5$), 노동 한 단위의 변화가 3의 생산변화를 가져온다($MP_L=3$)고 하자. 이때 자본투입을 2단위 줄이면 노동투입은 얼마나 늘려야 하는가? $(-2)\times 5+\Delta L\times 3=0$이므로 노동은 3.3단위만큼 늘려야 한다.

위의 식을 정리하면 MRTS는 다음과 같이 나타낼 수 있다.

$$MRTS=\frac{\Delta K}{\Delta L}=-\frac{MP_L}{MP_K}$$

이때 맨 오른쪽 항에 나타난 한계생산물의 비율에서는 분자 · 분모에 들어가는 자본 · 노동의 위치가 바뀌었음을 유의하자.

위 식을 보면 한계생산물의 비율은 등량곡선을 따라 내려오면서 점차 작아진다. 즉, 노동의 투입이 늘어나면서 노동의 한계생산은 감소하고, 자본투입이 감소하면서 자본의 한계생산은 늘어난다. 따라서 $\frac{MP_L}{MP_K}$의 크기는 줄어든다. 한계기술대체율 체감의 법칙인 것이다.

특수한 형태의 생산함수

생산요소 사이의 대체가 불가능할 수도 있다. 택시회사의 경우 기사가 한 명이면 택시가 아무리 많아도 소용이 없고, 택시가 한 대이면 기사가 아무리 많아도 소용이 없다. 즉, 택시 한 대에 기사 한 명인 경우와 택시 한 대에 기사가 10명인 경우 생산할 수 있는 서비스의 양은 같은 것이다. 이러한 경우를 레온티에프 생산함수라고 하는데, 등량곡선은 'L' 자형으로 그려진다(〈그림 5-10〉의 (a) 참조). 이와 반대로 생산요소 간의 완전대체가 가능한 경우도 있을 수 있다. 기계가 만들거나 사람이 만들거나 같은 품질의 제품이 생산되는 경우가 여기에 해당된다. 기계로 떡국떡을 써는 것과 사람이 떡국떡을 써는 경우 사람 10명이 할 것을 기계 한 대가 할 수 있다면, 기계 1대와 사람 50명, 기계 2대와 사람 40명, 기계 3대와 사람 30명이 썰 수 있는 떡국떡의 양은 같다. 이 경우 등량곡선은 직선의 형태로 그려진다(〈그림 5-10〉의 (b) 참조).

그림 5-10

특수형태의 생산함수

레온티에프 생산함수

완전보완생산요소에 의한 생산을 나타내는 레온티에프 생산함수는 $Q=\min(\alpha K, \beta L)$과 같이 쓸 수 있다. 예를 들어, $\alpha=2$, $\beta=3$이라고 하자. 그러면 $K=3$, $L=2$인 점에서 생산은 6이 될 것이며, 이 점을 기준으로 L이 고정되어 있을 때 K가 3보다 아무리 커져도 $\beta L=6$이 더 작기 때문에 생산은 6이 되고, 같은 원리로 K가 고정되어 있을 때 L이 아무리 커져도 생산은 6이 되는 것이다.

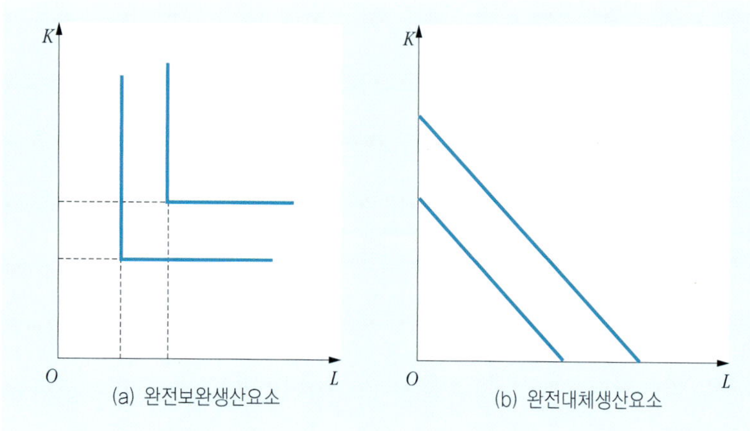

규모의 경제

모든 생산요소를 일정 비율로 늘려 나갈 때 생산량이 어떤 비율로 증가하는가를 나타내는 것이 규모에 대한 수확(returns to scale)의 개념이다. 생산요소보다 생산량이 더 빠르게 증가하면 규모에 대한 수확체증(increasing returns to scale), 생산요소와 생산량의 증가비율이 같으면 규모에 대한 수확불변(constant returns to scale), 생산요소보다 생산량의 증가비율이 더 낮으면 규모에 대한 수확체감(decreasing returns to scale)이라고 한다. 예를 들어, 생산요소의 투입을 모두 2배로 늘렸는데 생산량이 3배로 늘었다면 규모에 대한 수확체증, 생산량이 2배로 늘었다면 규모에 대한 수확불변, 생산량이 1.5배로 늘었다면 규모에 대한 수확체감이라고 한다. 규모에 대한 수확체증의 경우 규모의 경제(economies of scale)라고 하고, 규모에 대한 수확체감의 경우 규모의 불경제(diseconomies of scale)라고도 한다. 이의 수학적 표현은 다음과 같다.

$$f(\alpha K, \alpha L)=\alpha^r Q$$

여기서, $r>1$: 규모에 대한 수확체증

$r=1$: 규모에 대한 수확불변

$r<1$: 규모에 대한 수확체감

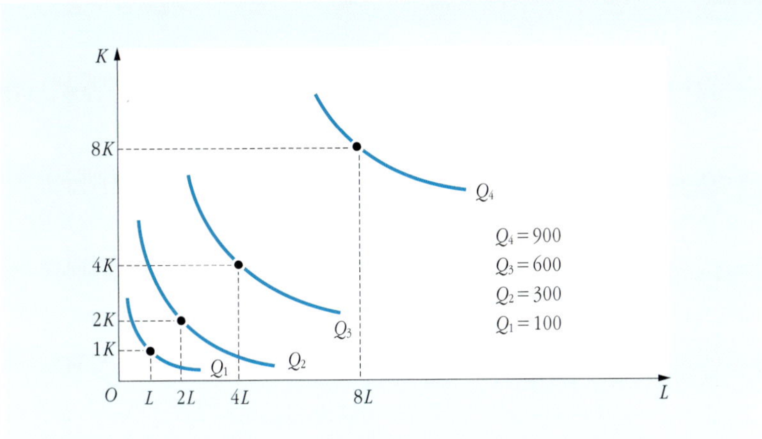

그림 5-11
규모에 대한 수확

규모에 대한 수확의 변화를 그래프로는 〈그림 5-11〉과 같이 표현할 수 있다. 그림에서 Q_1과 Q_2는 생산요소의 투입이 2배로 늘었는데 생산량은 3배가 되었으므로, 규모에 대한 수확체증(규모의 경제)을 나타낸다. Q_2와 Q_3는 생산요소의 투입을 두 배로 늘렸더니 생산량도 두 배로 늘었으므로 규모에 대한 수확불변을 보여 주고 있다. Q_3와 Q_4는 생산요소의 투입을 두 배로 늘렸음에도 불구하고 생산량은 1.5배 증가하는 데 그쳤으므로, 규모에 대한 수확체감(규모의 불경제)이다(지도의 등고선을 떠올려 보면 등고선 사이가 촘촘한 경우는 산이 가파른 것을, 등고선과 등고선이 멀리 떨어져 있는 것은 완만한 산을 의미한다. 산이 가파른 것은 3차원의 생산그래프에서 생산이 빠르게 증가하는 것을, 산이 완만한 것은 생산의 증가가 더딘 것을 나타낸다).

기술진보

기술진보란 같은 생산요소를 가지고 더 많은 생산을 할 수 있게 되는 것을 말한다. 생산요소의 결합방식이 생산기술이라고 하였으므로 같은 생산요소를 가지고 새로운 결합방식에 의해 더 많이 생산할 수 있게 되었다면 그것은 더 나은 기술, 즉 기술진보

그림 5-12

기술진보

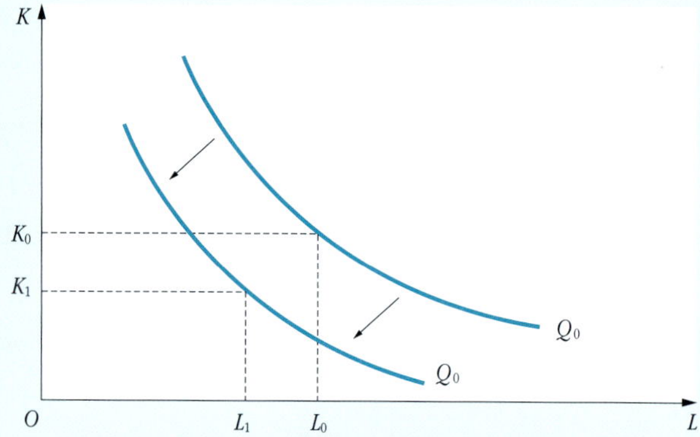

를 의미하는 것이다. 같은 양의 재화나 서비스를 생산하는 데 더 적은 생산요소를 필요로 한다면 같은 이야기가 될 것이다.

그렇다면 기술진보는 등량곡선으로 어떻게 표현할 수 있을까? 〈그림 5-12〉에서 등량곡선의 안쪽 이동이 바로 기술진보를 의미하는 것이다. 같은 양의 생산에 과거보다 더 적은 자본과 노동이 필요하게 되었으므로 기술이 좋아졌다는 말이다. 여기서 주의하여야 할 것은 그림에 나온 등량곡선은 같은 등량곡선이 안쪽으로 이동한 것이지, 안쪽의 등량곡선이 더 적은 생산량을 나타내는 두 개의 서로 다른 등량곡선을 보여 주는 것이 아니라는 점이다.

5.2.2 등비용선

생산에는 비용이 들어간다. 따라서 생산에 임하는 기업은 자본과 노동이라는 생산요소를 구입하는 데 돈을 쓰고, 그렇게 구입한 자본과 노동을 투입하여 물건을 만들어 내는 것이다. 생산요소를 구입하는 데 들어간 비용을 C라고 하면 비용은 다음과 같이 쓸 수 있다.

$$C = rK + wL$$

여기서, r : 자본의 가격

w : 노동의 가격

즉, r의 가격으로 K만큼의 자본을 구입하고, w의 가격으로 L만큼의 노동을 구입하여 생산에 투입하는 것이다. 이는 소비자이론에서 예산선에 대응되는 개념으로 일단 함수의 모양도 같다. 그런데 예산선의 경우 소득이 주어진 상황을 가정하였으나, 생산자이론에서는 쓸 수 있는 자금의 크기가 주어져 있는 것은 아니다. 기업은 주식을 발행하거나 은행에서 돈을 빌림으로써 자금을 조달할 수 있다(물론 소비자의 경우도 은행에서 돈을 빌려 쓸 수 있지만, 생산자가 생산의 결과물을 가지고 수입을 얻어 돈을 갚을 수 있는 것에 비해, 소비자는 소비의 결과로서 빌린 돈을 갚을 수 없기 때문에 경제학적으로는 전혀 다르게 취급한다).

비용이 어떤 특정한 수준으로 고정되어 있다고 가정하고 위 식을 자본과 노동의 평면에 그래프로 그리면 〈그림 5-13〉과 같다. 이를 등비용선(iso-cost curve)이라 한다. 등비용선의 기울기는 생산요소의 가격비율($-\frac{w}{r}$)이 되고, Y축 절편은 조달한 자금을 모두 자본을 구입하는 데 사용하였을 경우 구할 수 있는 자본의 크

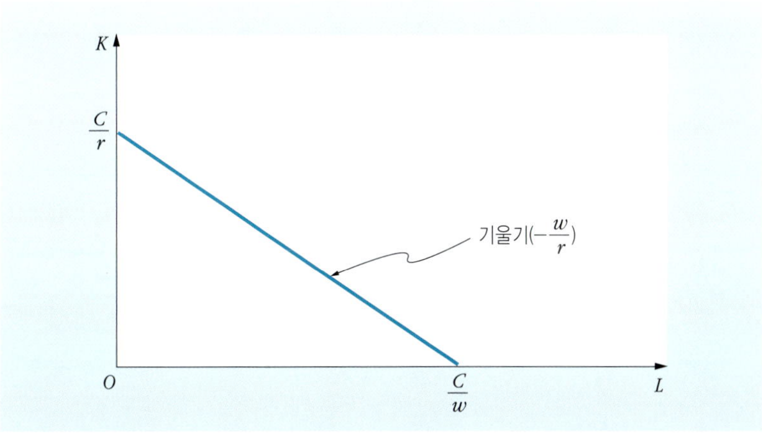

그림 5-13
등비용선

기, X축 절편은 자금을 모두 노동을 구입하는 데 사용하였을 경우 구할 수 있는 노동의 크기를 각각 나타낸다.

등비용선은 예산선의 경우와 같이 비용의 크기가 변하면 수평이동하고, 자본이나 노동의 가격이 변하면 회전이동을 한다.

5.2.3 생산극대화 또는 비용최소화

이제 생산기술과 비용, 즉 등량곡선과 등비용선이 주어졌을 때 생산자의 최적선택문제는 어떻게 되는지 살펴보자. 앞서 말하였듯이, 생산자의 경우 쓸 수 있는 자금을 자본시장에서 여러 가지 방법으로 조달할 수 있다고 하였다. 따라서 등비용선은 예산선과 달리 하나로 주어지는 것이 아니고 여러 개로 그릴 수 있다. 그러므로 생산자의 경우 최적의 선택문제는 ① 비용을 정해두고 그 범위 안에서 최대의 생산을 달성하거나, ② 생산량을 정해 두고 비용을 가장 적게 들이는 방법을 생각하는 두 가지 접근방법을 생각할 수 있는 것이다. 전자를 생산극대화, 후자를 비용최소화라고 한다.

〈그림 5-14〉의 (a)는 비용이 정해져 있다고 가정하였을 때 ($C=C_0$) 대응되는 여러 등량곡선 가운데 가장 바깥에 있는 등량곡

그림 5-14

생산극대화 · 비용최소화

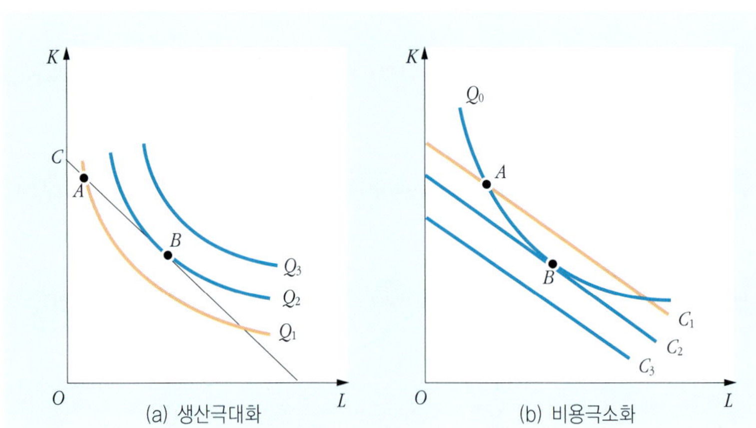

선의 수준에서 생산할 수 있는 최적의 생산요소 결합을 선택하는 경우를 보여 주고 있다. C_0의 비용을 들여서 Q_1수준의 생산을 할 수 있는 점은 A가 된다. 그런데 등비용선을 따라 더 내려오면 비용은 같으면서도 생산이 늘어날 수 있다. 결국 점 B가 C_0의 비용수준에서 달성할 수 있는 가장 바깥쪽에 있는 생산수준이 된다. 물론 C_0의 비용으로 Q_3는 생산할 수 없는 수준을 나타낸다.

그림 (b)는 생산수준을 정해 놓았을 때($Q=Q_0$) 비용을 가장 적게 들이면서 생산할 수 있는 최적의 생산요소 결합방식을 보여 주고 있다. 점 A와 점 B는 같은 양을 생산할 수 있는 생산요소의 결합방식이지만 당연히 점 B에서의 비용이 더 적게 든다. C_3의 비용을 지출해서는 Q_0의 생산을 달성할 수 없다.

이처럼 생산자의 최적선택문제도 등량곡선과 등비용선의 접점에서 달성되는 것을 알 수 있다. 소비자이론에서와 마찬가지로 생산자이론에서도 최적선택의 조건은 바로 접점의 조건이 된다. 접점의 조건은 등량곡선과 등비용선의 기울기가 같은 것이다. 이를 수식으로 표현하면 다음과 같다.

$$MRTS=-\frac{MP_L}{MP_K}=-\frac{w}{r}$$

MRTS는 등량곡선의 기울기이고, 요소가격의 비율은 등비용선의 기울기이다. 위 식을 변형하면 다음과 같은 식을 얻을 수 있다.

$$\frac{MP_L}{w}=\frac{MP_K}{r}$$

즉, 각 생산요소의 한계생산물을 각 생산요소의 가격으로 나눈 값이 같아지는 것이다. 노동의 한계생산물을 노동의 가격으로 나누었다는 것은 노동에 단위화폐(1원 또는 1달러)를 지출하였을 때 추가로 얻을 수 있는 생산물을 말한다. 노동 한 단위의 가격이 100원이고, 노동 한 단위를 추가로 투입하였을 때 10개의 생산물을 추가로 얻을 수 있다면, 노동에 1원을 추가로 지출하였을 때 생산물을 0.1개 추가로 얻을 수 있다는 말이다.

이제 위 식으로 표현된 접점의 조건이 갖는 경제적 의미를 살펴보자.

① $\frac{MP_L}{w} > \frac{MP_K}{r}$: 이 경우는 '노동에 1원을 추가로 지출하였을 때 추가로 얻을 수 있는 생산물의 크기'가 '자본을 구입하는 데 1원을 줄였을 때 줄어드는 생산량'보다 크기 때문에, 자본지출에서 1원을 빼다가 노동의 구입에 지출한다면 비용을 변화시키지 않고도 생산량을 늘릴 수 있다. 따라서 이런 경우는 최적의 선택이 아니다.

② $\frac{MP_L}{w} < \frac{MP_K}{r}$: 같은 논리로 이 경우 역시 최적의 선택이 아니다.

③ $\frac{MP_L}{w} = \frac{MP_K}{r}$: 따라서 양변이 같은 경우만 동일한 비용을 가지고는 생산을 더 이상 늘릴 수 없는 최적의 선택이 되는 것이다.

5.2.4 장기비용곡선의 도출

생산자는 시장에서 자금을 조달할 수 있다고 하였다. 따라서 다양한 수준의 비용에서 접점의 조건이 성립될 수 있다. 그렇다면 자금을 많이 조달하여 오른쪽으로 가면서 더 많은 생산량의 등량곡선과 접점의 조건을 만족시키면 무한히 생산을 늘려도 좋다는 말인가? 소비자이론에서는 효용을 극대화시키면 거기서 끝나는 것이지만, 생산자의 경우 최적의 선택을 통해서 생산요소의 조합을 택하여 재화나 서비스를 생산하여도 거기서 끝이 아니다.

생산된 물건을 시장에 내다 팔아서 돈을 벌어야 하기 때문이다. 재화를 많이 생산한다고 다 팔리는 게 아닐뿐더러, 생산이 늘어나면 재화의 가격이 떨어질 수도 있기 때문이다.

앞서 언급한 바와 같이 생산자는 일단 생산에 있어서 최적화를 달성하였어도 시장상황을 고려하여 다시 2단계로 이윤극대화가 되는 점을 찾아야 한다. 따라서 생산에 있어서 최적화는 이윤극대화를 위한 하나의 전제조건이 되는 것이다. 생산의 최적화 과정을 다시 음미해 본다면, 비용최소화란 특정한 생산수준에 가장 적합한 생산요소의 결합과 이에 따른 비용의 대응관계를 보여 주는 것이다. 이를 수학적으로 표현하면 아래와 같은 여러 가지 비용함수를 만들 수 있다.

총비용함수: $TC = C(Q)$

평균비용함수: $AC = \frac{TC}{Q} = \frac{C(Q)}{Q}$

한계비용함수: $MC = \frac{dTC}{dQ} = \frac{dC(Q)}{dQ} = C'(Q)$

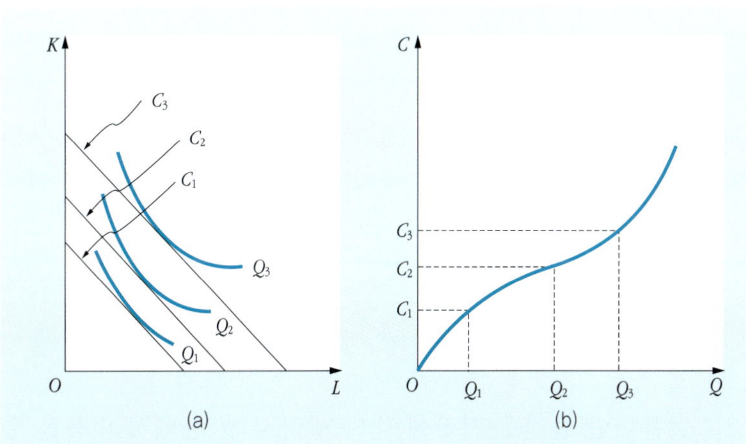

그림 5-15
장기비용곡선의 도출

그림 5-16
장기비용곡선

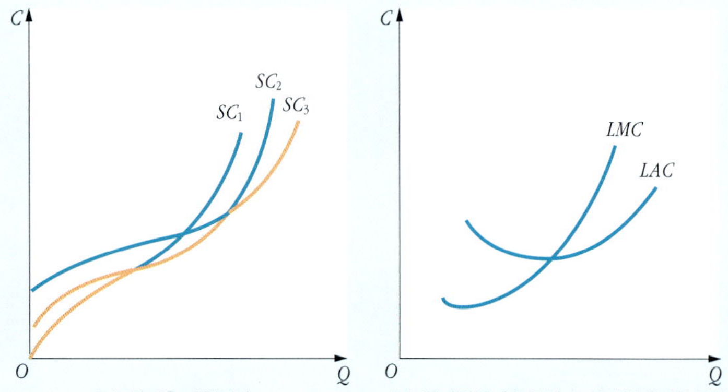

(a) 장기총비용곡선 (b) 장기평균비용곡선과 장기한계비용곡선

즉, 최적화를 통해, Q_1의 생산을 위해서는 C_1의 비용이, Q_2의 생산을 위해서는 C_2의 비용이 가장 효율적이라는 것을 나타내는 것이다. 이는 각 생산량과 가장 효율적인 비용의 대응을 나타내는 것이므로 다름 아닌 비용함수가 된다(〈그림 5-15〉 참조). 가변요소가 둘인 경우(다시 말해, 고정요소가 없는 경우)이므로 이 비용함수는 장기비용함수가 되고, 이를 가지고 생산자는 다시 시장상황을 고려하여 이윤극대화의 과정을 거치게 되는 것이다.

장기총비용함수는 일반적으로 단기에서의 총비용함수와 같은 모양을 갖는다. 서로 다른 고정비용의 수준에서 여러 단기총비용곡선을, 그리고 이들 가운데 가장 낮은 부분들을 연결하면 장기총비용곡선이 된다(〈그림 5-16〉 (a) 참조). 장기에서는 고정비용도 변화시킬 수 있다고 하였으므로 단기비용을 가장 낮게 만드는 고정비용수준을 택하면 그것이 장기총비용곡선이 된다. 총비용곡선의 모양이 같으므로 장기평균비용과 장기한계비용 역시 모양은 단기에서와 같다(〈그림 5-16〉 (b) 참조).

5.2.5 이윤극대화

이윤이란 물건을 시장에 내다 팔아서 번 돈에서 비용을 뺀 것이다. 물건을 팔아서 번 돈은 수입(revenue)이므로 수입에서 비용을 뺀 것이다. 수입 역시 물건의 판매량에 따라 달라지므로 Q의 함수가 되고, 이로부터 평균수입함수와 한계수입함수의 개념을 도출할 수 있다. 평균수입함수는 전체 수입을 판매한 물건의 개수로 나누어 개당 얼마의 수입을 얻었는지 보여 주는 것이고, 한계수입함수는 하나의 물건을 더 팔았을 때 추가로 얻게 되는 수입을 말한다. 이를 수학적으로 표현하면 아래와 같다.

총수입: $TR = R(Q)$

평균수입함수: $AR = \dfrac{TR}{Q} = \dfrac{R(Q)}{Q}$

한계수입함수: $MR = \dfrac{dTR}{dQ} = \dfrac{dR(Q)}{dQ} = R'(Q)$

여기서 재미있는 것은 제품의 시장이 완전경쟁시장이면 $AR = MR = P$가 된다는 것이다. 즉, 평균수입과 한계수입의 크기가 제품의 가격과 같아진다는 말이다. 완전경쟁시장에서는 생산자가 무수히 많다고 가정하기 때문에 개별 생산자는 가격에 영향을 줄 수 없다(제6장 시장이론 참조). 따라서 가격이 시장에서 결정되면 개별 생산자는 그 가격을 주어진 것으로 받아들여야 한다. 이렇게 되면 총수입 $TR = P \times Q$와 같은 단순한 형태가 된다. 물건을 판 개수에 물건가격을 곱한 것이 총수입이 되는 것이다. 따라서 평균수입은 물건의 가격이 될 것이고, 물건을 하나 더 팔았을 때 추가로 생기는 수입은 바로 그 물건의 가격과 같으므로 한계수입 역시 물건의 가격이 된다(물론 독점시장이나 독점적 경쟁 등 생산자가 시장가격에 영향을 줄 수 있는 경우에는 달라진다. 역시 제6장 참조).

이제 이윤극대화의 조건을 살펴보자. 우선 이윤함수를 수학적으로 표현하면 다음과 같다.

그림 5-17
이윤극대화

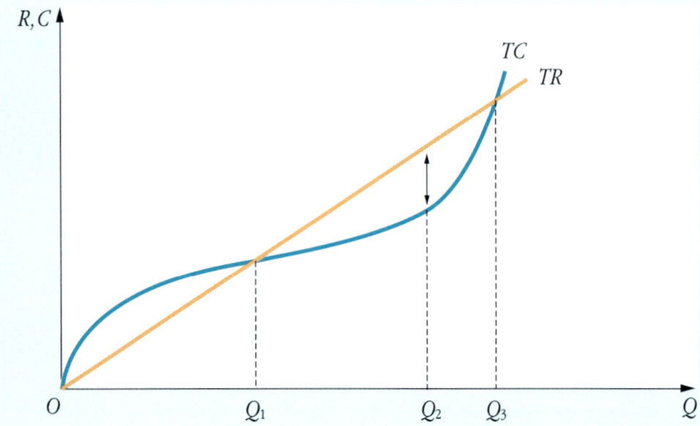

$$\Pi(Q) = TR(Q) - TC(Q)$$

이를 그래프로 나타내면 〈그림 5-17〉과 같다. 여기서 이윤은 *TR*곡선과 *TC*곡선의 차이가 되므로 생산량이 $0 \to Q_1$까지는 적자가 되고 $Q_1 \to Q_3$ 사이에서 흑자가 된다. 그러면 이윤이 가장 커지는 곳은 어디일까? 그것은 바로 *TC*의 접선의 기울기가 *TR*의 기울기와 같아지는 생산량, 즉 Q_2일 때이다. *TR*의 기울기는 *MR*이고 *TC*의 기울기는 *MC*이므로 이윤극대화의 조건은 바로 $MR = MC$이다. 바로 이 수준에서의 생산량 Q_2가 이윤극대 생산량이다.

point-5.5 *MR=MC*

$MR=MC$는 생산이론에 나온 어떤 공식보다 중요하다. 사실 그래프를 유의해서 잘 관찰해 보면 $MR=MC$가 되는 점이 또 하나 있다. 생산량이 $0 \to Q_1$ 사이의 구간에서도 총수입함수의 기울기와 총비용함수의 기울기가 같아지는 점이 존재하는 것이다. 그러나 이 경우는 적자이므로 경제적 고려의 대상이 아니다. 수학적으로 극대 · 극소의 문제를 분석하면 $MR=MC$는 극대가 되기 위한 1차조건이고 극대가 되기 위해서는 2차조건이 필요한데, Q_2가 여기에 부합하는 것이다. 경제수학 교과서를 참고하되, 경제수학을 배우지 않았으면 그냥 넘어가자.

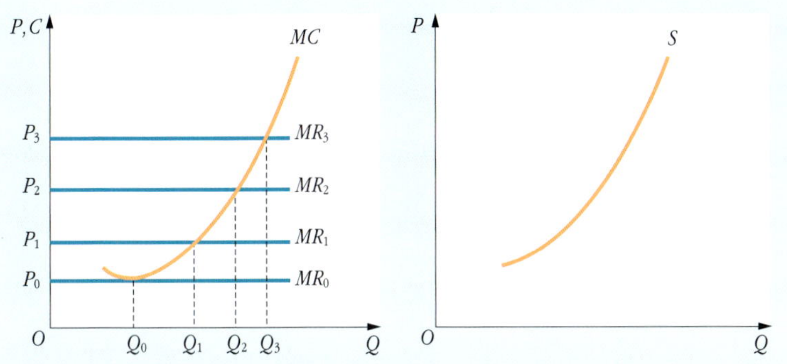

(a) 개별 기업의 공급곡선

(b) 시장공급곡선

그림 5-18
공급곡선의 도출

5.2.6 공급곡선의 도출

생산자이론의 목표는 시장공급곡선을 도출하는 것이라고 하였으므로 이제 공급곡선을 도출해 보자. 제품의 시장이 완전경쟁시장인 것을 가정하고 한계수입과 한계비용을 같은 평면에 그려 보자.

완전경쟁시장의 경우 한계수입은 시장가격 P로 일정하므로 그래프상에는 수평선으로 그려진다. 이것이 MC곡선과 만나는 점에서 생산량이 결정되는 것이다. 따라서 P를 변화시킬 때 이윤극대 생산량은 MC곡선에 대응되는 점이 되고 결국 개별 기업은 〈그림 5-18〉의 (a)에서 빨간 선으로 표시된 MC곡선을 따라서 가격의 변화에 대응해 재화를 생산 · 공급하게 된다. 즉, MC가 증가하는 부분이 바로 개별 기업의 공급곡선이 된다. 그런데 기업들의 한계비용곡선은 모두 다르므로 개별 기업의 공급곡선을 합하여 시장공급곡선을 만들면 그림 (b)와 같은 시장공급곡선을 얻을 수 있다.

더 찾고 생각해 보기

1. 본인이 라면공장을 운영한다고 가정하고, 최대의 이윤을 확보하기 위해 어떤 결정을 해야 하는지 두 단계로 생각해 보자. 단, 라면시장은 완전경쟁시장이라서 본인의 생산량이 시장가격에 영향을 줄 수 없다고 가정한다. 먼저 얼마를 생산하기 위해 얼마의 비용이 들어가는지를 자본-노동 사이의 최적선택과정을 통해 알아보고, 두 번째로 비용과 수입 사이의 관계에서 이윤을 가장 크게 만들기 위해 어떤 생산량을 선택해야 할지 알아보자.

2. 소비자이론에서의 한계대체율과 생산자이론에서의 기술적 한계대체율을 비교하여 같은 점과 다른 점을 생각해 보자.

3. 완전경쟁시장에서 한계수입은 제품의 시장가격과 같다는 말이 의미하는 바를 설명해 보자. 이 경우 바로 한계비용곡선의 증가부분이 개별 기업의 공급곡선이 되는 논리를 생각해 보자.

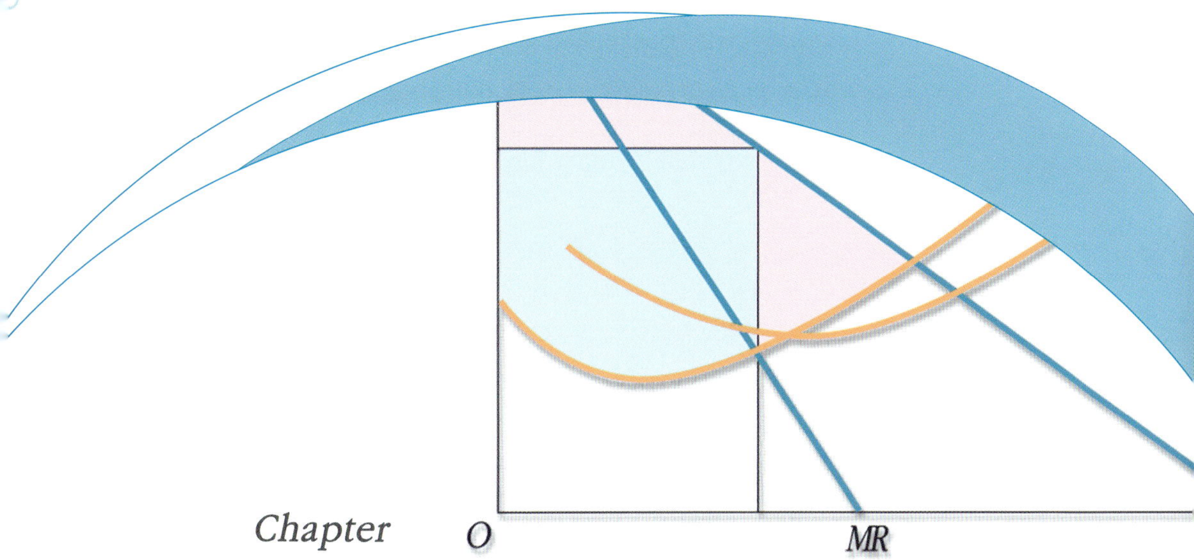

Chapter 6 시장이론

6 시장이론

우리는 앞에서 시장의 수요와 공급이 어떻게 결정되는지 살펴보았다. 시장은 수요자와 공급자가 만나서 거래를 하는 곳으로 수요와 공급이 만나는 방식이 각각의 시장마다 서로 다르다. 시장은 이렇게 각각의 시장이 지닌 특성에 따라 다음과 같은 몇 가지 유형으로 나누어진다.

시장구성원들을 방해하는 요소가 존재하지 않아 완전하게 경쟁이 이루어지는 완전경쟁시장, 시장에 다른 기업이 들어오는 것을 방해하는 진입장벽이 존재하여 시장을 한 생산자가 독차지하는 독점시장이 있다. 이 두 가지가 양 극단이라면, 하나는 아니지만 소수의 생산자만이 존재하는 과점시장과 경쟁이 이루어지지만 기업들이 약간의 독점력을 행사할 수 있는 독점적 경쟁시장은 둘 사이에 존재하는 시장이라고 볼 수 있다.

이번 장에서는 이러한 시장의 종류와 각각의 특성에 대해 알아보자.

6.1 시장의 종류

제3장에서는 시장에서 수요와 공급이 어떻게 결정되는지를 다루었다. 하지만 실제로 시장에서 수요와 공급이 결정되는 방식은 시장에 따라 차이가 존재한다. 각 시장의 특성이 서로 다르기 때문에 그런 것인데 경제학에서는 서로 다른 시장의 특성에 따라 몇 가지 유형으로 시장을 나눈다.

〈그림 6-1〉에 나온 네 가지(복점은 과점시장에 포함됨) 시장유형이 우리가 살펴볼 대표적인 시장들이다. 완전경쟁시장과 독점시장이 양쪽 끝에 위치하고, 다른 시장들은 둘의 특성을 모두 지니며 둘 사이에 존재한다.

그림 6-1
시장의 종류

완전경쟁(perfect competition)은 자유로운 경쟁을 방해하는 요소가 존재하지 않는 가운데 시장의 수요자와 공급자들이 거래를 하는 것이다. 완전경쟁시장의 특징은 다수의 수요자와 공급자가 존재하고, 진입장벽이 존재하지 않으며, 모든 공급자가 동질의 상품을 제공한다는 것이다.

다수의 수요자와 공급자는 완전한 경쟁을 위해 필요한 조건이다. 경쟁을 할 상대가 적거나 존재하지 않는다면 경쟁이 제대로 이루어지지 않을 것이라는 사실은 자명하다. 시장에 다수의 수요자와 공급자가 존재한다는 특징에서 유추할 수 있는 사실은 완전경쟁시장의 개별 수요자 또는 공급자는 상품의 가격을 결정할 수 없다는 것이다. 수많은 경쟁자가 존재하는 가운데 개별 수요자나 공급자의 영향력은 매우 작을 수밖에 없어서 가격을 마음대로 결정하지 못하고 시장에서 결정되는 가격을 받아들이는 가격수용자(price-taker)가 되는 것이다.

진입장벽이 존재하지 않는다는 것은 기업들이 이윤을 찾아 시장에 들어오고 손실을 피해 시장에서 나가는 행위가 자유롭게 이루어진다는 뜻이다. 진입과 퇴출을 제한하는 어떠한 제도도 없고, 그에 따른 비용도 존재하지 않는다는 말이다. 결국 완전경쟁시장의 기업들은 항상 현재 시장에 있지는 않지만 언제든지 진입할 수 있는 잠재적인 경쟁자들을 의식할 수밖에 없다.

또한 완전경쟁시장에서는 모두가 동질의 상품을 판매한다. 서로가 파는 상품의 질이 다른 경우 상품의 질이 상품의 수요를 결정하는 요소가 되어 가격만을 경쟁수단으로 삼는 완전경쟁을 방해할 수 있기 때문이다(이는 조금 뒤에 독점적 경쟁시장을 소개할 때 좀더 자세히 살펴본다).

독점(monopoly)은 완전경쟁시장과는 반대로 시장에 공급자가 하나인 경우이다. 자신이 시장의 유일한 생산자이기 때문에 기업은 완전한 시장지배력을 갖는다. 이는 기업이 시장 전체를 점유하고 있음을 의미한다. 또한 독점시장에는 진입장벽이 존재

진입장벽

진입장벽이 발생하는 경우는 우선 규모의 경제가 존재하는 경우를 들 수 있다. 규모의 경제는 생산의 규모가 커질수록 평균비용이 감소하는 경우로, 기존 업체에 대해 신규 진입업체가 경쟁할 수 없으므로 진입장벽이 존재한다. 네트워크효과가 존재하는 경우에도 진입장벽이 있다고 할 수 있다. 네트워크효과란 사용자가 많아질수록 재화나 서비스의 가치가 상승하는 것을 말한다. 예를 들어, 가입자가 많아질수록 전화는 더 쓸모 있는 서비스가 되고, 워드프로세서 같은 컴퓨터 프로그램도 같은 프로그램을 사용하는 사람이 많을수록 프로그램의 값어치가 올라간다. 이 경우에도 일단 많은 가입자나 사용자를 확보한 업체가 유리하기 때문에 신규 업체의 진입이 제약된다고 할 수 있다. 그 밖에 정부가 공익의 목적이나, 발명을 장려하기 위한 목적 등을 위해 정책적으로 진입장벽을 만드는 경우도 있다.

하여 독점기업은 잠재적인 경쟁자를 의식할 필요가 없다. 시장공급이 개별 기업의 공급과 일치하기 때문에 독점기업은 생산량을 조절하여 시장가격에 영향을 미칠 수 있다. 즉, 가격설정자(price-setter)가 되는 것이다. 또한 이윤을 극대화하기 위해 시장을 분리하여 가격을 다르게 책정하는 가격차별(price discrimination)이 가능하게 된다. 하지만 독점기업이 가격에 영향을 미쳐 이윤을 극대화하는 행위는 그만큼 소비자들의 이익이 감소하는 것이므로 사회후생적인 측면에서 많은 폐해를 가져온다. 그렇기 때문에 정부는 독점기업을 규제하고 특정 상황에서만 독점을 인정한다.

과점(oligopoly)은 시장에 공급자가 하나는 아니지만 소수로 존재하는 경우이다. 공급자가 둘인 경우를 복점(duopoly)이라 한다. 과점시장은 독점시장과 마찬가지로 진입장벽이 존재한다. 공급자가 많지 않기 때문에 경쟁자가 있음에도 불구하고 기업들은 가격수용자가 아니다. 다수의 공급자가 존재하여 개별 기업이 차지하는 비중이 매우 미미한 완전경쟁시장에 비해 과점시장의 기업은 시장에서 차지하는 비중이 매우 크기 때문이다. 1/2이나 1/3과 1/∞을 비교해 보면 쉽게 이해할 수 있을 것이다. 과점시장의 기업들은 서로 담합(collusion)을 통해 카르텔(cartel)을 형성하여 독점기업처럼 행동할 수도 있으나, 많은 경우 정부에 의해 기업간 담합은 규제를 받는다. 과점시장에서 기업들의 행동에 대한 이론은 확실히 정립되지 않아 과점시장을 분석할 때는 다양한 모형을 통해 분석을 하게 된다.

독점적 경쟁(monopolistic competition)은 시장에 공급자가 다수 존재하지만 공급하는 상품의 질이 다른 시장이다. 우리가 평소에 생활하며 보게 되는 시장들은 대부분 독점적 경쟁의 특성을 지닌다. 독점적 경쟁시장에는 완전경쟁시장과 마찬가지로 다수의 수요자와 공급자가 존재하고 진입장벽이 존재하지 않지만, 공급하는 상품의 질이 다르기 때문에 공급자가 가격에 대한 영향력

point-6.1 특수한 시장의 예: 경합시장과 수요독점

시장에는 완전경쟁 · 독점 · 과점 · 독점적 경쟁 등 네 가지 종류만 있는 것이 아니다. 현실세계에 존재하는 다양한 시장의 수만큼 시장을 분류하는 유형도 여러 가지가 존재한다. 그 중 가장 대표적이고 흔히 볼 수 있는 시장 네 가지가 주요하게 분석되는 것이다. 그 밖에도 경제학자들이 살피는 시장의 종류는 경합시장(contestable market)과 수요독점(monopsony)이 존재한다.

우선 경합시장이란 시장에 공급자가 소수밖에 없지만 시장에 진입하고 퇴출하는 데 비용이 거의 들지 않는 시장을 말한다. 즉, 완전경쟁시장에 비해 공급자의 수가 적다는 점 외에는 차이가 없는 경우이다. 경합시장에서는 기업들이 완전경쟁시장에 준하는 최적배분의 형태로 활동하여야 하는데, 이는 잠재적 경쟁자를 의식할 수밖에 없기 때문이다. 예컨대, 경합시장의 기업이 경쟁자가 소수라는 이점을 살려 초과이윤을 얻으려 한다면 다른 경쟁자가 시장에 비용을 거의 들이지 않고 진입하여 약간 낮은 가격으로 수요자들을 모두 끌어들일 수 있다. 이후 기존 기업이 가격을 인하하여 경쟁에 나선다면 역시 거의 비용을 들이지 않은 채 시장에서 나가버리는 행위 또한 가능하다. 이러한 잠재적 경쟁(potential competition)이 시장의 효율적 자원배분에 기여한다는 것이 경합시장이 갖는 의미이다. 일상생활에서 볼 수 있는 경합시장의 대표적인 예가 항공시장이다. 항공시장의 기업들은 소수이지만 언제 저가항공사들이 시장에 진입해서 이득을 취할지 알 수 없기 때문에 함부로 가격조정을 하지 못한다. 경합시장이론은 시장에 기업의 수를 규제하기보다는 진입장벽을 없애는 것이 효율적 자원배분에 더 기여한다는 정책적 시사점을 갖는다.

수요독점은 공급자가 한 명인 독점과는 반대로 수요자가 한 명인 경우를 말한다. 수요독점은 상품의 거래보다는 생산요소의 수요가 독점되어 형성되는 경우가 많다. 예컨대, 어떤 탄광촌에 광산이 하나 있다고 가정하자. 그 곳에 사는 노동인구가 모두 광부라고 가정하면 탄광의 노동수요는 탄광주인 한 사람이 독점하게 되는 것이다. 수요독점이 발생하는 경우에는 독점과는 반대로 완전경쟁시의 균형가격보다 낮은 수준에서 가격이 결정된다. 수요자의 이윤극대화에 맞추어 가격이 형성되는 것이다. 현실에서 수요독점은 거의 찾아보기 힘들다. 과거에는 마을 하나에 지주가 토지를 대부분 소유하고 있어 다른 농민들은 모두 지주에게 고용된 소작농이 되는 경우가 대부분이었지만, 교통 · 통신수단의 발달로 이러한 지역적 수요독점이 불가능하게 되었기 때문이다. 오늘날 찾아볼 수 있는 수요독점은 정부가 전매제를 시행하는 경우 등에서 나타나는 것이 대부분이다.

표 6-1
시장의 종류와 특성

	완전경쟁	독점	과점	독점적 경쟁
수요자/공급자	다수 / 다수	다수 / 1	다수 / 소수	다수 / 다수
진입장벽	없음	있음	있음	없음
상품의 질	동질(가격경쟁)	동질	동질, 이질	이질(비가격경쟁)

을 지니게 된다. 같은 상품을 판매하더라도 더 질이 좋은 상품을 판매한다면 더 많은 사람이 질 좋은 상품을 수요할 것이기 때문이다. 이처럼 가격 이외의 요소가 경쟁에 개입하여 가격결정에 영향을 미치는 독점적 경쟁시장의 경쟁을 비가격경쟁이라 한다. 비가격경쟁이 이루어질 경우 기업들은 소비자들이 더 선호하는 상품을 제공하려 노력하고 자신의 상품에 대한 충성도를 높이기 위해 노력한다.

요컨대, 시장은 특성에 따라 여러 가지 종류로 분류되고, 시장의 종류를 결정하는 중요한 요소들로는 공급자의 수, 진입장벽의 유무, 공급하는 상품의 질 등이 있다. 〈표 6-1〉은 각각의 시장별로 이러한 요소들을 정리해 놓은 것이다.

6.2 완전경쟁시장

완전경쟁시장은 경제학에서 시장분석을 할 때 가장 기본적인 틀로 쓰이는 시장이다. 앞 장에서 살핀 소비자이론과 생산자이론 역시 완전경쟁시장을 가정하고 분석한 것이다. 이러한 완전경쟁시장은 효율적인 자원분배를 위한 조건을 모두 갖춘 시장이지만, 완전경쟁시장이 되기 위한 조건들은 충족되기 어렵기 때문에 현실에서 찾아보기는 힘들다.

완전경쟁이 되기 위한 조건은 네 가지가 있는데, 우선 앞서 살핀 세 가지는 공급자와 수요자의 수가 많고, 진입장벽이 존재하지 않으며, 시장에서 공급되는 재화의 질이 모두 동일하다는 것이다. 여기에 추가되는 조건이 완전한 정보의 공유이다. 완전한 정보의 공유가 이루어지지 않으면 시장에서 더 많은 정보를 가진 사람이 정보가 적은 사람을 상대로 이득을 취할 수 있기 때문이다. 예를 들어, 하나상회에서는 오이를 1,000원에 팔고 두리상회에서는 1,200원에 판다고 가정하자. 이때 완전한 정보의 공유가 이루어진다면 사람들이 모두 하나상회에 오이를 사러 가기 때문에 두리상회 역시 오이를 1,000원에 팔 수밖에 없다. 하지만 정보가 불완전하게 공유된다면, 두리상회에서 오이를 1,200원에 판다는 사실밖에 모르는 사람들은 두리상회가 부적절한 이득을 취하는지도 모른 채 두리상회에서 오이를 사게 된다. 이러한 것을 정보의 비대칭성(asymmetric information)에 따른 문제라고 하며, 경제학의 한 분야인 정보경제학에서 주요하게 다루는 문제이다(제7장 참조).

이번 절에서는 이러한 조건들이 충족된 완전경쟁시장에서 기업들의 행동에 대해 살펴보자.

6.2.1 완전경쟁시장의 단기균형

우리는 앞 장에서 기업의 이윤극대화가 '$MR=MC$'라는 조건을 만족할 때 달성될 수 있음을 살펴보았다. 이러한 기본 전제를 바탕으로, 완전경쟁시장에서 하나의 기업이 이윤을 극대화하기 위해 어떻게 행동하는지를 살펴볼 것이다.

완전경쟁시장에서 개별 기업이 직면하는 가격은 시장에서 주어진 채 외부에서 충격이 발생하지 않는 한 변하지 않는다. 즉, 기업이 얼마만큼 생산하는지와 상관없이 상품 한 개당 판매가격은 일정하다. 이를 수식으로 정리해 보면, 시장에서 결정된 가격을 P, 기업의 생산량을 Q라고 하면 총수입(total revenue: TR)은 $P \cdot Q$가 된다. 기업의 평균수입(average revenue: AR)은 총수입을 생산량으로 나눈 것이므로 가격 P와 같다. 이윤극대화 분석을 위해 필

완전경쟁과 독점시장의 한계수입

수요곡선이 $P=a-bQ$로 주어진 경우를 생각해 보자. 완전경쟁시장에서는 가격이 시장에서 결정되어 '주어지므로' P는 고정된 상수이다. 따라서 총수입(total revenue)은 $TR=P \cdot Q$가 되고, 총수입을 Q로 나눈 평균수입도 상수인 P, 총수입을 Q에 관해 미분한 한계수입도 상수인 P가 된다. 그런데 (다음 절에서 소개할) 독점시장의 경우 공급자는 가격을 수요곡선을 따라 조정할 수 있게 되고, 따라서 총수입은 $TR=(a-bQ) \cdot Q=aQ-bQ^2$가 된다. 그러므로 평균수입은 $AR=a-bQ$로 수요곡선과 같아지고, 한계수입은 $MR=a-2bQ$로 수요곡선과 세로축 절편은 같지만 기울기는 2배 가파른 직선이 된다(〈그림 6-6〉에서 MR곡선은 수요곡선의 아래쪽에 위치해 있음을 확인해 보자).

요한 기업의 한계수입(marginal revenue: *MR*)은 기업이 상품을 추가로 한 단위 생산할 때 얻는 수입이므로 역시 상품의 가격 *P*와 일치한다. 이처럼 완전경쟁시장에서 기업의 한계수입과 평균수입은 가격과 일치한다.

기업의 비용으로는 고정비용(fixed cost: *FC*)과 가변비용(variable cost: *VC*)이 있다. 고정비용은 단기에 조정할 수 없는 비용이고, 가변비용은 단기에 신축적으로 조정이 가능한 비용이다. 이 둘을 더한 것이 기업의 총비용(total cost: *TC*)이다. 우리는 고정비용 · 가변비용 · 총비용을 각각 생산량으로 나누어 평균고정비용(average fixed cost: *AFC*) · 평균가변비용(average variable cost: *AVC*) · 평균총비용(average total cost: *ATC*)을 얻는다. 평균고정비용은 일정한 고정비용값을 생산량으로 나누는 것이기 때문에 생산량이 증가할수록 감소하는 특징을 갖는다. 반면 평균가변비용과 평균총비용은 초기에는 감소하다가 어떤 점에서부터 증가추세로 돌아선다. 평균가변비용과 평균총비용이 증가하기 시작하는 점은 둘 모두 한계비용과 일치하는 지점이다(제5장 생산자이론 참조).

기업의 한계비용(marginal cost: *MC*)은 기업이 상품을 한 단위 더 생산하는 데 따른 추가적인 비용을 나타낸다. 예컨대, 어떤 기업이 모자 100개를 생산하는 데 10,000원이 들고, 101개를 생산하는 데는 10,150원이 든다면 101번째 모자를 생산할 때의 한계비용은 150원이 되는 것이다. 한계비용의 그래프를 그려 보면 평균가변비용곡선과 평균총비용곡선의 최저점을 지난다. 이는 한계비용이 평균비용보다 작은 지점에서는 평균비용이 감소하지만, 한계비용이 평균비용보다 큰 지점에서는 평균비용이 증가하기 때문이다. 수학성적의 평균이 80점인 반으로 성적이 90점인 학생이 전학온다면 반의 수학성적 평균이 증가할 것이라는 점을 생각해 보면 쉽게 이해할 수 있을 것이다. 결국 평균비용이 감소에서 증가로 바뀌는 점은 한계비용이 평균비용보다 크지도 작지도 않은 점이다. 이는 한계비용과 평균비용이 일치하는 점임은

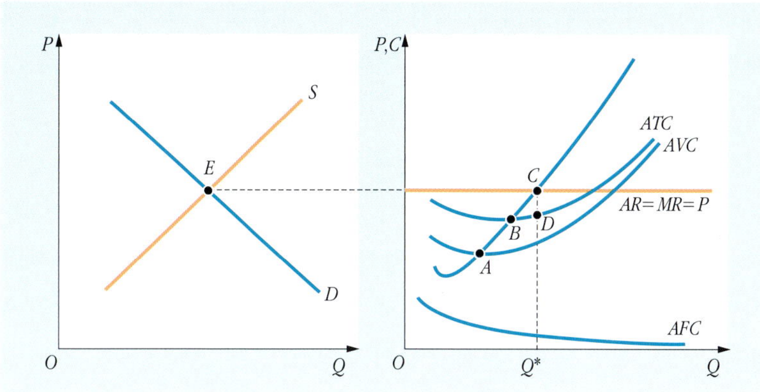

그림 6-2
완전경쟁시장의 단기균형

따로 설명하지 않아도 알 수 있다.

여기까지 알아본 수입과 비용들을 하나의 평면에 그래프로 그린 것이 〈그림 6-2〉이다. 왼쪽의 그래프는 시장 전체의 수요와 공급곡선이 이루는 균형을 나타내고, 오른쪽 그래프는 하나의 기업이 직면하는 비용과 수입을 나타내고 있다. 그림에서 볼 수 있듯이 개별 기업의 한계수입은 점 *E*에서 시장균형을 이루는 상품의 가격 *P*에서 일정하다. 이는 개별 기업이 직면하는 수요곡선이라고 볼 수 있다. 기업은 주어진 가격에서 원하는 만큼 생산해도 모두 팔 수 있기 때문이다. 또한 한계비용곡선은 평균가변비용곡선과 평균총비용곡선의 최저점 *A*, *B*를 지나는 형태로 나타난다(제5장 생산자이론 참조).

완전경쟁시장의 기업은 이윤을 극대화시키기 위해 한계비용과 한계수입이 일치하는 점에서 생산량을 결정한다. 〈그림 6-2〉에서 기업은 Q^*의 생산수준에서 생산량을 결정함을 알 수 있다. 그러므로 Q^*수준의 생산량에서 나타나는 점 *D*에서의 비용이 기업의 평균총비용이 된다. 이때 기업의 총수입은 평균수입과 생산량을 곱한 값과 일치하므로 점 *C*와 원점을 꼭지점으로 하는 직사각형의 넓이로 나타난다. 또한 기업의 총비용은 평균총비용에 생산량을 곱한 값과 일치하므로 점 *D*와 원점을 꼭지점으로 하는 직사각형의 넓이로 나타난다. 총수입에서 총비용을 뺀 직사각형의 넓이가 이윤이 됨은 말할 것도 없다.

6.2.2 조업중단과 시장퇴출

앞에서 〈그림 6-2〉의 기업은 이윤을 내고 있었다. 하지만 기업이 항상 이윤만 내는 것은 아니다. 시장 상황에 따라 기업은 손해를 볼 수도 있다. 완전경쟁시장의 기업은 손해를 볼 때 조업을 일시 중단(shutdown)하기도 하고, 영구적으로 시장에서 나가기도 한다. 어떤 상황에서 기업이 이러한 선택을 하는지 알아보자.

영구는 테이크아웃 커피를 파는 장사를 한다. 장사를 하기 위해서는 우선 점포 · 커피머신 등의 시설과 커피원두 · 우유 · 설탕 등 커피를 만들기 위한 원료 같은 것들이 필요하다. 점포나 커피머신처럼 초기에 투자하면 더 이상 추가로 비용이 들지 않는 항목은 고정비용이다. 반면에 커피 한 잔 만들어 팔 때마다 새로 써야 하는 커피원두 · 설탕 등의 항목은 가변비용이다. 테이크아웃 커피시장은 완전경쟁시장이고 영구는 일반적인 비용곡선을 갖는 공급자 중 하나라고 가정하자.

〈그림 6-3〉은 영구의 비용과 수입을 나타낸다. P_1수준의 가격에서 영구는 이윤을 얻는다. 가격이 점차 하락하여 점 A에 이르게 되면 이윤이 사라지는 수지균형점(손익분기점; break-even point)이 된다. 이러한 상황에서 영구는 시장에 계속 남아있을 유인을 갖는다. 하지만 시장에서 가격이 P_2로 결정된다면 상황이 달라진다. P_2는 평균가변비용보다는 높지만 평균총비용보다는 낮은 수입을 의미한다. 단기적으로 영구가 커피머신이나 임대료를 지불한 점포를 쉽게 처분하기는 힘들다. 즉, 단기에 고정비용은 매몰비용의 성격을 띠는 것이다. 매몰비용은 비용계산에 포함시키지 않으므로, 영구는 고정비용은 생각하지 않는다. P_2는 평균가변비용보다는 높은 수준이기 때문에 영구는 여전히 비용

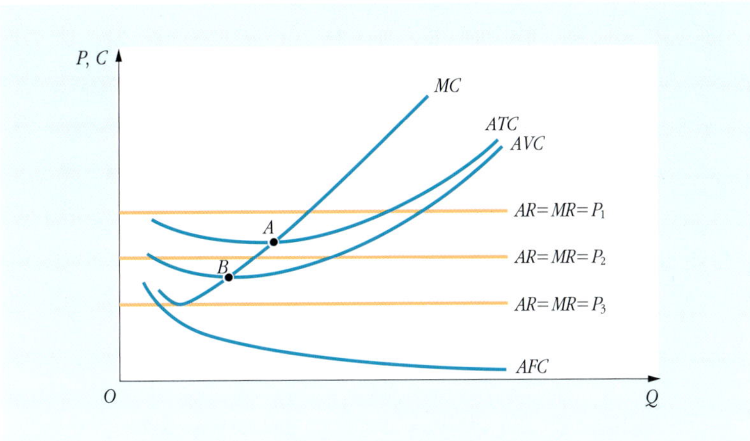

그림 6-3
완전경쟁시장의 기업: 서로 다른 가격수준

보다 많은 수입을 얻는 셈이다. 그러므로 영구는 계속해서 생산을 한다(생산을 중단하면 고정비용만큼 손해를 볼텐데 생산을 함으로써 고정비용의 일부라도 건지는 것이다). P_3의 가격은 평균가변비용보다도 낮은 수준에 머무른다. 이때 영구는 (고정비용을 계산에서 제외시키더라도) 커피를 팔수록 오히려 손해를 보게 된다. 영구는 손해를 보면서까지 장사를 계속 할 생각은 없기 때문에 커피판매를 중단할 것이다. 이처럼 시장에서 결정된 가격이 기업의 평균가변비용보다 낮으면 기업은 단기적으로도 손해를 보기 때문에 생산활동을 멈추는데, 이때 점 *B*를 조업중단점(shutdown point)이라고 한다. 단기간 조업을 중단하는 기업은 가격수준이 이윤을 낼 수 있을 정도로 회복되거나 생산비용이 하락하면 다시 생산활동을 시작한다. 영구도 커피가격이 오르거나 커피원두의 가격이 하락하여 평균가변비용이 커피가격보다 낮아지면 다시 커피를 판매하기 시작할 것이다.

단기적으로 기업이 어떤 상황에서 조업을 중단하는지 알아보았으니 장기적으로는 상황이 어떻게 변화하는지 살펴보자. 고정비용을 처분할 충분한 기간이 주어지는 장기에서는 고정비용과 가변비용의 구분이 무의미하다. 영구도 커피머신은 중고로 다른 사람에게 팔 수 있고, 점포를 내놓으면 어느 정도 시간이 지난

point-6.2 매몰비용

어린 시절 부모님을 따라 등산을 가본 경험은 대부분 있을 것이다. 부모님을 따라 등산을 하다 보면 어른들을 따라가기 힘들어 중간쯤에서 그만 가자고 칭얼댈 때마다 부모님은 "여기까지 온 것이 아깝지 않니? 조금만 더 가면 되니까 참고 올라가자"라고 말하셨을 것이다. 어린 시절부터 들어 온 이 말은 "맛이 없어서 토할 것 같아도 이미 돈을 냈으니 전부 다 먹으렴"이나, "내가 지금까지 투자한 시간과 노력이 아까워서라도 좋은 대학을 가야지"와 같은 표현으로 바뀌어 우리 생각을 지배한다. 하지만 경제학적인 관점에서 이러한 생각이나 말들은 비합리적 사고로 간주된다. 매몰비용을 비용과 편익을 비교하는 데 포함시키기 때문이다.

매몰비용이란 이미 투자되어 회수할 수 없는 비용을 의미한다. 어떤 방법으로든 회수할 수 없기 때문에 매몰비용은 현재시점에서의 비용-편익 계산에 포함시키지 않는 것이다. 예컨대, 어떤 사람이 약 5억 원의 흥행수입을 낼 것으로 예상되는 영화를 3억 원을 투자하여 제작한다고 하자. 그런데 중간에 주연배우가 부상을 당하여 주연배우를 교체하고 영화를 새로 찍어야 하는 상황이 되어 새로 3억 원의 투자가 요구되었다. 이때 추가투자를 한다면 비용은 6억 원이고 예상수입은 5억 원이기 때문에 1억 원 손해를 본다는 것을 알 수 있다. 하지만 추가투자를 하지 않으면 지금까지 투자한 3억 원을 고스란히 잃게 된다. 그러므로 추가투자를 하는 것이 합리적인 선택이다. 이 사례에서 처음 투자한 3억 원은 회수할 수 없는 매몰비용이기 때문에 현재시점에서는 무의미하다. 그러므로 추가로 투자하는 3억 원과 그때의 예상수익 5억 원을 비교해야 하는 것이다. 만일 부상당한 주연배우가 국민적 인기를 누리고 있는 최고의 배우여서 주연배우를 교체할 시 2억 원의 흥행수입밖에 올리지 못하는 경우라면 추가로 투자하는 금액보다도 적은 수입이기 때문에 더 이상 손해를 보지 않기 위해서라도 투자를 그만두는 것이 합리적일 것이다.

후 다른 임대자를 찾을 수 있을 것이다. 그러므로 장기적으로 영구가 고려할 곡선은 평균총비용곡선만 남는다. 〈그림 6-3〉의 가격 P_2나 P_3는 평균총비용곡선보다 아래에 존재한다. 이런 경우 계속해서 커피를 팔면 장기적으로 손해를 볼 수밖에 없다. 영구가 투자한 돈에 비해 얻는 수입이 더 적기 때문이다. 그러면 영구는 커피장사를 그만두고 가게를 정리할 것이다. 결국 평균총비용곡선보다 아래의 가격수준에서 더 이상 가격수준이 오를 기미가 보이지 않으면 기업들은 시장에서 나가는 선택을 하게 된다.

정리해 보면, 기업은 평균총비용보다 높은 수준의 가격(P_1)에서는 계속해서 이윤이 생기기 때문에 계속해서 생산활동을 한다. 가격수준이 평균총비용보다 낮지만 평균가변비용보다 높으면(P_2) 단기에서는 계속 생산활동을 하지만, 장기적으로도 계속 비슷한 수준을 유지할 경우 시장에서 나가게 된다. 평균가변비용보다도 가격이 낮은 경우(P_3)에는 단기에 생산을 중단하고, 장기적으로 전망이 안 좋은 경우에는 그대로 시장에서 퇴출한다.

6.2.3 완전경쟁시장의 장기균형

완전경쟁시장은 시장에 진입하고 시장에서 나가는 데 비용이 들지 않음을 가정하고 있다. 그렇기 때문에 시장에서 이윤을 얻을 수 있으면 기업들이 진입하고, 시장에서 손해를 보는 상황에서 기업들은 퇴출한다. 이러한 기업들의 시장진입과 시장퇴출을 통해 완전경쟁시장의 장기균형이 이루어지고, 이는 우리가 '$MR=MC$'라는 조건을 바탕으로 살펴본 앞 절의 단기균형과는 다른 양상을 띠게 된다.

다시 커피를 파는 영구의 상황으로 돌아가 보자. 우리는 영구가 어떤 조건에서 생산활동을 멈추거나, 장사를 그만두는지에 대해 살펴보았다. 이번에는 우리가 간단히 짚고 넘어갔던 평균총비용보다 높은 가격수준에서 시장의 상황을 살펴보자. 우리는 그래프에 수입과 비용이 나타나는 면적을 표시하여 이윤이 생긴다는 사실을 찾아 냈다. 커피를 파는 데 허가권을 얻거나 하는 진입장벽이 없는 이상 커피장사가 이윤을 안겨 준다는 사실은 모든 사람에게 매력적으로 작용하여 새로운 공급자들이 장사를 시작하도록 하는 역할을 할 것이다. 결국 시장에서 이윤을 얻을 수 있을 때 새로운 경쟁자들이 시장에 들어오는 결과가 나오게 된다.

이러한 기업들의 시장진입과 퇴출이 시장의 장기균형에 미치는 영향에 대해 알아보자. 〈그림 6-4〉에서 초기상태는 공급자

그림 6-4

기업의 시장진입에 따른 변화

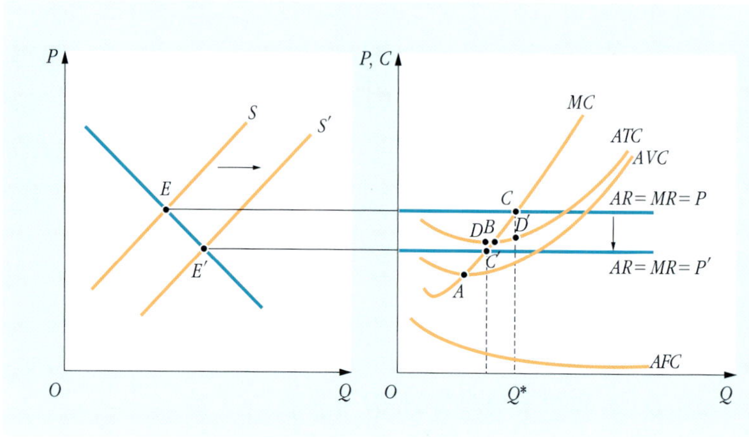

에게 이윤이 발생하는 상황이다. 기업은 이윤을 얻을 수 있다고 판단하면 시장에 새로이 진입한다. 시장에서 공급을 담당하는 기업의 수가 증가하면 공급이 증가하여 공급곡선이 S에서 S'로 이동한다. 새로운 기업이 시장에서 생산을 시작하였다고 해서 기존 기업이 생산량을 줄이는 것은 아니기 때문이다. 이에 따라 시장의 균형점은 E'로 변하고 가격은 P' 수준으로 떨어진다. 다시 오른쪽 그래프를 보면 시장에서 새로이 결정된 가격수준 P'에 맞추어 개별 기업의 한계수입곡선이 아래쪽으로 이동한다. 결국 새로운 기업의 시장진입으로 인해 시장에 있는 기업들의 이윤은 감소하게 된다. 반대의 경우도 쉽게 마찬가지임을 알 수 있다. 기업이 손해를 보고 있을 때, 시장의 기업들은 시장에서 퇴출하여 공급이 감소한다. 이에 따라 가격이 오르고, 이는 시장에 있는 기업들의 손해가 줄어드는 효과를 가져온다.

결국 장기적으로 완전경쟁시장의 기업들은 이윤을 얻지도, 손해를 보지도 않게 된다. 이는 시장가격이 한계비용곡선과 평균총비용곡선이 만나는 평균총비용곡선의 최저수준에서 결정됨으로써 달성된다. 다만 여기서 이윤을 얻지 못한다는 것은 경제적으로 이윤을 얻지 못한다는 뜻이다. 기회비용 등 암묵적인

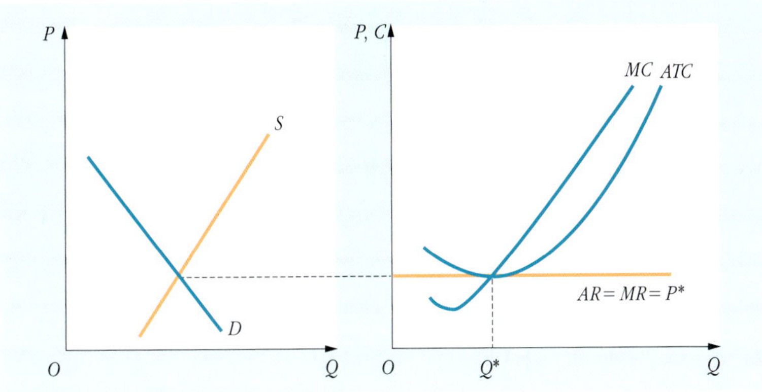

그림 6-5
완전경쟁시장의 장기균형

비용을 제거한 회계상의 이윤은 경쟁시장의 기업에게도 발생한다. 즉, 완전경쟁시장의 기업은 다른 활동을 통해 얻을 수 있는 이윤을 초과해서 이윤을 얻지 못한다는 것이다. 이를 완전경쟁시장의 기업은 정상이윤을 넘는 초과이윤을 얻지 못한다고 말한다.

〈그림 6-5〉는 완전경쟁시장에서의 장기균형을 나타낸다. 한계비용곡선과 평균총비용곡선, 개별 기업의 수요곡선이 한 점에서 만남을 확인할 수 있다. 이러한 경우 시장에 새로이 진입하는 기업도 없고, 이탈하는 기업도 없게 된다. 외부에서 새로운 충격이 가해지지 않는 한 변화하지 않는 상황이 되는 것이다.

완전경쟁시장의 효율성

완전경쟁시장에서의 장기균형은 생산과 분배의 측면에서 효율적임을 보여 준다. 〈그림 6-5〉의 균형점은 평균총비용(*ATC*)곡선의 최저점인데, 이는 비용이 가장 적게 드는 점에서 생산이 이루어지는 것이므로 생산의 효율성을 나타낸다. 또한 균형점에서는 가격(*P*)이 한계비용(*MC*)과 만나는데, 이는 자원의 효율적 배분을 의미한다. *MC*보다 가격이 높으면 다른 데 쓰이는 자원을 끌어다 사용함으로써 이윤을 더 크게 만들어야 할 것이고, *MC*보다 가격이 낮으면 자원을 다른 물건을 생산하는 데 돌려서 효율성을 높일 수 있기 때문이다.

6.3 독점

독점은 일반적으로 가정하는 완전경쟁시장과는 정반대의 극단에 서 있는 특수한 시장형태이다. 독점이 완전경쟁과 구별되는 가장 중요한 특징은 진입장벽의 존재이다. 진입장벽이 존재하기 때문에 독점기업은 다른 기업가의 경쟁에 신경을 쓰지 않고 자신의 이윤을 극대화하기 위한 행위를 할 수 있는 것이다.

이번 절에서는 독점이 형성되는 이유, 독점기업의 이윤극대화 행위, 독점의 폐해 및 그에 대한 규제 등을 살펴보자.

6.3.1 독점이 생기는 이유

독점은 시장에서 여러 사람이 경쟁을 통해서 효율성을 달성한다는 시장원리에 어긋나는 시장형태이다. 많은 사람이 모여서 이루어지는 사회에서 오직 하나의 기업만이 특정한 물품을 공급한다는 것은 상식적으로도 이해하기 힘든 일이다. 근본적으로 독점은 어떤 시장에 대해 진입장벽이 형성되는 경우 발생한다. 그러므로 진입장벽이 어떻게 형성되는가에 따라 독점의 형성원인을 파악할 수 있다.

과거에 정부가 시장에 개입하지 않던 때에는 기업들 간의 경쟁에서 살아남은 기업이 다른 기업에 대한 약탈행위라는 진입장벽을 형성하여 독점적 지위를 누리기도 하였었다. 이를 경제적 독점이라 한다. 1900년대 초기 이러한 형태의 독점기업이 다수 생겨났다. 하지만 독점에 대해 정부가 나서서 규제를 하는 현대에는 이러한 유형의 독점은 거의 없다고 봐도 좋을 것이다.

독점이 형성되는 다른 이유는 자연적으로 진입장벽이 형성되는 경우이다. 이를 자연독점(natural monopoly)이라 한다. 자연독점이 형성되는 경우를 보면 생산을 위한 고정비용이 매우 크고, 추가로 드는 가변비용은 매우 작은 경우가 많다. 고정비용이 어마어마할 경우 시장진입을 위해 비용을 마련하는 것 자체가 어렵기 때문에 자연적인 진입장벽이 형성되는 것이다. 우리 주변에서 흔히 볼 수 있는 예로는 전기나 수도 같은 것들이 있다. 발전소를 짓고 전선을 설치하는 비용이나, 정수장을 건설하고 수도관을 설치하는 비용이 매우 큼은 따로 설명할 필요도 없을 것이다. 그런데 물이나 전기는 우리 생활에 반드시 필요한 것들이기 때문에 독점기업에 생산을 맡겨 두면 국민의 생활이 불편해질

자연독점의 대명사 '드 비어스'

'다이아몬드는 영원하다'는 광고 문구로 유명한 드 비어스(De Beers)는 그 동안 전 세계 다이아몬드의 공급을 좌우하는 독점력을 행사해 왔다. 남아프리카공화국의 원석광산을 비롯해 많은 다이아몬드 광산을 소유하고 있었기 때문이다. 그러나 앙골라 · 호주 · 러시아 · 캐나다 등 여러 지역에서 다이아몬드 광산이 계속 개발되었고, 또한 아프리카에서 다이아몬드를 둘러싼 종족 간 분쟁이 빈번해지면서 국제정치적 비난이 고조되자, 드 비어스는 최근 들어 다이아몬드에 대한 공급조절정책을 포기한 것으로 알려졌다. 자원이 소수에 의해 장악된 자연독점의 예를 다른 것으로 바꿔야 할 때가 되었다.

수 있다. 그래서 정부는 이들을 국유화하여 직접 관리한다. 우리나라의 경우 한국전력이나 수자원공사가 정부의 관리를 받으며 독점적으로 전력사업과 수도사업을 하고 있다.

자연독점이 생기는 다른 하나의 요인은 생산자원이 소수에 의해 장악되는 경우가 있다. 석유가 특정 지역에서만 나기 때문에 산유국들이 석유에 대해 독점적인 지위를 차지하는 것도 자연독점의 좋은 예다.

독점은 정부에 의해 형성되기도 한다. 정부가 법률적으로 독점을 인정하는 이와 같은 독점을 법률적 독점이라 한다. 정부의 수익사업을 위해 전매제를 실시하는 경우 정부가 소유한 기업에 독점권이 부여된다. 최근에는 아니지만, 담배인삼공사는 과거에 담배와 인삼을 판매하는 데 있어 독점권을 부여받은 공기업이었다. 또한 글이나 음악 또는 컴퓨터 프로그램 등에 대한 저작권, 또는 새로이 개발된 기술에 대한 특허권 등을 보호하는 것도 법률적 독점이다. 정부가 정한 법률로 저작물이나 새로운 기술에 대해 특정한 사람이 독점권을 행사할 수 있기 때문이다.

6.3.2 독점기업의 이윤극대화

독점기업의 비용곡선은 완전경쟁시장의 기업들이 갖는 비용곡선과 대동소이하다. 독점기업과 완전경쟁기업의 이윤극대화 과정에서 차이를 불러오는 것은 기업이 직면하는 수요곡선과 이에 따라 달라지는 한계수입곡선이다.

완전경쟁시장의 기업은 시장에서 결정된 가격수준에서 수평선의 형태를 띠는 수요곡선을 갖는다. 이는 어떤 생산수준에서든 상품 한 단위를 더 생산할 때 같은 크기의 수입을 얻음을 의미한다. 하지만 독점기업의 수요곡선은 우하향하는 시장 전체의 수요곡선과 일치한다. 이때 기업의 한계수입은 시장가격보다 낮아진다. 추가로 한 단위를 생산하면 그만큼 시장가격도 낮아지기

그림 6-6
독점시장의 기업

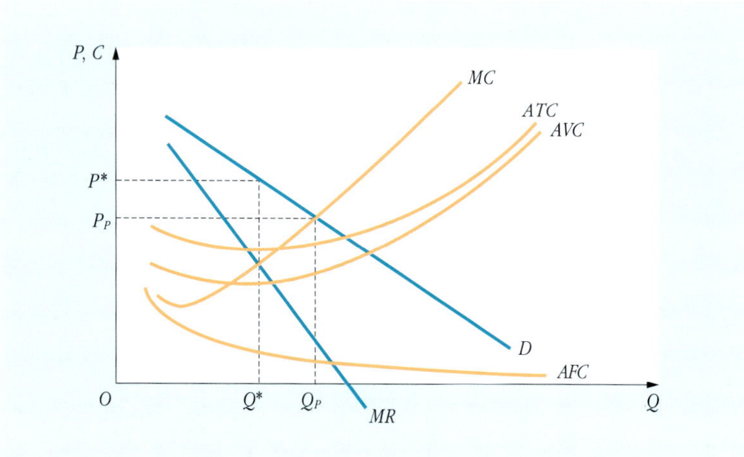

때문이다. 예를 들어, 국내에 하나뿐인 삼나무 숲을 소유한 산타는 크리스마스 트리 시장의 독점공급자라고 하자. 산타가 트리를 200개 생산할 때 트리의 가격은 300원이고, 201개 생산하면 트리의 가격이 299원으로 떨어진다. 산타의 수입을 계산해 보면 200개 생산할 때는 60,000원이고, 201개를 생산하면 60,099원이다. 한계수입은 추가로 한 단위를 생산해서 늘어난 수입이므로 산타의 한계수입은 99원으로 시장가격인 299원보다 낮음을 알 수 있다. 생산량이 늘어나면서 하락한 가격이 기존에 생산하던 생산량으로부터 얻는 수입까지 하락시키기 때문이다.

결국 독점하에서 기업의 한계수입곡선은 수요곡선보다 아래쪽에 위치하게 된다. 독점기업 역시 일반적인 기업의 비용곡선을 따른다고 가정하고 독점기업의 의사결정을 돕는 그래프를 그리면 〈그림 6-6〉과 같이 나타난다.

독점기업 역시 한계수입과 한계비용이 일치하는 지점에서 생산하기 때문에 *MC*곡선과 *MR*곡선이 만나는 점에서 생산량 Q^*가 결정된다. 하지만 독점시장의 가격은 독점기업의 한계수입과 일치하지 않기 때문에 Q^*의 생산량에 대응되는 수요곡선상의 점에 따라 결정된다. 즉, 기업이 자신의 이윤을 극대화할 수 있는 생산량을 결정하고, 다음으로 가격을 책정해야 하는데(독점기업은 price-setter라고 하였다) Q^*만큼의 공급량에 대해 수요자들이 내고자 하는 최고의 가격을 받으면 된다. 이것이 바로 Q^*에 대응되는 수요곡선상의 가격인 것이다. 이 경우에는 P^*가 상품의 시장가격이 된다. 그래프에서 볼 수 있듯이, 균형가격 P^*는 생산량 Q^*에 대응되는 평균총비용보다 크게 결정된다. 즉, 독점기업은 항상 이윤을 얻는 것이다. 완전경쟁이 이루어질 경우 장기적으로 이윤이 발생하지 않는 것에 비해 독점시장에는 진입장벽이 존재하기 때문에 장기적으로도 독점기업은 계속해서 정상이윤을 초과하는 이윤을 얻게 된다. 이를 독점에 따른 이윤이라 하여 독점이윤(monopolistic profit)이라 부른다.

독점하에서 결정된 가격과 생산량은 사회적 최적분배와 어떤 차이를 보이는지 살펴보자. 우선 〈그림 6-6〉에서 볼 수 있는 기업의 한계비용곡선은 기업의 공급곡선으로 보아도 무방할 것이다. 기업이 한 단위를 추가로 생산할 때 드는 비용이 기업이 받아야 하는 최소의 금액이기 때문이다. 수요와 공급이 만나는 점에서 균형이 이루어질 때 사회적 최적배분이 달성되므로 최적가격은 P_P이고, 최적생산량은 Q_P가 된다. 이를 P^*, Q^*와 비교해 보면 독점이 형성되었을 때의 시장가격은 최적배분을 달성하는 가격보다 높고, 생산량은 최적생산량보다 적음을 알 수 있다.

6.3.3 가격차별

독점기업은 스스로 시장의 균형가격 및 생산량을 결정할 수 있기 때문에 이윤을 극대화하는 생산량을 결정하는 행위를 한다는 점을 알아보았다. 하지만 독점시장에서 상품의 가격은 일반적으로 완전경쟁시장의 가격보다 높기 때문에 독점기업은 높은 지불용의를 갖는 사람에게만 상품을 팔 수 있다. 지불용의가 한계비용보다 높기만 하다면 상품을 판매하는 것이 이익이기 때문에 독점기업은 낮은 지불용의를 갖는 사람에게 상품을 판매해서 이윤을 얻을 수 있는 기회를 놓치는 셈이 된다. 이에 대해 독점기업이 취하는 행동이 가격차별(price discrimination)이다.

가격차별과 수요탄력성

소비자들의 지불의사는 수요탄력성으로 표현될 수 있다. 가격차별이 가능하기 위해서는 분리된 두 시장에서 수요의 가격탄력성이 달라야 한다. 예를 들어, 영어학원의 주부반과 대학생반의 경우, 주부반은 탄력성이 크고, 대학생반은 탄력성이 작다. 대학생들은 취업 등의 이유로 영어학습에 대한 필요성이 그만큼 크기 때문에 가격이 오른다고 해도 수요를 크게 줄일 수 없다. 따라서 탄력성이 크면 가격을 싸게, 탄력성이 작으면 가격을 비싸게 받는 것이다.

가격차별은 소비자의 지불의사에 따라 다른 가격을 매기는 행위로, 몇 가지 조건이 충족되어야 이루어질 수 있다. 우선 기업이 가격을 원하는 대로 설정할 수 있어야 한다. 완전경쟁하의 기업은 시장가격에 순응하는 수밖에 없기 때문에 소비자마다 다른 가격을 설정하는 행위 자체가 불가능하다. 하지만 일정한 시장지배력을 갖는 기업들은 가격순응자가 아니라 가격을 자의적으로 결정할 수 있는 가격설정자이기 때문에 서로 다른 소비자들에게 서로 다른 가격을 매길 수 있다. 가격차별을 위한 다른 조건은 소비자의 지불의사를 기업이 파악할 수 있어야 한다는 것이다. 소비자의 지불의사를 파악할 수 있어야 그에 맞추어 가격을 책정할 수 있기 때문이다. 끝으로 시장이 완전하게 분리되어야 한다는 것이다. 즉, 서로 다른 가격을 지불하는 소비자 간에 거래가 이루어지거나, 자신에게 책정된 가격 이외의 가격으로 상품을 구매할 수 있으면 안 된다. 낮은 가격에 물건을 사서 비싼 가격에 물건을 사는 소비자에게 파는 전매행위가 이루어지면 가격차별을 실시하는 의미가 없어진다.

가격차별은 가격을 달리 매길 소비자를 구분하는 방식에 따라 3단계로 나뉜다. 1단계 가격차별(first-degree price discrimination)은 모든 소비자에게 가격을 다르게 매겨 지불의사만큼의 금액을 받는 것을 의미한다. 1단계 가격차별이 이루어지면 기업은 시장에서 얻을 수 있는 최대한의 이윤을 얻게 된다. 반면 소비자 입장에서 보면 소비자잉여가 전혀 존재하지 않게 된다. 한계비용 이상의 가격을 지불할 용의가 있는 모든 소비자에게 상품을 판매할 뿐만 아니라, 높은 가격을 지불할 생각을 가진 소비자들에게는 지불의사만큼의 높은 가격을 받을 수 있기 때문이다. 하지만 현실에서 소비자들의 지불의사를 완벽하게 파악하는 것은 거의 불

point-6.3 쿠폰의 경제학

우리는 일상생활에서 쿠폰을 가져오면 물품구매시 할인을 해 주거나, 덤을 준다는 식의 판촉행위를 쉽게 접할 수 있다. 요즘은 아예 할인쿠폰만 모아놓은 잡지까지 무료로 배부해 주고 있다고 하니 할인쿠폰을 나누어 주는 행위는 중요한 판촉수단의 하나가 된 듯하다. 하지만 이는 단순히 가게의 홍보효과만을 노리는 것이 아니다. 할인쿠폰을 나누어 주는 행위야말로 우리 주변에서 가장 흔히 볼 수 있는 가격차별행위이다.

3,000원짜리 시리얼에 대해 1,000원을 할인해 주는 쿠폰이 있다고 가정하자. 어느 날 마트에 온 소비자 A는 변호사로 바쁜 생활을 하지만 높은 소득을 올리고 있다. 그렇기 때문에 그는 아침을 간단히 해결할 수 있는 시리얼에 대해 5,000원까지 지불할 용의를 지닌다. 반면에 소비자 B는 자취를 하며 여유시간이 많은 대학생이다. B는 여유시간이 많기 때문에 아침을 간단히 해결할 필요도 없고, 소득도 적기 때문에 시리얼에 대해 2,500원 이상은 낼 생각이 없다. 이 경우 A는 시리얼의 가격이 자신의 최대지불의사보다 낮고, 쿠폰을 오려 가는 것이 귀찮기 때문에 3,000원에 시리얼을 구매할 것이다. 하지만 B는 쿠폰을 오려 가면 자신의 지불용의보다 낮은 가격에 시리얼을 살 수 있기 때문에 쿠폰을 오려 가서 할인된 가격에 시리얼을 살 것이다. 결국 (어찌 보면 귀찮은) 쿠폰을 오려 가는 행동을 하는가 여부에 따라 소비자의 지불용의를 파악하여 서로 다른 가격을 매길 수 있는 것이다.

가능하기 때문에 1단계 가격차별의 예는 찾아보기 힘들다.

2단계 가격차별(second-degree price discrimination)은 소비자들의 구매량에 따라 다른 가격을 책정하는 것이다. 앞에서 우리는 소비자의 한계효용은 구매량이 늘어날수록 체감함을 배웠다. 그러므로 상품을 다량구매하는 경우의 지불용의는 소량구매할 때에 비해 낮아진다. 이러한 소비자들에게 더 낮은 가격을 제시하여 더 많은 양을 소비하도록 하는 것이 2단계 가격차별이다. 슈퍼마켓에서 일정량 이상 구매하면 덤을 주는 것이나, 백화점에서 일정 금액 이상 구매한 고객에게 상품권을 주는 행위 등이 우리 주변에서 볼 수 있는 2단계 가격차별의 예이다.

우리가 주변에서 가장 많이 볼 수 있는 것은 3단계 가격차별(third-degree price discrimination)로 소비자들을 몇 개의 집단으로 구분하여 다른 가격을 책정하는 것이다. 3단계 가격차별을 실시하는 기업은 소비자의 지불의사를 간접적으로 파악할 수 있는 기준을 마련하여 소비자를 집단으로 구분하고 각각의 집단에 다른 가격을 매긴다. 예컨대, 똑같은 차를 우리나라에서는 비싸게 팔고 외국에서는 싸게 파는 행위는, 우리나라의 소비자들이 외국의 소비자들보다 차에 대한 지불용의가 더 크기 때문에 이루어진다. 이 경우 외국에서 차를 싼 값에 사다가 우리나라에서 파는 것은 운송비 등의 이유로 어렵기 때문에 시장의 완전한 분리도 이루어졌다고 볼 수 있다. 그 밖에도 영화관에서 청소년과 성인요금을 따로 매기는 것, 마트에서 쿠폰을 가져온 고객에게 물건을 더 싸게 파는 것, 음식점에서 점심 세트메뉴로 음식을 싸게 파는 것 등이 3단계 가격차별의 예로 들 수 있는 경우이다.

6.3.4 독점의 폐해 및 규제

우리나라의 법 중에는 독점규제 및 공정거래에 관한 법률이라는 것이 있다. 이는 상법과 충돌할 때도 우선하는 법령으로 이 법에 따라 공정거래위원회라는 기구까지 설립되었다. 이렇게 법으로 독점을 규제하고 법을 시행하기 위한 기구까지 만들 정도면 독점이 사회에 악영향을 끼친다는 것은 막연하게나마 알 수 있다. 이번 절에서는 독점이 구체적으로 어떤 식으로 사회에 나쁜 영향을 주는지 살펴보기로 한다.

앞 장에서 우리는 소비자잉여와 생산자잉여를 합해 사회후생을 측정하는 방법에 대해 알아보았다. 이를 독점기업의 사례에 적용시켜 보자. 〈그림 6-7〉에는 독점이 형성되었을 때 시장의 수요와 공급이 나타난다. 소비자잉여는 소비자들의 지불용의에서 가격을 뺀 것이므로, 그림에서 수요곡선과 가격수준의 사이에 존재하는 푸른 음영부분이 된다. 생산자잉여는 가격수준에서 기업의 한계비용을 뺀 것이므로 붉은 음영부분으로 나타난다. 사회적 총잉여는 둘을 더한 것이므로 붉은 음영과 푸른 음영을 더

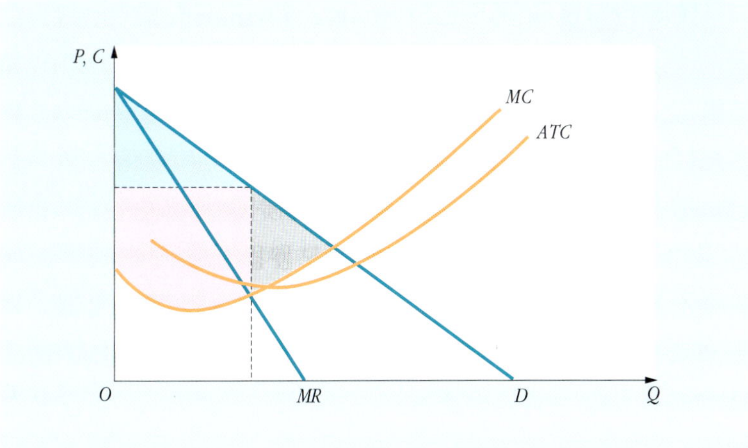

그림 6-7
독점의 사회후생적 측면

한 것이 독점하에서의 사회후생을 나타낸다. 반면에 사회적 최적분배가 이루어질 경우 한계비용곡선과 수요곡선 사이에 위치하는 모든 영역이 사회후생이 된다. 이를 독점이 형성된 경우와 비교해 보면 독점상황에서 회색 음영부분만큼의 사회적 순손실이 발생함을 볼 수 있다. 이를 하버거 삼각형(Harberger's triangle)이라고도 한다. 독점이 생기면서 분명히 사회후생이 감소하는 것이다. 이는 앞서 살폈듯이 독점가격은 최적가격보다 높은 수준이고, 독점생산량은 최적생산량보다 적기 때문에 발생한다. 소비자들은 최적인 가격보다 높은 가격을 지불해야 하고, 상품을 필요로 하는 모든 소비자들에게 상품이 공급되지 않는 것이다.

현대의 정부는 이러한 독점을 규제하기 위해 많은 노력을 한다. 비단 우리나라뿐만 아니라 전 세계적으로 많은 나라에서 독점금지법이 시행되고 있다. 나라마다 경제적 환경이 다르기 때문에 약간씩의 차이는 있지만 대부분 독점이 형성되는 것을 막고 경쟁을 촉진하기 위한 법률이라는 공통점을 갖는다. 이러한 법률은 높은 시장점유율을 가진 기업이 시장점유율을 더 높이는 행위나, 가격책정을 위해 기업 간에 담합하는 행위, 특정 기업이 경쟁을 막는 행위 등을 규제하는 형태로 적용된다. 우리나라에

point-6.4 가격차별은 사회적으로 이롭다?

우리는 앞서 독점기업이 이윤을 더 크게 하기 위해 가격차별행위를 한다는 것을 알아보았다. 하지만 이러한 행위는 기업이 더 많은 이윤을 얻게 해 줄 뿐만 아니라 역설적이게도 사회적 후생을 증가시킨다.

앞서 살펴본 바에 따르면, 독점생산량은 최적생산량보다 적으므로 상품을 원하는 모든 소비자에게 상품이 공급되지 않아 사회적 순손실이 생기게 된다. 하지만 기업이 가격차별을 실시할 경우 더 많은 소비자들에게 상품이 공급되므로 사회적 순손실이 감소하게 된다. 만약 기업이 1단계 가격차별을 하면 사회적 순손실이 아예 존재하지 않는다. 그렇다면 독점기업의 가격차별행위가 사회후생을 위해 이로운 행위일까? 답은 물론 '그렇지 않다'이다.

그림 6-8

가격차별의 사회후생적 측면

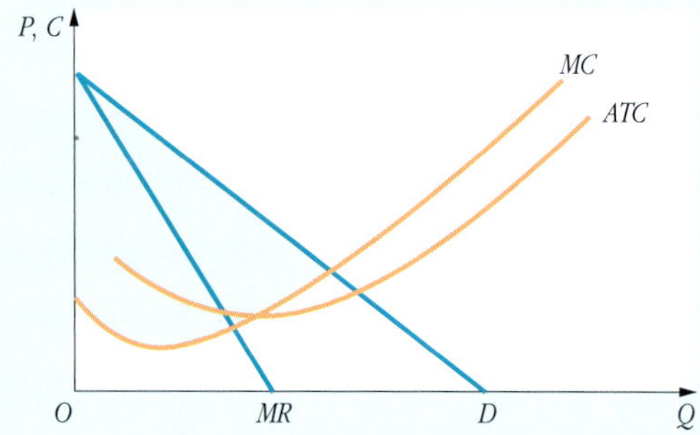

〈그림 6-8〉을 보면 기업이 1단계 가격차별을 할 때의 상황이 나타난다. 이때의 생산자잉여는 최적배분이 이루어졌을 때의 사회후생과 일치한다. 모든 소비자들이 지불용의와 일치하는 금액을 지불하기 때문에 소비자잉여는 존재하지 않는다. 즉, 기업이 소비자잉여를 흡수하여 생산자잉여를 극대화한 것이다. 소비자들이 손해를 본 만큼 기업이 이득을 얻었기 때문에 둘이 상쇄되어 사회후생에는 변화가 없는 것이다. 이득이 한 사람(또는 한 집단)에게 집중되는 것이 아무리 효율적이라도 이를 반길 사람은 없을 것이다.

약탈적 가격설정

정부가 독점을 방지하기 위해 가격을 인하하지 못하도록 규제하는 경우도 있다. 이는 가격을 시장에 맡겨 둘 경우, 대기업이 가격을 일시적으로 인하함으로써 경쟁기업의 파산과 퇴출을 유도할 수 있기 때문이다. 이를 약탈적 가격설정(predatory pricing)이라고 하는데, 실제로 우리나라 이동통신의 경우에 3사의 경쟁체제를 유지하기 위해 정부가 가격을 관리하고 있다.

서 특정 이동통신사가 지나치게 큰 시장지배력을 갖는 것을 막기 위해 일정 기간 신규 가입고객을 받지 못하도록 한 것 역시 독점금지법이 적용된 사례이다. 하지만 이러한 법률은 경쟁을 위한 기업의 자유로운 행동을 막는 경우가 많아 종종 논란이 되곤 한다.

정부가 직접적으로 나서서 독점을 규제하기도 한다. 독점기업이 가격을 마음대로 설정하지 못하도록 정부기관에서 가격을 정해 주거나, 아예 기업 자체를 국유화하는 것이다. 주로 전기나 수도사업 등 국민의 생활에 중요한 영향을 미치는 것들에 대해 이러한 방법이 쓰인다. 앞서 언급하였지만 우리나라 역시 한국전력이나 수자원공사 등 정부가 직접 나서서 독점의 폐해를 줄이기 위한 방안을 쓰고 있다. 하지만 이 방법 역시 정부가 얼마나 효율적으로 기업을 운영하는지에 대한 의문이 생기기 때문에 논란의 여지가 존재한다.

6.4 과점

과점시장의 기업은 소수이기는 하지만 경쟁자를 갖는다. 또한 과점시장에서 판매되는 상품은 이질적인 경우도 많다. 이러한 과점시장에서 기업들은 서로 협력하여 독점기업처럼 활동할 수도 있지만 협조가 불가능한 경우 경쟁시장보다 더 치열하게 경쟁하기도 한다. 서로가 상대를 의식할 수 있고 가격 이외에 경쟁할 요소도 존재하기 때문이다.

과점시장에서는 상황에 따라 기업 간 협조가 일어날 수도 있고, 경쟁이 일어날 수도 있기 때문에 앞서의 완전경쟁이나 독점과 같이 일반적으로 분석할 틀은 존재하지 않는다. 또한 기업의 수가 일정하게 정해져 있지 않기 때문에 과점시장의 분석은 대부분 복점을 가정한다. 이번 절에서는 이러한 과점시장의 여러 가지 분석틀을 소개하고자 한다.

6.4.1 간단한 게임이론: 용의자의 딜레마 및 내쉬균형

과점시장의 기업들은 서로 협조를 할 경우 독점기업에 준하는 이윤을 얻을 수 있다. 하지만 서로 상의가 불가능한 경우 과점시장의 기업들은 협조하여 최선의 결과를 얻기보다 협조하지 않는 경우가 대부분이다. 이 절에서는 과점기업들 사이에 협조가 일어나지 않는 이유를 간단한 게임이론을 통해 알아보자.

용의자의 딜레마(prisoner's dilemma)는 어떤 범죄에 대한 혐의를 받고 있는 두 명의 용의자를 가정하면서 출발한다. 경찰에서는 두 용의자가 공동으로 범죄를 저질렀다고 믿고 있지만 확실한 물증이 없어 이들에게 혐의를 씌우지 못하고 있다. 경찰은 자백을 얻어 내기 위해 두 명의 용의자를 각각 다른 방에 가두고 취조를 한다. 경찰은 각각의 용의자에게 같은 조건을 제시한다. 그 조건이란 ① 다른 방의 용의자가 자백을 하지 않을 때 자백을 하면 바로 집에 보내 주고, ② 같이 자백을 하지 않으면 자백할 때까지 한 달 정도 취조를 하지만, ③ 다른 방의 용의자가 자백을 할 때 자백을 하지 않으면 거짓증언을 한 죄까지 추가해서 10년형을 구형하고, ④ 둘 모두 자백을 하면 범죄에 대해 일반적으로 구형되는 5년형을 구형하겠다는 것이다. 이러한 내용을 표로 나타내면 〈표 6-2〉와 같이 나타낼 수 있다.

〈표 6-2〉를 보면 용의자의 선택에 따른 결과가 적혀 있다. 이 결과를 각각의 용의자가 얻는 보수(payoff)라고 하고, 이를 나열한 것을 보수행렬이라고 한다. 우선 용의자 1의 선택에 대해 살펴보자. 용의자 1은 용의자 2가 어떤 행동을 할지 알 수 없기 때문에 용의자 2의 행동을 가정하고 결과를 비교하는 수밖에 없다. 용의자 2가 자백을 하지 않을 경우, 용의자 1은 1달간 귀찮은 질문공세에 시달리느니 자백하고 집에 가는 것을 선호할 것이다. 또한

표 6-2
용의자의 딜레마

		용의자 1	
		자백 안 함	자 백
용의자 2	자백 안 함	1달간 취조 1달간 취조	집에 감 10년형
	자백	10년형 집에 감	5년형 5년형

표 6-3
복점시장 기업의 보수

		기업 1	
		협조(높은 가격)	비협조(낮은 가격)
기업 2	협조	높은 이윤 / 높은 이윤	매우 높은 이윤 / 손해
	비협조	손해 / 매우 높은 이윤	낮은 이윤 / 낮은 이윤

용의자 2가 자백하더라도 용의자 1은 자백하여 5년만 감옥에 있는 것이 더욱 합리적인 선택이 된다. 결국 어떤 경우든 용의자 1에게는 자백하는 것이 합리적인 선택이다. 이는 용의자 2에게도 똑같이 적용되므로 결과적으로 둘 모두 5년씩 감옥에 간다는 것이 이 이야기의 결말이다. 이와 같은 결과를 얻게 되는 이유는 용의자들이 서로 의사소통을 할 수 없기 때문이다.

이러한 용의자의 딜레마 분석틀은 과점시장의 분석에도 유용한 틀이 된다. 이번에는 복점시장의 두 기업에 대해 생각해 보자. 기업들이 서로 협조하여 높은 가격을 책정하면 높은 이윤을 낼 수 있지만 둘 모두 협조하지 않을 경우 경쟁이 치열해져 낮은 이윤밖에 내지 못한다. 반면에 한 기업이 협조적인 태도를 취할 때 비협조적인 태도를 취하면 더 높은 이윤을 얻을 수 있고 상대 기업은 큰 손해를 볼 것이다(〈표 6-3〉 참조).

정부가 기업 간 담합을 규제하기 때문에 기업 1과 기업 2는 서로 가격에 관해 상의할 수 없는 상황이다. 결국 앞서 살핀 용의자들의 결정과 마찬가지로 각각의 기업에게 최선의 선택은 상대 기업과의 협조를 포기하고 낮은 가격을 책정하는 것이 된다. 이는 기업끼리 상의가 불가능한 상황에서 기업들이 더 높은 이윤을 위해 협조하지 않고 경쟁하게 되는 이유를 설명해 준다.

그렇다면 과점시장의 기업들은 경쟁을 통해 완전경쟁시장에서와 같이 한계비용수준에서 가격을 책정하게 될까? 이는 〈표 6-3〉을 약간 고쳐 보면 알 수 있다. 〈표 6-4〉에서 볼 수 있듯이 복점시장의 기업들이 일정 수준보다 낮은 가격을 책정하면 더

표 6-4

복점시장 기업의 보수 2

		기업 1	
		낮은 가격	더 낮은 가격
기업 2	낮은 가격	낮은 이윤 / 낮은 이윤	더 낮은 이윤 / 손해
	더 낮은 가격	손해 / 더 낮은 이윤	매우 낮은 이윤 / 매우 낮은 이윤

카르텔의 불안정성

〈표 6-3〉에 나타난 기업들의 경우는 서로 의사소통을 할 수 없을 때 경쟁하는 것이 더 나은 선택임을 보여 준다. 그러나 기업들 사이에 의사소통이 가능하다면 당연히 협조함으로써 두 기업 모두 높은 이윤을 얻을 것이다. 이를 카르텔(cartel)이라고 하는데, 독점과 같은 폐해를 가져오므로 법으로 금지하고 있다. 그런데 카르텔에 참여하는 기업들은 다른 기업들 몰래 자신만이 가격을 낮추면 지금보다 더 큰 이익을 챙길 수 있기 때문에 가격을 낮추려는 유인을 갖게 된다. 이를 카르텔의 불안정성이라고 한다. 이러한 불안정성은 카르텔에 참여하는 기업수가 많거나, 카르텔의 합의를 깼을 때 제재수단이 약한 경우 더욱 커진다고 알려져 있다.

낮은 가격을 책정해도 오히려 이윤은 감소한다. 결국 기업들은 일정 수준의 가격에서 더 이상 낮출 유인을 갖지 못하게 된다. 일반적으로 그 수준은 완전경쟁하에서의 가격수준보다는 높게 결정된다. 이런 경우는 기업들이 낮은 가격을 선택할 때 둘 모두 자신의 선택을 바꿀 이유가 없기 때문에 균형이 이루어진다. 이를 게임이론에서는 내쉬균형(Nash equilibrium)이라 한다. 앞서 살펴본 용의자의 딜레마 모형에서 기업들의 선택 역시 일종의 내쉬균형을 이룬 상태라고 볼 수 있다. 협조하는 방향으로 태도를 바꿔서 굳이 손해를 보는 것은 비합리적인 행위이기 때문이다.

6.4.2 과점시장 분석모형

과점시장의 기업들이 협조하지 않을 경우 기업들의 행동은 예측하기 힘들다. 기업들은 상대를 의식하고 경쟁하면서도 자신들이 갖는 시장지배력을 이윤추구에 이용할 것이기 때문이다. 그렇기 때문에 과점기업들의 행동을 설명하는 모형은 하나로 정리된다기보다는 서로 다른 유형들이 각각의 근거를 내세워 과점시장을 설명하려 한다. 자세한 이론은 이 책에서 다루기에는 난이도가 높기 때문에 어떤 이론들이 있는지 소개만 하기로 한다.

쿠르노모형

쿠르노(Cournot)모형은 복점상태에서 기업들이 상대 기업의 행동을 가정하고 자신의 행동을 결정한다는 이론이다. 즉, 다른 기업의 산출량을 가정한 후 이를 주어진 정보로 받아들여 자신은 얼마나 생산할지 정한다. 이를 쿠르노모형에서는 기업의 반응곡선으로 나타낸다. 각 기업이 상대기업의 산출량에 따라 정하는 산출량을 같은 평면에 표시하여 두 반응곡선이 만나는 점에서 균형이 이루어진다고 보는 것이다. 쿠르노균형은 기업이 시장에 자신과 상대만 있음을 인식하고 상대와 경쟁을 하면서도 시장에 기업이 둘뿐이라는 점을 이용하기 때문에 완전경쟁산출량에 접근은 하지만 그보다 적은 산출량을 생산한다는 점을 설명한다.

슈타켈버그모형

쿠르노모형에서는 각각의 기업이 상대에 대한 정보가 없이 상대의 산출량을 가정하고 그에 맞추어 자신의 산출량을 결정하는 추종자의 역할을 하였다. 하지만 실제로 기업들이 자신의 이윤을 극대화하려는 과정에서 다른 기업의 행동을 전혀 알지 못한다고 보기는 힘들다. 상대의 비용곡선을 알고 상대의 행동을 예측하여 자신의 산출량을 정한다는 것이 더 설득력이 있을 것이다. 즉, 기업이 상대의 결정을 주어진 것으로 보고 따르는 것이 아니라 상대의 반응곡선을 파악하고 자신의 이윤을 극대화하기 위한 선도자로서의 결정을 할 것이다. 하지만 이 역할을 하고 싶어하는 것은 양쪽 모두 마찬가지이기 때문에, 예측된 것과는 다른 결정이 이루어져 산출량은 불균형상태가 된다. 이러한 불균형상태에 있을 경우 기업들은 일종의 경제적 전쟁을 벌이고 있는 것으로 보는데, 이를 슈타켈버그전쟁(Stakelberg warfare)이라 한다.

베르트랑모형

쿠르노모형과 슈타켈버그모형의 기업들은 산출량수준을 통해 경쟁을 한다. 하지만 실제로 기업들은 할인행사를 하는 등 가격을 통한 경쟁을 하는 경우가 더 많다. 베르트랑(Bertrand)모형은 이에 대한 분석으로 가격이 한계비용수준보다 높다면 한 기업이 상대 기업보다 약간 더 낮은 가격을 불러 시장의 수요를 모두 차지할 수 있기 때문에 가격이 한계비용수준으로 나타난다는 것이다. 결국 베르트랑모형의 기업들은 완전경쟁수준의 가격을 받을 수밖에 없다. 하지만 기업들이 서로 이질적인 재화를 생산하고 있다면 가격 이외의 요소를 이용한 비가격경쟁이 이루어지기 때문에 실제로 과점시장의 가격이 완전경쟁수준으로 낮아지지는 않는다.

굴절수요곡선모형

현재 시장에 일정한 가격이 형성되어 있을 때 한 기업이 가격을 낮추면 다른 기업들도 따라서 가격을 낮추려 할 것이다. 하지만 기업이 가격을 올린다면 다른 기업들도 따라서 올리기보다는 현재상태를 유지하며 시장지배력을 확대하려 할 가능성이 높다. 그렇기 때문에 기업들이 인식하는 수요곡선은 현재의 가격수준보다 높은 부분에서의 가격탄력성이, 낮은 가격수준에서의 탄력성보다 더 높아지는 형태의 굴절(kink)이 생기게 된다. 이는 기업의 한계비용곡선 역시 변화시켜 기업들이 현재의 가격에서 가격을 더 이상 변화시키려 하지 않을 것이다. 즉, 한 번 가격이 정해지면 기업들이 가격을 변화시킬 가능성은 거의 없다. 굴절수요곡선(kinked demand curve)이론은 기업들이 담합을 하지 않고도 높은 가격수준에서 안정적으로 가격을 유지할 수 있다는 점을 보여 준다는 의미를 갖는다.

6.5 독점적 경쟁시장

독점적 경쟁시장은 다수의 기업이 존재하고 진입장벽이 없어 기업들이 시장에 자유롭게 진입하고 퇴출하지만(경쟁적 요소)

기업들이 제공하는 상품의 질이 서로 다르므로 어느 정도의 시장 지배력을 갖는다(독점적 요소). 이 때문에 독점적 경쟁시장에서는 독점의 특성과 완전경쟁의 특성이 모두 나타난다. 독점적 경쟁기업은 가격결정자로 행동할 수 있지만, 장기적으로는 완전경쟁기업과 같이 정상이윤밖에 누리지 못하게 되는 것이다.

독점적 경쟁시장은 현실에서 가장 흔히 볼 수 있는 시장유형이기도 하다. 우리가 먹는 과자는 수많은 종류가 있고, 서점에 있는 모든 책을 읽어 보는 것은 불가능할 정도로 종류가 다양하다. 휴대폰을 살 때도 다양한 기종들 사이에서 고민하기 일쑤다. 그렇기 때문에 독점적 경쟁시장의 이론들은 현실의 시장을 설명하는 데 큰 도움이 된다. 이번 절에서는 독점적 경쟁시장의 기업들의 행동을 살펴보자.

6.5.1 독점적 경쟁기업의 단기이윤극대화

독점적 경쟁시장의 기업은 기본적으로 독점기업과 유사한 비용·수입곡선을 갖는다. 한 기업이 파는 상품은 다른 기업의 상품과 차별화되기 때문에 자신이 파는 상품에 관해서는 독점적인 지위를 갖기 때문이다. 결국 독점적 경쟁기업이 직면하는 수요곡선은 우하향하는 수요곡선이 되고, 한계수입곡선은 수요곡선보다 아래쪽에 위치하게 된다.

〈그림 6-9〉를 보면 독점적 경쟁기업의 수입 및 비용곡선이 나타난다. 독점기업과 유사하지만 한 가지 특이한 점은 독점적 경쟁기업은 손해를 보기도 한다는 것이다. 독점적 경쟁기업은 기본적으로 시장의 수요를 모두 차지하는 것이 아니라, 조금씩 차이는 있더라도 기본적으로 같은 종류의 상품에 대한 수요를 나누어 갖는 것이기 때문에 수요곡선이 그림의 D_2와 같이 나타날 경우 손해를 보기도 하는 것이다. 이는 뒤에 알아볼 독점적 경쟁시장의 장기균형과도 관련이 있다.

그림 6-9
독점적 경쟁시장의 기업

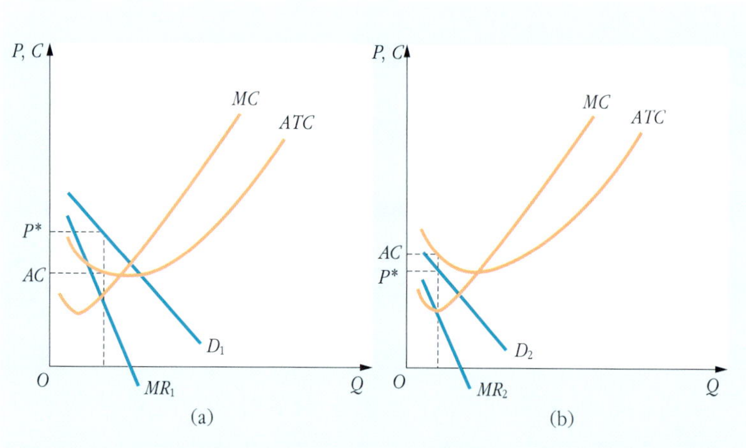

6.5.2 독점적 경쟁시장의 장기균형

독점적 경쟁시장에서 기업은 독점기업과 유사한 형태의 의사결정을 하게 되지만 장기적으로는 상황이 다르게 전개된다. 독점시장에서 기업이 손해를 볼 경우 그 재화를 유일하게 생산하던 기업이 없어지므로 시장 자체가 존재하지 않게 되고, 기업이 이윤을 얻더라도 진입장벽 때문에 새로운 경쟁자가 들어오지 못한다. 하지만 독점적 경쟁시장의 기업은 같은(질적으로 차이는 있지만) 종류의 재화를 생산하는 수많은 기업 중 하나이므로 손해를 보아서 시장에서 나가더라도 시장은 여전히 존재한다. 또한 자유로운 시장진입이 가능하기 때문에 독점적 경쟁기업이 초과이윤을 얻으면 경쟁자가 늘어난다.

독점적 경쟁시장에서 시장에 참여하는 기업의 수가 늘어나면 각각의 기업이 직면하는 수요는 줄어든다. 시장수요에는 변동이 없기 때문에 나누어 갖는 경쟁자가 늘어나면 각각의 기업이 갖는 몫이 줄어드는 것은 당연하다. 결국 개별 기업의 수요곡선과 한계수입곡선은 왼쪽으로 이동한다. 마찬가지로 시장에 참여하는 기업의 수가 줄어들면 반대로 수요곡선과 한계수입곡선이

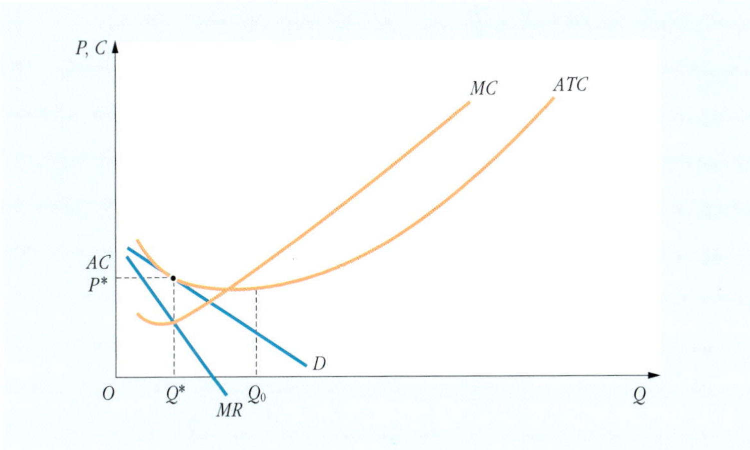

그림 6-10
독점적 경쟁의 장기균형

오른쪽으로 이동할 것이다. 결국 완전경쟁시장과 마찬가지로 기업이 정상이윤수준의 이윤만 얻을 때, 즉 기업의 경제적 이윤이 0이 될 때 장기균형을 이루게 된다. 이는 수요곡선이 평균총비용곡선과 접할 때 달성된다.

〈그림 6-10〉에 독점적 경쟁시장의 장기균형이 나타난다. 여기서 특기할 만한 점은 독점적 경쟁시장의 장기균형에서 기업은 완전경쟁상태와 같이 이윤을 얻지 못하지만, 완전경쟁상태와 달리 가격은 한계비용보다 높다는 것이다. 즉, 사회적으로 최적배분이 실현되지는 못한다. 이는 상품이 이질적인 정도에 따라 달라지는데, 상품의 이질적인 정도가 낮을수록 서로 다른 기업의 상품 간에 대체하기가 좋다. 수요의 탄력성은 대체재가 많을수록 높다는 것을 기억한다면 독점적 경쟁시장의 상품들이 서로 비슷할수록 수요의 탄력성이 높다는 것이 이해가 될 것이다. 결국 수요곡선이 완전경쟁시장에서의 수요곡선에 가까워지므로 독점적 경쟁의 장기균형은 완전경쟁상태의 균형이자 사회적 최적배분에 가까워지게 된다. 그러나 평균총비용의 최저점보다 적은 생산을 하게 되는데, 이때 $(Q_0 - Q^*)$를 초과설비(excess capacity)라고 한다.

6.5.3 비가격경쟁

독점적 경쟁기업은 자신의 상품이 다른 상품과 차별화될수록 더 많은 이윤을 추구할 수 있다. 우선 앞에서 보았듯이 차별화가 많이 된 제품일수록 수요가 비탄력적이어서 수요곡선이 가파르게 되므로 가격이 더 높은 수준에서 형성될 가능성이 높다. 또한 다른 재화와의 차별성 자체가 하나의 진입장벽처럼 작용하여 기업의 독점적 지위를 보장하고 다른 기업의 시장진입으로 인한 영향을 덜 받기 때문이다. 결국 독점적 경쟁기업은 자신의 제품을 다른 상품과 차별성을 두기 위해 노력하는데, 이를 가격 이외의 요소들을 변화시켜 경쟁을 하는 것이기 때문에 비가격경쟁이라 한다.

비가격경쟁을 통한 상품차별화의 궁극적인 목표는 소비자들의 충성도(loyalty)를 얻는 것이다. 소비자들이 다른 기업의 제품에 비해 자신의 제품을 얼마나 선호하는가가 소비자의 충성도이다. 소비자들의 충성도야말로 특정 상품에 대한 수요가 비탄력적이 되고, 기업이 독점적 지위를 유지할 수 있게 하는 가장 중요한 요소이다. 예컨대, 특정 브랜드를 선호하여 대부분의 옷을 그 브랜드로 살 때 옷이 다소 비싸더라도 구매하게 되는 경우가 많은데, 이는 소비자의 충성도가 높기 때문이다.

브랜드화 전략은 기업들이 소비자의 충성도를 높이기 위해 기본적으로 사용하는 전략이다. 우리가 서로 다른 사람을 구분하는 가장 기본적인 요소가 이름이다. 기업들은 자신의 상품에 브랜드라는 이름을 붙임으로써 자신의 상품을 다른 상품과 차별화하는 것이다. 똑같은 콜라지만 코카콜라와 펩시콜라는 서로 다른 상품으로 우리에게 받아들여진다. 또한 브랜드화 전략은 소비자가 특정 브랜드의 상품은 일정 수준의 품질을 보장한다는 생각을 하게 해 주어 소비자들의 선택을 더욱 쉽게 해 준다는 장점이 있다. 낯선 곳에서도 자신이 가본 경험이 있는 브랜드의 음

point-6.5 기업이 광고에 많은 돈을 쓰는 이유

기업은 소비자에게 자신의 상품이 우수하다는 정보를 주기 위해 광고를 한다. 하지만 모든 기업들이 자신의 상품을 우수하다고 홍보하게 되면 소비자들은 어느 기업의 상품이 진짜로 우수한지 알 방법이 없다. 그렇기 때문에 기업은 자신의 상품이 우수하다고 광고에서 아무리 주장해 보아도 소용이 없다. 기업이 이러한 것을 피해 확실하게 자신의 상품이 우수하다는 것을 전달하기 위한 방법으로 광고에 막대한 금액을 지출하는 것이다.

예를 들어 살펴보자. 기업 A와 B는 과자를 생산하는 기업이고 신제품의 출시를 앞두고 있다. 두 기업은 신제품의 홍보를 위해 광고를 하려 하는데, 광고를 할 경우 3억 원의 비용이 들고 광고의 효과로 일시적으로 5,000만 원의 매출이 기대된다. 그런데 A기업의 과자는 맛있어서 한 번 먹어 본 소비자들은 10번 정도 더 사먹어 5억 원의 매출이 추가되지만 B기업의 과자는 맛이 평범한 수준이라 한 번 먹어 본 소비자들이 세 번 정도만 더 사먹어 1억 5,000만 원의 매출이 추가될 것으로 예상된다. 이때 A기업은 광고를 통해 2억 5,000만 원의 이윤을 기대할 수 있지만 B기업은 1억 원 손해를 보는 데 그칠 것이다. 결국 품질에 자신 있는 기업 A만 비싼 돈을 주고 광고를 하게 된다.

우리가 일상생활에서 이렇게 복잡한 사고과정을 통해 기업의 막대한 광고지출을 높은 품질 때문이라고 받아들일지 의문이 들 수도 있다. 하지만 기업이 톱스타에게 엄청난 금액을 주고 광고를 할 때 "그 기업의 상품이 그렇게 좋은가?"라는 말들을 하는 것을 생각해 보면 우리는 무의식 중에 그 사실을 받아들이고 있음이 드러난다.

식점을 발견하여 그 음식점의 맛을 짐작할 수 있는 것을 생각해 보면 쉽게 이해할 수 있을 것이다. 이 때문에 기업은 자신의 상품에 브랜드를 입힐 뿐만 아니라 브랜드의 가치를 높이기 위해서도 노력한다. 백화점 명품매장의 옷들이 원가에 비해 터무니없이 비싼 가격에도 불구하고 잘 팔리는 이유는 명품 브랜드는 브랜드의 가치가 높기 때문이다.

이와 맞물려 기업들이 많이 사용하는 전략이 광고이다. 광고는 기업이 자사의 상품을 홍보하여 소비자들의 충성을 유도하는 주요한 수단이다. 광고는 소비자들에게 자신의 상품이 다른 상품에 비해 우수하다는 기본적인 정보전달을 목적으로 한다. 이는 광고에서도 직접적으로 드러나지만, 기업이 엄청난 비용을 광고에 들인다는 것 자체가 기업이 상품의 질에 자신이 있다는 것을 소비자들에게 전달하기도 한다. 그렇기 때문에 기업들은 비싼 돈을 주고 톱스타들을 고용하거나 엄청나게 화려하게 광고를 만드는 것이다.

이 밖에도 기업은 자신의 상품을 정말 질적으로 차별화시키기 위한 노력도 한다. 판매과정에서 소비자들에게 더 나은 서비스를 제공한다거나, 상품의 질 자체를 우수하게 개량하는 등의 노력이 그것이다. 많은 기업들이 한 번 산 상품에 대해 애프터서비스를 해 주고 더 좋은 상품을 만들어 내기 위한 연구에 비용을 투자하는 것이 이러한 이유에서 비롯되는 것이다.

더 찾고 생각해 보기

1. 우리나라의 초고속인터넷 서비스시장은 많은 기업들이 진입하였다가 지금은 소수의 사업자들만이 남은 상태이다. 스스로 초고속인터넷 서비스사업을 한다고 가정하고, 사업을 할 때 드는 비용을 생각해 보자. 그 다음에 그 비용을 고정비용과 가변비용으로 분류해 보고, 사업의 비용구조가 시장의 변화양상을 설명해 줄 수 있는지 생각해 보자.

2. 게임이론은 경제학적 문제뿐만 아니라 우리 삶의 다양한 측면에도 적용될 수 있다. 예컨대, 가족 외식에서의 선택문제를 살펴보자. 부모는 몸에 좋은 보리밥을 좋아하고 자식들은 맛있는 피자를 원한다. 이럴 경우 자신이 먹고싶은 음식을 먹으면 좋지만 먹고싶지 않은 음식을 먹더라도 가족 모두가 같이 먹는 것이 더 좋을 것이다. 이러한 경우의 보수를 표로 나타내고, 이 경우에도 내쉬균형이 존재하는지 살펴보자.

3. 마케팅에서 '포지셔닝(positioning)'이란 자사의 상품을 소비자들의 인식 속에서 유리한 위치에 자리잡도록 하는 것을 말한다. 다시 말해, 자사의 상품을 여러 가지 측면에서 어느 정도에 위치한 제품으로 인식시키는 것이다. 이러한 포지셔닝이 기업의 이윤극대화에 어떻게 도움이 되는지 앞에서 살펴본 독점적 경쟁시장의 이론들과 연관지어 생각해 보자.

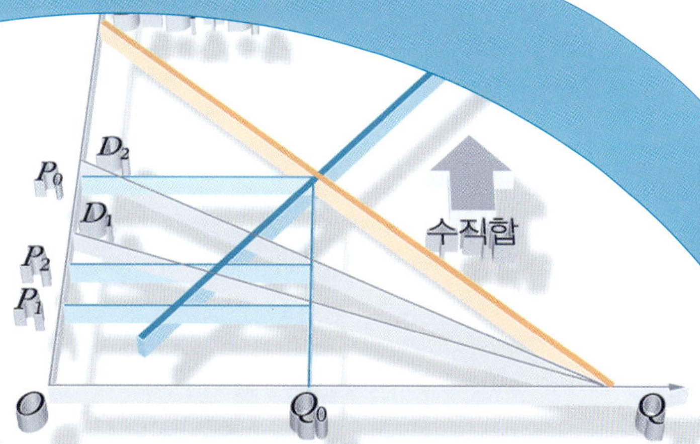

Chapter

7 시장실패 · 정보경제학

7 시장실패 · 정보경제학

우리는 앞 장에서 수요와 공급곡선이 어떻게 도출되는지, 그리고 이들이 만나는 시장의 조건과 형태에 따라 균형이 어떻게 달라지는지를 살펴보았다. 그러나 시장에서 수요와 공급이 항상 균형을 이루면서 자원을 효율적으로 배분하는 것은 아니다. 몇 가지 이유로 인해 때로는 시장이 제대로 작동하지 않아 그 기능이 발휘되지 못하는 경우가 있다. 이를 시장실패(market failure)라고 한다. 이와 아울러 시장이 제대로 작동하는 기본 전제 가운데 하나가 모든 시장참여자들이 정보를 완전하게 가지고 있다는 점이었다. 그러나 이 역시 현실과는 다른 가정이라고 할 수 있고, 정보의 불균형은 여러 가지 경제적 문제를 야기한다. 이 장에서는 시장실패와 정보의 불균형이 가져오는 경제적 과정을 소개한다.

7.1 시장실패

7.1.1 시장실패의 원인

시장실패란 시장기구가 효율적인 자원배분의 기능을 수행하지 못하게 되는 현상을 말한다. 따라서 시장실패의 원인을 살펴보기 위해서는, 먼저 시장이 제대로 작동하기 위한 전제조건이 무엇이고, 어떤 상황에서 이러한 전제조건이 충족되지 않는가를 알아보아야 한다.

시장이 효율적 자원배분이라는 기능을 수행하기 위해서는 완전경쟁시장이 전제되어야 한다. 그러므로 시장실패가 발생하는 첫 번째 경우는 완전경쟁이 이루어지지 않는 경우이다. 독점이나 독점적 경쟁시장이 여기에 해당된다.

두 번째로 완전경쟁시장에서는 일물일권적 소유권을 전제로 한다. 공급자로부터 생산자로 소유권이 이전되면서 거래가 성립하는 것이다. 그런데 현실적으로는 누구의 소유도 아닌 자원들이 있다. 예를 들면, 강물이라든가, 공기라든가, 바다의 어업자원 등이 그것이다. 이러한 자원들은 소유권 자체가 애매하기 때문에 경제활동과정에서 시장참여자에게 뜻하지 않은 결과를 초래하는 이른바 외부효과라는 것을 발생시킨다. 이것 역시 시장실패의 원인이다.

세 번째로 완전경쟁시장은 정보의 완전성을 전제로 한다. 그런데 현실적으로 시장참여자들은 시장에 대한 완전한 정보를 갖지 못한다. 거래당사자 간에 가지고 있는 정보의 양과 질이 달라서 여러 가지 문제가 발생하게 되는데, 이 역시 시장실패의 한 유형으로 볼 수 있다.

네 번째로 재화의 성격상 공급주체가 애매한 경우이다. 결론부터 말하면 공공재가 여기에 해당되는데, 한 마디로 꼭 필요한 재화나 서비스이지만 이를 공급함으로써 돈을 벌 수 없는 경우이다. 대표적인 것으로 국방 · 공공재 도로 · 가로등 같은 것을 들 수 있다(물론 요즘은 대부분의 고속도로처럼 유료도로가 많이 생기고 있지만, 유료도로에는 반드시 대체할 수 있는 일반도로가 있어야 한다. 공공재로서의 도로는 일반도로를 말한다).

불완전경쟁시장은 제6장에서 살펴보았고, 정보의 불균형문제는 다음 절에서 설명한다. 여기에서는 외부성과 공공재에 대해서 자세히 알아보자.

공공재로서의 도로

공공재의 대표적인 예 중 하나가 도로이다. 그러나 오늘날 자동차의 통행이 늘어나면서 도로의 비경합성에 의문을 제기하는 사람들이 생겨났다. 즉, 내가 사용한다고 해서 다른 사람의 사용을 줄이지 않는다는 비경합성의 논리가 더 이상 도로에 적용될 수 없다는 것이다. 도로에 자동차가 가득 차서 더 이상 이용할 수 없게 되는 경우를 우리는 흔히 볼 수 있다. 이처럼 혼잡한 도로에 비경합성이라는 특성을 적용할 수 없는 경우 도로는 공유자원의 성격을 갖는 것으로 볼 수 있다. 따라서 교통혼잡의 문제는 공유지의 비극과 같은 차원의 문제로 다루어야 한다 (〈point-7.3〉 참조).

7.1.2 외부성

외부성(externality)이란 한 시장참여자의 경제활동이 의도하지 않게 다른 시장참여자의 이득 또는 손실을 초래하는 것을 말한다. 외부성의 가장 고전적인 예는 과수원과 양봉이다. 과수원은 그저 사과나무를 키웠을 뿐인데, 양봉업자가 주변에 벌통을 가져다 놓으면 많은 양의 꿀을 얻을 수 있다. 과수원 주인의 의도와 관계없이 양봉업자는 이득을 본 것이다. 이를 긍정적 외부성,

긍정적 외부효과, 또는 외부경제(external economies)라고 한다. 나쁜 쪽 외부성의 대표적인 예는 강 상류에 위치한 철강공장과 강 하류의 어업이다. 강의 상류에서 공장을 운영하는 사람은 공업용수를 쓰고 폐수도 방류하게 된다. 이는 당연히 하류쪽에서 고기잡이를 하는 어부에게 수확을 줄이는 영향을 주게 된다. 물론 공장주인이 어부에게 피해를 줄 의도는 없었다. 이러한 경우를 부정적 외부효과 또는 외부불경제(external diseconomies)라고 한다.

외부성은 그 효과가 긍정적이든 부정적이든 경제 전체로 보면 비효율성을 초래한다. 긍정적 외부성의 경우 개별 경제주체는 자신의 이득만을 고려하여 생산하기 때문에 사회적으로 바람직한 생산량보다 더 적게 생산하게 된다. 예를 들어, 과수원에서 이윤을 극대화하는 생산량을 Q_0라고 하자. 과수원 주인은 Q_0보다 많은 사과를 생산하면 이윤이 감소할 것이다. 그러나 사과생산을 늘림으로써 줄어든 과수원의 이윤감소보다 양봉업자의 이윤이 더 큰 폭으로 늘어날 수 있다면, 경제 전체로 보아서는 사과생산을 늘리는 것이 바람직하다는 말이다.

반대로 부정적 외부성의 경우 개별 경제주체는 사회적으로 바람직한 생산량보다 더 많이 생산을 하게 된다. 이 역시 철강공장에서 이윤을 극대화하는 생산량보다 적게 생산하면 공장의 이

그림 7-1
외부성의 효과

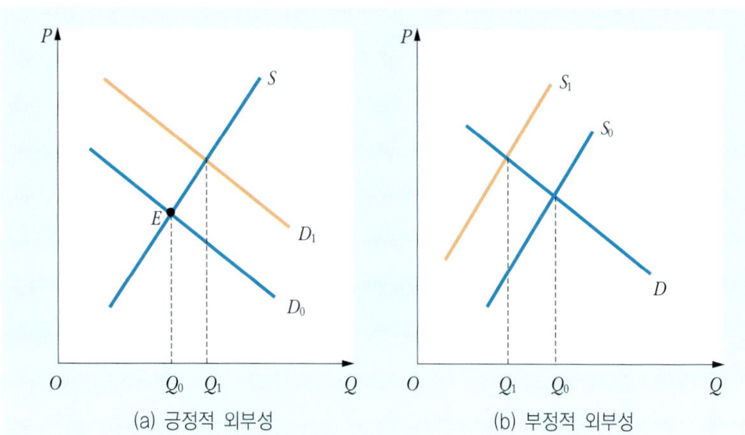

윤은 줄어들겠지만, 강물이 깨끗해져 어부가 더 많은 고기를 잡을 수 있다면 사회 전체적으로 보아서 공장의 생산을 줄이는 것이 바람직할 것이다.

〈그림 7-1〉의 ⓐ는 사과시장의 상황을 보여 주고 있다. 사과에 대한 수요와 공급은 점 E에서 균형을 이루어 Q_0의 생산이 이루어진다. 그런데 사과에 대한 수요곡선은 사과 자체에 대한 수요뿐 아니라 양봉업자와 같이 긍정적 외부성 때문에 존재하는 수요도 있다고 본다면, 사과에 대한 사회적 수요는 D_0보다 더 오른쪽에 있는 D_1이 될 것이다. 따라서 사회 전체적으로 균형이 되는 생산량은 Q_1이라고 할 수 있고, 이를 고려하지 않은 생산량 Q_0는 너무 적은 생산량이라고 할 수 있다.

그림 ⓑ는 철강시장의 상황이다. 철강에 대한 수요와 공급 역시 점 E에서 균형을 이루어 Q_0의 생산이 이루어진다. 그러나 철강공장은 아무런 비용 없이 공해를 배출하고, 이를 정화하는 비용은 사회에 떠넘긴다. 따라서 사회 전체의 입장에서 보았을 때 철강생산의 비용은 늘어나고 공급곡선은 S_0보다 더 위쪽에 위치한 S_1이 될 것이다. 결국 철강은 사회적으로 바람직한 Q_1보다 더 많은 Q_0만큼 생산되는 셈이다.

외부성으로부터 발생하는 문제는 외부효과를 내부화함으로써 해결할 수 있다. 내부화(internalization)란 해당되는 두 경제주체를 하나로 통합한 것으로 생각하는 것이다. 즉, 강 상류의 철강공장이 강 하류의 어업권도 가지고 있는 것으로 생각한다는 말이다. 그러면 철강공장은 강 하류의 어업에서의 이윤까지 고려해서 최적화할 것이고, 그렇게 되면 사회적으로 바람직한 생산량을 달성하게 될 것이다.

피구의 조세

공해문제의 해결을 위한 방법 가운데 하나는 공해물질의 생산자에게 세금을 부과함으로써 사회적으로 바람직한 수준의 공해만을 배출하도록 하는 것이다. 이를 피구의 조세(Pigouvian tax)라고 한다. 그러나 피구의 조세는 사회적으로 바람직한 수준의 공해배출량이 얼마인지를 정확히 알아야 한다는 문제점이 있다. 이를 정확히 안다면 공해물질의 생산자에게, 어차피 세금 때문에 공해배출을 사회적으로 바람직한 수준까지 줄일 거라면 처음부터 그 수준에서 공해를 배출하도록 유도하는 것이 낫기 때문이다. 즉, 복잡하게 조세를 도입할 필요가 없는 것이다.

point-7.1 공해배출

부정적 외부성의 문제는 주로 공해문제와 관련되어 있다. 대부분의 교과서는 공해의 생산이라는 측면에서 부정적 외부성 문제를 다루고 있다.

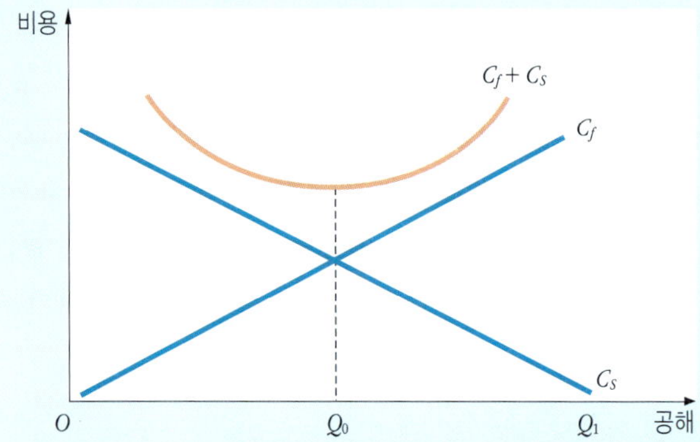

위 그림은 철강공장의 공해배출이 늘어날 때 철강공장의 비용(C_S)과 어부의 비용(C_f)을 보여 주고 있다. 철강공장이 생산을 증대시키면 공해배출도 늘어나게 되는데, 공해배출을 적게 하기 위해서는 정화시설을 가동해야 하므로 비용이 많이 들지만, 정화시설을 가동하지 않고 배출량을 늘리면 비용은 점차 줄어든다. 반면 공해배출량이 늘어나면 어부의 비용은 당연히 점차 증가한다. 따라서 사회 전체적 비용은 이 두 비용을 합한 것이 되고, 따라서 이러한 비용의 최저점은 Q_0의 공해를 배출하는 것이다. 그러나 철강공장이 자신만의 이익을 생각한다면 당연히 C_S가 최저가 되는 Q_1수준에서 공해를 배출할 것이다.

point-7.2 코즈의 정리

코즈는 이해당사자들 사이에 소유권이 명확하게 정의되어 있고, 협상비용이 적다면 외부성에 의한 문제에 정부가 굳이 개입할 필요가 없다고 주장하였다. 이것이 코즈의 정리이다. 앞의 예에서 철강공장이 공해배출에 대한 권리를 갖거나, 아니면 어부가 깨끗한 강물에 대한 권리를 갖는다면 이해당사자들은 거래를 통해 사회적으로 바람직한 수준의 공해를 배출하게 된다는 것이다. 누가 어떤 권리를 갖는가에 따라서 이해당사자들 사이의 부담이 달라지겠지만 경제 전체로 보아서 효율성은 확보할 수 있다는 것이다. 그러나 공해문제와 관련하여 코즈의 정리가 현실에 적용될 수 있는지는 확실하지 않다. 우선 이해당사자를 가려 내는 것이 어렵고, 또 이해당사자들이 아주 많아지는 경우에 이들 사이에 협상이 이루어지기도 쉽지 않기 때문이다.

point-7.3 공유지의 비극

소유권이 명확하게 정의되어 있다면 효율성을 달성하는 데 큰 문제는 없다. 그러나 소유권이 명확하지 않은 경우에는 자원활용에 있어서 비효율성을 극복할 수 없다. 예를 들어, 마을에 공동소유인 목장이 있다고 하자. 마을사람들은 누구나 자유롭게 이 목장에 자신의 소를 방목할 수 있다. 이 경우 사람들은 소가 효율적으로 자라거나 우유를 생산할 수 있는 최대치를 넘어서 훨씬 많은 소를 방목하게 된다. 목장 전체의 효율성보다는 개인적으로 비용과 이익을 따지기 때문이다. 이를 공유지의 비극(tragedy of the commons)이라고 한다. 이러한 예는 현실에서 무수히 많이 찾아볼 수 있다. 바다에 있는 물고기를 치어까지도 마구 잡는다든지, 공원에 있는 쓰레기통에 항상 쓰레기가 볼썽사납게 넘쳐난다든지 하는 것들이 좋은 예라고 할 수 있다.

이러한 문제는 소유권을 명확하게 정의하고 시장의 원리를 도입하는 방법으로 치유할 수 있다. 예를 들어, 우리가 일상적으로 겪는 교통혼잡의 문제를 보자. 도로가 소화할 수 있는 것보다 많은 차량이 운행되면 당연히 교통혼잡이 발생한다. 그러나 차를 집에 두고 나오면 내가 대중교통을 이용함으로써 생기는 불편함이라는 비용을 지불하게 되고, 그 대가로 다른 사람들이 혜택을 보기 때문에 사람들은 교통혼잡이라는 비용에도 불구하고 차를 가지고 나온다. 이를 해결하기 위해서는 불편함이라는 비용이 차를 운행함으로써 발생하는 여러 가지 비용보다 작게 만들어 주어야 한다. 따라서 차를 운행하지 않는 사람에게 경제적 인센티브를 제공하는 것이 바람직한 해결책이 되는 것이다. 유류세를 부과해서 얻은 수익으로 대중교통의 시설을 개선하고 요금을 낮춘다든지, 시내의 주차요금을 비싸게 매긴다든지 하는 것이 해결책의 예가 될 수 있다.

7.1.3 공공재

시장실패가 발생하는 또 다른 요인으로 공공재의 존재를 들 수 있다. 공공재(public goods)란 비경합성과 비배제성 등 두 가지 특성을 갖는 재화나 서비스를 말한다. 비경합성이란 재화나 서비스를 소비하는 데 있어서 다른 사람과 경쟁할 필요가 없다는 말이다. 공공재에 대응되는 개념으로서의 사적 재화 또는 사용재

(private goods)는 한 사람의 소비가 다른 사람의 소비가능성을 줄인다. 사과 열 개를 두고 두 사람이 먹는 상황을 생각해 보면 너무나 자명하다. 그러나 가로등과 같은 공공재의 경우 내가 가로등 불빛을 이용해 안전하게 다닌다고 해서 다른 사람이 그럴 수 없는 것이 아니다. 비배제성이란 이용하는 대가를 지불하지 않는다고 해서 재화나 서비스의 이용을 막을 수 없는 특성을 말한다. 예를 들어, 주민들이 돈을 모아 가로등을 설치하였는데, 돈을 내지 않은 사람이라고 해서 가로등 불빛 아래를 다니지 못하게 할 수는 없는 노릇이다.

그렇다면 공공재의 이러한 특성은 어떤 문제를 야기하는가? 공공재는 내가 소비한다고 다른 사람의 소비에 영향을 주지 않으며, 대가를 지불하지 않더라도 이용하는 데 아무런 제재를 받지 않는다. 그렇다면 누가 공공재의 생산에 비용을 대려고 할 것인가? 바로 이것이 공공재가 갖는 문제이다. 이를 무임승차자의 문제(free rider problem)라고 한다. 무임승차자의 문제가 존재하는 한 공공재는 생산 · 공급될 수 없다. 시장실패인 것이다. 따라서 이러한 공공재의 공급은 정부가 나설 수밖에 없는 것이다.

이때 적정한 공공재의 공급수준은 어떻게 결정될까? 공급주체가 민간이 아니라 정부라는 것 말고는 공공재 역시 생산에 따른 한계비용이 공급곡선이 된다. 따라서 공공재의 공급곡선도 사적 재화와 마찬가지로 우상향하는 것으로 그릴 수 있다.

그런데 문제는 수요곡선이다. 사적 재화의 경우 개별 소비자의 수요곡선을 우측 방향으로, 다시 말해 X축에 표시된 수량의 방향으로 더해 주면 시장수요곡선이 된다. A는 500원에 사과 한 개를 수요하고 B는 3개를 수요한다면, 500원에 대응하는 사과의 시장수요는 4개가 된다. 모든 가격수준에서 이처럼 옆으로 더해 주면 시장수요곡선이 되는 것이다. 그러나 공공재의 경우는 정해진 수량에 대해 모든 소비자들이 동일한 수량만큼의 재화나 서비스를 소비하게 된다. 따라서 공공재에 대한 수요는 일정한

그림 7-2
공공재의 공급

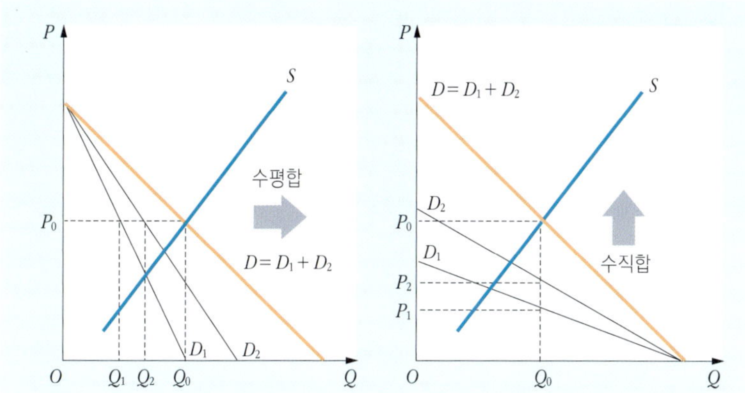

(a) 사적 재화 (b) 공공재

수량의 공공재에 대해 각 개인이 얼마나 이익을 보고 있는가를 기준으로 생각할 수밖에 없다. 집 앞에 도로가 필요하다고 해서 사람수대로 도로를 만들 필요는 없기 때문에 도로 하나를 놓고 각 개인이 그것을 얼마나 절실하게 필요로 하는지를 합해서 도로의 수요곡선으로 생각한다는 말이다. 얼마나 절실하게 필요로 하는가는 그 도로로부터 개인들이 느끼는 한계편익이 얼마인지를 생각해 보면 된다. 왜냐하면, 각 개인은 그 한계편익만큼의 필요성을 느낄 것이고, 도로에 대해 그만큼의 대가를 기꺼이 지불할 용의가 있다는 말이기 때문이다. 따라서 개개인의 한계편익곡선(개별 수요곡선의 형태는 사적 재화와 같은 형태이다)을 위쪽 방향으로 합한 것이 바로 공공재의 시장수요곡선이 되는 것이다.

〈그림 7-2〉의 (a)는 개별 소비자의 수요를 수평으로 합하여 시장수요가 되고, 따라서 균형수급량은 시장가격에서 개별 소비자의 수요량을 합한 크기가 되는 것을 보여 주고 있다. 이에 대해 그림 (b)는 개별 소비자의 수요를 수직으로 합하여 시장수요가 되고, 따라서 정해진 Q만큼의 수량을 개별 소비자의 지불의사(한계편익)를 합한 가격에 정부가 공급하는 것을 보여 주고 있다.

point-7.4 공공재의 공급과 투표

민주국가에서는 투표에 의해 공공재를 공급하는 방법을 생각해 볼 수 있다. 그러나 정치적으로 매우 바람직한 절차로 간주되는 투표가 공공재의 공급을 결정하는 데에는 경제적으로 비효율적인 것으로 알려져 있다. 투표의 비효율성과 투표의 역설에 대해 알아보자.

먼저 민주적 절차로서의 투표는 1인 1표가 원칙이다. 따라서 공공재의 공급을 놓고 1인 1표의 투표를 하게 되면 각 개인이 공공재로부터 얻는 한계편익을 제대로 반영하지 못하기 때문에 비효율을 초래할 수 있다. 예를 들어, 각각 100명의 주민이 사는 A와 B라는 도시가 있다고 하자. 각 도시의 주민들 가운데 60명은 도시 내에 직장이 있고, 40명은 다른 도시로 출퇴근을 한다. 그런데 A시와 B시를 연결하는 도로가 좁고 구불구불하여 통행시간이 많이 걸려 기존의 도로와 별도로 100억 원 공사비 규모의 고속화도로를 내려고 한다. 양 도시의 주민들은 한 사람당 5,000만 원의 공사비를 부담해야 하고, 이를 투표로 결정하기로 하였다. 그런데 다른 도시로 출퇴근하는 80명의 경우 새로운 도로로부터 얻을 수 있는 한계편익이 1억 원이고 나머지 120명은 한계편익이 4,000만 원이라고 한다면, 한계편익이 부담액보다 적은 120명의 반대로 도로공사건은 투표에서 부결될 것이다. 도시 전체로 보아서는 도로건설로 인한 총편익의 증가가 128억 원이나 되지만 도로는 건설되지 못하는 것이다. 반대로 각 도시의 주민 중 60명이 다른 도시로 출퇴근을 하고, 40명이 시내에 직장이 있는 경우를 생각해 보자. 다른 도시로 직장을 다니는 사람 120명의 한계편익이 6,000만 원이고 나머지 80명의 한계편익이 1,000만 원이라면 이 도로는 건설될 것이다. 전체 편익의 증가가 80억 원으로 공사비에도 못 미치지만 도로는 건설되는 것이다. 이 두 예에서 알 수 있는 것처럼 공공재의 공급을 투표로 결정하면, 경우에 따라서는 너무 적게 공급되거나 너무 많이 공급되는 비효율이 발생할 수 있는 것이다.

투표의 역설(paradox of voting)은 구성원들 사이의 사회적 선호가 이행성을 위배하는 경우에 투표에 의한 공공재의 공급이 이루어질 수 없음을 말한다. 예를 들어, 마을의 공원에 주민공동 체육시설을 만드는 경우를 생각해 보자. 설치하려는 체육시설을 배드민턴장, 게이트볼시설, 헬스기구 가운데 투표로 결정하기로 하였다. 편의상 A, B, C 세 사람이 투표를 하기로 했는데, 이들 세 사람의 선호는 다음과 같다.

A: 배드민턴장>게이트볼시설>헬스기구

B: 게이트볼시설>헬스기구>배드민턴장

C: 헬스기구 > 배드민턴장 > 게이트볼시설

배드민턴장과 게이트볼을 놓고 투표하면 배드민턴장이 이기고, 게이트볼시설과 헬스기구를 놓고 투표하면 게이트볼시설이 이긴다. 그런데 배드민턴장과 헬스기구를 놓고 투표를 하면 헬스기구가 이긴다. 따라서 어떤 체육시설을 설치해야 할지 결정할 수가 없는 것이다. 이는 투표에 의해 결정되는 사회적 선호에 있어서 이행성이 보장되지 않기 때문이다. 이는 매우 특수한 경우로 치부해 버릴 수도 있지만, 투표를 어떻게 설계하느냐에 따라 투표를 통한 공공재의 공급이 어려울 수도 있음을 보여 주는 것이다.

7.2 정보경제학

앞서도 여러 차례 언급하였지만 신고전파의 시장이론은 완전한 정보를 가정하고 있다. 완전경쟁시장에서 소비자는 어디에 가면 어떤 물건이나 서비스를 얼마에 살 수 있는지, 그 물건이나 서비스의 품질은 어떤지에 대해 모든 정보를 다 가지고 있다. 또한 생산자는 자신이 생산하는 물건이나 서비스에 대해 사람들이 얼마의 가격에 어느 정도의 양을 사려고 하는지, 다시 말해 시장 수요곡선의 형태를 다 알고 있다. 이런 경우에만 다수의 소비자와 생산자가 존재하는 시장에서 소비자든 생산자든 개별 입장에서는 시장에 영향을 미칠 수 없는 것이다.

그러나 생각해 보면 이는 얼마나 비현실적인 가정인가? 오늘날처럼 인터넷이 발달하여 수없이 많은 정보가 공유되는 상황에서도 우리는 구체적인 상품이나 서비스에 대한 정보의 부족을 완전히 해결할 수 없을 뿐 아니라, 그러한 정보를 가지고 있는 것 자체가 돈이 되는 경우도 어렵지 않게 찾아볼 수 있다. 이처럼 정보의 불완전성이 가져오는 경제적 문제에 대해 알아보자.

거래비용

일반적으로 우리가 교과서에서 배우는 경제학을 신고전파이론이라고 하는데, 여기에는 거래에 따르는 비용이 없다고 가정한다. 그러나 실제로는 상품이나 서비스를 거래하는 데 비용이 들어간다. 예를 들어, 내가 사고자 하는 상품이나 서비스를 어디에 가면 싸고 질 좋은 것으로 구입할 수 있는지를 알아보는 데 비용이 들어간다. 잘 아는 사람에게 전화를 해서 물어 보거나, 직접 찾아다니면서 비교해 보는 데는 돈과 노력 · 시간 등이 필요한 것이다. 이를 정보비용이라고 한다. 정보비용은 대표적인 거래비용 가운데 하나라고 할 수 있다. 인터넷이 등장하면서 이러한 비용은 많이 줄었지만, 여전히 존재하면서 여러 가지 경제문제를 야기한다.

7.2.1 문제의 제기: 비대칭정보

거래당사자 간에 재화와 서비스의 특성이나 경제적 행위에 관한 정보는 많은 경우 서로 다를 수밖에 없다. 정보경제학에서 가장 많이 드는 몇 가지 예를 살펴보자. 중고차시장에서 차를 파는 사람은 그 차가 겉만 멀쩡한 차인지, 엔진 등 주요 부품도 괜찮은 차인지에 관하여 차를 사려는 사람보다 훨씬 잘 알고 있다. 노동시장에서 취업을 하려는 사람은 자신이 정말 괜찮은 인적자원인지, 아니면 능력도 부족하고 꾀만 부리는 사람인지에 관하여 고용하려는 사람보다 훨씬 잘 알고 있다. 자동차보험을 가입한 사람은 사고가 났을 때 정말 어쩔 수 없는 상황에서 사고가 난 것인지, 아니면 충분히 주의를 기울이지 않아서 난 사고인지에 관해서 보험회사보다 훨씬 잘 알고 있다. 우리 주변에서 이와 같은 상황은 수없이 많다.

이처럼 어떤 재화나 서비스의 특성 또는 경제적 행위에 관해 무엇인가 알 수 없는 것이 존재하는 경우, 거래당사자 간에 정보의 양은 차이가 날 수밖에 없는 것이고, 이를 비대칭정보(asymmetric information) 또는 정보의 불균형이라고 한다.

비대칭정보로부터 발생하는 경제적 문제는 감추어진 무엇이 원인인지에 따라서 크게 두 가지로 분류된다. 첫째는 재화나 서비스의 감추어진 특성(hidden characteristics)이다. 앞의 예 가운데 중고차 같은 경우가 대표적이다. 또한 농산물이 국산인지 수입품인지, 생명보험을 들려고 하는 사람이 어디 아픈 데가 있는지 없는지 등이 여기에 해당한다.

다음으로는 경제적 행위에 관한 정보가 감추어진 경우이다. 이를 감추어진 행동(hidden action)이라고 한다. 자동차보험을 가입한 사람이 정말 사고가 나지 않도록 주의를 하고 있는지 아닌지, 회사에 나와서 열심히 일을 하는지 게으름을 피우는지 등이 여기에 해당된다.

이러한 두 가지 범주에 따라 발생하는 경제적 문제와 이를 치유하기 위한 대책 또한 달라진다. 감추어진 특성으로부터 발생하는 비대칭정보는 일반적으로 역선택(adverse selection)이라는 문제를 야기하고, 감추어진 행동으로부터 발생하는 비대칭정보는 도덕적 해이(moral harzard)의 문제를 일으킨다. 역선택의 문제는 신호(signal)를 통해서, 도덕적 해이는 유인설계(incentive design)를 통해서 문제를 어느 정도 해결할 수 있다. 각각의 경우에 대해 좀더 자세히 알아보자.

7.2.2 역선택

역선택은 재화나 서비스의 감추어진 특성으로 인해 거래당사자 간에 비대칭정보가 존재할 경우 정보가 부족한 당사자는 결과적으로 원하는 재화나 서비스를 얻지 않는 선택을 하게 된다는 것이다. 이러한 경우의 가장 대표적인 예라고 하였던 중고차 시장의 경우를 가지고 설명해 보자.

역선택의 과정

중고차시장에 차를 구입하러 간 철수는 500만 원 정도의 예산을 가지고 있다. 그런데 중고차시장에 나와 있는 차들은 대부분 겉보기에는 별 문제가 없다. 철수는 가능한 '좋은 차'(영어로는 plum, 즉 자두라고 한다)를 사고 싶지만 파는 사람의 말만 믿고 살 수는 없는 노릇이다. 우연히 좋은 차를 살 수 있으면 다행이지만 잘못해서 '나쁜 차'(영어로는 lemon이라고 한다)가 걸리면 낭패가 아닐 수 없다. 차의 상태에 대한 정보가 부족한 철수는 어떤 선택을 해야 할 것인가?

우선 중고차를 겉으로 보아서는 알 수 없기 때문에 철수는 시장에 나와 있는 차 가운데 좋은 차와 나쁜 차의 비중을 생각해 보아야 한다. 쉽게 생각해서 속까지 좋은 차와 나쁜 차가 절반씩

> **기댓값**
> 기댓값이란 통계학에서 확률변수의 평균을 의미한다. 예를 들어, 동전을 던지는 게임에서 앞면이 나오면 100원, 뒷면이 나오면 0원의 돈을 받는다고 하자. 여기서 변수인 0원과 100원에는 각각 50%의 확률이 대응된다. 이처럼 확률이 대응되는 변수를 확률변수라고 하는데, 이런 경우 한 번 동전을 던져서 내가 받을 수 있을 것으로 '기대되는' 돈은 얼마일까? 첫 번째 게임에서 앞면이 나와 100원을 받고, 두 번째 게임에서 뒷면이 나와 논을 받지 못했다면 게임당 평균 50원을 받은 셈이다. 게임을 무한대로 반복하더라도 앞이나 뒤가 나올 확률은 0.5로 같기 때문에 내가 받을 수 있는 돈은 게임당 평균 50원이 되는 것이다. 기댓값은 결국 각 확률변수에 확률을 곱해서 더해 준 값이다.

이라고 판단을 하였다고 하자. 철수는 차가 좋다면 500만 원에 구입할 생각이 있지만, 나쁜 차라면 300만 원 이상을 쓸 생각이 없다. 이제 철수는 좋은 차 또는 나쁜 차가 걸릴 확률에 근거해서 자신이 지불할 용의가 있는 값의 최대치를 구해야 한다. 좋은 차가 걸릴 확률은 50%이고 그럴 경우 500만 원을 지불할 용의가 있고, 나쁜 차가 걸릴 확률 역시 50%이면서 이때 지불할 용의가 있는 금액은 300만 원이므로 철수는 최대 370만 원까지 지불할 용의가 있다고 할 수 있다(500×0.5+300×0.5=370). 이는 통계학에서 기댓값이라고 하는 개념으로 임의로 차를 골랐을 때 차의 가치가 370만 원이라는 말이고, 따라서 지불할 용의가 있는 최대의 금액을 의미한다.

이제 철수는 아무 차나 골라서 370만 원에 팔라고 요구할 것이다. 그런데 차를 팔려는 사람은 팔려는 차가 '자두'인지 '레몬'인지 알고 있기 때문에, 자두라면 팔지 않을 것이고 레몬이면 팔 것이다. 결국 철수는 자신이 정한 최대치, 즉 370만 원 이하의 가격으로 살 수 있는 차는 레몬밖에 없음을 깨닫고 300만 원을 내고 나쁜 차를 사게 되는 것이다. 철수는 500만 원을 주고라도 좋은 차를 사고 싶었는데, 차의 상태에 대한 정보가 부족한 관계로 원하지 않는 나쁜 차를 산 것이다. 이를 역선택이라고 한다.

역선택의 사례

이러한 역선택의 예는 현실 속에 무수히 많다. 한약재나 먹거리의 경우 값싼 수입산인지, 신토불이 국산인지 겉으로 보기엔 잘 구별할 수 없고, 이런 경우에도 역선택의 문제가 발생한다. 품질 좋은 국산을 쓰고 싶지만 속지 않기 위해서는 값싼 수입품을 살 수밖에 없는 것이다(물론 원산지표시 규정이 있고, 또한 농협 매장 등에서 국산을 구입할 수 있지만, 이는 여러 가지 방법으로 역선택의 문제를 해결한 경우로 아래에서 자세히 설명한다).

또 다른 예로는 은행업에서의 역선택현상을 들 수 있다. 자본시장에서 이른바 돈줄이 마르면 금리가 오르게 된다. 금리가 오르면 재정에 여유가 있는 기업들은 은행에서 대출받기를 꺼리게 되고, 재정상태가 좋지 않은 기업들은 높은 금리에도 불구하고 은행에서 대출을 받으려 할 것이다. 은행의 입장에서는 재정상태가 좋은 기업과 거래하고 싶지만 실제로는 그렇지 못한 역선택현상이 발생하는 것이다. 물론 그렇다고 은행이 나쁜 기업과 거래를 하지는 않는다. 은행도 그런 사실을 알고 있기 때문에 대출을 일정 부분 제한(credit rationing)하는 형태로 대응을 하게 된다. 스티글리츠와 와이스(Stiglitz and Weiss)는 이처럼 자본시장에서 자금에 대한 초과수요가 존재할 때 대출제한이 발생하는 상황을 역선택으로 설명하고 있다.

생명보험의 경우도 역선택의 좋은 예라고 할 수 있다. 보험회사는 보험에 가입하려는 사람의 건강상태에 대해 당사자보다 정보가 부족할 수밖에 없다. 이런 상황에서 보험회사는 건강에 이상이 없는 젊은 사람들을 보험에 가입시키고자 하지만, 실제로 보험에 가입하기를 원하는 사람은 건강에 자신이 없는 사람들일 것이다. 원하지 않은 상대와 거래를 하게 되니 역선택이다. 건강에 문제가 생길 확률이 높은 사람들이 주로 보험에 가입하게 되면 보험회사는 수익에 문제가 생길 것이고 보험료를 더 높게 받아야 할 것이다. 그러나 보험료를 높이면 역선택의 문제는 더욱 심각해진다. 이를 해결하기 위해서 보험회사는 가입 전에 신체검사를 하도록 요구하거나, 보험가입 대상자를 세분화해서 보험료를 차등화하는 등의 정책을 시행하고 있다.

노동시장도 역선택이 발생하는 대표적인 예 가운데 하나이다. 기업은 좋은 인재를 뽑으려고 하지만 입사지원자가 어떤 사람인지 잘 알 수 없다. 따라서 기업은 확률적으로 우수한 인재에게 지불할 수 있는 연봉과 그렇지 않은 경우에 지불할 수 있는 연봉의 기댓값을 가지고 연봉을 제시하게 된다. 그렇게 되면 우수한 재원들은 입사지원 자체를 꺼리게 되고, 그렇지 않은 사람들만 치열한 입사경쟁을 벌이게 될 것이다.

역선택의 해결, 신호와 선별

일반적으로 역선택을 해결하기 위해서는 신호(signal)를 붙이는 방법이 있다. 정보불균형의 발생원인이 되는 재화나 서비스의 감추어진 특성을 드러나게 만드는 신호를 붙이는 것이다. 앞에서 든 몇 가지 예를 중심으로 살펴보자. 중고차시장에서 판매자와 구매자 사이에 존재하였던 정보의 불균형문제는 판매자가 제품의 감추어진 특성에 대해 일정 기간 보증을 해 줌으로써 판매하려는 차가 좋은 차라는 신호를 붙인다. 구매자의 중대과실 없이 1년 내에 고장이 나는 부분에 대해서는 무료로 수리해 주겠다고 하면, 구매자가 그만큼 차의 상태가 좋다는 확신을 가질 수 있는 것이다.

은행업에서 발생하는 역선택의 문제를 해결하기 위해서 기업들의 재정상태에 '신호'를 붙이는 많은 신용평가회사들이 생겨났다. 우리나라에는 한국신용평가 등 몇 개의 기관이 있고, 미국에도 S&P, 무디스(Moody's)등 유명한 신용평가기관이 있다. 생명보험사가 보험가입을 원하는 고객에게 신체검사를 받도록 하는 것 역시 신호를 붙여 오라는 말이 될 것이다.

한약재나 먹거리 시장에서 원산지를 표시하도록 한 규정 역시 법으로 신호를 붙이도록 한 좋은 예가 될 것이다. 명성(reputation)이 일종의 신호가 되는 경우도 있다. 우리는 흔히 유명 백화점에서 물건의 가격이 훨씬 비싸다는 것을 알고 있다. 이는 백화점이 "우리는 절대 속이지 않으며 판매하는 제품의 품질도 높다"라는 명성을 쌓고, 이를 신호로 활용해 물건값을 비싸게 받기 때문이다. 소비자의 입장에서는 좀 비싸더라도 속지 않을 수 있다면 백화점에 가서 물건을 사게 되는 것이다.

취업시장에도 신호가 있다. 기업들이 취업하려는 사람에게 학교성적표나 경력증명서를 제출하도록 하거나 자기소개서를 쓰

point-7.5 보험이력조회

중고자동차의 경우 '자두'와 '레몬'을 구별하는 기준은 사고 여부와 자연재해 등에 노출되었는가의 여부이다. 특히, 정면충돌로 엔진이 손상되어 수리하였거나 엔진을 통째로 바꿨다면 아무래도 잔고장이 많이 난다는 것이다. 또한 홍수가 나서 물에 잠겼던 차와 같이 자연재해에 노출되었다가 수리된 차 역시 여러 가지 고장의 위험이 많기 때문에 레몬이 된다. 그런데 이처럼 사고가 나거나 재해에 노출된 차의 주인은 대부분 보험회사에 수리비를 청구하게 된다. 이런 점에 착안해서 중고차를 구매하려는 소비자들은 이 차가 과거에 보험금 청구를 한 적이 있는지, 있다면 지급된 보험금의 규모는 어느 정도인지를 조회해 볼 수 있다. 중대사고라면 당연히 보험금 지급규모도 크기 때문이다. 이러한 보험이력조회는 부족한 정보를 메우려는 선별의 전형적인 예라고 할 수 있다. 우리나라에서는 보험개발원 등에서, 미국의 경우에는 약간의 돈을 내고 보험이력을 조회할 수 있는 인터넷 회사들이 있다.

도록 하는 것 역시 자신이 좋은 인재라는 신호를 붙여 오라는 말일 것이다.

정보가 부족한 이해당사자가 부족한 부분을 채우려는 노력을 선별(screening)이라고 한다. 소비자는 중고차나 한약재의 구별을 위해 전문가의 도움을 받아 공부를 한다든지, 은행들이 자체적으로 신용평가를 하는 부서를 두는 것, 사람을 뽑는 기업이 몇 차례에 걸친, 그것도 독특한 방식의 면접을 실시하는 것 등은 선별의 좋은 예라고 할 수 있다.

7.2.3 도덕적 해이

경제주체의 감추어진 행동(hidden action)으로부터 발생하는 문제가 바로 도덕적 해이(moral hazard)이다. 이러한 문제가 발생하는 전형적인 구조는 본인-대리인문제(principal-agent problem)라고 할 수 있다. 먼저 본인-대리인의 구조를 살펴보고 도덕적 해이에 대해 알아보자.

본인-대리인문제

본인-대리인문제는 감추어진 행동으로 인해 발생하는 정보불균형의 가장 전형적인 구조라고 할 수 있다. 자신이 모든 일을 다 처리할 수 없기 때문에 본인은 대리인을 고용해서 일을 맡긴다. 대리인은 본인의 이익을 위해 자신이 맡은 일을 충실히 수행해야 하지만, 대리인은 동시에 자신의 이익도 고려해야 하는 상황에 처하게 된다. 그럼에도 불구하고 본인은 대리인의 행동을 '항상' '직접' 관찰할 수 없기 때문에 대리인의 행위에 관한 정보가 부족하게 된다.

본인-대리인문제의 전형적 구조는 다음과 같은 특성을 갖는다. ① 대리인은 자신의 행위로 인해 본인의 경제적 상황에 영향을 줄 수 있다. ② 본인은 대리인의 행위를 관찰할 수 없다. ③ 본인과 대리인은 서로 다른 이해관계를 갖고 있다. 즉, 대리인은 본인이 모르게, 본인의 이해와 다른 자신의 이해관계를 추구하고, 이로 인해 본인에게 경제적 피해를 주는 구조라고 할 수 있다.

본인-대리인문제는 대부분의 고용주와 피고용주 사이에 형성되는 것으로 볼 수 있다. 중국음식점을 운영하는 사장은 배달원이 손님들에게 아주 친절하기를 바라지만, 배달원을 일일이 따라다니면서 지켜볼 수는 없는 노릇이다. 보통의 직장에서도 사장은 부장들이, 부장들은 직원들이 열심히 일하기를 원하지만, 컴퓨터를 켜놓고 게임을 하는지, 주식시장만 들여다보고 있는지 감시하려고 돌아다니기만 할 수도 없다.

주식시장의 내부자거래

주식회사의 경영과 관련하여 비대칭정보의 문제는 앞에서 설명한 역선택의 문제도 있다. 회사의 경영과정에서 획득한 정보를 이용하여 그 회사의 주식을 사고파는 행위를 내부자거래(insider trading)라고 한다. 이는 기업의 특성(또는 가치)에 대한 비대칭정보 때문에 발생하는 역선택문제의 전형적인 예라고 할 수 있다. 다만 이 경우 정보가 부족한 거래당사자가 할 수 있는 역선택은 거래에 참여하지 않는 것이다. 그러나 주식시장은 기업의 자금조달에 있어서 중요한 위치를 차지하고 있고, 따라서 주식시장의 활성화를 통해 기업활동을 장려해야 하는 정부의 입장에서는 이러한 내부자거래를 금지시킬 수밖에 없는 것이다.

좀더 범위를 크게 보면, 주식회사의 주주와 경영자가 대표적인 예라고 할 수 있다. 주식회사의 경우 회사의 주인이 주주임은 상식이다. 경영자들은 주주로부터 위임을 받아서 회사의 이윤을 크게 만들도록 운영을 하는 것이다. 주주들은 이윤이 생기면 배당금을 받게 된다. 그런데 경영자의 입장에서는 우선은 자신의 몫을 많이 챙겨야 할 것이고, 또한 사내에 자신을 지지하는 라인도 만들어야 하고, 자신의 영향력을 극대화하기 위해 외형을 키우는 데 더 신경을 쓸 수도 있다. 주주들이 일일이 회사에 가서 경영진의 행동을 감시할 수 없기 때문에 주주 본인과 대리인인 경영진 사이에 본인-대리인의 문제가 발생하는 것이다.

대통령을 포함한 관료와 국민들 사이에도 이러한 본인-대리인의 문제가 발생한다. 국민은 관료들이 공정하게 일을 처리함으로써 국가가 건전하게 발전할 수 있기를 바라지만, 국민들이 일일이 관료들의 행위를 감시할 수 없기 때문에 자신의 개인적 이득을 위해 부정을 저지르는 경우를 어렵지 않게 볼 수 있다. 특히, 본인인 국민으로부터 위임받은 권한을 대리인인 자신의 치부를 위한 수단으로 활용한 대통령들이 있었다는 점은 국민과 국가기관의 관료들 사이에 본인-대리인문제가 심각하다는 것을 보여 주는 것이다.

역사적으로도 산업혁명기를 거치면서 가내수공업이 점차 공장제 생산으로 바뀌어 갔는데, 공장제의 탄생을 본인-대리인 문제로 설명하려는 학자들이 있다. 생산이 늘면서 가내수공업은 상인들이 자본을 대고 완제품의 판매를 책임지는 이른바 선대제라는 생산방식으로 바뀌었다. 그런데 선대제하에서는 생산공정이 몇 개의 작업장으로 나뉘어 있었고, 작업장 간의 이동과정에서 원료나 중간생산물이 새는 경우가 많았다고 한다. 뿐만 아니라 여러 곳으로 나뉘어 있는 작업장에서 사람들이 얼마나 열심히 작업을 하는지도 알 수가 없다. 이와 같은 본인-대리인의 문제를 해결하기 위해 고안된 것이 바로 한 작업장에서 일관된 작업을 할 수 있는 공장제 시스템이었다는 것이다(물론 기계가 발명되면서, 하나의 동력원에 여러 대의 기계를 연결해서 사용할 필요성이 있었기 때문에 공장제가 생겨났다는 주장도 있고, 마르크스주의 경제사학자들은 노동자를 보다 효율적으로 감시하고 착취하기 위해서 공장제가 고안되었다고 주장하기도 한다).

그 밖에도 펀드가입자와 펀드매니저, 연예인과 소속사, 지주와 소작농 등 본인-대리인문제의 구조를 갖는 경우는 현실적으로 무수히 많다.

도덕적 해이의 과정

도덕적 해이란 감추어진 행동으로 인해 정보의 불균형이 발생하였을 경우 정보가 많은 쪽의 거래당사자는 정보가 적은 당사자의 이익을 해치는 행위를 하게 되는 것을 말한다. 도덕적 해이의 가장 대표적인 예로 자동차보험을 들 수 있다.

사람들은 늘 자신의 차를 운전하면서 사고의 위험에 노출되어 있다. 교통사고가 나면 본인은 물론 여러 사람이 죽거나 다칠 수 있고, 또한 자동차를 포함해 많은 재산상의 손실이 발생할 수 있다. 따라서 차를 운전할 때는 최대한의 주의를 기울여 사고가 나지 않도록 해야 한다. 그런데 보험에 가입하면 어떨까? 운전자는 아무래도 보험에 가입하기 전보다는 긴장을 덜하고, 보험을 믿고 속도도 좀더 내고 그럴 것이다. 이러다 보면 당연히 사고의 확률도 높아지며, 보험회사가 손해를 볼 확률 또한 높아지게 된다. 그러나 정작 사고가 나면 보험가입자가 주의를 게을리해서 사고가 난 것인지, 아니면 충분히 주의를 기울였는데도 어쩔 수 없는 상황에서 사고가 난 것인지 보험사의 입장에서는 알 수 없다. 보험사가 가입자의 경제적 행위에 대해 정보가 부족하기 때문에 보험가입자에게서 도덕적 해이현상이 발생한 것이다.

도덕적 해이가 발생하는 상황을 〈그림 7-3〉을 통해서 살펴보자. 이 그림은 사고가 나지 않도록 어느 정도의 주의를 기울이는가(X축)와, 이에 필요한 비용과 주의를 기울인 결과로서의 편익(Y축) 사이의 관계를 표시한 것이다. MC는 주의를 기울이기 위해서 필요한 한계비용으로 분석의 편의상 일정하다고 가정하자. MB는 주의를 기울이는 노력에 따른 한계편익이다. 주의를 많이 기울여도 추가로 늘어날 수 있는 편익은 비례해서 늘어난다고 보기 어려우므로 한계편익이 점차 줄어드는 것으로 표시되어 있다. 보험가입자는 한계비용과 한계편익이 만나는 E_0수준에서 주

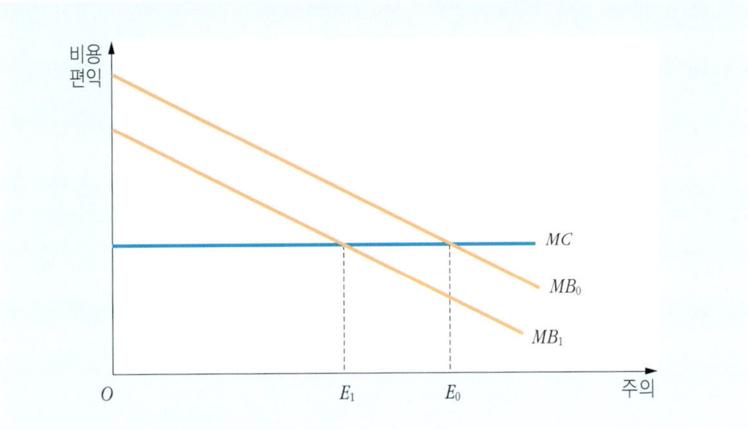

그림 7-3
도덕적 해이

의의 수준을 정할 것이다.

그런데 이 사람이 보험에 가입하였다고 하자. 보험가입 후 사고가 나면 보험회사에서 많은 부분을 책임져 주기 때문에 자신의 부담은 그만큼 적어지는 것이고, 이를 뒤집어서 생각하면 주의를 기울여 사고가 나지 않음으로써 얻을 수 있는 편익 역시 그만큼 줄어드는 것을 의미한다. 모든 주의수준에서 한계편익이 줄어들기 때문에 MB곡선은 아래쪽으로 이동한다. 따라서 주의수준은 E_0에서 E_1으로 줄어들게 된다.

도덕적 해이가 발생하면 사회적 후생은 손실된다. 조금만 주의를 기울이면 발생하지 않았을 사고가 발생하였고, 보험회사에서 해결해 주었기 때문에 운전자는 손해를 보지 않았지만, 사회적 손실은 변함이 없다. 내가 가지고 있는 사과 10개 가운데 누군가가 3개를 못 먹게 망쳐 놓고 사과값을 변상한다면, 나야 손해를 볼 게 없지만 어쨌든 경제 전체로 보면 남은 사과는 7개뿐이다.

도덕적 해이의 해결, 유인설계

본인-대리인문제로부터 발생하는 도덕적 해이를 어떻게 하면 줄일 수 있을까? 해결방법은 대리인으로 하여금 본인과 이해관계가 일치하도록 유인설계(incentive design)를 하는 것이다. 물론 본인과 대리인의 이해가 100% 일치할 수는 없겠지만 가능하면 일치하도록 만드는 것이다.

자동차보험의 경우 사고가 나면 보험사가 손해를 떠안게 된다. 그렇다면 운전자도 손해의 일부를 떠안게 만드는 유인설계를 하면 된다. 공동보험(co-insurance)이나 초기공제(initial deduction)가 여기에 해당된다. 공동보험은 운전자가 손실액 가운데 일정 비율을 책임지도록 하는 것이다. 이렇게 되면 아무래도 운전자는 보다 주의를 기울여 운전을 하게 될 것이다. 초기공제는 손실액 가운데 일정 금액 이하는 본인이 부담하도록 하는 것이다. 예를 들어, 수리비가 50만 원 이하인 자동차사고에 대해서는 본인이 전액 부담하고, 이를 초과하는 금액만 보험사가 책임을 지는 것이다. 이렇게 되면 자잘한 사고가 나지 않도록 운전자는 주의를 기울일 것이고, 자잘한 사고가 나지 않도록 주의를 기울이는 것만으로도 큰 사고 역시 예방할 수 있다.

기업의 경우 직원들에게 성과에 따라 임금을 차등지급하는 성과급제도라든가, 이윤을 공유할 수 있는 종업원지주제 같은 방안은 상사 또는 기업의 주인인 주주들과 이해를 일치시키는 유인설계 가운데 하나가 될 것이다. 주주와 경영진 사이에서 발생할 수 있는 도덕적 해이 역시 스톡옵션과 같은 제도를 통해 어느 정도 해결할 수 있다. 지주-소작관계에서도 지주는 소작인에게 수확량의 일정 비율을 대가로 지불하는 방식을 채택해 왔다.

그러나 이러한 유인설계는 도덕적 해이의 문제를 100% 해결할 수 없다. 본인과 대리인의 이해를 100% 일치시킬 수 없기 때문이다. 자동차보험의 경우에는 운전자의 부담이 100%가 안 되는 공동보험은 결국 보험사 부담부분에서 도덕적 해이가 발생하는 것이고, 운전자가 100% 부담하면 그것은 더 이상 보험이 아니다.

〈표 7-1〉은 비대칭정보로부터 발생하는 역선택과 도덕적 해이의 문제를 비교하여 요약한 것이다.

발생원인	나타나는 문제	해결책	대표적 사례
감춰진 특성	역선택	신호와 선별	생명보험, 중고차시장
감춰진 행동	도덕적 해이	유인설계	화재보험, 지주-소작관계

표 7-1
정보불균형의 요약

point-7.6 도덕적 해이=도덕상실(?)

우리는 흔히 언론보도를 통해 도덕적 해이라는 말을 많이 접한다. 그런데 언론에 등장하는 많은 경우 도덕적 해이라는 용어가 적합하지 않다. 학생이 선생님에게 폭언을 하였다고 보도하면서 학교현장의 도덕적 해이가 심각한 상황이라고 한다. 학생의 행위가 도덕적으로 문제가 있다는 말일텐데, 도대체 학생과 선생님 사이에 무슨 정보의 불균형이 있어서 이런 도덕적 해이가 발생한단 말인가? 문제의 심각성을 강조하기 위해서라면 그냥 "도덕성이 심각하게 훼손되었다" 정도로 하고, 도덕적 해이는 경제학 용어로 남겨 두심이 어떨는지요.

더 찾고 생각해 보기

1. 거실과 방 2칸이 있는 아파트를 친구와 같이 빌려서 자취하는 사람이 거실에 TV를 사서 놓고 보려고 할 때 발생하는 무임승차의 문제는 어떤 것인지 생각해 보자. 또한 결국 누가 얼마씩의 돈을 내서 TV를 사게 되는지 생각해 보자(H.R. Varian, *Intermediate Microeconomics*, 6th ed., 2003, chapter 35 참조).

2. 쓰레기종량제를 도입하게 된 경제논리적 근거를 생각해 보자.

3. 화재의 위험이 큰 주유소를 운영하면서 화재보험에 가입하였을 때와 그렇지 않았을 때 주유소 주인의 화재에 대한 태도가 어떻게 달라지는지 생각해 보자. 자동차보험의 경우와 비교하였을 때 주유소에서 가입하는 화재보험의 경우 인센티브의 설계가 어떻게 달라져야 할지에 대해 토론해 보자.

Chapter

8 국내총생산(GDP)

8 국내총생산(GDP)

제2장에서 국민소득의 흐름을 통해 거시경제 전체의 구조가 어떻게 구성되어 있는지를 알아보았다. 그와 같은 분석으로부터 우리는 생산이라는 것이 거시경제의 움직임을 이야기할 때 가장 중심이 되는 개념임을 알 수 있었다. 국가단위의 경제를 측정 · 평가하고 비교할 때 우리는 늘 경제 전체의 생산을 대표적인 변수로 이용한다. 따라서 종합적인 변수로서의 생산을 나타내는 공식적 개념인 GDP(국내총생산)는 경제 전체를 대표하는 변수라고 할 수 있는 것이다. 거시경제학에서 GDP가 항상 설명의 출발점이 되는 것은 바로 이런 이유라고 하겠다. 이번 장에서는 GDP의 개념과 한 나라의 GDP가 지속적으로 커지는 현상으로서의 경제성장문제를 알아보자. GDP는 워낙 많이 쓰이는 개념이고, 또한 들을 기회가 많아서 잘 아는 것으로 생각하기 쉬우나, 자세히 들여다보면 새로운 것들이 꽤 있다.

8.1 GDP의 개념

제2장에서 국민소득의 순환에 대해 알아보았다. 그리고 국민소득은 여러 가지 기준과 방법으로 나타낼 수 있다는 것도 알았다. 즉, 기업이 생산한 것으로 나타낼 수도 있고, 가계 · 기업 · 정부가 지출한 것으로 나타낼 수도 있으며, 또한 가계가 요소를 제공하고 얻은 소득으로 나타낼 수도 있다고 하였다. 그런데 같은 국민소득을 이렇게 여러 다른 측면에서 살펴보고 표현할 수 있지만, 경제 전체의 흐름을 제대로 파악하고 분석하기 위해서는 대표선수가 필요하다. 즉, 경제 전체의 흐름을 가장 잘 파악할 수 있는 대표적인 국민소득의 개념이 바로 국내총생산(gross domestic products: GDP)이다.

국내총생산의 경제학적 정의는 다음과 같다.

> 국내총생산이란 일정한 기간 동안 한 나라 안에서 생산된 최종생산물의 시장가치의 합

일정한 기간 동안 대체로 회계연도를 가리킨다. 경우에 따라서는 분기 또는 반기를 가리키기도 한다. 물론 GDP에 대한 추계는 대체로 분기별로 이루어진다.

한 나라 안에서 국가의 영토적 개념을 기준으로 그 안에서 생산된 것을 추계의 대상으로 한다. 이는 아래에서 설명하게 될 국민총생산(gross national products: GNP)과 구별되는 개념으로 GNP가 생산의 주체를 중심으로 그 나라의 국민이 생산한 것인지를 기준으로 하는 것과 차이가 있는 것이다.

생산된 최종생산물 GDP 계산에서 최종생산물이란 말이 들어간 것은 중복계산을 피하기 위한 것이다. 예를 들어, 농부가 밀을 생산하고, 그 밀을 가지고 제분업자가 밀가루를 만들고, 그 밀가루를 가지고 제과점에서 빵을 만들었다고 하자. 밀 1말의 가격이 1,000원이고, 그 밀로 만든 밀가루의 가격이 1,500원이고, 다시 그 밀가루를 가지고 만든 빵이 2,000원이었다고 하면, 이 모두를 더한 4,500원에는 밀의 가격이 세 번이나 포함된다(〈그림 8-1〉 참조). 따라서 이와 같은 중복계산을 피하기 위해서는 최종소비재로 생산되어 시장에서 팔린 빵의 가격만을 GDP에 포함시켜야 한다.

그림 8-1
밀에서 빵까지의 부가가치

point-8.1 중간재 또는 최종생산물?

GDP의 개념 가운데 최종생산물에 대해 밀을 예로 들어 설명하였다. 그런데 제분업자가 생산한 밀가루는 소매점에서 가계에 팔려 나갈 경우 최종생산물이 되고, 제과점에서 빵을 만들어 팔기 위해 구입하면 중간재가 된다. 앞의 경우는 당연히 GDP에 포함될 것이고, 뒤의 경우는 GDP에서 빠지게 된다. 그렇다면 중간재와 최종생산물은 어떻게 구분할까? 한국은행에서 GDP를 추계할 때는 모든 재화 및 서비스의 생산 및 판매를 추적하여 조사할 수 없기 때문에 큰 규모의 표본을 뽑아서 조사한다. 즉, 표본을 조사해 보니, 예를 들어 판매된 밀가루 가운데 50%는 중간재로, 50%는 최종소비재로 팔려 나갔다면 이 비율을 전체 밀가루 생산액에 곱해서 최종소비재와 중간재의 규모를 결정하는 방식으로 추계가 이루어진다. 경제 내에 생산된 모든 재화 및 서비스에 대해 이러한 작업을 한다는 것은 표본을 뽑아서 하는 작업 자체도 상상을 초월하는 방대한 작업이다. GDP의 추계가 한참 지나서 발표되는 것(보통 2개월 정도 지난 후에 발표됨)도 이같은 현실적인 어려움 때문이니 불평할 일만은 아닌 듯하다.

이는 다른 형태로 표현하면 각 생산단계에서 증가된 부가가치를 모두 더한 것과 같다. 밀을 생산한 농부가 창출한 부가가치는 1,000원이고, 제분업자는 1,000원에 밀을 구입하여 500원의 부가가치를 창출하였고, 제과점에서 다시 500원의 부가가치가 생겨난 것이다. 따라서 2,000원이라는 최종소비재의 가격은 부가가치의 합과 같아진다(〈그림 8-1〉 참조).

시장가치 GDP를 계산할 때는 생산된 재화 및 서비스가 시장에서 거래된 것만을 포함한다. 자신이 쓰기 위해 만든 물건이나, 주부의 가사노동에 의해 창출된 가치는 포함되지 않는다.

8.2 GDP와 GNP의 차이

GDP와 GNP는 모두 한 경제의 총생산을 나타내는 지표이다. 앞서 언급한 바와 같이 그 차이는 한 나라의 영토 안에서 생산된 것과 한 나라의 국민에 의해 생산된 것에 있다.

GDP에는 우리나라 사람, 또는 우리나라 사람의 돈이 외국에 나가서 벌어들인 소득은 제외하고, 외국사람 또는 외국자본이 우리나라 안에서 창출한 부가가치는 포함시킨다. 사람 또는 자본의 국적에는 관계없이 생산활동이 이루어진 장소를 기준으로 총생산을 계산하는 것이다.

그러나 GNP는 영토와 관계없이 생산에 참여한 사람 또는 생산에 투입된 자본의 국적이 중요하다. 우리나라 사람이 외국에 나가서 벌어들인 돈과 우리 자본이 외국에서 올린 수익은 포함시키고, 외국사람 또는 외국자본이 우리나라에서 창출한 부가가치는 제외시킨다.

제2장에서 설명한 국민소득 순환의 개념에 의하면, 생산은 소득과 같다(3면등가의 원칙). 이때 소득이라 하면 분배국민소득을 말하는 것으로, 이는 생산요소로 제공된 노동과 자본에 대한 대가를 의미한다. 따라서 이 개념을 활용한다면 GDP는 생산요소를 제공한 사람의 국적에 관계없이, 우리나라 안에서 이루어진 생산활동에 제공된 생산요소에 대한 소득은 포함시키되, 외국에서 이루어진 생산활동에 제공된 생산요소에 대한 소득은 제외시킨다. 반대로 GNP에서는 우리나라 사람이 생산활동에 제공한 생산요소에 대한 소득은 생산이 이루어진 장소에 관계없이 포함시키되, 외국사람이 제공한 생산요소에 대한 소득은 제외시킨다.

이제 GDP와 GNP의 관계를 하나의 식으로 표현해 보자. 바로 전에 설명한 바와 같이, GDP에서 외국사람이 국내에서 얻은 소득은 제외시키고, 여기에 우리나라 사람이 외국에서 얻은 소득을 포함시키면 GNP가 된다. 즉, GDP+(내국인의 해외요소소득)−(외국인의 국내요소소득)=GNP가 되는 것이다. 여기서 중간에 있는 우리나라 사람의 해외요소소득과 외국사람의 국내요소소득의 차이를 한 단어로 표현하면 '국외순수취요소소득'이라고 할 수 있다. 한자말로 길게 표현된 것이 좀 거북살스럽기는 해도, 수출에서 수입을 뺀 것을 순수출이라고 하였던 것과 같은 방식의 표현이라고 생각하면 이해하기가 쉽다. 그러므로 GDP와 GNP의 관계를 다음과 같은 식으로 간략히 나타낼 수 있다.

GNP = GDP + 국외순수취요소소득

그런데 GNP를 이와 같이 국내총생산에 국외순수취요소소득을 합한 것으로 정의하면, 하나의 개념 안에 생산과 소득의 측면에서 본 국민소득이 혼재되어 다소 개념상의 혼란이 일어날 수 있다. 이에 따라 1993년에 제정된 국민계정체계(system of national accounts: SNA)에서는 국민총소득(gross national income: GNI)이라는 개념을 도입하고 있다. 국민총소득은 명목과 실질로 구분되는데, 자세한 내용은 명목과 실질의 개념을 소개한 8.3절을 참조하고, 여기에서는 우선 명목GNP는 명목GNI와 같다는 것만 언급하고 넘어가자.

통계보기

표 8-1
GDP, GNP
자료: 한국은행.

항목명	단 위	2009년	2010년	2011년
[국내총생산과 지출(명목, 연간)]				
국내총생산(GDP)	십억 원	1,065,036.8	1,173,274.9	1,237,128.2
민간최종소비지출	십억 원	575,970.2	616,982.6	654,857.7
정부최종소비지출	십억 원	170,324.7	178,396.1	190,485.6
총고정자본형성	십억 원	309,714.0	331,734.1	339,416.8
재고증감	십억 원	−29,856.0	14,696.1	24,923.0
재화와 서비스의 수출	십억 원	529,645.1	613,368.3	694,765.8
(공제)재화와 서비스의 수입	십억 원	490,188.3	583,157.3	669,746.4
통계상 불일치	십억 원	−573.0	1,254.8	2,425.5
국내총생산에 대한 지출	십억 원	1,065,036.8	1,173,274.9	1,237,128.2
국외순수취요소소득	십억 원	4,746.2	1,478.1	3,375.7
국민총소득(GNI)	십억 원	1,069,783.1	1,174,753.0	1,240,503.9

한국은행에서 발표하는 국민계정 가운데 제2장에서 보았던 GDP 통계에서 국외순수취요소소득과 GNI(=GNP)를 포함한 통계표를 다시 작성해 보면 〈표 8-1〉과 같다. 국내총생산(또는 국내총생산에 대한 지출, GDP)에 국외순수취요소소득을 합하면 국민총소득(GNI)이 됨을 알 수 있다. 표에 나와 있는 국외순수취요소소득은 모두 양(+)의 부호를 가지나, 외국인의 국내요소소득이 내국인의 해외요소소득보다 크다면 당연히 음(-)의 부호를 가질 수도 있다. 우리나라 사람이 외국에서 벌어들인 돈이 상대적으로 더 크다면 당연히 GDP보다 GNP가 더 크다. 그러나 그 차이는 전체 GDP나 GNP의 규모에 비해 그리 크지 않으므로 일상적으로는 GDP와 GNP의 규모는 같은 것으로 생각해도 무방하다.

point-8.2 왜 GDP인가?

우스갯소리로 신세대와 구세대의 차이는, 신세대가 연필로 써서 계산하고 계산기로 검산을 하는 반면, 구세대는 계산기로 계산하고 연필로 써서 검산한다는 말이 있다. 경제문제를 이야기하면서도 GNP라는 말이 입에 붙어 있으면 구세대, GNP는 왠지 낯설고 GDP가 입에 붙으면 신세대이다. 저자들이 학교를 다니던 1970~1980년대만 해도 모두가 GNP를 경제지표의 중심으로 생각하였고, 따라서 교과서에서부터 뉴스에 이르기까지 모든 국민소득의 지표는 GNP가 대표하였다. 그러다가 대표선수가 GDP로 바뀌었다. 왜일까?

GDP와 GNP의 차이에서 설명하였지만, 생산요소의 소속과는 관계없이 GDP는 국내에서 이루어진 경제활동을 계산하는 것이다. 그런데 경제활동이 어떤 특정 영역에서 특정인에 의해서 분리 독립적으로 이루어지는 것이 아니고 모든 것이 서로 얽혀서 돌아가기 마련이다. 따라서 경제활동과 관련한 제반 변수들 역시 서로 밀접한 관계를 가지고 움직인다. 생산, 소비, 투자, 통화의 공급, 고용, 물가, 이자율 등등 대다수의 경제변수들은 국내에서 이루어진 경제활동의 원인이자 결과라고 할 수 있다. 그런데 외국인 · 외국자본에 의해 국내에서 이루어진 경제활동을 국민소득에서 제외한다면 다른 변수들과 국민소득의 관계를 정확하게 연관지어 설명할 수 있을까? 상품뿐 아니라 생산요소의 국제거래가 점차 활발해져 국가의 경계를 넘어선 노동 및 자본의 이동이 많아지는 상황이 되면서 이러한 문제는 더 이상 무시할 수 없는 현실이 된 것이다.

물론 GDP와 GNP는 그 차이가 크지 않다고 하였다. 그러나 고도의 통계적 기법을 써서 거시경제를 분석하는 데 있어서는 그 정도의 차이도 무시할 수 없는 것이다. 위에서 설명한 사정이 있고, 그 차이도 크지 않다면 또 GDP를 쓰지 않을 이유는 무엇이란 말인가! 어쨌거나 이런 이유로 미국에서는 1991년부터, 우리나라는 1994년부터 공식적인 경제의 중심지표로 GDP를 사용하고 있다. 그러나 생산지표의 경우에는 GDP를, 소득의 지표로는 GNP(GNI)를 사용하는 것이 바람직하다는 주장도 있다.

8.3 실질GDP · 명목GDP · GDP디플레이터

우리가 GDP를 추계하고 그 크기에 지대한 관심을 갖는 것은 국민소득, 즉 전체 경제의 상황을 나타내는 대표선수이기 때문이라고 하였다. 그런데 GDP는 국내총생산이고, 따라서 약간 범위를 좁혀서 생각하면 이것은 곧 한 경제의 생산능력을 나타낸다고 할 수 있다. 따라서 우리는 해마다 달라지는 GDP의 크기에 따라 우리의 경제적 능력이 좋아졌는지 그렇지 않은지를 가늠해 보기도 한다. 만약 경제적 능력이 좋아졌다면 더욱 좋아지도록, 나빠졌다면 무엇이 문제인지를 찾아 여러 가지 정책적 처방을 통해 상황을 개선해야 하기 때문이다.

그런데 시간의 흐름에 따라 변하는 것은 생산능력뿐만이 아니다. 시장에서 재화와 서비스가 거래되는 가격 또한 변한다. GDP가 생산능력을 금액으로 환산해서 표시한 것(시장가치의 합이라는 정의를 생각해 보라)이므로, 이때 생산능력과 물가가 동시에 변하였다면, 얼마가 능력의 변화이고 얼마가 가격의 변화인지 구별하기란 어렵다. 그래서 정확하게 생산능력의 변화를 알아보기 위해서는 "가격은 변하지 않았다"는 가정을 하고 GDP를 계산하여 보는 방법이 있을 수 있다. 이처럼 가격이 변하지 않았다는 가정하에 계산한 GDP가 실질GDP이다.

실질GDP (real GDP) 기준연도를 정해 놓고, 기준연도의 가격을 시장가치로 계산한 GDP이다.

명목GDP (nominal GDP) 해당 연도의 가격을 시장가치로 하여 계산한 GDP이다.

이것을 간단한 수식으로 표현해 보자.

$$실질GDP = \sum_i Q_{ti} P_{0i}$$

여기서, i: 재화 및 서비스의 종류
Q_t: t기의 생산량
P_0: 기준연도의 가격

$$명목GDP = \sum_i Q_{ti} P_{ti}$$

여기서, i: 재화 및 서비스의 종류
Q_t: t기의 생산량
P_t: 당해 연도의 가격

이들 수식은 아래첨자가 들어가고 합산기호도 있어서 일견 복잡해 보이지만, 전혀 그렇지 않다. 풀어서 설명하면 앞의 설명 그대로이다. 생산된 각각의 재화 및 서비스를 시장가격으로 곱해서 다 더해 주되, 실질GDP의 경우 기준연도의 가격을 곱해 주고, 명목GDP의 경우 비교연도 또는 당해 연도의 가격을 곱한다는 말이다.

이제 왜 실질GDP의 개념을 소개하였는지가 명확해졌다. 이는 GDP 크기가 변한 것 가운데 가격의 변화를 분리해 냄으로써 순수하게 경제능력의 크기가 어떻게 변하였는가를 살펴보기 위한 것이다. GDP가 증가하였는데, 알고 보니 생산량은 줄었지만 가격이 대폭 상승한 것이었다면 이를 경제성장이라고 부를 수는 없지 않은가?

바로 다음 절에서 설명하겠지만, 보통 경제성장이라고 하면 GDP가 얼마나 증가하였는가를 근거로 이야기한다. 이때의 경제성장이 경제적 능력이 향상되었는지를 보는 것이라면 경제성장은 당연히 실질GDP의 개념을 가지고 설명해야 할 것이다. 따라서 성장을 이야기할 때 제시되는 통계는 특별한 언급이 없으면 모두 실질GDP의 개념이라고 생각하면 된다. 그러나 일반적으로 통계 그 자체를 제시할 경우에는 실질과 명목을 잘 구별해서 파악해야 한다. 제2장과 이번 장의 GDP 통계표는 표에도 언급되었듯이 '명목'이다.

이제 실질 및 명목GDP의 개념은 비교적 명확해졌을 텐데, 이들 두 개념 사이에는 어떤 특별한 개념으로 설명할 수 있는 '관계'가 있을 것처럼 보인다. 특히, 두 개념을 식으로 표현한 것을 잘 살펴보면 생산규모는 같고 가격만 기준연도와 비교연도로 다르니, 둘 사이에는 물가로 연결된 어떤 특별한 관계가 있을 것으로 짐작된다. 그것이 바로 GDP디플레이터라고 하는 물가지수다. GDP디플레이터는 명목GDP를 실질GDP로 나눈 것이다.

$$\text{GDP디플레이터} = \frac{\text{명목GDP}}{\text{실질GDP}} = \frac{\sum_i Q_{ti} P_{ti}}{\sum_i Q_{ti} P_{0i}}$$

이때 특정 상품의 생산규모는 가격에 대한 일종의 가중치처럼 작용한다. 자동차와 같이 고가품인 경우에는 생산대수가 적을 것이고, 볼펜처럼 값이 싼 제품은 생산량이 많을 것이다. 위 식에서 생산규모는 같은 크기이므로 결국 위 식은 생산규모를 가중치로 한 기준연도와 비교연도의 물가를 비교한 것이 된다. 즉, 기준연도에 비해 물가수준이 어떻다는 것을 보여 주는 지수가 된다.

GDP디플레이터라는 말은 영어의 deflate에서 나온 것이다. deflate가 바람을 빼서 납작하게 만든다는 뜻이므로 GDP디플레이터는 '명목GDP의 가격 바람을 빼서 납작한 실질GDP를 만들어 주는 장치'쯤으로 해석하면 될 것 같다. 위 식에서 분모의 실질GDP를 좌변으로 보내고, 좌변의 GDP디플레이터를 우변의 분모로 보내면 이러한 해석이 식으로도 분명해진다. 보통은 물가가 아주 적게라도 오르기 때문에 대체로 명목GDP가 실질GDP보다 크고, 따라서 이런 식의 이름이 붙여진 것이 아닌가 한다. 물론 물가가 오르기만 하는 것은 아니다. 대공황(1929~1933) 때 미국에서는 물가가 25%나 떨어졌고, 최근 들어서는 1990년대 일본에서 물가하락이 발생하였다.

GDP디플레이터는 물가지수인데 왜 이렇게 낯설까? 우리는 보통 물가를 이야기할 때 소비자물가지수 · 도매물가지수 등을 사용한다. 그 차이는 뒷장의 물가편에서 자세히 소개하겠지만, GDP디플레이터가 일상적으로 잘 쓰이지 않는 이유는 그 개념 자체로부터 분명하다. GDP디플레이터는 GDP를 가지고 계산한 것이다. 다시 말해, 경제 내에 존재하는 모든 재화와 서비스를 포함해서 물가지수를 계산하였다는 말이다. 그러니 우리가 실제 생활에서 느끼는 물가의 변동과는 차이를 보일 수밖에 없고, 이런 이유로 실생활에서 대표 물가지수의 자리는 소비자물가지수에게 내주게 된 것이다. 그 대신 GDP디플레이터는 경제분석에서 소비자물가지수와 함께 매우 중요한 변수로서의 역할을 하게 된다.

이제 앞 절에서 언급하였던 국민총소득(GNI)에 대해 명목과 실질을 구분하여 자세히 알아보자. GNI를 설명하기 위해서는 우선 GDI(gross domestic income, 국내총소득)를 설명할 필요가 있다. GDI는 GDP로 표시한 국내총생산이 대외교역조건을 고려하였을 때 어느 정도의 소득으로 환산될 수 있는지를 계산한 것이다. 예를 들어, 원유가 배럴당 50달러이고, 냉장고가 1대에 1,000달러라고 하자. 만일 우리 경제가 냉장고를 1,000대 생산할 수 있는 능력이 있다면 우리의 생산능력은 100만 달러이고, 이는 원유 2만 배럴을 살 수 있는 소득이라고 할 수 있다. 그런데 다른 조건은 다 같은데 원유가격이 배럴당 60달러로 상승하였다면 같은 수의 냉장고를 생산 · 판매해서 구입할 수 있는 원유의 수는 1만 6,666 배럴로 줄어들게 된다. 결국 수출물가는 그대로인데 수입물가가 상승함으로써 우리의 대외교역조건은 악화되었고, 따라서 이를 고려한 우리의 GDI는 감소하게 되는 것이다.

이렇게 GDP에 교역조건의 변화를 반영하여 만들어진 GDI에 실질대외순수취요소소득을 합한 것이 바로 GNI이다. 그 동안 소

일본의 디플레이션

일본은 1990년대를 거쳐 2002년까지 10년 넘게 저성장의 세월을 보냈다. 1998년과 2002년에는 마이너스 성장을 기록하였다. 이 기간중 일본 경제의 가장 큰 문제는 물가였다. 1994년부터 2004년까지 한 번도 1%를 넘는 물가상승을 기록하지 못하였고, 1995년과 1999년부터 2004년까지는 물가가 하락하는 디플레이션을 경험하였다. 이와 같은 문제는 1990년대 초 부동산과 주식의 거품이 꺼지면서 극심한 소비위축이 가장 큰 원인으로 지적되어 왔다.

국민계정체계

국민계정은 국민경제의 순환과 변동을 체계적으로 기록한 사회회계로서 경제활동을 거래형태별 및 거래에 참가하는 경제주체별로 파악하여 복식부기방식으로 기록한 것이다. 즉, 국민경제의 순환에 따른 변동을 각각의 거래형태와 거래주체 간의 상호 연관하에서 체계적으로 작성한 것이다. 이와 같이 국민계정을 작성하는 방식을 국민계정체계(system of national account)라고 한다. SNA는 국제통화기금(IMF)에서 대체적인 기준을 정해서 권고하고 각국이 이를 받아들여서 사용하고 있다. 지금의 SNA는 1993년에 IMF에서 권고한 내용으로 되어 있다.

득지표로서 이용하였던 실질GNP는 생산물량 변화를 반영하는 GDP와 소득을 반영하는 대외순수취요소소득이 혼합되어 개념상 혼란의 소지가 있었다. 이에 따라 93 SNA에서는 소득을 나타내는 GNI를 작성함으로써 실질GNP를 대체하도록 권장하고 있으며, 우리나라에서는 1995년 기준 국민소득 통계로부터 GNI가 작성되고 있다. 그러나 명목GNP는 생산물량뿐만 아니라 임금·기업채산성·교역조건 등이 포함되어 있는 소득지표이므로 현행 명목GNP를 명칭만 명목GNI로 변경하여 사용하고 있는 것이다.[1] 이를 요약하여 식으로 표현하면 다음과 같다.

[1] 통계청 홈페이지(http://www.nso.go.kr) 통계용어 해설 '국민총소득' 항목 참조.

> 실질GDI＝실질GDP+교역조건을 반영한 실질무역손실
> 실질GNI＝실질GDI+실질국외순수취요소소득
> 명목GNI＝명목GNP

통계보기

표 8-2

명목GDP · 실질GDP(단위: 10억원) · GDP디플레이터(2005=100)
자료: 한국은행.

연 도	명목GDP	실질GDP	GDP디플레이터
1978	24,944.7	137,204.0	18.2
1979	32,049.4	148,715.1	21.6
1980	39,109.6	145,903.2	26.8
1981	49,305.7	156,705.9	31.5
1982	56,676.8	169,698.9	33.4
1983	66,685.1	190,371.7	35.0
1984	76,523.5	209,140.7	36.6
1985	85,699.1	224,765.5	38.1
1986	100,254.1	252,276.2	39.7
1987	117,938.2	283,220.2	41.6
1988	140,524.8	316,245.2	44.4
1989	158,620.1	337,598.1	47.0
1900	191,382.8	368,985.9	51.9
1991	231,428.2	404,825.0	57.2
1992	263,993.2	428,164.0	61.7
1993	298,761.6	455,264.2	65.6
1994	349,972.6	495,199.3	70.7
1995	409,653.6	539,424.0	75.9
1996	460,952.6	578,186.4	79.7
1997	506,313.6	611,528.9	82.8
1998	501,027.2	576,586.8	86.9
1999	549,005.0	638,458.0	86.0
2000	603,236.0	694,628.1	86.8

2001	651,415.3	722,228.9	90.2
2002	720,539.0	773,868.4	93.1
2003	767,113.7	795,558.2	96.4
2004	826,892.7	832,305.3	99.4
2005	865,240.9	865,240.9	100.0
2006	908,743.8	910,048.9	99.9
2007	975,013.0	956,514.5	101.9
2008	1,026,451.8	978,498.8	104.9
2009	1,065,036.8	981,625.1	108.5
2010	1,173,274.8	1,043,666.3	112.4
2011	1,237,128.2	1,081,593.9	114.4

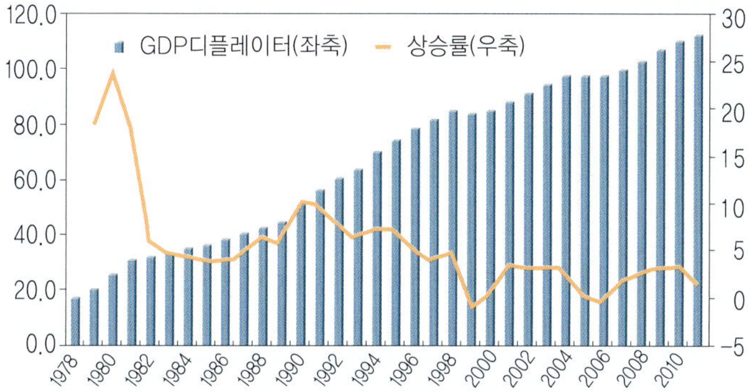

그림 8-2

GDP디플레이터의 추이
자료: 한국은행.

표 8-3

실질GDP · 실질GDI · 실질GNI의 최근 동향(단위: 10억 원)
자료: 한국은행.

	2011				2012	
	1/4	2/4	3/4	4/4	1/4	2/4
국내총생산(시장가격)	254,146.9	272,314.2	270,094.7	285,038.1	261,293.0	278,841.3
교역조건 변화를 반영한 실질무역	-14,613.6	-17,039.8	-16,532.4	-17,635.0	-17,090.6	-17,851.0
국내총소득	239,533.3	255,274.4	253,562.3	267,403.0	244,202.4	260,990.3
국외순수취요소	360.6	-728.3	1,198.5	1,696.4	1,767.8	
국민총소득	239,883.2	254,567.5	254,737.2	269,066.9	245,948.8	

〈표 8-2〉는 실질GDP와 명목GDP · GDP디플레이터를 비교해 놓은 것이다. 이 표로부터 실질GDP · 명목GDP · GDP디플레이터의 관계를 확인해 볼 수 있다.

〈그림 8-2〉는 GDP디플레이터와 그 상승률(우축)을 그래프로 나타낸 것이다. GDP디플레이터의 상승률은 곧 물가상승률을 의미한다. 이는 물론 앞서 설명한 바와 같이 소비자물가상승률과는 차이가 있지만 1970년대 중화학공업화와 고도성장을 추구하던 시기에 상상을 초월할 정도의 물가상승이 있었음을 알 수 있다. 물가의 변화에 관한 자세한 내용은 뒷장에서 다시 설명한다.

〈표 8-3〉은 실질GDP와 이로부터 계산한 실질GDI, 그리고 실질GNI의 최근 동향을 보여 주고 있다.

8.4 경제성장

실질GDP는 경제의 능력이 얼마나 변하였는지를 살펴보는데 유용한 개념이라고 하였다. 이제 경제의 능력이 향상된다는 의미에서의 경제성장에 대해 살펴보자.

경제성장은 한 나라(또는 한 나라의 국민들)가 생산해 내는 생산물 총량이 지속적으로 증가하는 현상을 말한다. 생산이 늘어나면 당연한 결과로 국민들의 소득이 증가하게 되고, 그만큼 생활수준이 나아진다는 말이다. 따라서 경제성장은 국가경제를 이야기할 때 가장 중요한 목표 가운데 하나라고 할 수 있다.

한 나라의 경제가 얼마나 성장하였는가는 실질GDP를 가지고 측정한다. 다시 말해, 실질GDP를 가지고 경제성장률을 측정하는 것이다. 경제성장률은 간단하게 실질GDP의 변화율로 계산한다. 이를 식으로 표현하면 다음과 같다.

$$\text{경제성장률} = \frac{(t\text{기의 실질GDP}) - (t-1\text{기의 실질GDP})}{t-1\text{기의 실질GDP}} \times 100$$

경제성장률은 일반적으로 연간 자료를 이용하여 계산하지만, 분기별 · 반기별 자료를 가지고도 계산한다. 참고로 한국은행에서는 분기별로 GDP를 추정하고, 이를 근거로 경제성장률을 발표한다.

성장률과 관련하여 경제학에서 많이 쓰는 말 가운데 잠재성장률(potential growth rate)이라는 용어가 있다. 이는 한 경제 내에서 사용가능한 모든 생산요소와 기술을 모두 이용하였을 때 생산할 수 있는 실질GDP의 장기적 성장추세를 가리키는 말이다. 경제 내에 고용되지 못한 노동, 즉 실업이 존재하기 때문에 경제성장률은 잠재성장률을 따라가지 못하는 것이 보통이지만, 대체로 경제학에서 실업률이 3% 정도이면 완전고용으로 간주한다. 따라서 경제성장률은 잠재성장률을 밑돌 수도 있고 넘을 수도 있다.

경제성장이 중요하다면 무엇이 경제성장을 가져다 주는가를 파악하는 것 역시 매우 중요하다고 할 수 있다. 경제성장의 요인은 경제학에서 말하는 생산함수를 가지고 설명하면 이해하기가 쉽다. 생산이 이루어지는 과정은 생산에 필요한 여러 가지 생산요소를 일정한 기술에 의해 결합함으로써 생산물을 만들어 내는 것으로 말할 수 있다. 이를 식으로 표현하면 $Q=f(K,L)$이 되는데, 이때 함수의 형태에 따라 생산함수에 다양한 이름이 붙는다. 이 식에서 Q가 생산물이므로 Q가 커지는 것이 경제성장이라고 한다면, Q가 커지는 방법은 크게 두 가지로 구분하여 설명하는 것이 가능하다. 첫째는 투입되는 생산요소의 크기가 커지는 것이고, 두 번째는 생산함수 f 자체가 변하는 것이다. 생산함수 f 자체가 변한다는 것은 우선 기술진보에 의한 생산요소의 결합방식이 변하는 것을 가장 중요한 요소로 꼽을 수 있고, 그 밖에도 노사관계, 기업가정신, 사회 · 경제제도 등이 포함되는 것으로 보아야 한다.

산업화의 초기단계에서는 생산요소를 확보하여 적정하게 투입하는 것이 가장 중요하다고 할 수 있다. 그러나 산업구조가 고도화되면 한계수확 체감의 법칙에 따라 생산요소의 투입이 점차 그 효율성이 떨어지게 되고, 성장동력으로서의 역할이 감소하게 된다. 이런 경우 생산함수 자체의 변화가 필요한데, 그 중심이 되는 것이 바로 기술진보라고 할 수 있다.

생산함수

생산함수는 원료를 투입해서 노동과 자본의 활동을 통해 생산물을 만들어 내는 과정을 하나의 함수형태로 표현한 것이다. 일반적으로는 $Q=f(K, L)$로 표시하고 함수의 형태에 따라 콥-더글러스 생산함수, 레온티에프 생산함수, CES 생산함수 등이 있다. 자세한 내용은 경제학 교과서를 참고하자.

통계보기

그림 8-3

우리나라 경제성장률의 추이 (연도별)(단위: %)

자료: 한국은행.

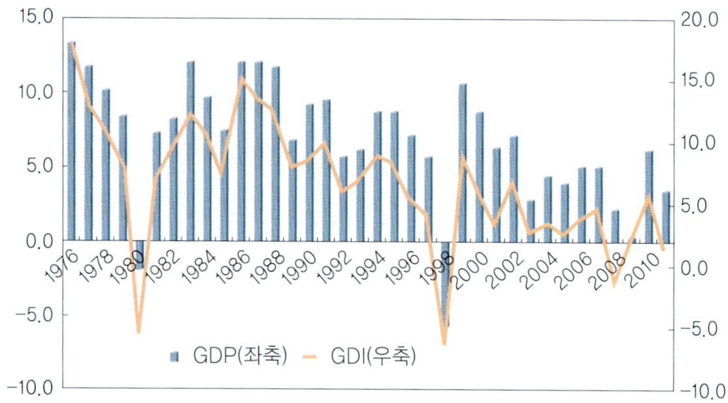

그림 8-4

분기별 성장률의 추이 (전년 동기 대비)(단위: %)

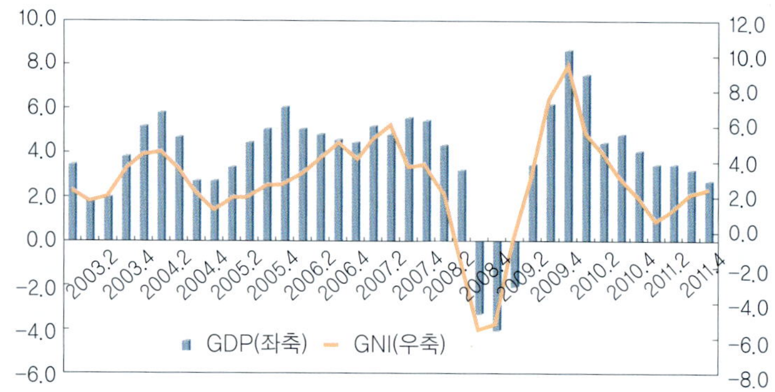

〈그림 8-3〉은 1971년 이후 우리나라의 연도별 경제성장률을 그래프로 그린 것이다. 우리나라의 실질GDP성장률은 대체로 매우 높은 수준이었다. 1972년에 이른바 8 · 3조치로 알려진 사채동결로 투자가 활성화되면서 10%를 넘는 성장을 이루었다가 제1차 석유파동(oil shock)에 따라 성장률이 하락하였다. 1970년대 중반 이후 중화학공업화를 추진하면서 다시 성장률이 10%를 넘나드는 수준으로 회복되었지만, 1979년의 제2차 석유파동과 정치적 격변 속에서 1980년의 성장률은 건국 이래 처음으로 마이너스를 기록하였다. 이후 1980년대 중반 이른바 3저호황, 올림픽 개최 등으로 다시 경제성장이 회복세를 보였지만, 1997년 외환위기 이후 1998년에 다시 큰 폭의 마이너스 성장을 나타냈다. 이후 대폭적인 구조조정 등을 통해 우리 경제는 빠른 안정세를 회복하였으나 전반적으로 성장률은 1970, 1980년대에 비해 크게 둔화되는 양상을 나타내고 있다.

〈그림 8-4〉는 분기별 성장률을 2011년 4/4분기까지 표시한 것이다. 물론 2011년 4/4분기는 잠정치로, 추후 통계의 보다 엄밀한 수정을 통해 확정치(또는 수정치)로 대체된다. 이 그림에서 우리 경제는 지난 1년간 성장세가 둔화되는 모습을 보여 주고 있음을 알 수 있다.

point-8.3 경제성장률 측정의 기준

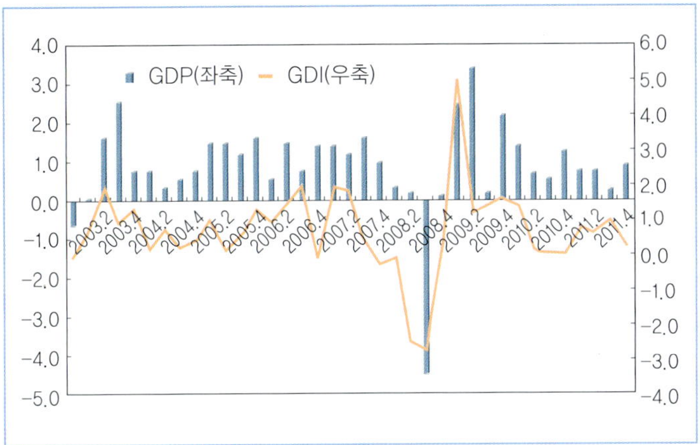

그림 8-5

우리나라의 분기별 경제성장률의 추이(계절변동조정계열)(전기 대비)(단위: %)

표 8-4

미국의 분기별 성장률 추이

자료: 미국 상무부.

	실질GDP성장률(%)		
	전기비, 연율	전년 동기비	전기비
2010/Q4	2.3	3.1	0.6
2011/Q1	0.4	2.2	0.1
2011/Q2	1.3	1.6	0.3
2011/Q3	1.8	1.5	0.5
2011/Q4	3.0	1.6	0.7
2012/Q1	1.9	2.0	0.5

일반적으로 경제성장률을 계산할 때에는 비교시점이 있기 마련이다. 앞서 보여 준 계산공식에서 t기의 성장률은 $t-1$기보다 얼마나 성장하였다는 식으로 표현하고 그 비율을 계산한다. 그렇다면 이때 $t-1$기는 언제가 되어야 하는가? $t-1$기를 언제로 할 것인가는 국가에 따라 다르다. 즉, '전년 동기 대비', 다시 말해 지난 해 같은 기간에 비해 얼마나 성장하였는가를 계산하기도 하고, 또는 '전기 대비', 다시 말해 직전 시기에 비해 얼마나 성장하였는가를 계산하기도 한다. 연간 자료를 이용할 경우에는 아무런 차이가 없지만, 분기별로 성장률을 계산할 때에는 전혀 다른 결과가 나온다. 즉, 2011년 4/4분기의 성장률을 계산할 때, 전년 동기 대비로 계산한 성장률은 2010년 4/4분기에 비해 얼마나 성장하였는가를 보여 주는 것이지만, 전기 대비로 계산하면 2011년 3/4분기에 비해 얼마나 성장하였는가를 나타내게 된다.

〈그림 8-5〉는 우리나라의 경제성장률을 전기 대비로 계산하여 그린 것이다. 앞의 〈그림 8-4〉와 비교해 보자.

〈표 8-4〉는 미국의 분기별 실질GDP성장률을 나타낸 것이다. 미국의 경우 일반적으로 분기별 성장률을 발표할 때는 전기 대비로 계산한 수치를 중심으로 한다. 물론 전년 동기 대비 성장률 역시 계산하고 발표하

지만 이는 참고자료로 쓰는 정도다. 영국, 독일 등 유럽의 국가들과 일본 등도 마찬가지다. 따라서 외국의 성장률에 관한 발표나 수치를 접하였을 때에는 이것이 전기 대비인지, 전년 동기 대비인지를 확인할 필요가 있다.

이 표에서는 또 연율(annual rate)로 표기하고 있는데, 연율은 분기별 성장률을 연간 성장률로 환산한 것이다. 분기별 성장률을 전기 대비로 계산할 경우 4개의 분기별 성장률을 더하면 그 해의 성장률이 나온다. 각 분기의 성장률은 연간 성장률의 일부분이고, 이를 연율로 환산한다는 것은 이번 분기의 성장률이 4분기 동안 진행되면 연간 성장률이 얼마가 될 것이다라는 식으로 계산한다는 말이다. 참고로 표의 4번 열은 연율이 아닌 분기별 실질GDP의 성장률을 계산한 것이다. 전년 동기 대비로 표시할 경우에는 이미 지난 해 같은 기간보다 1년 동안 얼마나 성장하였는지가 반영되어 있기 때문에 연율로 계산하였다는 말을 쓸 필요가 없다.

8.5 GDP 추계의 한계

국민경제의 활동을 가장 대표적으로 나타내는 지표가 GDP라고 하였다. 그러나 GDP는 경제활동지표의 대표선수이기는 하지만 또한 나름대로 한계도 가지고 있다. 따라서 GDP를 활용함에 있어서는 그러한 한계를 제대로 파악하고 써야 한다.

GDP라는 개념의 한계는, 첫째 측정의 어려움에서 발생한다. 가장 먼저 꼽을 수 있는 것은 시장에서 거래가 이루어지지 않는 부문이다. 앞서 GDP의 정의에서 살펴보았듯이 GDP는 최종생산물의 시장가치라고 하였다. 따라서 시장에서 거래되지 않는 것은 GDP에 포함시킬 방법이 없다. 예를 들어, 주부의 가사노동 같은 경우에, 그러한 활동을 경제적 가치가 없다고 말할 사람은 없다. 그러나 이러한 가사노동에 대해서는 명확하게 지불되는 대가를 측정할 수 없고, 따라서 GDP에 포함시킬 수 없다. 맞벌이 부부가 파출부를 고용하여 가사일을 맡기고 임금을 지불한다면 이는 똑같은 가사노동이라고 하더라도 당연히 GDP에 포함된다.

자신이 쓰기 위해 물건을 만드는 경우에도 시장에서 거래가 이루어지지 않기 때문에 당연히 GDP에 포함되지 않는다.

측정의 어려움과 관련하여 중요한 또 다른 부문은 지하경제를 꼽을 수 있다. 지하경제는 대체로 불법적으로 이루어지는 생산 및 거래를 말한다. 마약이나 탈세를 전제로 한 거래 등이 그것이다. 바로 위에서 든 예에서도 파출부가 임금을 받고도 소득신고를 하지 않는 경우—물론 탈세를 전제로 신고를 하지 않았다기보다는 관행에 의해 그렇게 되고 있기는 하지만—GDP에 계상되지 않는다.

GDP 추계의 두 번째 한계는, GDP가 국민들의 복지수준을 나타내지 못한다는 것이다. 경제성장에 따른 환경의 악화라든가, 혼잡화 등은 국민들의 복지수준을 크게 떨어뜨리는 것이지만 GDP에 반영되지 못한다. 경우에 따라서는 단순히 GDP에 반영되지 못하는 것이 아니라, 오히려 GDP를 과대계상하게 만든다. 즉, 환경오염이 발생하면, 이를 제거하기 위한 경제활동이 GDP에 계상됨으로써 부정적인 요인이 GDP를 크게 만드는 결과를 가져오게 되는 것이다.

세 번째로 GDP는 총량개념이기 때문에 소득의 분배를 파악하는 것이 불가능하다. 즉, 생산 또는 소득을 그냥 모두 합한 것이기 때문에 전체 소득 가운데 누가 얼마의 비중을 차지하는지 알 수가 없는 것이다. 물론 소득분배의 불평등한 정도를 측정하는 지니계수라는 다른 도구가 있으니 큰 문제가 되진 않겠지만, 어쨌거나 GDP라는 개념만으로는 소득분배의 구조를 파악할 수 없는 한계가 있다는 말이다.

네 번째로 GDP는 재화나 서비스의 품질에 있어서의 변화를 반영하기 어렵다는 문제가 있다. 예를 들어, 컴퓨터는 급속한 기술발전에 힘입어 그 연산속도가 엄청나게 빨라지고 있지만 가격은 오히려 낮아지는 양상을 보이고 있다. 이러한 경우 GDP는 변함이 없겠지만 컴퓨터 이용자들이 느끼는 편익은 향상되었을 것

지니계수

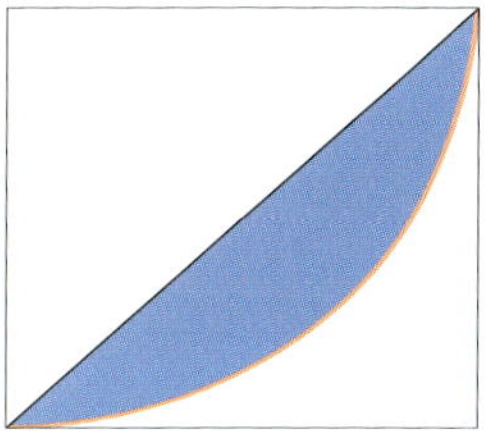

지니계수는 국민소득이 얼마나 평등하게 분배되어 있는가를 보여 주는 지표이다. 가로축을 인구분포, 세로축을 소득분포로 하여 사각형의 상자를 그리면 그 대각선은 완전히 평등한 소득분배를 보여 준다. 즉, 10%의 국민이 10%의 소득을, 20%의 국민이 20%의 소득을 갖는 식이다. 아래쪽 변과 오른쪽 변은 완전불평등을 나타낸다. 모든 국민이 소득이 없고 마지막 한 사람이 모든 소득을 다 가지고 있기 때문이다. 실제로는 이들 사이의 호(弧)와 같은 형태로 소득이 분배되는데, 이때 아래쪽의 삼각형 면적과 반원 모양의 면적의 비를 지니계수라고 한다. 따라서 지니계수가 클수록 불평등이 더 심한 것을 나타낸다.

이다. 산업혁명기 영국에서도 면직물의 대량생산이 가능해지면서 전체적으로 가격이 낮아졌던 반면, 면직물의 품질은 향상되었다. 따라서 면직물의 생산이 늘어난 만큼 GDP에 반영되지는 않았겠지만 사람들의 생활수준은 더 나아졌다고 볼 수 있다.

point-8.4 GDP를 위한 변명

GDP의 추계가 이와 같은 한계를 가진다고 해도 이를 밀어낼 만한 다른 대표선수를 찾기 어렵다면 GDP의 중요성은 여전히 유효하다. 맨큐의 『경제원론』에 나와 있는 GDP에 대한 비판과 이에 대한 반박을 읽어보자. 1968년 대통령선거에 나섰던 로버트 케네디 상원의원은 GDP를 다음과 같이 비판하였다

> 'GDP'는 우리 아이들의 건강이나 교육, 놀이의 즐거움 등을 보장해 주지 못한다. GDP에는 시문학의 아름다움이나 결혼이라는 제도의 강점, 공개토론의 높은 지적 수준, 공무원들의 성실함 등이 포함되지 않는다. GDP를 가지고 우리의 용기와 지혜, 국가에 대한 충성심을 잴 수는 없는 노릇이다. GDP에는 우리의 삶을 가치 있게 만들어 주는 것이 빠져 있고, 왜 우리가 미국인임을 자랑스럽게 생각하는가를 말해 주지 못한다.

이에 대해 맨큐는 케네디 상원의원이 전적으로 옳다면서도, GDP가 높은 나라가 아이들의 건강과 교육을 잘 돌볼 수 있으며, GDP가 높은 나라가 대중들에게 시를 가르치고 즐길 수 있도록 해 준다고 주장한다. 용기와 지혜, 국가에 대한 충성심도 먹고사는 문제에 덜 신경쓰게 될 때, 훨씬 더 잘 발현될 수 있다고 맨큐는 주장하고 있다.

이러한 논리의 근거로 그는 GDP와 기대수명 사이에 밀접한 양(+)의 상관관계가 있음을 밝히고 있다. 올림픽 메달의 수와 GDP 사이의 관계에 대한 재미있는 분석도 제시하고 있다. 맨큐가 인용한 Bernard와 Busse의 연구에 따르면, 올림픽의 메달수는 국가의 GDP규모와 가장 밀접한 관계가 있다는 것이다. 즉, 인구가 많고 1인당 소득이 낮은 나라와 인구는 적고 1인당 소득이 높은 나라의 메달수는 비슷하다는 것이다.

G. Mankiw, *Principles of Economics*, 3rd ed., 2004, pp. 512~515.

더 찾고 생각해 보기

1. 다음은 2005년 3·4분기 우리나라의 GDP 성장에 관한 신문기사이다. 기사를 읽고 앞에서 설명한 내용을 잘 이해하였는지 확인해 보자. 이 기사는 3분기 경제성장에 대해서 매우 긍정적인 평가를 하고 있는데, 성장의 요인 등에 비추어 자신은 어떻게 생각하는지 토론해 보자.

지난 3분기 실질 국내총생산(GDP) 증가율이 4.4%(전년 동기비)를 기록, 경기 회복세가 본격화하고 있는 것으로 나타났다. 하지만 국민의 실제 구매력을 보여주는 실질국내총소득(GDI) 증가율은 주요 수출제품의 단가 하락에 따른 교역 조건 악화로 근 5년 만의 최저치인 0.2%에 그쳐, 체감 경기는 좀처럼 회복되지 않는 것으로 분석됐다.

▶관련기사 A4면

한국은행은 3분기 경제성장률이 전년 동기 대비 4.4%로 지난해 3분기(4.7%) 이후 최고치를 기록했다고 25일 발표했다. 전 분기 대비 성장률도 2분기 1.2%에서 3분기에는 1.8%로 확대돼 경기 회복에 탄력이 붙고 있는 것으로 나타났다. 생산 측면에서는 농림어업(2분기 4.6%→3분기 1.8%)과 건설업(1.7%→0.6%)의 성장률이 크게 둔화됐지만 제조업(5.2%→7.0%)과 서비스업(2.5%→3.3%) 성장세는 확대됐다.

지출 측면에서는 민간 소비가 4.0% 증가하며 2002년 4분기(5.5% 증가) 이후 11분기 만에 최대 증가율을 기록했다. 2분기 중 6.5%에 그쳤던 수출증가율도 3분기에는 13.5%로 다시 두 자릿수를 회복했다. 설비투자도 4.2% 늘어나 2분기(2.9%)보다 증가세가 확대됐다.

수출·소비 쌍끌이 … 3분기 4.4% 성장

경기회복 탄력받나

실질 총소득은 제자리

상반기 3.0%에 그쳤던 경제성장률이 3·4분기에 4.4%로 높아짐에 따라 경기회복 기대감이 고조되고 있다. 특히 2003년 이후 엇박자를 내던 민간소비와 수출이 모처럼 고르게 호조를 보인 점은 고무적인 현상으로 전문가들은 평가하고 있다. 그러나 일자리 창출 효과가 큰 건설 부문의 성장세가 둔화되고, 국제유가가 고공행진을 지속하고 있는 점은 향후 경기회복에 걸림돌로 작용할 수 있다는 우려 역시 상존하고 있다. 특히 교역조건 악화로 실질 국내총소득(GDI) 증가율이 제자리 걸음을 하고 있어 체감경기 회복으로 이어지는 데는 다소 시간이 걸릴 것으로 보인다.

◆수출·소비 '쌍끌이 성장'

한국 경제가 3분기에 잠재성장률에 근접하는 4.4% 성장을 이룰 수 있었던 데는 민간소비 회복이 견인차 역할을 했다. 민간소비는 지난해 4분기 증가세로 반전된 뒤 증가폭을 꾸준히 확대해 왔다. 3분기에는 2002년 4분기 이후 처음으로 4%대 증가율을 회복했다. 이에 따라 민간소비의 경제성장에 대한 기여율도 1분기 26.9%에서 2분기 41.9%, 3분기 46.2%로 지속적으로 확대되고 있다.

2분기 2.9%에 그쳤던 설비투자 증가율이 3분기에는 4.2%로 확대되고, 수출 증가율이 전 분기보다 두 배가량(2분기 6.5%→3분기 13.5%) 높아진 점도 경기회복에 일조했다는 평가다.

그러나 정부의 8·31부동산 대책 여파로 건설투자 증가율이 2분기 1.7%에서 3분기에는 0.4%로 하락했고, 이런 추세가 더욱 가속화될 수 있다는 점은 향후 경기 회복세 지속에 변수로 작용할 전망이다.

◆경기회복세 얼마나 지속되나

김병화 한은 경제통계국장은 "4분기 경기상황도 한은의 당초 예상대로 가고 있다"고 진단했다. 4분기에는 3분기보다 성장세가 더욱 확대돼 올해 연간으로 3.8% 성장을 달성한 뒤 내년에는 5%대 성장이 가능할 것이란 얘기다.

조원동 재정경제부 경제정책국장은 "GDP 속보치는 괜찮은 편이지만 아직 잠재성장률 수준으로 올라선 것은 아니다"라고 진단한 뒤 "4분기부터는 잠재성장률 수준에 이를 것"이라고 전망했다.

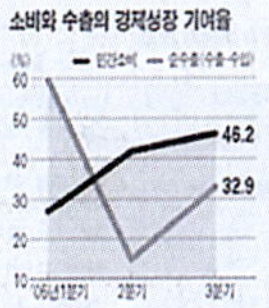

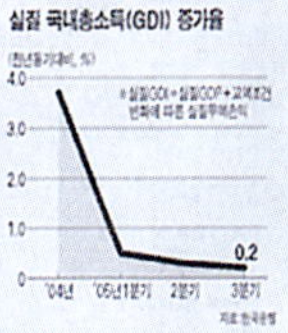

그러나 경기 회복 신중론도 만만치 않아 민간경제연구소 일각에서 U자형 회복을 점치는 시각도 있다. 현대경제연구원은 △소비·설비투자 회복세 미흡 △건설경기 급속 침체 가능성 △수출증가율 지속 둔화 등을 근거로 향후 큰 폭의 경기 회복을 기대하기는 어려울 것이라며 신중론을 폈다.

◆체감경기 회복은 더딜 듯

경제성장률이 높아졌지만 당장 체감경기 회복으로 이어지지는 않을 것 같다. 무엇보다 교역조건 악화로 국민들의 실질 구매력을 나타내는 실질GDI 증가율이 경제성장률을 크게 밑도는 현상이 지속되고 있기 때문이다. 실질GDI 증가율은 지난해 3.7%를 기록했으나 3분기에는 0.2%에 그쳐 19분기 만에 최저치로 떨어졌다. 교역조건 악화로 인한 실질무역손실액이 올 들어 3·4분기까지 약 33조원으로 지난해 연간 손실 규모(약 24조원)를 넘어섰기 때문이다.

지난 11일 콜금리 인상으로 저소득층의 가계를 중심으로 이자 부담이 커지고 있고, 전체 취업자 수의 8% 내외를 차지하는 건설부문 경기가 더욱 위축돼 고용사정이 악화될 수 있다는 점도 체감경기 회복에 부담으로 작용할 전망이다.

김동윤 기자 oasis93@hankyung.com

한국경제신문, 2005. 10. 26

2. 한국은행 홈페이지의 통계자료실에서 다른 나라들의 경제성장률을 조사하여 우리나라의 성장률과 비교해 보자. 경제성장률의 변화 추이에 있어서 국가 간의 유사성이 발견되는지 알아보자.

3. 최근 들어 우리나라의 출산율이 세계에서 가장 낮은 수준을 보임에 따라 각계에서 우려의 목소리가 나오고 있다. 특히, 정부에서는 셋 이상의 자녀를 갖는 경우 각종 보조금을 지급하는 방안까지 마련하고 있다. 출산율의 하락과 경제성장 사이에는 어떤 인과관계가 있는지 생각해 보자.

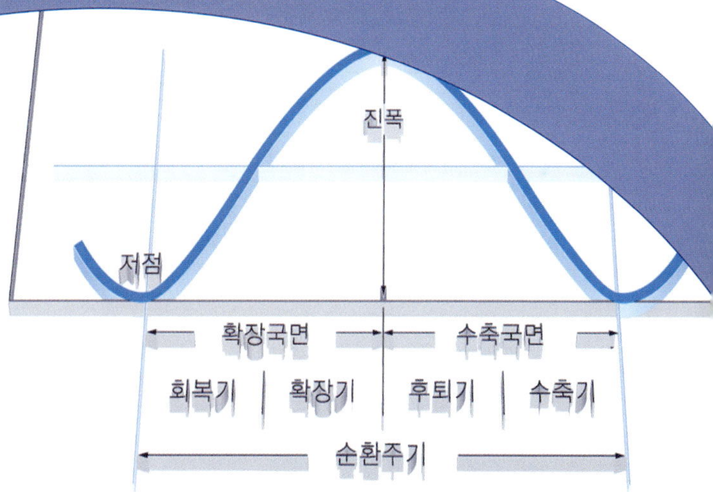

Chapter

9 경기변동 읽기

9 경기변동 읽기

앞 장에서 우리는 국가경제의 흐름을 살펴볼 수 있는 대표적인 경제지표로 GDP를 소개하였다. 또한 GDP가 지속적으로 커진다는 의미로서의 경제성장이라는 문제도 살펴보았다. 국민소득의 순환을 나타낸 그림과 연관지어 설명한다면, 그 그림에 나타난 화살표의 크기는 같아야 하되, 원의 크기가 커지는 것을 경제성장이라고 할 수 있다. 그런데 그 원의 크기는 항상 큰 폭으로 커지기만 할 것인가? 그렇지 않다. 앞 장의 〈그림 8-3〉에서 볼 수 있는 것처럼 성장률의 크기가 점차 줄었다가 다시 점차 커지는 양상을 반복하기도 하고, 심지어는 성장률이 음수로 나타나기도 한다.

이러한 성장의 변화를 우리는 경기변동이라고 한다. 경기가 변동한다면 우리는 그 변동의 방향과 시기 · 크기를 제대로 읽을 줄 알아야 한다. 경기가 나빠지면 이로부터 빨리 벗어나야 할 것이고, 경기가 좋아지면 가능한 한 이런 상태가 오래 지속될 수 있도록 해야 하기 때문이다. 이제 경기변동의 개념과 이를 측정하는 여러 가지 방법에 대해 소개해 보자.

9.1 경기변동의 개념

경기(景氣)란 국민경제의 총체적 활동수준을 말한다. 다 알겠지만 여기서 '경'의 한자가 경제(經濟)의 '경'자와 다름에 주의하자. 경기란 그야말로 분위기를 말하는 것이다. 따라서 여기에 무엇이 포함되는지, 그리고 경기를 어떻게 측정하고 표시하는지에 대해서는 정해진 이론이나 규칙이 없다. 경기라는 말은 포괄범위에 따라 필요한 아무 곳에나 갖다 붙일 수 있다. 예를 들면, 세계경기 · 산업경기 · 부동산경기 등이 그것이다. 또한 경기를 측정하고 판단하는 수단으로, 뒤에서 설명하듯이 종합경기지표라는 것이 있어 정부에서 이를 공식 발표하고 있다. 그러나 경기를 읽고 판단하는 방법은 여러 가지가 있으므로, 이를 복합적으로 활용할 필요가 있는 것이다.

경기를 측정하고 판단하는 데에는 무엇을 대상으로 하는지에 따라 포함되는 변수가 달라지겠지만, 일반적으로 한 국가의 경제를 두고 경기의 움직임을 이야기할 때는 실물부문 · 금융부문 · 대외부문 모두를 포괄해야 한다. 실물부문에서는 생산 · 소비 · 투자 · 고용 등이, 금융부문에서는 화폐의 수요와 공급, 대외부문에서는 수출과 수입 등이 포함된다고 할 수 있다. 즉, 국가경제의 차원에서 경기를 말할 때에는 그 개념이 매우 포괄적이어야 함을 의미한다.

9.1.1 경기변동의 이론적 구조

최근 들어 경제학에서는 경기변동을 과거와는 달리 경제변수들의 변화에 따라 자연스럽게 발생하는 것으로 보고 있다. 경기변동은 실제GDP가 잠재GDP에 못 미쳤다가 점차 잠재GDP를 초과하는 과정이 반복되는 것을 가리킨다. 이러한 변동이 발생하는 기본적인 구조는 총수요와 총공급곡선을 가지고 설명할 수 있다. 우리는 미시경제학에서 경제학의 가장 기본이 되는 원리 중 하나로 수요곡선과 공급곡선, 그리고 이들 두 곡선이 만나서 균형수급량과 균형가격이 결정되는 과정을 알고 있다. 경제 전체의 움직임을 다루는 거시경제학에서는 이들 개별 수요곡선과 공급곡선을 모두 합하여 경제 전체의 수요와 공급을 다룬다.

제2장의 국민소득 순환에서 설명하였던 방정식 $Y=C+I+G+(X-M)$에서 좌변은 총공급을, 우변은 총수요를 나타내며, 이들이 같아질 때 경제가 전체적으로 균형을 이룬다고 하였다. 이를 그래프로 표시하면 〈그림 9-1〉과 같다.

이 그래프에서 알 수 있듯이 경제 전체의 생산수준과 물가가 상승하고 실업은 감소하는 경우 경기확대를 의미한다. 그래프에서 최초의 균형점 A에서 균형점이 B로 옮겨 가는 경우가 여기에 해당된다고 할 수 있다. 반대로 경기침체는 생산수준과 물가가 하락하고 실업은 증가함으로써 균형점이 A에서 D로 이동

그림 9-1
총수요와 총공급

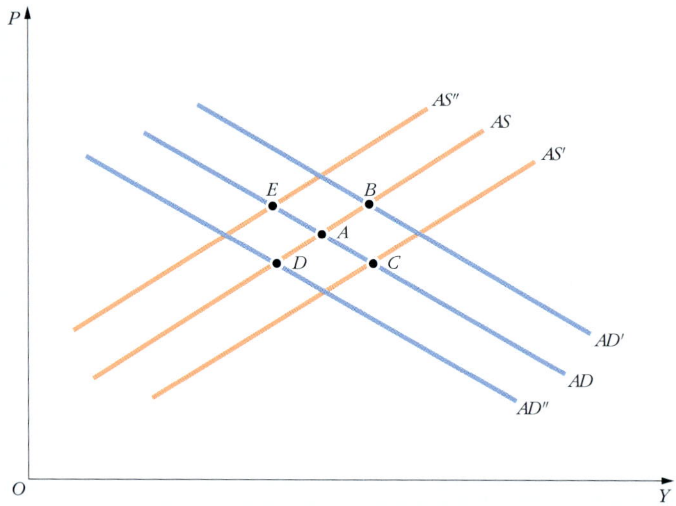

하는 경우이다. 따라서 경기변동은 주로 총수요곡선의 변동에 의해서 발생한다는 것을 알 수 있다. 이를 수요충격(demand shock)이라고 부른다.

수요충격이 발생하는 이유는 위에서 언급한 국민소득 균형방정식의 오른쪽에 있는 항목들을 살펴보면 쉽게 알 수 있다. 어떤 이유에서든지 가계의 소비가 늘거나 줄어들고, 마찬가지로 기업의 투자가 활발해지거나 감소하고, 또 대외여건이 호전되어 수출이 증가하거나 세계적인 불황으로 인해 수출이 어려워지면, 총수요는 증가하거나 감소하게 된다(국민소득의 지출항목에 해당되는 총수요의 변동이 어떻게 생산의 변동을 초래하는지에 관한 자세한 설명은 경제원론 교과서를 찾아보자). 예를 들어, 앞 장에서 설명한 우리나라의 연도별 경제성장률 추이(〈그림 8-3〉 참조)를 보면 1980년과 1998년에 경제성장률이 마이너스를 기록하였다. 1980년의 경우 격심한 정치변동 속에서 경제에 대한 불확실성이 최고조에 달하였던 시기로 기업의 투자위축으로 생산이 감소하면서 국민들의 소득이 줄고, 이는 다시 소비감소로 이어지면서 생산을 더욱 위축시키는 악순환을 만들었다. 1998년에도 전년에 있었던 외환위기로 인해 기업들의 투자가 줄고 소비심리가 극도로 위축되는 가운데 이른바 "정부수립 이후 최대의 경제위기"를 맞았다(우리나라의 경기변동에 대한 자세한 설명은 9.3절을 참조).

총수요의 변동에 의해 경기가 좋아져 호황국면을 맞거나, 경기가 악화되어 불황에 빠지면 정부는 국면을 전환시키기 위해 여러 가지 정책수단을 동원한다. 예를 들어, 경기가 호황을 보이면서 과열양상을 보이면, 소득은 증가하지만 물가상승 등 부작용이 발생하므로 긴축정책을 쓰게 된다. 즉, 재정지출을 줄임으로써 정부의 씀씀이를 줄이거나, 통화긴축을 통해 시중에 풀린 돈을 거두어들인다. 정부지출은 위의 국민소득 균형방정식에서 소득(생산)을 구성하는 중요한 항목 가운데 하나이기 때문에, 정부가 씀씀이를 줄이는 재정긴축정책을 쓰게 되면 총수요가 감소하면서 과열양상이 진정될 수 있다. 통화긴축정책은 중앙은행이 국채를 발행하여 시중의 현금을 거두어들이거나, 금리를 인상함으로써 대출을 억제하고 예금을 유도하는 정책이다. 다시 말해, 시중에 돌아다니는 돈의 양(통화량)을 줄이려는 정책이다. 시중에 나도는 돈의 양이 줄면 물가가 안정되고 금리는 올라 기업의 투자와 가계의 소비는 줄어들게 되고, 따라서 과열된 경기가 안정될 수 있다(정부의 정책에 대한 자세한 설명은 본서 제13장을 참조).

이처럼 경기변동은 총수요의 변동과 이에 대응한 정책의 결과로서 호황과 불황을 반복하는 순환양상을 나타낸다. 물론 정부가 경기변동에 대응하여 어떤 방식의 정책을 취해야 하는지에 대해서는 학자들 간에 견해가 다르다. 수요충격이 발생하여 경기가 침체되거나 과열되면, 이를 억제함으로써 장기성장 추세로 되돌리는 정책을 반경기적 정책(anti-cyclical policy)이라고 한다. 반대로 경기가 침체되거나 과열되면, 경제변수들끼리의 상호작용을 통해 침체 또는 과열양상이 스스로 조정되도록 현재 상태를 더욱 심화시키는 정책을 경기순응적 정책(pro-cyclical policy)이라고 한다. 어떤 방향의 정책이 옳다고 일률적으로 말할 수는 없다. 그러나 대체로 경기순응적 정책을 쓰기에는 정치적 부담이 너무 크다는 것이 일반적인 견해이다.

공급곡선의 이동에 의한 경기변동 역시 생각해 볼 수 있다. 공급충격(supply shock)에 의한 총공급곡선의 이동도 공급이 증가하는 방향, 또는 감소하는 방향으로 구분해서 살펴볼 수 있다. 총공급은 기술진보, 생산요소가격의 하락 등으로 인해 증가한다. 이 경우 생산은 증대되면서도 가격은 오르지 않는 상황이 나타나는데(〈그림 9-1〉에서 균형점이 *A*에서 *C*로 이동), 1990년대 미국 경제의 인플레이션 없는 지속적인 성장이 여기에 해당된다고 할 수 있다. 당시 미국 경제는 IT산업의 발달 등으로 생산성이 크게 향상되면서 10여 년에 걸친 장기호황을 구가하였다.

IT산업과 경제성장

앞서 언급한 1990년대 일본의 성장패턴과는 달리 미국은 이 기간중 물가상승을 동반하지 않은 상태에서 연 4%대의 비교적 고성장을 달성하여 매우 대조적인 모습을 보였다. 이 기간중 물가는 대체로 3%를 넘지 않았다. 이러한 저물가 고성장이 상당기간 지속된 것에 대해 많은 경제학자들은 IT산업의 발달로 인해 노동생산성이 크게 향상된 것이 주요 원인이었다고 진단하였다. 물론 이러한 미국 경제의 성장세는 2001년부터 꺾여서 2003년까지 침체를 보였지만 2004년에 다시 회복세를 나타냈다.

그러나 유가상승이나 노동운동 고조 등의 요인으로 총공급은 좌측이동하기도 한다. 이 경우는 생산이 감소하면서 물가도 상승하는 현상이 나타나는데(균형점이 *A*에서 *E*로 이동), 이를 스태그플레이션(stagflation)이라고 한다. 최근 들어 경기변동을 설명하는 이론 가운데 실물적 경기변동(real business cycle)에서는 기술발전에 따른 공급충격을 경기변동의 가장 중요한 요인으로 설명하고 있다(경기변동에 관한 최근의 이론적 동향에 대해서는 본장 9.4절을 참조).

경기를 제대로 읽어야 할 필요성, 즉 경기동향을 판단하고 예측할 필요성은 아무리 강조해도 지나침이 없을 것이다. 우선 기업의 입장에서는 과거 · 현재 및 미래의 경기상황을 제대로 파악해야 투자 및 생산계획을 적절하게 수립하여 시행할 수 있다. 가계의 입장에서도 소비를 줄이고 저축을 할 것인지, 아니면 당장의 소비를 늘릴 것인지를 판단하는 데 역시 경기상황을 잘 읽어야 한다. 정부의 입장에서는 올바른 경제정책을 시행하기 위해 경기상황을 정확하게 판단해야 한다.

9.1.2 경기순환의 특성

경기변동은 대체로 파도와 같은 모양으로 순환하며 변동한다. 그래서 이를 경기순환(business cycle)이라고 부른다. 좀더 정확하게 표현하면 경제의 장기성장 추세를 중심으로 상승(확장)과 하강(수축)을 반복하는 것을 경기변동이라고 한다. 〈그림 9-2〉는 장기성장 추세를 중심으로 경제가 추세선보다 빠르게 성장하다가 추세선 아래로 성장세가 떨어지는 경기변동의 모습을 보여주고 있다. 이제 장기성장 추세선을 돌려서 *X*축과 평행하게 그려보면 〈그림 9-3〉과 같은 전형적인 경기변동의 사이클을 표현할 수 있다. 두 번째 그림에서 주의할 점은 성장세가 하강국면을 보인다고 해서 경제성장이 반드시 마이너스는 아니라는 점이다.

〈그림 9-3〉은 정점(peak)과 정점, 또는 저점(trough)과 저점 사이를 하나의 순환주기로 하여 경기변동이 4개의 국면으로 이루어져 있음을 나타내고 있다. 이제 각각의 국면이 어떤 특징을 갖는지 간단하게 살펴보자.

회복기 경제활동이 점차 다시 활기를 띠게 되는 국면이다. 회

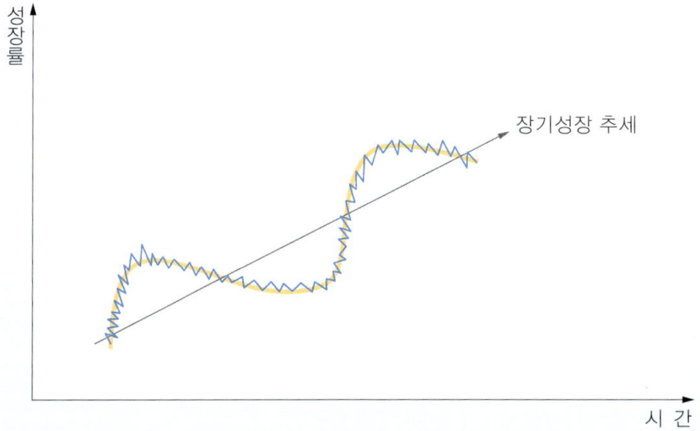

그림 9-2
장기성장 추세

그림 9-3
경기순환도

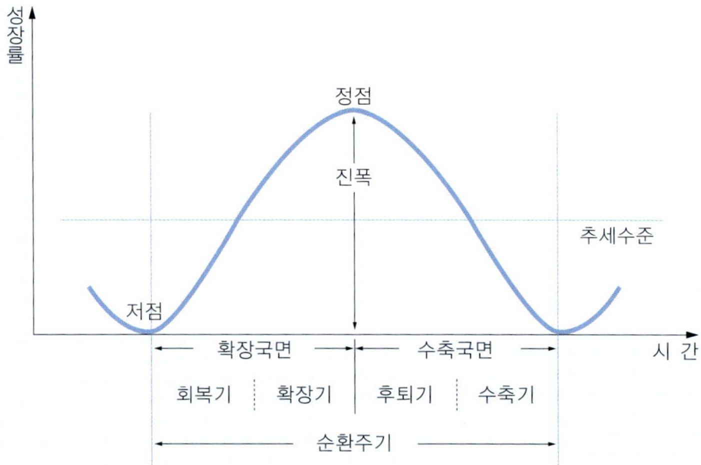

복기에는 생산 · 고용 · 판매 · 임금 · 금리 · 제조업가동률 · 주가 · 물가 등의 경제변수가 서서히 상승하는 반면에 실업률 · 어음부도율 같은 변수들은 서서히 하락한다.

확장기(호경기, boom) 경제활동이 가장 활발하여 생산 · 고용 · 판매 · 임금 · 금리 · 제조업가동률 · 주가 · 물가 등의 경제변수가 최고조에 달하고, 실업률 · 어음부도율과 같은 변수들은 최저로 하락한다.

후퇴기 경제활동이 점차 둔화되면서 생산 · 고용 · 판매 · 임금 · 금리 · 제조업가동률 · 주가 · 물가 등의 경제변수가 서서히 하락하고, 실업률 · 어음부도율과 같은 변수들은 점차 상승한다.

수축기(불경기, recession) 모든 경제활동이 쇠퇴하면서 침체되는 국면이다. 생산 · 고용 · 판매 · 임금 · 금리 · 제조업가동률 · 주가 · 물가 등의 경제변수가 저점에 이르고, 실업률 · 어음부도율과 같은 변수들은 고점에 달한다.

일반적으로 실질GDP성장률이 3분기 정도 지속적으로 상승하면 회복기로, 3분기 정도 지속적으로 하락하면 후퇴기로 판단한다.

이러한 경기변동의 요인으로는 경기변동을 일으키는 변수가 무엇인가에 따라 추세적 요인과 순환적 요인으로 구별한다. 추세적 요인에 의한 경기변동은 인구 · 자본 · 기술진보 등에 의해 경기가 상승하거나 하락하는 10여 년에 걸친 장기적 변동을 말한다. 앞서 설명한 생산함수를 떠올려 보면 자본 · 노동과 같은 생산요소의 투입에 있어서 변동이 생기거나, 기술진보 등에 의한 생산함수 자체의 변동으로 인한 경기변동이 여기에 해당됨을 알 수 있다. 자본은 대체로 장기생산요소로 다루어지고 있고, 노동공급 역시 추세적 변화는 세대 간의 출산율 차이 등에 의해 발생하므로 장기적인 변화를 유발하는 요인으로 볼 수 있다.

순환적 요인에 의한 경기변동은 경제변수들의 상호작용에 의해 2~5년 정도의 비교적 단기에 걸쳐 발생하는 경기변동을 말한다. 경기가 회복세를 보이면 점차 총수요가 증대하므로 투자가 활발해지고, 금리와 물가가 상승하게 된다. 이런 상황이 지속되면 투자가 다시 줄어들면서 실질소득이 감소함에 따라 소비가 줄어들게 된다. 이렇게 되면 경기는 붐을 거쳐 후퇴기로 접어들고, 저점에서는 다시 물가상승률이 하락함과 동시에 금리도 낮아져 소비와 투자가 되살아나는 회복기를 맞게 된다. 물론 이와 같은 상황이 기계적으로 반복되는 것은 아니지만 대체적인 흐름이 그렇다는 말이다. 이처럼 경제변수들의 변화가 기타 여러 가지 돌발적 · 외생적 요인들과 결합하여 경기변동을 초래할 때 이를 순환적 요인에 의한 경기변동이라 하며, 이것이 우리가 일상적으로 경기순환이라고 말할 때 관심과 분석의 대상이 되는 변동이다.

9.1.3 경기순환의 종류

경기순환은 그 주기와 변동요인에 따라 특별한 이름을 붙여 부르기도 한다. 주기가 가장 긴 파동으로 콘드라티에프파동(Kondratiev wave)이 있는데, 이는 기술혁신이나 신자원의 개발 등으로 인해 50~60년마다 나타나는 장기순환을 말한다. 쿠즈네츠파동(Kuznets cycle)은 약 20년의 중기파동으로 주로 인구성장의 변동과 이에 따른 경제성장률의 변동을 말한다. 이보다 짧은 파동으로 쥐글라파동(Juglar cycle)은 주로 기업의 설비투자의 내용연수에 근거한 10년 정도의 주기를 갖는 중기파동으로 주순환이라고도 부른다. 키친파동(Kitchin cycle)은 재고 · 투자 · 금리 · 재정 등의 변동에 따른 3~4년 주기의 가장 짧은 단기경기변동을 가리키며, 소순환이라고도 부른다. 그러나 이러한 순환주기설은 경기변동을 이해하는 데에는 도움이 되지만, 최근의 연구에 의하면 통계적으로 뚜렷한 근거가 없는 것으로 밝혀지고 있다. 즉, 경제현상 전반에 걸쳐서, 또는 국가 간의 비교에 있어서도 이러한 주기가 일정하게 반복되지는 않는다는 것이다.

9.2 경기동향의 판단 및 예측방법

9.2.1 개별 경제지표를 이용하는 방법

개별 경제지표를 활용하여 경기상황을 판단하는 데 가장 기본이 되는 지표는 바로 GDP이다. 앞서 설명한 대로 GDP는 한 나라의 경제상황 또는 경제수준을 판단하는 데 가장 대표적인 지표이다. 따라서 경기상황을 판단하는 데에는 당연히 GDP가 가장 먼저 살펴보아야 할 대상이다. 그러나 경기를 판단할 때 GDP가 가장 적합한 후보이면서도 결정적인 결격사유가 있다. 그것은 바로 GDP를 추계하는 데 시간이 너무 많이 걸린다는 것이다. 보통 GDP 발표는 2개월 반에서 3개월 정도의 시간이 걸린다. 분기별

GDP수준을 발표하는 데 그 다음 분기가 다 지나서야 자료가 나온다는 말이다. 6월 중순에 3월까지의 1/4분기 자료가 나온다면 현재상황을 판단하고 미래를 예측하는 데 문제가 아닐 수 없다.

통계청에서 발표하는 월간 산업활동동향은 생산과 투자 · 소비 등에 관한 각종 경제지표들의 움직임을 보여 준다. 월간 산업활동동향은 1개월 정도 지난 후에 발표되기 때문에 GDP보다는 경기의 흐름을 판단하는 데 훨씬 유용하다고 할 수 있다.

월별 산업활동동향

통계청에서 매월 발표하는 월별 산업활동동향은 생산동향 · 소비동향 · 투자동향 · 경기종합지수의 4개 부문으로 이루어져 있다. 부문별 관련통계는 ❶ 생산동향: 산업생산 · 출하 · 재고지수, 제조업 생산능력 및 가동률지수, ❷ 소비동향: 소비재판매액지수, ❸ 투자동향: 설비투자추계지수 · 기계수주액 · 건설기성액 · 건설수주액, ❹ 경기: 동행종합지수 · 선행종합지수 등이다. 이들 통계는 1개월 단위로 발표되기 때문에 비교적 속보성을 갖추고 있다고 할 수 있다.

통계보기

표 9-1

월간 산업활동동향
(전년 동기비)(단위: %)
자료: 통계청.

			2011년				2012년			
			연간	1/4	4/4	5월	1/4	3월	4월	5월
생산	전산업	전월(기)비	–	2.8	-0.2	0.9	1.5	-1.1	-0.1	0.4
		동월(기)비	3.9	4.5	3.1	4.3	2.5	0.5	0.4	1.6
	광공업	전월(기)비	–	4.5	-0.1	1.3	2.2	-2.9	0.9	1.1
		동월(기)비	6.9	10.4	5.0	8.3	3.8	0.6	0.0	2.6
	제조업 생산	전월(기)비	–	4.6	0.1	1.4	2.2	-3.2	0.9	1.1
		동월(기)비	7.0	10.6	5.3	8.5	4.2	0.7	0.0	2.7
	제조업	출 하	6.7	11.9	3.5	8.2	3.3	-0.1	-1.0	3.4
		내 수	3.3	6.8	0.2	5.9	0.3	-3.5	-2.4	0.0
		수 출	10.8	18.1	7.2	11.0	6.7	3.9	0.5	7.2
		재 고	20.8	9.3	20.8	6.9	16.0	16.0	16.2	15.0
		평균가동률	79.9	82.2	78.0	79.9	79.9	78.1	79.3	79.3
		생산능력	5.4	7.0	4.5	6.1	3.4	3.0	2.6	3.3
	서비스업	전월(기)비	–	1.6	-0.5	0.2	1.0	-0.8	0.0	0.2
		동월(기)비	3.3	2.8	2.7	2.9	2.5	1.6	1.0	2.2
	도소매업	생 산	3.8	4.2	2.8	5.8	2.0	0.5	-0.3	1.1
		재 고	7.1	5.1	7.1	10.6	9.6	9.6	6.7	5.3
소비	소비판매	전월(기)비	–	1.5	-1.3	0.5	1.0	-2.6	0.9	0.7
		동월(기)비	4.3	5.4	1.9	6.1	2.0	0.1	0.3	2.2
	내 구 재		10.8	12.5	3.4	19.5	3.6	-1.1	0.3	4.7
투자	설비 설비투자	전월(기)비	–	-1.9	-5.0	10.4	11.3	-7.0	5.0	-0.8
		동월(기)비	0.7	5.4	-4.7	11.7	9.3	1.3	5.4	-1.5
	설비	국내기계수주	11.0	19.5	11.5	-0.8	-2.4	-25.1	-6.9	-11.1
	건설 건설기성	전월(기)비	–	-3.8	5.7	2.7	-6.8	-1.4	-5.8	2.5
		동월(기)비	-6.7	-12.6	-0.5	-9.4	-3.7	-7.6	-8.0	-6.5
	건설	건설수주(경상)	4.0	-11.8	22.4	-21.0	36.6	-3.5	-4.4	2.9

〈표 9-1〉은 통계청에서 매달 발표하는 월간 산업활동동향이다. 이 표를 보면 2011년과 2012년 경기부진이 수출에 비해 저조한 내수에 그 원인이 있음을 알 수 있다. 특히, 2011년 말의 소비감소는 경기회복의 발목을 잡았던 것으로 볼 수 있다. 2012년 1분기중 소비부문은 조금 회복되는 양상을 보이고 있으나, 수출이 부진하고 설비투자나 국내건설수주가 감소한 것으로 나타난 점은 2012년에도 경기회복이 쉽지만은 않을 것임을 예고한다고 할 수 있다.

그 밖에도 관세청에서 발표하는 수출입동향을 통해서도 경기동향을 판단할 수 있다. 관세청에서는 매달 초, 전달의 수출입 통계를 발표한다. 물론 이들 통계자료는 이후 세심한 수정작업을 거쳐 일정 기간 후 정확한 수출입통계로 발표되지만, 징세의 목적을 위해 수집된 수출입 통계자료도 그 개략적인 규모와 변화의 추이를 통해 경기의 상황을 판단하는 데 도움이 된다고 할 수 있다. 일반적으로 경제이론에서 수입은 국내의 국민소득의 함수라고 말한다. 국내에서의 생산 또는 소득이 증가하면 당연히 수입도 늘어날 것이다. 따라서 수입이 증가하였으면 대체로 경제가 활기를 띠는 것으로, 감소하면 후퇴 또는 침체상태로 판단할 수 있다. 수출은 앞서 국민소득의 순환에서 설명하였듯이 우리나라의 GDP에서 차지하는 비중이 매우 크기 때문에 수출의 증감 여부가 GDP의 성장과 직접적으로 관련되어 있다. 따라서 수출의 상황이 곧 우리 경제의 상승 또는 하강국면을 판단하는 중요한 잣대가 될 수 있는 것이다. 이들 관세청의 수출입동향 자료가 갖는 가장 큰 장점은 속보성(速報性)이라고 할 수 있다.

9.2.2 경기종합지표를 이용하는 방법

이처럼 개별 경제지표를 사용하면 별도의 노력 없이도 경기의 상황을 판단하고 미래를 예측할 수 있다. 그런데 이러한 지표들은 사실 모든 지표들이 같은 신호를 주거나, 또한 중요성에서 동일하다고는 말할 수 없다. 따라서 개별 지표들의 특성을 감안하여 이들을 보다 체계적이고 종합적으로 경기상황의 판단에 활용할 수 있는 지표를 생각해 볼 필요가 있고, 이렇게 하여 작성한 것이 경기종합지표이다.

경기종합지표는 경기동향을 민감하게 반영하는 주요 개별 경제지표들을 선정한 후, 이것들을 가공하고 합성하여 하나의 지표로 만든 것이다. 그런데 경기종합지표에는 경기선행지수 · 경

경기지수의 개편

경제의 전체적인 흐름을 파악하기 위해 작성되는 경기지수는 경제상황의 변화에 따라 4~5년에 한 번씩 개편된다. 1981년 경기지수를 작성하여 발표한 이래 지금까지 총 6차례의 개편이 이루어져, 그 때마다 선행 · 동행 · 후행지수에 포함되는 항목을 조정해 왔으며, 기준연도 역시 5년 단위로 조정하였다. 현재의 경기지수는 2010년에 개편하여 지수에 포함되는 항목을 22개에서 20개로 조정하였고, 기준연도도 2000년에서 2005년으로 바꿨다.

기동행지수 · 경기후행지수 등 세 가지가 있다. 이들 각각의 경기지수가 의미하는 바와 거기에 포함된 개별 경제지표 등을 알아보자.

경기선행지수는 미래의 경기상황을 예측하기 위해 작성한 지수이다. 여기에는 재고순환지표 · 소비자기대지수 · 기계류내수출하지수 · 건설수주액 · 국제원자재가격지수 · 수출입물가비율 · 구인구직비율 · 코스피지수 등 8개 경제지표가 포함된다. 이들 경제지표는 현재의 지표상 움직임이 일정 기간 후 미래의 경제상황으로 나타나는 것들이다.

구인구직비율의 경우 현재 이 비율이 상승하면, 즉 이직자에 비해 입직자의 수가 많아지면, 당장은 아니더라도 가까운 미래에 노동투입의 증가로 인해 생산이 증대되고 소득이 늘어날 수 있다. 재고순환지표가 커지는 것은 출하증가율이 재고증가율보다 상대적으로 빠르게 상승하는 것으로, 이는 재고가 점차 소진되면서 기업들로 하여금 생산설비를 확대하도록 하여 일정 기간 후의 생산증대를 초래할 수 있다. 소비자기대지수는 미래의 경기상황에 대한 예측을 설문조사한 결과이고(자세한 내용은 다음 절에서 설명), 기계류내수출하지수나 국제원자재가격지수 등이 증가하면 생산설비의 확대를 통해 역시 가까운 장래의 생산증대로 이어진다. 건축허가면적이 늘어나면 일정 기간 후 사업이 실행에 옮겨지면서 건설경기가 활발해진다.

코스피지수가 오르면 기업들이 직접금융시장에서 자금을 조달하기가 수월해지고, 따라서 투자가 확대되어 일정 기간 후에 생산이 늘어나게 된다. 수출입물가비율이 향상되면 기업들은 수출하기에 유리한 조건이 된 것을 의미하기 때문에 생산설비를 확대시켜 점차 생산이 늘어나게 된다.

경기동행지수는 현재의 경기상황을 판단하기 위해 작성된 지표로, 여기에는 광공업생산지수 · 서비스업생산지수 · 건설기성액 · 소매판매액지수 · 내수출하지수 · 수입액 · 비농림어업취업

통계보기

표 9-2

경기선행지수의 추이
자료: 통계청.

	2012. 01	2012. 02	2012. 03	2012. 04	2012. 05
선행종합지수(2005=100)	138.7	140.1	140.6	141.2	141.3
전월비	0.7	1.0	0.4	0.4	0.1
선행지수 순환변동치	99.2	99.9	99.8	99.8	99.4
전월차	0.2	0.7	-0.1	0.0	-0.4

그림 9-4

경기선행 및 동행지수 순환변동치의 추이
자료: 통계청.

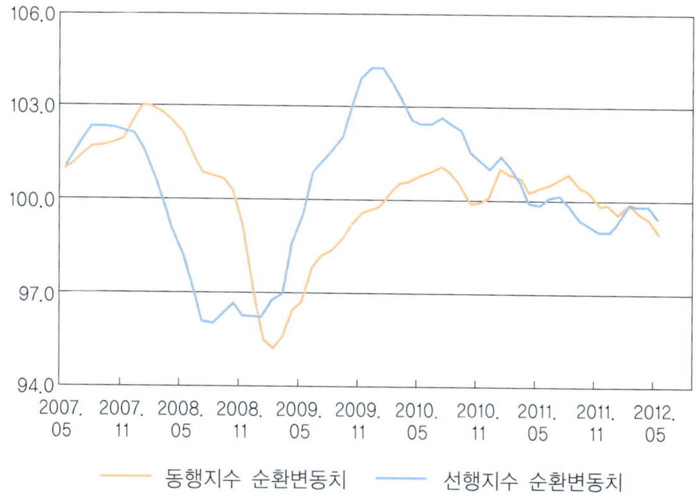

경기종합지수는 통계청에서 매월 작성 발표한다. 세 가지의 경기지수 가운데 일반적으로 가장 많이 인용되는 것은 경기선행지수이다. 앞서도 언급하였듯이 경기상황에 대한 관심은 기본적으로 각 경제주체들이 미래의 경제행위를 보다 합리적으로 하기 위해서이다. 따라서 경기선행지수에 대한 관심이 가장 높을 수밖에 없다. 〈표 9-2〉는 경기선행지수의 최근 추이를 보여 주고 있다. 경기선행지수는 대체로 6개월 후의 경기상황을 예측할 수 있도록 지수가 작성된다. 즉, 지수의 계산에 포함되는 경제지표를 선정하고 각 지표에 대한 가중치 등을 부여할 때, 과거의 경험에 비추어 선행지수가 현재의 상황(동행지수)에 비해 6개월 정도 앞서 가도록 만드는 것이다.

경기동행지수는 앞서 언급한 경기순환을 작성할 때 기준이 되는 지표이다. 경기순환에 있어서 정점과 저점이 언제이고, 따라서 경기순환이 어떻게 되는지를 정하는 데 활용된다. 경기순환은 학계와 업계, 관계의 여러 의견을 반영하여 사후적으로 결정된다. 통계청 발표에 따르면 우리나라는 경기종합지수를 작성하기 시작한 이래 현재까지 대체로 7개의 순환이 있었던 것으로 발표되었다(이에 대한 자세한 내용은 아래 절 참조). 〈그림 9-4〉는 최근의 경기선행 및 동행지수의 변화추이를 나타낸 것이다.

point-9.1 경기선행 및 동행지수의 표시

경기선행지수와 경기동행지수는 기본적으로 2005년의 100을 기준으로 지수를 작성한다. 그 동안 선행지수와 동행지수는 그 쓰임새가 다르기 때문에 그래프를 그려 표시할 때에도 그 방법이 약간 달랐다. 경기동행지수는 현재의 경기상황을 판단하기 위한 목적으로 작성되므로 지수 자체의 변동을 그래프로 그렸으나 선행지수는 미래에 대한 예측을 전제로 한 것이기 때문에 지수 자체가 전년 동기에 비해, 또는 전분기 · 전월에 비해 어떻게 변하였는지를 그래프로 표시해 왔다. 그러나 지금은 두 지수 모두 추세치를 제거한 순환변동치를 가지고 표시한다(〈그림 9-4〉 참조).

자수 등 7개의 경제지표가 포함된다. 이들 지표는 별도의 설명이 없더라도 현재의 경기상황을 반영하는 지표들임을 쉽게 알 수 있다.

경기후행지수는 지나간 후의 경기상황을 확인하기 위해 작성된 지표로, 여기에는 생산자제품재고지수 · 도시가계소비지출 · 소비재수입액 · 상용근로자수 · 회사채유통수익률 등 5개의 경제지표가 포함된다. 이들 지표는 현재의 경기상황이 일정 기간 후 이들 지표의 변화로 나타나는 지표들이다. 경기가 나빠지면 점차 이직자수가 증가한다.

경기가 나빠지면 당장은 임시직에 대한 해고 등으로 대응하지만 중장기적으로는 상용근로자의 수를 줄이게 되고, 경기가 좋아지면 그 반대의 현상이 나타난다. 경기가 나빠 판매가 부진하면 점차 재고가 늘게 되고, 소득의 감소는 일정 기간 후 소비의 감소로 이어지며, 따라서 소비재의 수입액도 점차 감소한다. 경기가 악화되면 기업의 채산성이 떨어지고, 이는 회사채수익률의 저하로 나타난다.

9.2.3 경제주체의 판단을 이용하는 방법

앞서 설명한 개별 경제지표를 이용하는 방법과 이를 체계화한 경기종합지수를 활용하는 방법 외에도 경제주체들이 현재 또는 앞으로의 경제상황을 어떻게 판단하는가도 중요한 경기판단의 근거가 될 수 있다. 여기서 경제주체라 함은 기업과 가계를 의미한다. 기업은 투자와 생산을 담당하는 경제주체로, 만일 기업이 장래의 경기상황에 대해 좋지 않은 전망을 가지고 있다면 투자를 줄일 것이고, 경제는 더욱 침체된 상황을 맞게 될 것이다. 가계 역시 장래에 대해 어떤 전망을 갖는지에 따라 현재의 소비를 늘리거나 줄이는 의사결정을 할 것이기 때문에 경제에 지대한 영향을 미칠 수 있다.

기업이 과거 · 현재 · 미래의 경제상황을 어떻게 판단하는가는 기업경기실사지수(business survey index: BSI)를 통해 알 수 있다. 그리고 가계의 경제상황에 대한 판단은 소비자태도지수(consumer's sentiment index: CSI)로 알 수 있는데, 이 지수는 이미 경기선행지수의 한 항목으로 포함되어 있음을 설명한 바 있다. 이제 이들이 어떻게 조사되고 경기판단에 활용되는지 알아보자.

기업경기실사지수는 기업들이 경제상황을 어떻게 판단하고 있는지 설문조사를 통해 지수화한 것이다. BSI를 산출하는 공식은 다음과 같다.

$$\text{BSI} = \frac{\text{긍정적 응답업체수} - \text{부정적 응답업체수}}{\text{전체 응답업체수}} \times 100 + 100$$

설문조사를 통해 경기상황을 긍정적으로 보는 응답자수와 부정적으로 보는 응답자수의 차이를 백분율로 계산하고, 여기에 100을 더한 것이다. 이렇게 계산하면 BSI는 0부터 200 사이의 값을 갖게 된다. 모든 응답자가 부정적인 경우와 긍정적인 경우를 가정해 보면 금방 알 수 있다. 긍정적인 응답자와 부정적인 응답자의 수가 같았다면 오른쪽 변의 앞쪽 항목이 0이 될 것이고, 따라서 BSI는 100이 된다. 그러므로 BSI가 100을 넘으면 긍정적으로 보는 응답자가 많고, 100 이하면 부정적으로 보는 응답자가 많다는 이야기가 된다. 예를 들어, 2,000개의 기업을 대상으로 어떤 항목에 대해 조사하였는데, 1,095개의 업체가 긍정적으로, 905개의 업체가 부정적으로 답하였다면 이 경우에는 (190/2,000)×100+100=109.5가 된다.

BSI가 조사하는 항목은 매우 많다. 그러나 가장 대표적인 항목은 전망BSI와 실적BSI이다. 전망은 조사시점에서 다가오는 달의 경기상황을 어떻게 보는지에 관한 조사이고, 실적은 같은 시점에서 지나간 달의 경기상황에 관한 조사이다. 대체로 월말에 조사하여 월초에 발표되는 게 일반적이다. BSI의 작성은 여러 기관에서 하고 있다. 정부기관으로는 한국은행, 민간부문에서는 전국경제인연합회와 대한상공회의소 등에서 BSI를 작성하고 있다. 이 가운데 전경련에서 회원사를 대상으로 조사하는 BSI가 연륜이나 규모면에서 가장 많이 인용된다고 할 수 있다.

소비자태도지수는 가계에서 경기상황을 어떻게 판단하는지에 대해 BSI와 같은 취지의 설문조사를 통해 작성되는 지수이다. 다만, 이 경우에는 지수의 작성을 국가기관인 한국은행이 맡아서 하고 있다. 조사대상 가구는 전국 56개 도시의 2,200가구이다. BSI와는 계산공식이 약간 다른데, 공식은 다음과 같다.

$$\text{CSI} = \frac{\Sigma(\text{항목별 응답자수} \times \text{항목별 가중치})}{\text{전체 응답자수}} \times 100 + 100$$

CSI는 각각의 설문에 대해 '매우 그렇다', '그렇다', '보통이다', '아니다', '전혀 아니다' 등 5개의 선택항목을 주고, 각각의 항목에 대한 응답자수에 1, 0.5, 0, −0.5, −1의 가중치를 곱하여 백분율을 산출하고 이를 모두 합한 후 100을 더하는 것이다. CSI는 계산공식이 BSI와 다르지만 지수가 0부터 200 사이의 값을 갖고, 100을 넘으면 긍정적인 시각이, 100을 넘지 못하면 부정적인 시각이 더 많다는 것을 반영하고 있다는 점에서는 같다. 예를 들어, 10명을 대상으로 조사하여 매우 그렇다 5명, 그렇다 2명, 보통이다 2명, 아니다 1명 등으로 결과가 나왔다면 CSI={(5×1+2×0.5+2×0−1×0.5)/10}×100+100=155가 된다(이 예가 통상적인 결과에 비추어 지나치게 높다는 것은 '통계보기'를 참조).

통계보기

그림 9-5
전국경제인연합회의 업황BSI
자료: 전경련.

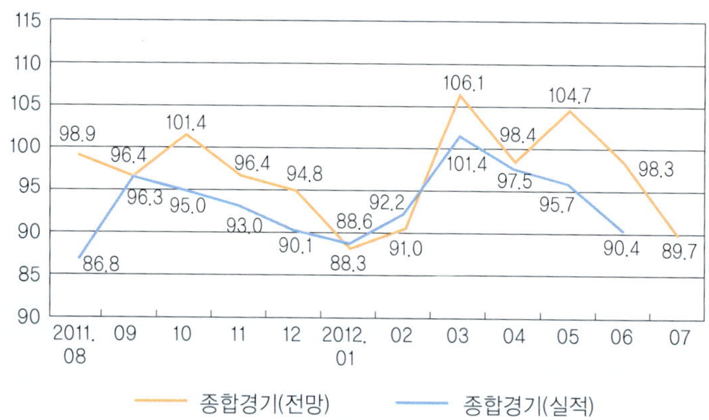

〈그림 9-5〉는 전경련에서 매달 초에 발표하는 BSI(2012년 7월) 그래프이다. 이 그림의 맨 끝에 나타나 있는 수치들은 6월의 실적에 대한 평가와 7월의 전망에 대한 평가를 지수화한 것이다. 이 그래프를 살펴보면 2012년 초에 100선을 상회하던 BSI는 2/4분기부터 다시 하락하기 시작하였음을 알 수 있다. 이 같은 추세는 하반기에도 이어질 것으로 보여 경제에 대한 전망이 다소 비관적이다.

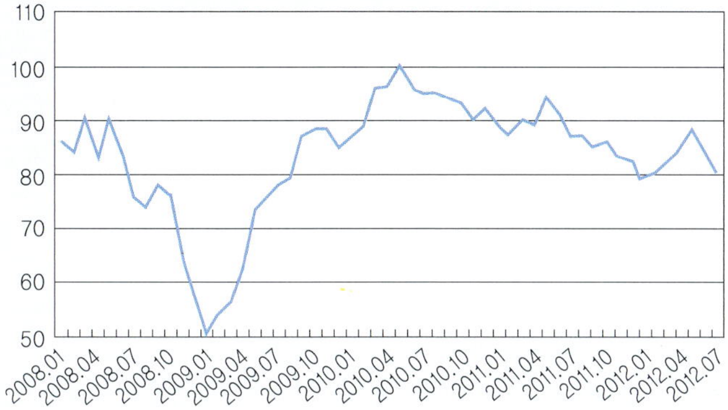

그림 9-6

한국은행의 업황 BSI(전망치)
자료: 한국은행.

〈그림 9-6〉은 한국은행에서 작성한 BSI(전망치) 그래프이다. 이 그래프 역시 2008년 이래 BSI 100선을 넘어 기업들이 경기를 밝게 전망한 적이 없음을 보여 주고 있다. 그러나 2008년 말을 저점으로 추세상 상승세를 보이고 있다. 다만 아직은 90선 아래서 진동을 보이고 있기 때문에 추세를 좀더 지켜 볼 필요가 있다.

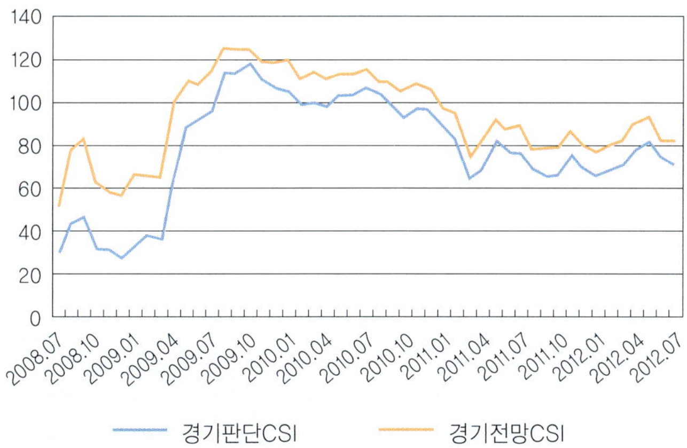

그림 9-7

소비자태도지수(CSI)의 추이
자료: 한국은행.

〈그림 9-7〉은 소비자태도지수를 그래프로 표시한 것이다. 여기서 전망지수는 6개월 후의 경기를 어떻게 판단하는가에 대한 응답이고, 판단지수는 6개월 이전의 경기를 어떻게 평가하는가에 대한 응답이다. CSI는 2009년과 2010년에 100선을 상회하였으나 2010년 말 다시 상승세가 꺾여 100을 하회하는 모습을 보이고 있어 소비심리의 본격적인 회복을 말하기에는 어려운 느낌이 있다.

point-9.2 지수의 신뢰성

앞서 언급하였듯이 한국은행과 전경련이 조사한 BSI는 서로 절대적인 크기가 다르다. 그렇다고 절대적 크기는 중요하지 않고 지수가 어떻게 변하는가에 주목하라고 말할 수도 없는 것이, BSI는 그 지수의 크기가 매우 중요한 의미를 가지고 있기 때문이다. 즉, 100을 넘는지의 여부에 따라 경기에 대한 판단이 달라지는 것을 말해 주기 때문이다.

그렇다면 어떤 기관의 BSI가 더 신뢰성이 있는가? 결론부터 말하자면 이는 일률적으로 말하기 어렵다. 조사 자체가 다분히 심리적인 요인들, 불확실성에 대한 감각적 · 주관적 판단을 전제로 하기 때문이다. 다만 앞서도 이야기하였듯이 전경련의 BSI가 더 자주 인용되는 데에는 두 가지 정도의 이유가 있는 듯하다. 첫째는 우선 지수를 작성한 지가 오래되었다. 이는 설문을 통한 지수의 작성과정에서 기술적으로 앞서 있음을 말해 주는 것이기도 하다. 또한 작성된 통계의 시간적 범위가 길다는 것은 통계적 흐름을 파악하는 데 일관성을 가질 수 있다는 점에서 장점이 될 수도 있다. 두 번째 이유로는 조사의 주체가 민간 대 관(官)이라는 차이를 들 수 있다. BSI는 심리적 요인이 크게 작용하는 조사임을 생각할 때, 자신들이 속해 있는 단체에서 조사하는 경우와 자신들을 규제의 대상으로 생각하는 관청에서 조사하는 경우, 어떤 조사에 보다 편안하고 솔직하게 대답할 수 있을까? 물론 국가정책을 담당하는 기관에서 조사하는 것에 대해 보다 책임감을 가지고 정확하고 솔직하게 답변할 것이라고 주장할 수도 있을 것이다. 그 판단은 독자들에게 맡긴다.

point-9.3 미국의 소비자신뢰지수

우리나라의 CSI와 유사한 개념으로 미국에서 많이 인용되는 지수는 민간기구인 컨퍼런스 보드(Conference Board)가 조사하여 매월 발표하는 소비자신뢰지수(Consumer Confidence Index)를 들 수 있다. 이는 미국의 5,000가구를 대상으로 하여 현재의 경기상태와 6개월 이후의 경기전망을 조사하여 발표하는 것이다. 제2장에서 설명한 바와 같이 전체 GDP에서 차지하는 소비의 비중이 크기 때문에 미국 경제 전체가 소비자신뢰지수에 매우 민감하게 반응한다고 할 수 있다. 미국의 경제성장에 관한 발표를 유심히 보면 항상 성장세의 상승 또는 하락의 원인으로 소비가 가장 먼저 등장하고, 따라서 경기를 전망할 경우에도 소비자신뢰지수가 어떻게 변하고 있는지에 크게 의존한다. 소비자신뢰지수는 미시간대학에서 작성하는 것도 있어 컨퍼런스 보드에서 작성하는 지수 다음으로 많이 인용된다.

9.3 우리나라의 경기순환

우리나라의 경기순환은 통계청에서 작성하여 발표한다. 통계청에서는 경기동행지수의 움직임을 중심으로 하여 각계 전문가들의 의견을 종합하여 기준순환일을 사후적으로 발표한다. 기준순환일이란 한 나라의 총체적인 경기변동의 국면전환점(turning point)을 의미한다. 다시 말해, 언제가 경기의 저점(trough)이었고, 또 언제가 정점(peak)이었는지를 정하는 것이다.

우리나라는 1970년부터 지금까지 대체로 9개의 경기순환을 거쳤으며, 현재는 2009년 2월을 저점으로 한 제10순환기에 있다. 〈표 9-3〉과 〈그림 9-8〉은 이들 10개의 경기순환을 보여 주고 있다. 각 경기순환이 발생한 요인을 간략하게 살펴보자.

제1순환은 1972년 3월부터 1975년 6월까지 약 39개월간 지속되었다. 경기상승기의 요인으로는 1972년 8월 3일의 이른바 '8·3조치'로 알려진 사채동결 때문이었다. 이 조치로 인해 기업들의 채무부담은 크게 줄어들었고, 기업공개를 통해 주식시장을 통한 자금조달이 활발해지면서 투자가 크게 늘었다. 그러나 1973년 중동전쟁의 발발과 함께 그 해 말부터 시작된 유가상승은 자

	기준순환일			지속기간(개월)		
	저 점	정 점	저 점	확장기	수축기	순환기
제1순환기	1972.3	1974.2	1975.6	23	16	39
제2순환기	1975.6	1979.2	1980.9	44	19	63
제3순환기	1980.9	1984.2	1985.9	41	19	60
제4순환기	1985.9	1988.1	1989.7	28	18	46
제5순환기	1989.7	1992.1	1993.1	30	12	42
제6순환기	1993.1	1996.3	1998.8	38	29	67
제7순환기	1998.8	2000.8	2001.7	24	11	35
제8순환기	2001.7	2002.12	2005.4	17	28	45
제9순환기	2005.4	2008.1	2009.2	33	13	46
제10순환기	2009.2					
평 균	–	–	–	31	18	49

표 9-3

우리나라의 경기순환(표)
자료: 통계청.

그림 9-8

우리나라의 경기순환(그래프)

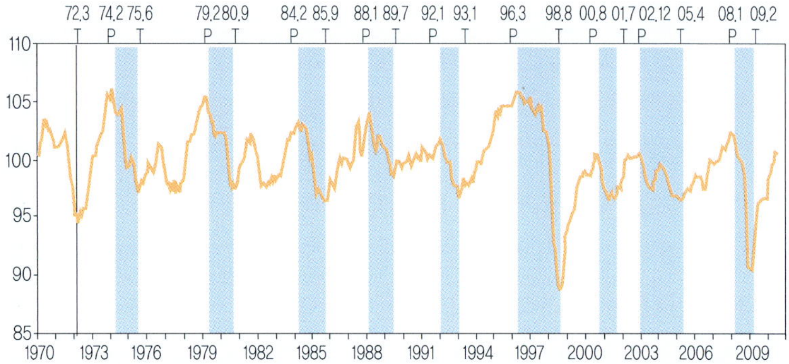

원민족주의의 대두와 함께 석유수입에 전적으로 의존하던 우리 경제에 심각한 타격을 주었다. 이로 인해 우리 경제는 경기침체 속에 물가가 상승하는 이른바 스태그플레이션의 상황을 맞았다.

제2순환은 1975년 6월의 저점을 시작으로 중화학공업화와 중동 건설붐을 타고 확장국면을 맞았지만, 1979년의 제2차 석유파동으로 다시 후퇴기로 접어들었다. 당시 중화학공업화는 1973년의 중화학선언을 계기로 철강 · 비철금속 · 기계(자동차) · 조선 · 전자 · 화학 등 6대 기간산업을 선정해 이를 집중적으로 육성하는 정책이었다. 이는 1960년대 시행되었던 경공업 위주의 수출드라이브정책이 한계에 봉착하였을 뿐 아니라 닉슨 독트린에 따른 방위산업의 육성 필요성, 국제수지 악화를 개선하기 위한 수입대체산업의 육성 필요성 등으로 인해 추진되었다.

중동 건설붐은 제1차 석유파동 이후 유가상승에 따라 엄청난 규모로 불어난 이른바 오일머니를 바탕으로 1970년대 후반 본격적으로 추진되었고, 우리나라의 건설업체들이 여기에 적극적으로 참여함으로써 상당한 외화가득의 효과를 거두었다. 그러나 제2순환의 붐은 2차 오일쇼크로 인해 1979년부터 하강곡선을 그리게 되었고, 1979년 말에서 1980년으로 이어진 정치적 격변으로 인해 다시 한 번 저점으로 치닫게 되었다.

닉슨 독트린

닉슨 독트린은 1969년 6월 괌에서 발표되었다. 아시아의 자유진영 국가들이 방위문제에 있어서 더 큰 책임을 떠안아야 한다는 내용이었다. 중국에서 있었던 문화혁명의 영향으로 중소관계가 악화되자 미국은 아시아의 분쟁에 직접 개입하는 것을 피하려 하였고, 그 결과 월남에서의 지상군이 감축되는 한편 우리나라의 주한 미군도 단계적 철군이 발표되면서 1971년 3월 1단계 철군이 이루어졌다. 이는 당시 정권의 입장에서는 안보상 심각한 문제로 받아들여지지 않을 수 없었다.

국내적 정치안정이 어느 정도 회복되면서 세계경제의 회복세를 타고 제3순환의 확장국면이 1983년경부터 시작되었고, 1984년 2월을 정점으로 정부의 긴축정책이 지속되면서 경기는 다시 후퇴하기에 이르렀다. 1980년의 군사쿠데타로 정권을 장악하였던 전두환 정부는 이전 시기의 성장일변도 정책이 중화학 과잉투자와 살인적인 물가상승이라는 부작용을 낳았다고 판단하고, 중화학투자 조정을 실시하였으며, 물가를 억제하기 위해 지속적인 긴축구조를 유지하였다. 특히, 1984년은 실질통화증가율이 3%를 밑도는 수준이었다.

이후 1985년 9월까지 비교적 짧은 후퇴기를 거쳐 우리나라는 다시 1988년 1월까지 경기상승국면을 맞으면서 제4순환을 형성하였다. 제4순환의 상승과 후퇴는 국제경제 여건의 상황전개에 거의 전적으로 영향을 받았다고 해도 과언이 아니다. 이른바 3저호황으로 일컬어지는 금리 · 환율 · 1차상품(원유) 가격의 하락으로 우리나라는 대한민국 정부수립 이후 1986년 처음으로 역사적인 경상수지 흑자를 기록하였고, 이는 1988년까지 이어졌다. 여기에 1986년과 1988년에 대규모 국제스포츠대회를 개최하면서 건설붐이 가세하여 경기상승을 결과하였다. 그러나 1988년 이후 국제금리의 상승과 달러화의 강세반전 등 3저의 퇴조와 부동산과열 억제정책 등이 겹치면서 4순환의 후퇴기를 맞았다.

제5순환은 분당 · 일산의 신도시 건설붐으로 시작되었다가 건설경기의 퇴조와 지가하락으로 다시 짧은 후퇴국면을 맞았다.

1990년대 들어서 우리나라는 반도체를 중심으로 IT산업을 적극적으로 육성함으로써 3년여에 걸친 지속적인 호황국면이 이어졌다. 호황국면은 제2순환과 제3순환 중에 기간상으로는 더 오래 지속된 것으로 나타나 있으나, 이들 기간중에는 사실상 작은 규모의 상승과 하강이 반복되었던 점을 감안한다면, 실질적으로는 제6순환의 호황국면이 가장 안정적인 상승세를 보였던 것으로 해석할 수 있다. 그러나 불행하게도 제6순환은 1996년 3월을 정

3저호황

3저호황은 1980년대 중반, 저금리 · 저달러 · 저유가 등 국제경제환경의 변화로 우리 경제가 높은 성장을 보였던 것을 말한다. 1979년의 제2차 석유파동 이후 각국은 경제회복을 위해 금리를 지속적으로 낮추어 왔다. 뿐만 아니라, 큰 폭의 재정적자와 무역적자 등 이른바 쌍둥이 적자로 어려움을 겪었던 미국이 달러가치를 낮추기 위해 선진국들의 협조로 플라자협정을 체결, 달러가치의 하락을 유도하였다. 석유수출국기구(OPEC)도 감산정책을 후퇴시킴으로써 원유 등 원자재가격이 하락세를 나타냈다. 당시 석유의존도가 높고, 대규모 외채에 시달렸던 우리 경제는 유가하락과 금리부담의 경감으로 매우 유리한 환경을 맞았다. 다만 환율이 하락하여 수출에 불리하게 작용할 수도 있었지만, 일본 등 경쟁국들의 환율 역시 더 큰 폭으로 하락함으로써 오히려 우리에게 유리한 환경을 만들어 주었다.

점으로 1997년 말 외환위기를 겪으면서 사상 유례가 없었던 침체의 심연으로 떨어지게 되었다.

이후 국제통화기금(IMF)으로부터 구제금융을 받아 외환의 안정을 다시 회복하면서, 경제의 강력한 구조조정과 수출증대로 경상수지가 큰 폭의 흑자를 지속하자 우리 경제는 빠른 속도로 위기로부터 벗어나게 되었고, 1998년 8월 이후 제7순환의 상승국면으로 접어들었다. 제7순환은 2000년 8월을 정점으로 하여 2001년 7월까지를 수축기로 기준순환일을 설정하였다.

제8순환은 월드컵 개최의 영향으로 2002년 12월을 정점, 2005년 4월을 저점으로 설정되었고, 제9순환은 2008년 1월을 정점, 국제금융위기로 하락한 2009년 2월을 저점으로 설정하였다.

9.4 경기변동이론의 최근 동향

최근 들어 경기변동이론과 관련해서는 거시경제이론의 발전과 경제환경의 변화로 다양한 논의가 이루어지고 있다. 특히, 거시경제이론에서는 이미 경기변동을 거시경제적 변동으로 파악하고 있고, 따라서 최근에는 거시경제학의 양대 학파를 중심으로 보다 진전된 이론적 논의가 진행되고 있다. 또한 2000년대 들어서 활발하게 논의되었던 이른바 신경제하에서 경기변동도 그 속성이 달라질 것으로 거시경제학자들은 보고 있다. 이들 내용을 간략하게 살펴보자.

먼저 거시경제학의 양대 학파인 고전파와 케인지언들은 경기변동의 발생요인을 다르게 보고 있다. 고전파(또는 이들의 전통을 이어받은 신고전파) 경제학자들은 화폐는 경제의 실물변수에 영향을 줄 수 없다는 이른바 화폐의 중립성과 이로 인해 경제는 실물부문과 화폐부문으로 나뉜다는 고전적 이분법을 주장해 왔다. 따라서 경제 전체의 총공급은 생산능력에 의해 결정된다는 것이다. 그러므로 총공급곡선은 물가의 변동에 영향을 받지 않는 수직선으로 나타난다. 결국 경기변동은 수직선인 총공급곡선이 어떤 이유로 변하는가에 달려 있다는 것이다(총공급곡선이 수직이면 총수요곡선이 아무리 변동해도 전체 생산은 변함이 없고 물가만 변한다). 이들의 주장을 요약하면, 경기변동은 '실물부문의 충격'에 의해서 총공급곡선이 변할 때 발생하는 것이다. 이것이 실물경기변동(real business cycle)이론이다. 이러한 총공급곡선의 변화, 즉 경제 전체의 생산능력을 의미하는 잠재GDP의 변동을 초래하는 것으로는 기술충격이 대표적인 요인으로 꼽힌다. 생산기술의 발전은 같은 노동을 고용하더라도 더 많은 생산을 가능하게 해 줌으로써, 결국 소득증대 · 소비증대 · 고용증대로 이어진다. 기술이 퇴보하면 생산과 소비 · 고용 등이 감소한다. 실물경기변동이론을 비판하는 사람들은 기술이 퇴보한다는 것에 대해 비현실적이라고 주장하고 있으나, 이는 기술퇴보를 상대적인 개념으로 해석해야 한다는 점과, 정부의 지나친 규제, 원유가격 상승과 같은 요인들이 총공급 측면에서 기술퇴보와 유사한 효과를 갖기 때문에 경기변동이 발생한다는 점 등을 들어 반론을 제기하고 있다.

케인스학파의 전통을 이어받은 신케인지언들은 총수요의 변동에 의해 경기변동이 발생한다고 주장하고 있다. 이들은 고전파 경제학자들과 달리 물가와 임금이 신축적이지 못하기 때문에 총공급곡선이 수직선이 아니고 우상향하는 형태를 갖게 되며, 따라서 총수요의 변동이 생산(국민소득)의 변화를 초래할 수 있다고 주장한다. 결국, 소비 · 투자 · 정부지출 · 순수출과 같은 총수요를 구성하는 항목의 변화가 경기변동을 유발한다는 것이다. 여기에 일부 신케인지언들은 조정실패가 경기후퇴를 야기한다고 주장하기도 한다. 예를 들어 보자. 신발공장과 셔츠공장으로 이루어진 경제가 있다고 하자. 어떤 이유에서건 경기침체의 조짐이 발생하였을 때, 신발공장에서는 셔츠공장이 생산을 줄일 것

조정실패

조정실패는 일종의 게임상황에서 한 경제주체의 의사결정이 다른 경제주체의 의사결정에 영향을 받을 때, 복합적 균형이 존재할 수 있음을 보여 주는 사례라고 할 수 있다. 1997년 아시아에서 발생하였던 외환위기도 조정실패에서 그 원인을 찾는 사람들이 있다. 즉, 원화의 가치가 하락하기 시작할 때, 다른 사람들이 외환을 빼내 갈 것으로 생각하고 자신도 외환을 인출하는 경우이다. 모든 사람이 외환을 인출하지 않으면 환율은 유지가 될 텐데, 조정실패로 인해 너도 나도 외환을 인출하다 보니 실제로 원화의 가치가 큰 폭으로 하락하여 외환위기가 초래되었다는 것이다. 물론 더 근본적인 원인들이 다수 존재하였지만 현상으로서의 외환위기를 초래한 직접적인 원인을 이렇게 해석할 수도 있다는 말이다.

으로 예상해 자신들도 생산을 줄이기로 결정한다. 셔츠공장에서도 똑같은 과정을 거쳐 생산을 줄이기로 한다면, 두 공장에서의 생산은 줄어들고 고용과 임금·소득·소비가 연쇄적으로 감소함으로써 경기침체가 실제로 발생한다. 두 공장에서 경기침체가 발생할 것이라는 예상이 현실화되는 것이다. 그런데 누군가가 중간에서 사실은 초기의 침체 조짐이 심각하지 않으므로 그대로 생산수준을 유지하라고 조정한다면 경기침체가 현실화되지 않겠지만 그렇지 못하기 때문에, 즉 조정실패로 인해 경기침체가 발생한다는 것이다. 물론 위의 예는 두 개의 공장을 가정하였기 때문에 조정이 이루어질 수 있었지만, 현실에서는 수많은 경제주체들이 의사결정을 하기 때문에 조정이 쉽지 않은 것이다.

IT기술의 발전에 따른 신경제의 등장 역시 경기변동의 패턴에 영향을 줄 수 있다. 신경제의 특성으로는 지식집약형 산업의 확대로 인한 수확체증의 현상, 생산성의 지속적인 향상, 기술진보의 가속화로 인한 기술수명의 단축, 신기술에 대한 불균형정보의 발생 등을 들 수 있다. 지식집약형 산업의 대표적인 예는 컴퓨터 소프트웨어를 들 수 있다. 이러한 산업에서는 초기개발비용은 엄청나게 들지만, 일단 개발이 완료되면 생산비용은 거의 들지 않는다. 즉, 생산의 규모를 늘릴수록 평균비용은 점차 감소하는 것이다. 이것이 전통적인 이른바 '굴뚝산업'에서 전형적으로 나타나는 수확체감의 법칙과는 다른 수확체증의 현상이다.

신경제의 이러한 특성으로부터 생각해 보면 앞으로 경기변동은 생산성의 향상과 재고변동 감소 등의 요인으로 변동성이 감소하면서도, 금융시장은 뉴스 등에 더욱 빠르고 민감하게 반응함으로써 변동성이 더 커질 것으로 보여진다. 실제로 1990년대 이후 미국의 경제는 변동성에서는 크게 줄어들지 않았고, 다만 순환주기에서 후퇴기는 짧아지면서 회복기는 길어지는 추세를 보이고 있는 것으로 분석되고 있다. 그러나 이러한 변화가 신경제의 등장에 따른 직접적인 결과인지는 아직 좀더 두고 보아야 할 것이다. 우리나라의 경우에는 순환주기에서 뚜렷한 추세가 발견되지 않고 있고, 진폭의 변화에서도 어떤 패턴을 찾을 수 없다는 분석이 제시되고 있다. 그러나 이 역시 아직 신경제의 발현이 경기변동에 직접적인 영향을 줄 만큼 뚜렷하지 않고, 또한 시기적으로도 좀더 시간이 경과되어야 어떤 결론을 낼 수 있을 것으로 보인다.[1]

[1] 오완근 · 백웅기, 『디지털경제와 경기변동』(2004), 제3장과 제4장 참조.

더 찾고 생각해 보기

1. 경기종합지수는 경기에 민감한 변수들을 모아 경기상황을 종합적이고 체계적으로 판단하는 데 도움이 되도록 만들어진 것이다. 그러나 이러한 지표라고 해서 경기상황을 정확하게 맞출 수는 없다. 아래의 신문기사를 보고 경기종합지수가 달라지는 경우 그 원인이 무엇인지 생각해 보자.

경기지표 3가지 착시현상

① 서비스업, 금융업 빼면 증가세 미미
② 민간소비 4%늘었지만 해외지출 많아
③ 산업생산, IT제외하면 증가율 절반 '뚝'

'생산도 늘고 내수도 회복됐다는데 체감 경기는 왜 이 모양이지?'

최근 발표된 경기관련 지표에 거품이 끼어 있다는 분석이 제기되고 있다. 정보기술(IT) 업종과 금융업 등 일부 업종의 호황이 전반적인 경기 상황을 오도하는 '착시 현상'이 빚어지고 있다는 지적이다. 게다가 재고율과 경기선행지수 등 몇몇 지표에서는 오히려 불황의 징조마저 엿보인다.

◆착시 원인은 편중 성장
지난 9월 중 산업 생산은 지난해 같은 기간에 비해 7.2% 늘었다. 올1월(14.3% 증가) 이후 8개월 만에 가장 높은 증가율이다. 그러나 반도체 휴대폰 등 IT 업종을 제외하면 얘기가 달라진다. 9월 IT 업종의 성장 기여도는 4.4%포인트로 전체 증가율 7.2%의 절반 이상을 차지했다.

내수 경기를 나타내는 서비스업도 마찬가지. 9월 서비스업 생산 증가율은 5.4%로 전달(5.9%)에 이어 높은 수준을 유지했지만 이 중 절반가량(49%)은 증시 호황에 따른 금융·보험업의 폭발적인 성장세에 기인했다.

금융 관련 서비스업은 전년동월

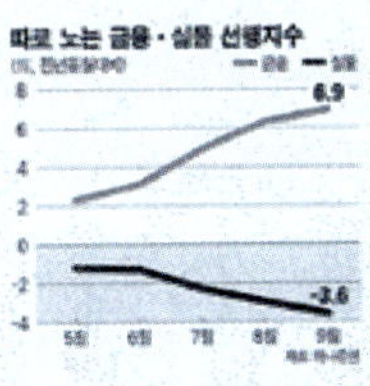

대비 84.5%나 성장했고 비통화금융업과 보험·연금업도 10% 안팎의 고성장을 했다. 문제는 IT와 금융업 등 현재 잘나가고 있는 산업들의 '전·후방 효과'가 낮다는 것. 특히 금융 업종은 실물 경제와는 무관한 '돈 잔치' 성격이 강해 실제 국민들의 실림살이와는 동떨어져 있다는 게 전문가들의 지적이다.

◆불안한 조짐들
경기 관련 '청신호'에 해당하는 경기선행지수도 속을 들여다보면 어두운 구석이 적지 않다. 향후 경기 회복 국면을 예고하는 선행지수는 5개월째 오름세를 보이고 있지만 금융 부문을 떼어놓고 보면 '속빈 강정'이라는 분석이다. 하나증권에 따르면 선행종합지수를 구성하는 9개 변수 가운데 코스피(KOSPI) 지수와 총 유동성 등 금융 관련 지표를 제외한 '실물 선행지수'는 올들어 줄곧 마이너스권을 헤매고 있다. 최근 들어서는 오히려 하락폭이 더 커지고 있다.

출하 증가율(9월 기준 5.4%)과 생산 증가율(7.2%)의 간극이 벌어지고 있는 것도 좋지 않은 징후다. 예상했던 바에 비해 물건이 잘 팔리지 않고 있는 것으로 해석될 수 있기 때문이다. 실제 9월 재고율은 전달(94.5%)보다 3.1%포인트 높은 97.6%를 기록했다.

◆서민 주머니엔 돈이 없다
'성장의 과실'이 국민의 손에 전달되는 경로에도 이상이 생겼다. 한국은행에 따르면 지난 3분기 국내총생산(GDP)은 4.4% 증가했지만 교역조건 악화로 실질 구매력을 재는 국내총소득(GDI) 증가율은 2000년 4분기(0.2%) 이후 5년 만에 최저치(0.2%)로 추락했다. 민간 소비가 4.0% 늘어나 성장세를 뒷받침했지만 해외 소비로 빠져나간 돈을 제외하면 2% 대로 떨어진다.

곽영훈 하나증권 연구위원은 "특정 산업만 독주하는 현상이 벌어지면서 지표 경기와 체감 경기 간 괴리가 심화되고 있다"며 "특히 금융업은 실물 경제로 파급되는 효과가 아주 낮은 산업이어서 향후 주가 흐름에 따라 전체 내수 지표가 크게 흔들릴 수 있다"고 진단했다.

안재석 기자 yagoo@hankyung.com

한국경제신문, 2005. 11. 2

2. 경기변동이 발생하는 경우 정부에서 세울 수 있는 대책이 무엇인지 알아보고, 최근의 언론보도에서 이러한 대책을 찾아 읽어 보자. 정부의 대책 가운데 경기순응적(pro-cyclical) 정책과 반경기적(anti-cyclical) 정책을 구분하여 그 효과에 있어서 어떤 차이가 있는지 알아보자.

3. 통계청에서 발표하는 경기종합지수는 그 자체로서 과거 · 현재 · 미래의 경기상황을 판단할 수 있는 지표가 되지만, 또한 다른 변수들과의 연관성을 살펴봄으로써 특정한 변수의 변화를 예측하는 데 쓰일 수 있다. 예를 들어, 경기선행지수 또는 동행지수의 변화와 주가의 변동 사이에 어떠한 관계가 있는지 알아보는 것 등이다. 자신이 관심 있는 경제변수와 경기종합지수 사이의 관계를 알아보고, 이를 근거로 가까운 장래에 관심 있는 변수의 변화가 어떻게 될지 예측해 보자.

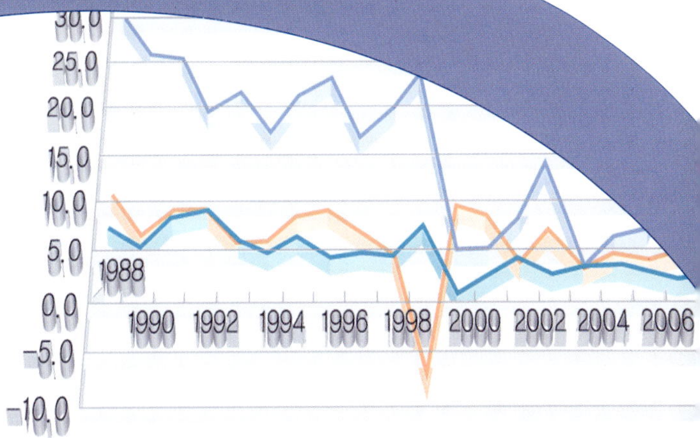

Chapter

10 통화와 금융체제

10 통화와 금융체제

우리는 앞에서 국민소득 순환도와 GDP 및 경기변동에 대해 살펴보았다. 이는 국민소득 순환도에서 실물의 흐름을 중심으로 형성된 개념을 그 반대의 흐름인 돈의 순환을 기준으로 분석한 것이다. 다시 말해, 상품의 생산을 판매한 금액을 기준으로 추정하고, 생산요소의 흐름 역시 이를 판매한 대가의 개념으로 추정하였다. 소비지출이나 정부지출 역시 상품을 구입해 사용한 것을 지불한 돈의 양으로 추정한 것이다.

이와 같이 생산 · 소비 · 투자 · 정부지출 등은 생산요소 및 재화 · 서비스의 수요와 공급이 만나서 균형을 이루는 차원에서 분석되었다. 그러나 그 반대의 흐름을 형성한 돈의 경우에는 어떻게 다루어야 할 것인가? 화폐 또는 통화 역시 누군가에 의해서 공급되고 수요되는 하나의 재화로 생각해야 한다. 그렇지만 화폐는 일반재화와는 전혀 다른 성격의 재화이다. 따라서 화폐의 수요와 공급은 일반재화와는 다른 차원에서 별도로 다루어져야 한다.

이번 장에서는 화폐라는 재화의 기본적인 성격과 수요 · 공급 그리고 이자율 등을 살펴보고, 또한 금융기관의 종류 및 역할을 알아본다.

10.1 화폐의 특성

앞에서 우리는 국민소득의 흐름에 대해 설명하면서, 이는 마치 심장으로부터 온몸으로 피돌기가 이루어지는 순환계의 모습과 같다고 하였다. 경제 전체의 흐름을 이처럼 인체의 피돌기에 비유한다면, 화폐는 바로 혈액과 같다고 할 수 있다.

화폐를 정의하면, 화폐란 재화 및 서비스를 거래하고 채권과 채무를 청산하는 데 "일반적으로 통용되는 지불수단(generally acceptable means of payments)"을 말한다. 여기서 '일반적으로 통용되는'이라는 말은 모든 사람들에게 화폐가 화폐로서 인정되어야 한다는 말이다. 그러기 위해서는 화폐가 그 자체로서 가치를 가지거나 법과 같은 제도에 의해 화폐의 사용이 강제되어야 한다. 과거 금본위제나 은본위제하에서의 화폐를 생각하거나 오늘날의 법화(legal tender)와 같이 화폐의 가치를 법으로 정하는 경우를 생각해 보면 쉽게 이해가 될 것이다. 화폐를 정의하는 용어 가운데 나머지 부분은 화폐의 기능과 관련된 것이다.

화폐의 기능은 크게 세 가지로 이야기할 수 있다. 첫째는 교환의 매개수단(medium of exchange)이다. 다시 말해, 재화 및 서비스를 거래할 때 편리하게 지불수단으로 쓸 수 있다는 말이다. 화폐가 없다면 우리는 일일이 재화 및 서비스를 서로 물물교환(barter)을 통해 거래해야 하는데, 그러기 위해서는 내가 팔려는 물건과 사려는 물건을 정확하게 반대로 가지고 있는 사람을 만나야 한다. 이른바 '욕망의 일치(coincidence of wants)'가 필요하다는 말이다. 그러나 돈이 있다면 내가 팔려는 물건을 필요로 하는 사람에게 팔아 돈을 받고, 그 돈을 가지고 내가 사려는 물건을 가지고 있는 사람과 거래를 하면 되기 때문에 훨씬 더 편리해진다. 화폐의 등장은 이런 측면에서 거래비용을 크게 낮출 수 있는 하나의 위대한 발명이었던 셈이다.

두 번째는 가치저장의 수단(store of value)이다. 우선 당장 필요하지 않아 나중에 물건을 구입하려면, 돈으로 가지고 있다가 필요할 때 물건을 구입할 수 있다. 물론 쌀과 같은 재화도 가치저장의 수단이 되겠지만 보관의 편리함을 생각해 보면 화폐가 훨씬 더 우월한 가치저장의 수단이라고 할 수 있다.

세 번째는 계산의 단위(unit of account)를 제공하는 기능이 있다. 일반적으로 재화의 가격을 돈으로 표시하기 때문에 서로 다른 재화의 가치를 비교하거나 거래에 따른 가치의 차이 등을 계산할 때 화폐를 그 단위로 사용하게 되는 것이다.

따라서 이러한 특성을 갖는 화폐에 대한 수요와 공급은 일반적인 재화와 다를 수밖에 없다. 화폐에 대한 수요는 그 수요의 동기에 따라 세 가지로 구분한다. 첫째는 거래적 동기에 의한 수요이다. 거래적 동기란 우리가 경제적 행위를 하면서 재화와 서비스를 구입하기 위해 당연히 돈이 필요한데, 이러한 거래에 필요한 화폐에 대한 수요를 가리킨다. 두 번째는 예비적 동기에 의

point-10.1 화폐의 편리함

그림 10-1

화폐의 편리함

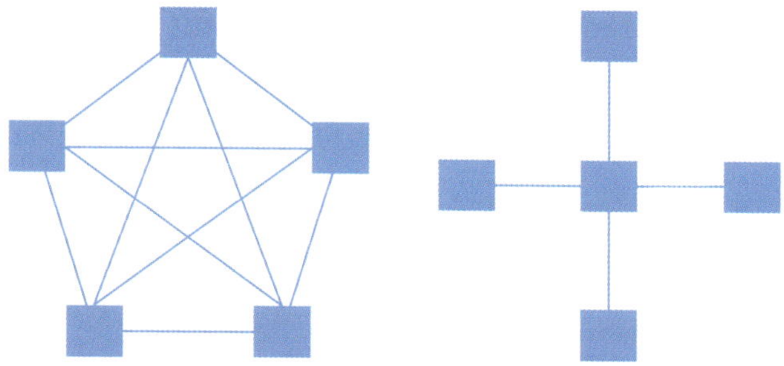

화폐의 이러한 기능으로 인해 경제생활이 효율적이고 편리해질 수 있다는 것은 간단한 그림과 산술로도 쉽게 알아볼 수 있다. 예를 들어, 쌀과 옷과 집 등 세 가지 재화가 있는 경우를 생각해 보자. 돈이 없다면 우리는 쌀과 옷, 옷과 집, 쌀과 집 사이의 교환비율을 각각 정해 두어야 한다. 즉, 3개의 가격이 있어야 거래가 이루어지는 것이다.

그러나 이 중 쌀을 화폐로 사용하기로 하면 쌀과 옷, 쌀과 집의 교환비율만 정하면 된다. 즉, 가격이 2개만 있어도 된다는 말이다. 이를 일반화시켜서 n개의 재화가 있는 경우를 생각해 보자. 화폐가 없으면 n각형의 모든 점을 연결하는 변과 대각선의 수만큼 가격이 있어야 한다. 즉, $\{n(n-1)\}/2$개만큼의 가격이 있어야 된다. 그런데 이 중 하나의 재화를 화폐로 사용하게 되면 $(n-1)$개의 가격만 있으면 된다. 거래해야 할 재화나 서비스가 100가지인 경우만 생각해도 그 차이는 엄청나다. 그런데 우리가 거래해야 할 재화 및 서비스의 종류가 100가지뿐인가.

한 수요이다. 방금 설명한 대로 거래에는 돈이 필요한데, 이때 필요한 경우마다 그때 그때 돈을 찾거나 조달하는 것이 아니고, 일정 금액을 한 번에 찾아서 지갑에 넣고 다니다가 필요한 경우에 쓴다. 이처럼 당장은 아니더라도 가까운 장래의 거래적 동기를 위해 미리 돈을 수요하는 것이 예비적 동기에 의한 화폐수요이다. 세 번째는 투기적 동기에 의한 화폐수요이다. 여기서 투기라 함은 우리가 일상적으로 쓰는 '부동산투기'에서의 투기와 비슷한 의미를 갖는 것으로 해석할 수 있다. '비슷하다'는 것은 더 큰 이익을 좇아서 수요가 발생한다는 점에서는 같지만, 부도덕하거나 비난받을 행위로서의 투기가 아니라는 점에서는 다르다는 의미이다. 투기적 동기에 의한 수요는 이자율이 높으면 은행에 맡기려고 하고, 이자율이 낮으면 현금으로 가지고 있으려는 성향을 말한다. 즉, 이자율이 높으면 화폐에 대한 수요가 줄고, 이자율이 낮아지면 수요가 는다고 할 수 있다.

이들 세 가지 형태의 화폐수요 가운데 케인지언들은 세 번째 동기에 의한 화폐수요에 초점을 맞추고 있는데, 이를 유동성이 높을수록 좋아한다는 의미에서 유동성선호설이라고 한다. 다시 말해, 유동성이란 쉽게 현금화할 수 있는 정도를 나타내는 말로(유동성에 관한 자세한 설명은 10.2절 참조), 사람들은 현금을 가장 좋아하고, 유동성이 떨어지는 각종 예금에 대해서는 그 대가로 이자를 지급해야 한다는 것이다. 이것이 바로 투기적 동기에 의한 화폐수요를 설명하는 배경이라고 할 수 있다.

반면, 통화론자들은 주로 거래적 동기에 의한 화폐의 수요에 초점을 맞추고 있다. 10.4절에서 통화량과 거시경제변수 사이의 관계를 설명하는 가운데 등장하게 될 교환방정식은 금액기준으로 경제 내에서 생산되고 거래되는 재화 및 서비스의 총량과 유통되는 화폐의 총량이 같아야 된다고 보았다. 즉, 화폐는 기본적으로 재화 및 서비스의 거래를 충족시키는 수단으로 존재한다는 것이다.

화폐의 공급은 더 특이하다. 화폐는 국가기관에 의해 일방적으로 공급되고, 공급량도 정책적으로 결정된다. 오늘날의 화폐는 동전과 지폐로 구성되어 있는데, 거의 모든 경우에 화폐 그 자체가 값어치를 갖지 않는 이른바 법화(fiat money 또는 legal tender)이기 때문에 아무나 만들 수 없도록 할 수밖에 없다. 여기서 의미하는 화폐의 공급은 우리가 보고 만질 수 있는 바로 그 돈을 '만들어서' 경제에 공급하는 것을 의미한다.

그런데 정부가 아닌 민간경제주체들도 시중에 돈을 공급할 수 있다. 돈을 만들 수도 없는데 어떻게 돈을 경제에 공급한단 말인가? 그것은 바로 금융기관을 통해서이다. 예를 들어, 우리는 은행에 돈을 예금하고, 은행은 이를 대출해 줌으로써 누군가가 쓸 수

화폐에 대한 수요

결국 화폐에 대한 수요는 생산(또는 국민소득)이 많아지면 거래가 늘기 때문에 국민소득이 늘거나 이자율이 떨어지면 수요가 증가한다. 즉, 국민소득에 비례하고, 이자율에 반비례한다. 이는 우리가 총수요곡선을 도출하는 과정에서 화폐시장의 균형을 이야기할 때 등장하는 *LM*곡선의 형태와 직접 관련이 있다. 즉, 통화의 공급이 일정할 때 화폐시장의 균형을 국민소득과 이자율의 평면에 그리면 양의 기울기를 갖게 된다. 즉, 국민소득이 증가하면 이자율도 올라야 화폐시장의 균형이 유지된다는 말이다. 이는 통화공급이 일정하다는 전제하에서 국민소득의 증가로 인해 거래적 동기에 의한 화폐수요가 증가하면 이자율이 상승함으로써 투기적 동기에 의한 화폐수요가 감소해야 함을 의미한다. 보다 자세한 이론적 내용은 교과서를 참고하자.

있도록 해 준다. 그런 의미에서 현금뿐 아니라 금융기관에 예치된 돈 역시 통화의 공급에 포함시키는 것이다. 통화공급이 단순히 정부가 발행한 현금에 국한되지 않는다는 것은 민간부문에서 경제의 흐름에 따라 통화량이 변할 수도 있다는 말이다. 따라서 통화공급은 정부가 정책적으로 결정하고 조정할 뿐 아니라, 민간부문에 의해서도 변화되기 때문에 다양한 경제적 효과를 초래한다. 정부의 통화금융정책 과정 및 그 경제적 효과에 대해서는 제13장의 경제정책부문에서, 그리고 민간부문의 통화증발효과는 10.3절에서 자세히 소개된다.

10.2 통화공급 및 통화지표

통화공급은 정부의 일원인 중앙은행이 발행한 현금통화와 민간의 저축을 포함한다고 하였다. 그런데 저축도 상품이 다양하기 때문에 학자들마다 어떤 것까지를 포함시킬 것인지에 관해 다양한 견해가 있고, 어떤 것을 포함시키는가에 따라 다양한 통화의 개념이 생겨나게 된다. 이때 포함되는 저축을 구분하는 기준은 유동성(liquidity)이다. 유동성은 얼마나 쉽게 현금화할 수 있는가의 정도를 나타내는 말이다. 현금이 현금화하기 가장 쉽기 때문에, 종종 현금을 유동성으로 표현하기도 한다.

유동성의 의미

여기서 "현금화하기 쉽다"는 말은 현금화하는 데 따른 물리적이거나 경제적 비용이 얼마나 되는가를 의미한다. 예를 들어, 부동산 같은 경우 일반적으로 유동성이 매우 낮은 자산으로 간주되는데, 이는 실제로 부동산을 처분하여 현금화하는 데에는 여러 단계의 절차를 거쳐야 하고 비용도 많이 들기 때문이다. 예금의 경우에도 높은 이자를 제공하는 예금일수록 이를 현금화하기 위해서는 포기해야 하는 이자가 많기 때문에, 현금화하는 데 비용이 많이 드는 것으로 생각할 수 있고, 따라서 유동성이 떨어지는 것으로 본다.

우리나라의 통화지표는 그 동안 M1, M2, M3 등으로 구분해 왔으나 IMF(국제통화기금)의 권고에 따라 2002년 이후 새로운 시계열을 작성하면서 신M1, 신M2로 바뀌었다. 기존의 통화지표는 금융기관의 편제를 중심으로 한 구분으로, 은행을 중심으로 한 통화금융기관을 포함해서 M1, M2, 비통화금융기관을 포함하면 M3 등으로 구분하였으나, 금융기법의 발달 등으로 이러한 구분이 의미가 없어지면서 유동성 중심의 새로운 M1, M2로 개편된 것이다. 따라서 신M1(협의통화), 신M2(광의통화)에는 금융기관의 종류에 관계없이 유동성의 정도에 따라 구분된다.

여기에 좀더 넓은 의미의 통화인 금융기관 유동성(Lf)과 광의의 유동성(L)이라는 개념도 도입되었다. 이들 지표에 포함되는 금융상품은 다음과 같다.

신M1＝현금통화＋요구불예금＋수시입출식 저축성 예금
신M2＝신M1＋정기예 · 적금＋시장형 금융상품
＋실적배당형 상품＋금융채
Lf＝M2＋증권금융예수금＋생명보험회사의 보험계약준비금
L＝Lf＋정부 및 기업 등이 발행한 국채 · 지방채 · 기업어음 · 회사채 등

구체적으로 금융기관에 대한 예금 가운데 가장 유동성이 큰 것은 요구불예금(demand deposit)이다. 이 예금은 "요구에 따라 바로 지불해 주는" 예금이라는 의미로, 예금자가 필요하면 언제나 자유롭게 입출금을 할 수 있는 예금이다. 말하자면, 돈을 찾는 데 드는 시간과 불편함 외에는 경제적 비용, 즉 포기해야 하는 이자가 없으므로 현금에 가장 가깝다는 말이다. 현금과 요구불예금을 합해서 가장 협의의 통화공급으로 보고, 이를 '협의통화'라고 부르며 기호로는 M1이라고 한다.

금융기관의 또다른 예금인 저축성 예금(savings deposit)은 정기적으로, 또는 일정 기간 동안 예치해 둘 것을 조건으로 높은 이자율을 제공하는 예금이다. 이러한 예금도 현금화하는 데 따른 경제적 비용(포기해야 하는 이자)이 커서 유동성이 떨어지기는 하지만, 필요하다면 언제든지 찾아서 현금처럼 쓸 수 있다. 따라서 이러한 저축성 예금까지를 포함시키면 좀더 넓은 의미의 통화공급이 된다. M1(현금＋요구불예금)에 저축성 예금을 합하여 '광의통화'라고 부르고 기호로는 M2라고 한다.

통계보기

표 10-1

통화지표의 추이(단위: 10억 원, 말잔)
자료: 한국은행.

연도	M1 (협의통화, 말잔)	M2 (광의통화, 말잔)	Lf (말잔)	L (말잔)
1977	2,312.9	5,155.7	7,515.5	
1978	3,207.8	6,981.8	10,210.6	
1979	3,949.4	9,058.6	13,379.3	
1980	4,778.7	13,087.4	17,962.2	
1981	5,897.9	17,814.1	23,481.3	
1982	9,603.2	24,413.7	31,257.1	
1983	11,168.0	30,006.7	38,032.2	
1984	11,803.4	35,704.4	45,725.7	
1985	14,497.1	42,161.5	55,450.0	
1986	19,469.1	54,620.0	71,594.2	
1987	24,543.7	71,161.0	93,637.7	
1988	29,745.1	92,386.7	120,358.6	
1989	35,677.2	116,204.2	153,927.1	
1990	44,131.7	145,603.7	198,123.8	
1991	54,204.7	174,029.9	244,837.3	
1992	64,764.9	211,468.9	298,277.4	
1993	75,893.9	248,271.0	354,933.3	
1994	87,459.9	300,657.9	442,663.2	
1995	101,665.9	370,600.4	527,017.0	572,594.0
1996	114,774.8	432,315.6	614,961.5	672,883.0
1997	128,931.0	517,306.9	700,285.4	766,508.7
1998	121,731.1	639,664.3	787,627.3	852,286.3
1999	170,659.4	672,544.4	850,827.8	931,655.4
2000	196,714.5	707,698.9	911,641.8	1,043,886.2
2001	246,720.5	764,979.3	1,017,715.3	1,190,544.0
2002	283,580.8	872,075.6	1,155,739.8	1,352,977.0
2003	298,952.9	898,069.4	1,209,750.8	1,415,832.6
2004	321,727.7	954,722.5	1,295,821.8	1,518,885.0
2005	332,344.9	1,021,448.7	1,391,559.6	1,653,184.1
2006	371,087.6	1,149,262.1	1,538,299.7	1,838,965.1
2007	316,382.7	1,273,611.9	1,691,565.2	2,051,108.7
2008	330,623.7	1,425,887.5	1,845,199.1	2,268,728.1
2009	389,394.5	1,566,850.0	2,018,785.0	2,526,413.7
2010	427,791.6	1,660,530.0	2,137,197.9	2,719,628.5
2011	442,077.5	1,751,458.4	2,277,679.0	2,973,253.8

point-10.2 중심통화지표

각 나라는 위에서 설명한 여러 가지의 통화개념 가운데 하나를 중심통화지표로 삼아 통화공급의 증가율을 정책적으로 조정할 때 활용하고 있다. 어떤 개념을 중심통화지표로 하는가는 각국의 사정에 따라 다르다. 그 기준은 다른 거시경제지표와의 연관성이 가장 높고 밀접하게 움직이는 개념을 선정하는 것이다. 우리나라는 1990년대 이전 총통화(M2)를 통화의 중심지표로 삼아 왔으나, ① 경제의 규모가 급격하게 확대된 점, ② 금융상품의 발달로 저축성 예금 이외의 비은행금융기관 예금종류가 다양해졌을 뿐만 아니라 이들의 유동성이 커진 점 등을 고려해 총유동성(M3)을 통화의 중심지표로 활용해 왔다. 지금은 통화지표의 개편과 더불어 신M2를 통화의 중심지표로 삼고 있다. 과거의 M3와 지금의 신M2는 유사한 추이를 보여 주고 있어 중심통화지표의 변화에 따른 큰 혼란은 없다.

10.3 통화의 공급경로

통화의 공급은 중앙은행이 화폐를 제조해서 시중에 내보내는 본원통화(monetary base: MB)와 이를 바탕으로 예금과 대출을 통해 민간은행에서 창출하는 예금통화나 준통화에 의해 이루어진다.

10.3.1 본원통화의 공급

중앙은행은 발권은행으로서 화폐를 독점적으로 제조 · 공급한다. 조폐공사에서 찍어 낸 돈이 경제학적 의미에서의 통화인지 아닌지를 구분하는 기준은 단순히 중앙은행의 문턱을 넘어서 시중으로 나왔는지, 아니면 중앙은행의 창고에 쌓여 있는지 여부이다.

중앙은행의 문턱을 넘어 시중에 흘러나온 돈은 민간이 보유한 현금의 형태로 존재하거나, 아니면 은행 등 금융기관에 예치된다. 금융기관은 예치된 돈 가운데 지급준비금(이에 대한 설명은 다음 절 참조)을 남겨 두고 다시 시중에 대출형태로 내보내게 되므로, 결국 전체적으로 보면 중앙은행을 빠져 나온 돈은 민간이 보유한 현금통화와 은행들의 지급준비금이라는 형태로 존재한다. 즉, 본원통화는 현금통화와 예금은행의 지급준비금 합이다.

$$본원통화(MB) = 현금(CU) + 지급준비금(BR)$$

이제 현금을 예금(D)의 일정 부분이라고 생각해 보자. 즉, 시중의 현금은 일단 어떤 형태로든 은행에 예치되고 이것이 다시 흘러나온 것으로 생각해 볼 수 있다. 이 경우 $CU = kD$가 된다. 여기서 k는 민간의 현금보유비율이다. 또한 은행의 지급준비율을 r라고 하면 지급준비금은 $BR = rD$가 된다. 따라서 본원통화는 다음과 같이 표현할 수 있다.

$$MB = CU + BR = (k + r)D$$

그런데 앞서 통화량이란 (어떤 지표를 사용할 것인지에 따라 그 내용은 달라지겠지만) 현금과 금융기관 예금을 합한 것이라고 하였다. 그러므로 통화량은 다음과 같은 식으로 표현된다.

$$M = CU + D = (k + 1)D$$

이상의 두 식으로부터 D를 소거하고 M과 MB 사이의 관계를 식으로 나타내면 다음과 같이 된다.

$$\frac{M}{MB} = \frac{k+1}{r+k}$$

위 식의 오른쪽 항을 우리는 통화승수(money multiplier)라고 한다. 이 식의 왼쪽 항을 해석해 보면, 단위본원통화의 증가에 따른 통화량의 증가비율이 바로 통화승수인 셈이다. 지급준비율이

5%($r=0.05$)이고, 금융기관 예금에 대한 민간의 현금보유비율이 20%($k=0.2$)이면 통화승수는 4.8이 된다. 즉, 중앙은행이 본원통화를 1억 원 증대시키면 시중의 통화량은 4.8억 원이 늘어난다는 말이다.

이러한 통화량의 증대과정에서 중앙은행은 지급준비율을 가지고 통화량의 크기 또는 통화증가율을 적절한 수준으로 조절하게 된다(통화정책의 보다 자세한 내용은 제13장을 참조). 또한 통화량의 증대과정은 통화승수의 공식에서 알 수 있듯이 민간의 현금보유비율에 의해서도 영향을 받는다. 이처럼 본원통화가 일정 배수의 통화증발로 이어지는 과정은 사실 민간은행들의 역할이 있기 때문이다. 다음 항에서 그 내용을 살펴보자.

10.3.2 민간은행에 의한 통화의 증대

은행들은 예금을 받고 이를 대출해 줌으로써 예금과 대출 이자의 차이, 즉 예대마진(spread)을 수입으로 얻게 된다. 그런데 너무도 당연한 이야기지만 은행들은 예금의 전부를 대출해 줄 수는 없다. 누군가 예금을 찾으러 오면 이를 지급해 주어야 하기 때문이다. 이처럼 예금인출에 대비해 일정한 돈을 준비해 두는 것을 지급준비금이라고 한다. 그럼 은행들은 얼마를 준비해 두어야 할 것인가?

은행들이야 수입을 늘리려면 가능한 한 적은 금액의 준비금을 마련하려고 할 것이다. 그러나 지급준비금이 너무 적으면 금융안정에 위협이 될 수 있다. 지급불능사태가 발생하면 경제 전체에 대혼란이 발생하기 때문이다. 따라서 중앙은행은 은행들이 안정적으로 예금인출에 대비하도록 예금의 일정 비율을 지급준비금으로 보유하도록 정해 두고 있으며, 이 비율을 지급준비율이라고 한다. 이제 예금과 대출이라는 은행의 고유한 업무형태가 어떻게 통화량을 증대시키는지 살펴보자.

시중에 100만 원의 현금이 있는 경우에서 시작하여, 이 돈이 은행에 예치되었다고 하자. 그러면 은행예금은 100만 원이 되고, 이것이 통화량이 된다. 그러나 은행은 이 돈을 그대로 보관하는 것이 아니고 일정 비율로 지급준비금을 떼어 놓고 대출을 해 주게 된다. 그러면 대출금만큼의 현금이 시중으로 다시 흘러나오게 된다. 예를 들어, 은행의 지급준비율이 10%라고 하자. 그러면 예금은 100만 원이 되고, 대출에 의해 시중에 현금으로 유통되는 돈은 90만 원이 된다. 앞에서 통화량은 예금의 종류에 따라 달리 분류가 되기는 하지만 크게 보아 '현금+예금'이라고 하였다. 이것을 대차대조표로 표시하면, 예금은 부채가 되고 지급준비금과 대출은 은행의 자산이 되므로 다음과 같다.

첫 번째 은행

자산		부채	
지급준비금	10만 원	예금	100만 원
대출금	90만 원		

따라서 이 상태에서 전체 통화량은 190만 원이 된다. 그런데 시중에 흘러 나온 돈이 어떤 과정을 거쳐서 다시 두 번째 은행에 예치되었다고 하자. 그러면 두 번째 은행의 대차대조표는 다음과 같이 된다.

두 번째 은행

자산		부채	
지급준비금	9만 원	예금	90만 원
대출금	81만 원		

이제 전체 통화량은 첫 번째 은행예금 100만 원과 두 번째 은행 예금 90만 원, 그리고 두 번째 은행에 의한 대출금 81만 원을 합한 271만 원이 된다. 이와 같은 과정을 계속 반복하면 결국 전체 통화량은 다음과 같이 된다.

$$100(\text{만 원}) + 100 \times 0.9 + 100 \times (0.9)^2 + 100 \times (0.9)^3 + \cdots$$
$$= 1{,}000(\text{만 원})$$

이는 첫째 항이 100만 원이고, 공비가 0.9인 무한등비수열이다. 처음의 현금을 A라 하고, 지급준비율을 r라 하여 하나의 공식을 만들면 통화량(M)은 다음과 같이 쓸 수 있다.

$$M = \frac{A}{1-(1-r)} = \frac{1}{r}A$$

이 식을 해석하면 최초의 통화가 A원이었으면 은행의 예금대출과정을 통해 전체 통화량은 $\frac{1}{r}$ 배만큼 커진다는 말이다. 이때 $\frac{1}{r}$을 신용승수(credit multiplier)[1]라고 부른다. 위의 예에서 지급준비율이 10%였기 때문에 신용승수는 $\frac{1}{0.1}=10$이 된다. 최초의 은행예금 1원이 통화량을 10으로 만든다는 말이다. 이를 민간은행의 신용창출과정이라고 부른다.

그런데 위의 예는 민간이 현금을 보유하지 않고, 대출에 의해 흘러 나온 돈은 모두 다시 은행으로 돌아가는 것으로 가정하고 있다. 그러나 대출을 통해 민간으로 나온 돈 가운데 일정 부분을 사람들이 현금으로 가지고 있는 경우는 어떻게 될까? 예를 들어, 대출받은 돈의 20%를 민간이 현금으로 보유하고자 한다고 해 보자. 그러면 첫 번째 은행에 예치된 100만 원 가운데 90만 원이 대출되어 나오고, 다시 두 번째 은행에 예치되는 돈은 90(만 원)×0.8=72(만 원)이 된다. 다시 두 번째 은행에서 대출되어 시중에 나오는 돈은 72(만 원)×0.9가 될 것이고, 세 번째 은행에 예금되는 돈은 72(만 원)×0.9×0.9=51.84(만 원)이 된다. 이들을 순서대로 다시 써 보면 다음과 같다.

무한등비급수

이와 같은 과정은 간단한 수학으로 도출할 수 있다. $(1-x^n)=(1-x)(1+x+x^2+\cdots+x^{n-1})$에서 우변을 전개해 보면 좌변이 되는 것을 쉽게 알 수 있다. 따라서 $(1+x+x^2+\cdots+x^{n-1})=\frac{(1-x^n)}{(1-x)}$가 된다. 여기서 $0<x<1$이고 n이 무한대로 간다면 $(1+x+x^2+x^3+\cdots)=\frac{1}{(1-x)}$이 됨을 알 수 있다.

[1] 앞 절에서 소개한 통화승수와 대비되는 개념으로 신용승수라는 용어를 사용하고 있지만, 맨큐(Mankiw)는 경제원론 교과서에서 이것을 통화승수(money multiplier)라고 불렀다.

	예금	대출금
1번 은행	100	$100\times(1-0.1)$
2번 은행	$100(1-0.1)(1-0.2)$	$100\times(1-0.1)^2(1-0.2)$
3번 은행	$100(1-0.1)^2(1-0.2)^2$	$100\times(1-0.1)^3(1-0.2)^2$
4번 은행	$100(1-0.1)^3(1-0.2)^3$	$100\times(1-0.1)^4(1-0.2)^3$
	⋮	⋮

따라서 예금에 해당되는 부분을 가지고 위에서와 마찬가지로 무한등비급수를 구하면 다음과 같은 식을 유도할 수 있다.

$$M=\frac{A}{1-(1-r)(1-c)}=\frac{1}{c+r(1-c)}A$$

point-10.3 민간의 현금보유성향과 대공황

1929년부터 약 4년여에 걸쳐서 있었던 미국의 대공황은 그 참담함이 이루 말할 수 없었다. 실질GDP는 35% 감소하였고, 실업률은 25%에 달하였다(대공황에 관한 자세한 내용은 경제사 교과서들을 참고하자). 이렇게 엄청난 경기하강은 왜 발생하였는가? 여기에 대한 설명은 거시경제학의 양대 조류인 통화론자들과 케인지언들 사이에서 극명하게 대립된다. 케인지언들은 소비 · 투자 등 실물부문에서의 유효수요가 감소하여 이것이 소득과 투자의 감소를 다시 초래하는 악순환으로 대공황이 일어났다고 주장하였다. 반면 통화론자들은 정부가 적절한 통화정책을 실시하지 않았기 때문에 대공황이 발생하였다고 보았다. 통화론자들이 통화공급의 축소를 설명하면서 민간에 의한 현금보유성향이 높아진 것을 중요한 요인 가운데 하나로 보았다. 당시 농촌은행들로부터 시작되어 은행파산이 확산되는 양상을 보였는데, 이렇게 되자 사람들은 돈을 은행에 맡기기보다는 현금으로 가지고 있으려는 성향을 보였다는 것이다. 현금보유성향이 높아지면 당연히 민간은행에 의한 신용창출기능이 약해지고, 따라서 경제 전체의 통화공급이 감소하게 된다. 통화공급이 감소하면서 국민소득이 감소하고 물가가 하락하면서 경기는 침체국면으로 빠지게 되었는데(이에 대한 경제논리는 10.4절을 참조), 미국의 중앙은행인 연방준비제도이사회에서 통화공급을 확대하는 정책을 쓰지 않아서 평범한 경기침체로 끝날 수 있었던 상황이 대공황으로 이어졌다는 것이다.

여기서 $\frac{1}{c+r(1-c)}$ 역시 신용승수인데, 이 경우는 민간이 일정한 금액을 떼고 다시 예금을 하기 때문에 민간의 현금유출이 있는 경우의 신용승수라고 한다. 민간에 의한 현금유출이 있는 경우는 당연히 신용승수가 작아진다. 위의 예를 가지고 계산해 보면 신용승수는 현금유출이 없었을 경우 10이었던 데 반해, 현금유출이 있는 경우는 약 3.57 정도가 된다.

10.4 통화량과 거시경제변수의 관계

그렇다면 통화량은 왜 중요한가? 생산 · 소비 · 투자 · 수출입과 같은 실제 물건을 만들고 거래하는 과정이 경제의 가장 핵심적인 내용이고, 따라서 GDP가 가장 중심적인 경제지표라 하였는데, 돈은 이들 거시변수와 어떤 관계를 갖는가? 돈은 그저 재화와 용역을 거래하면서 그 대가로 지불하기만 하면 되는 보조적인 수단에 불과하지 않은가? 그렇지 않다. 돈, 다시 말해 통화 역시 실물부문의 다른 거시경제변수들과 아주 밀접하게 연관되어 서로 영향을 주고받는다.

통화가 실물부문의 다른 변수들과 어떻게 연관되어 있는지를 가장 단순하면서도 확실하게 보여 주는 것이 이른바 화폐수량방정식 또는 교환방정식이다. 화폐수량설(quantity theory of money)을 주장하는 학자들은 화폐가 통용되는 경제 내에서, 재화 및 용역이 거래되기 위해서는 다음과 같은 식이 당연히 만족되어야 한다는 것을 알아 냈다.

$$MV = PY$$

(통화량)×(통화의 유통속도) = (물가)×(국민소득)

이 식은 얼핏 어려운 경제용어들이 복잡하게 얽혀 있는 경제현상을 설명하고 있는 것처럼 보이지만, 사실은 매우 간단한 경제논리를 나타내고 있다. 즉, 우리가 생산한 재화와 서비스를 거래하려면 그만큼에 해당되는 돈이 있어야 한다는 말이다. 다시 말해, 100만 원짜리(P) 컴퓨터를 10대 생산(Y)하였다면 이를 거래하기 위해서는 1,000만 원이 있어야 한다는 말이다. 만일 돈이 500만 원(M)밖에 없다면 돈이 두 번 왔다갔다 해야($V=2$) 1,000만 원어치의 컴퓨터가 거래되는 것이다. 이는 너무나 당연한 이야기인데, 사후적으로 보면 양변의 크기는 항상 같을 수밖에 없다. 그래서 원론적으로 말하면 위의 식은 항등식인 셈이다.

통화량은 통화의 공급량을 말하는 것으로, 앞서 설명한 바와 같이 시중에 존재하는 현금과 예금의 합을 말한다. 물론 어떤 예금까지를 포함시킬 것인가에 따라 통화의 개념은 달라진다. 통화의 유통속도는 단위화폐가 정해진 기간 동안 얼마나 자주 사용되는가 하는 횟수를 의미한다. 장기적으로 통화의 유통속도는 관습이나 금융제도 등에 의해서 결정되는 것으로 보기 때문에 단기적으로는 고정되어 있는 것으로 간주한다. 그리고 P는 물가라고 하였는데, 여기에서는 GDP디플레이터를 의미한다. 물론 거시분석을 통해서 거시변수들 사이의 관계를 분석할 때에는 일반적으로 소비자물가지수를 사용하는 것이 일반적이다. Y는 GDP이다.

이 식은 아주 당연한 내용을 간단한 식으로 표현한 것이지만 그 거시경제적 의미는 매우 중요하다. 정부에서는 특히 물가안정과 성장이라는 두 개의 상충적인 목표를 위해 여러 가지 정책을 구사하는데, 이러한 정책의 근간이 되는 경제논리가 바로 이 방정식(또는 항등식)으로부터 나온다.

먼저, 통화의 유통속도는 단기적으로 고정되어 있다고 하였다. 그런데 통화량이 증가된 경우를 생각해 보자. 단기적으로 생산능력(Y)도 그리 급격하게 변하는 것이 아니기 때문에 M이 증가하면 (위의 식은 항등식이므로) 식의 양변이 같아지기 위해서는

P가 상승하는 길밖에는 없다. 즉, 통화량이 증대되면 물가가 상승하는 것이다. 이 경제적 원리는 오늘날 경제학의 사조에 관계없이 모든 경제학자들이 금과옥조처럼 받아들이는 대표적인 이론이 되었다. 특히, 금융정책 또는 통화정책의 담당자인 중앙은행은 가장 중요한 정책적 목표로 물가안정을 내세우고 있는데, 이를 위한 정책의 시행에 있어서 가장 밑바탕이 되는 경제이론이기도 하다(금융정책에 대해서는 제13장을 참조). 위의 식을 증가율(또는 변화율)의 형태로 바꿔 쓰면 다음과 같다.

로그변환

곱셈으로 되어 있는 식을 증가율의 형태로 변형하면 덧셈으로 바뀌는 것은 경제수학의 기본으로부터 도출하는 것이 가능하다. 즉, 양변에 자연로그를 취해서 이를 미분해 주면 변화율의 덧셈형식이 바로 유도된다(경제수학을 배우지 않은 사람들은 그냥 넘어가자!).

$$\frac{\dot{M}}{M}+\frac{\dot{V}}{V}=\frac{\dot{P}}{P}+\frac{\dot{Y}}{Y}$$

(통화공급증가율)+(유통속도증가율) = (물가상승률)+(GDP성장률)

여기서 단기적으로 통화의 유통속도와 GDP의 변화가 없다고 가정하였으므로 통화공급증가율이 바로 물가상승률과 직결되는 것을 알 수 있다.

이 방정식은 통화공급의 증가가 물가상승을 초래한다는 중요한 경제원리를 말해 주고 있을 뿐 아니라, 경제성장을 위해서는 적절한 통화공급이 뒷받침되어야 함을 보여 주기도 한다. 예를 들어, 통화의 유통속도가 변함이 없는 상태에서 실질GDP가 증가하는데도 불구하고 통화의 공급이 증가하지 않는다면, 이 식의 왼쪽 변은 0이 될 것이다. 따라서 GDP성장률이 양이라면 항등식이 유지되기 위해서 물가상승률은 음이 되어야 한다. 즉, GDP가 성장하는데도 불구하고 통화공급이 뒷받침되지 못하면 물가는 하락하게 되고, 이는 경제의 디플레이션을 초래하게 된다.

인플레이션이 경제에 좋지 않다면, 디플레이션은 좋을까? 디플레이션은 현실적으로 경제에 긍정적 영향과 부정적 영향을 동시에 준다. 긍정적이라 하면 물가하락으로 실질소득이나 실질자산이 증가하고, 소비가 증가하면서 경제성장을 가져올 수 있다. 그러나 물가가 하락하면 실질소득이나 자산뿐 아니라 실질 부채의 규모도 커지므로 소비가 감소할 수 있다. 뿐만 아니라 물가가 하락하면 물가하락의 예상을 불러와 실질이자율의 상승을 초래함으로써 투자가 감소하게 만든다. 결국 디플레이션은 긍정적 효과보다는 부정적 효과가 더 크다고 할 수 있다. 이와 같은 사실은 역사적으로 너무나 명백하게 증명된 바 있다. 바로 1929년 미국의 대공황이 대표적인 예이며, 최근 들어서는 1990년대 이후 일본의 장기불황이 또 다른 사례라고 할 수 있다.

실질이자율

실질이자율은 일반적으로 다음과 같은 공식으로 표현된다. $r=i-\pi^e$ (실질이자율=명목이자율−기대물가상승률). 이 공식에 대한 자세한 설명은 10.5절을 참조하고, 여기에서는 π^e가 하락하면 앞에 (−)부호가 붙어 있으므로 실질이자율이 명목이자율보다 높아진다는 것만 설명한다.

통계보기

그림 10-2

물가상승률 · 통화증가율 · 실질 GDP성장률

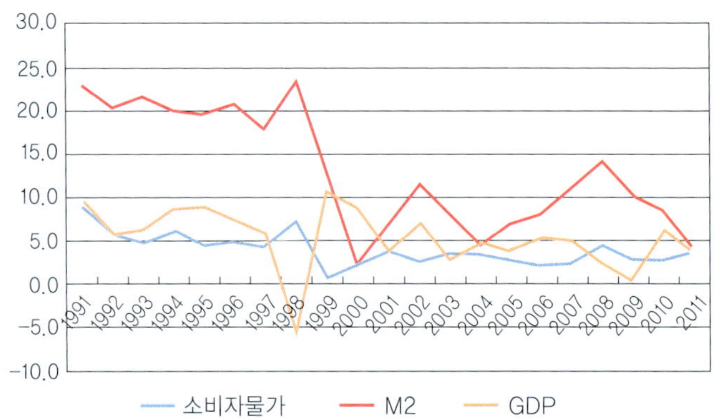

〈그림 10-2〉는 소비자물가상승률과 M2로 표시한 통화증가율, 그리고 실질GDP성장률을 그래프로 비교한 것이다. 이 그림으로부터 일부 예외가 있으나 M2와 실질GDP의 변화, 그리고 M2와 물가의 변화 사이에 추세가 같이 나타나고 있음을 확인할 수 있다.

point-10.4 적정통화증가율

통화의 공급은 너무 많으면 인플레이션을 야기하고, 너무 적으면 디플레이션의 원인이 된다고 하였다. 그렇다면 어떤 수준이 적정한 선일까? 물론 '많지도 적지도 않은 규모'일 것이다. 일반적으로 중앙은행에서 적정한 통화공급의 증가율은 GDP성장률에 물가상승률을 합한 것으로 보고 있다. 물론 이들 세 변수 사이에는 복잡하게 인과관계가 얽혀 있지만, 위의 항등식을 생각한다면 사후적으로 상당히 타당성이 있는 논리라 할 것이다. 한국은행은 해마다 그 해의 목표물가상승률을 정하는데, 여기에 예상되는 GDP증가율을 합하여 통화공급의 증가율 목표를 설정한다.

10.5 금리

금리 또는 이자율은 화폐시장에서 통화의 수요 · 공급에 따라 결정되는 일종의 '돈의 가격'과 같은 것이다. 그러나 현실적으로는 다양한 금융상품에 여러 가지 이유로 서로 다른 금리가 붙기 때문에, 이자율에 대해서 일률적으로 말하기는 어렵다. 이번 절에서는 이자율 결정의 원리와 장단기 금리, 금리와 거시경제 변수 간의 관계 등을 중심으로 설명해 보자.

10.5.1 이자율 결정이론

이자율은 어떤 원리에 의해 결정될까? 위에서도 잠시 언급하였지만, 이자율은 통화의 수요와 공급에 의해 결정되는 '돈의 가격'과 같은 것이다. 이자율은 기본적으로 화폐에 대한 수요와 공급에 의해서 결정된다. 그러나 화폐에 대한 수요는 케인지언과 고전학파에 따라 주장이 다른데, 케인지언들은 화폐수요가 이자율에 영향을 받기 때문에 음의 기울기를 갖는 곡선으로 그려진다고 주장한다. 따라서 이들은 이자율이 순수하게 화폐적 현상으로 결정된다고 본다. 반면, 고전학파 학자들은 화폐수요가 이자율에 영향을 받지 않기 때문에 순수하게 화폐적 현상으로 이자율을 설명하기보다는 실물부문에서 생산물의 수요 · 공급에 따라, 더 정확히 말하면 저축과 투자에 따라 결정되는 것으로 설명한다. 여기에서는 이자율의 결정에 영향을 주는 다양한 변수들을 고려하여 이자율이 어떤 원리에 따라 결정되는지를 살펴보자.

화폐의 수요와 공급

화폐의 수요는 이자율에 반비례하는 곡선으로, 즉 이자율과 화폐수급량의 평면에서 음의 기울기를 갖는 곡선으로 그려진다.

그림 10-3

화폐의 수요와 공급에 따른 이자율의 결정

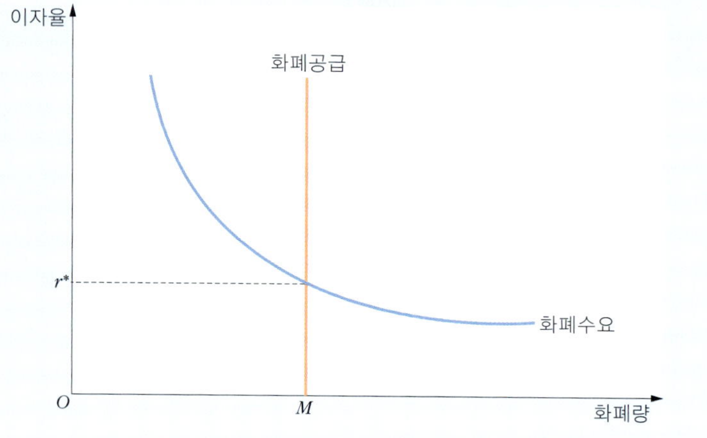

이는 앞에서도 언급하였듯이 케인지언들에 의한 유동성선호설에 바탕을 둔 주장이다. 화폐의 공급은 정부가 정책적 차원에서 결정하는 것이기 때문에 이자율과 관계가 없고, 따라서 수직선으로 그려진다.

〈그림 10-3〉에서 알 수 있듯이 화폐수요의 증대(수요곡선의 우상향이동)는 이자율을 상승시키고, 화폐공급의 증대(공급곡선의 우측 수평이동)는 이자율을 떨어뜨린다.

저축과 투자

고전학파 학자들은 이자율이 실물부문에서의 수요와 공급, 즉 생산물시장에서의 수요와 공급에 의해 결정된다고 주장하였다. 우리는 제2장 국민소득의 순환에서 생산물시장의 균형을 나타내는 여러 가지 개념 가운데 저축과 투자가 일치할 때($I=S$) 균형이 달성된다는 점을 배운 바 있다. 여기서 저축과 투자는 각각 이자율에 따라 달라진다.

저축은 소득 가운데 소비되지 않는 부분이다. 소득 가운데 일부는 지금 소비를 하고, 소비되지 않은 부분은 그 소비를 미래의 언젠가로 연기한 것을 의미한다. 지금의 소비를 미래로 연기한

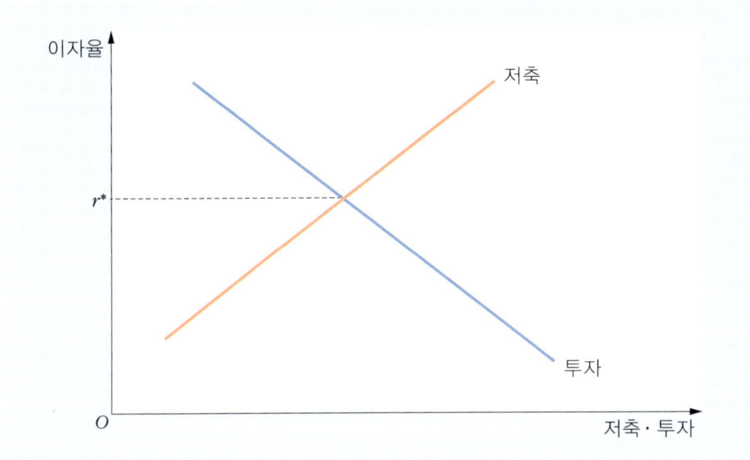

그림 10-4

저축과 투자에 의한 이자율 결정

것이 바로 저축이 되는데, 이자율이 높아지면 미래에 소비를 더 늘릴 수 있으므로 저축이 늘게 된다. 따라서 저축은 이자율의 증가함수(양의 기울기를 갖는 곡선)가 된다.

투자는 이자율과 어떤 관계가 있을까? 기업이 투자하는 것은 수익을 얻기 위해서다. 그런데 투자를 하기 위해서 빌린 돈에 대해 이자를 지급하는데, 그 이자가 수익보다 크다면 투자를 하지 않을 것이고, 이자가 수익보다 작다면 투자를 할 것이다. 경제 내에 여러 개 투자 프로젝트가 있어서 이를 수익률의 크기에 따라 나열하였을 때 수익률이 이자율보다 큰 부분은 투자가 이루어지고, 작은 부분은 투자가 이루어지지 않는 것으로 생각해 보자. 이자율이 하락하면 그 동안 투자가 이루어지지 않던 프로젝트에도 투자가 이루어지기 때문에 그만큼 투자는 늘어날 것이고, 이자율이 상승하면 반대로 투자가 감소할 것이다. 따라서 투자는 이자율의 감소함수(음의 기울기를 갖는 곡선)가 된다.

〈그림 10-4〉는 이러한 저축 · 투자에 의한 이자율 결정과정을 나타낸 것이다. 바로 위에서는 이자율에 따라 저축과 투자가 결정되는 것으로 설명하였으나, 이제 이자율 이외의 요인에 의해 저축과 투자가 변동하는 경우를 생각해 보자.

저축과 투자의 변동

이자율의 변동에 의해 저축과 투자가 변동하는 것은 그래프상에서 투자곡선 및 저축곡선상의 이동을 의미하고, 이자율 이외의 요인에 의한 저축과 투자의 변동은 저축 및 투자곡선 자체의 이동을 의미한다. 제3장에서 수요곡선을 설명하면서 가격의 변동에 따른 수요의 변동은 곡선상의 변동이요, 가격 이외의 변동에 따른 수요의 변동은 곡선 자체의 변동이라는 설명과 같은 내용이다.

예를 들어, 정부의 적극적인 홍보활동 등으로 사람들이 저축에 대한 중요성을 새롭게 인식하여 근검절약하게 되었다면 저축이 증대될 것이다. 이는 저축곡선의 오른쪽 이동을 의미하며, 이렇게 되면 이자율은 하락하고 저축과 투자는 늘어나게 된다.

대부자금설(theory of loanable funds)

이 설명은 케인지언들이 주장한 유동성선호설과 유사하지만 이자율 결정에 있어서 일정 기간 동안 사람들이 돈을 빌리거나 빌려 주려는 동기에 초점을 맞춘 것이다. 즉, 대부자금의 공급과 수요가 균형을 이루는 점에서 이자율이 결정된다는 것이다. 대부자금의 공급은 민간저축과 정부저축, 그리고 화폐공급 등으로 구성된다. 여기서 정부저축과 화폐공급은 이자율에 관계없는 정책변수이므로, 결국 대부자금의 공급곡선은 민간저축의 영향으로 이자율의 증가함수가 된다. 대부자금의 수요는 민간부문에서의 투자수요와 정부의 자금수요로 구성된다. 여기에서도 정부의 자금수요는 이자율과 무관한 정책변수이기 때문에 대부자금의 수요곡선은 민간투자의 영향으로 이자율의 감소함수가 된다. 따라서 대부자금설에 의한 이자율 결정은 〈그림 10-5〉에 나타나 있듯이 대부자금의 수요와 공급에 의해 결정된다.

대부자금의 공급과 수요에 의해 이자율이 결정되는 것으로 설명할 경우 이자율의 변동은 공급과 수요를 변동시키는 다양한 요인에 의해 발생한다. 우선 정부는 저축으로부터 얻는 이자소득에 대해 세금을 줄일 수 있다. 이 경우 저축의 증가로 공급곡선은 우측으로 이동하여 대부자금의 공급이 증가함으로써 이자율은 하락하게 된다. 이자율이 하락하면 수요곡선을 따라 균형점은 *A*에서 *C*로 이동하고, 따라서 저축과 투자(대부자금의 공급과 수요)는 증가하게 된다. 정부가 투자에 대해 조세유인책을 쓰면 대부자금의 수요곡선이 우측으로 이동하게 되고, 이때 이자율은 상승한다. 그렇게 되면 균형점은 *A*에서 *B*로 이동하고 저축과 투자

point-10.5 명목이자율 · 실질이자율

우리는 흔히 '실질금리'라는 말을 많이 듣는다. 그러나 실질금리 또는 실질이자율의 개념을 정확하게 알고 쓰는 경우는 많지 않은 것 같다. 실질이자율은 다음과 같은 공식으로 나타낼 수 있다.

$$r = i - \pi^e$$

여기서 r는 실질이자율, i는 명목이자율, π^e는 기대물가상승률을 의미한다. 보통 언론 등에 흔히 등장하는 실질이자율은 명목이자율에서 물가상승률을 뺀 것이라고 하는데, 기대물가상승률은 무엇인가? 이는 우리가 왜 실질이자율이란 개념을 필요로 하는가를 생각해 보면 분명해진다. 경제주체 가운데 기업은 생산을 위해 자기가 가지고 있는 돈이나 또는 금융시장에서 자금을 조달해서 투자를 한다. 이때 기업이 투자를 할 것인지의 여부는 투자해서 얻는 수익과 금융시장에서 얻을 수 있는 이자 또는 금융시장에 지불해야 하는 이자를 비교해서 결정하게 된다. 그런데 투자수익은 당장 나오는 것이 아니고 1년, 2년 후에나 실현되는 것이기 때문에 이것과 이자를 비교하려면 1년 또는 2년 후의 이자와 비교해야 한다. 1년 후에 받는 이자는 지금 얼마를 받기로 약속은 하지만 그 가치는 1년 동안 물가상승률이 어떻게 되는가에 달려 있다. 1년 후의 실질이자와 투자수익을 비교해서 '지금' 투자를 할 것인지의 여부를 결정해야 하는 것이다. 그러니 1년 후의 실질이자는 그 동안 물가가 얼마나 오를 것인지를 예상하여 계산할 수밖에 없다. 이 때문에 실질이자율을 계산할 때 물가상승률이 아닌 기대물가상승률을 빼는 것이다. 그렇다면 기대물가상승률이라는 것이 객관적으로 존재하는가? 그렇지 않다. 기대물가상승률은 각 경제주체의 판단에 따라 다를 수밖에 없고, 따라서 실질이자율이란 주관적 이자율인 셈이다. 그래서 경제학자들은 물가상승에 대한 일반인들의 기대 또는 예상이 체계적으로 이루어지지 않을까 생각하였고, 여기서 나온 방법이 적응적 기대 · 합리적 기대 등의 이론이다(이들 기대형성의 방식에 관한 자세한 이론적 내용은 교과서를 참고하자). 현실적으로는 명목이자율에서 알려져 있는 물가상승률을 빼서 실질이자율로 쓰는 경우가 대부분인데, 그 뒤에는 위에서 설명한 바와 같은 이론적 배경이 있음을 알아야 한다. 이처럼 이미 실현된 물가상승률을 뺌으로써 계산된 실질이자율을, 기대물가상승률을 빼서 계산하는 이론적 실질이자율과 구별하기 위해 '사후적' 실질이자율이라고 부르기도 한다. 생산 · 투자 · 저축 등과 같은 이른바 '실물부문'과 관련하여 등장하는 이자율은 별도의 언급이 없어도 이론적 차원의 실질이자율을 가리키는 말이라는 것도 명심해 두어야 한다.

그림 10-5

대부자금설에 의한 이자율 결정

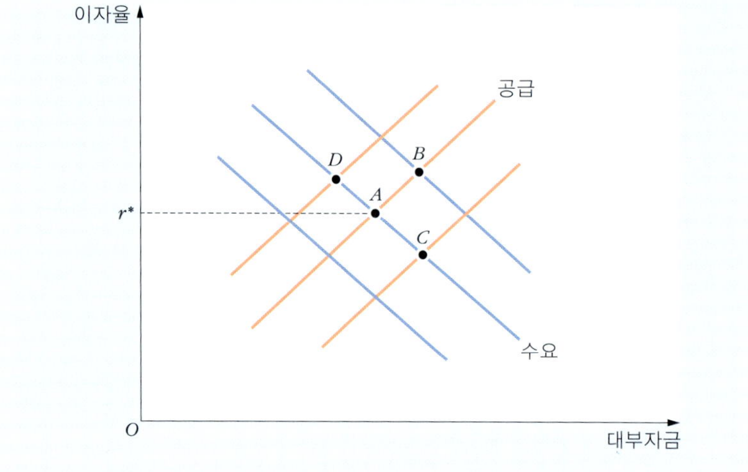

역시 증가한다. 정부가 재정적자정책을 쓰면 정부저축이 감소하는 결과를 가져오게 되므로 대부자금의 공급이 감소하여 균형점이 *A*에서 *D*로 이동하고, 따라서 이자율은 상승하고 저축과 투자는 감소한다.

10.5.2 기타 이자율 결정에 영향을 주는 요인들

앞 절에서 설명한 이자율 결정이론은 금융시장을 하나의 거대한 시장으로 간주하였을 경우에 이자율이 결정되는 원리를 설명한 것이라고 할 수 있다. 그렇지만 현실적으로는 금융상품이 다양하기 때문에 서로 다른 여러 종류의 금리가 존재하며, 따라서 이와 같이 금리에 영향을 주는 기타의 요인들을 검토해 볼 필요가 있다.

위험

금융상품을 구입한다는 것은 가계에 의한 투자를 의미하고, 이때 위험(risk)이란 수익 또는 원금상환에 대한 최초의 기대와 다른 결과가 초래되는 것을 말한다. 이는 금융상품을 판매한 금융기관 자체의 위험으로부터 수익률이 낮아지거나 또는 원금을 상환받지 못하게 되는 위험뿐만 아니라, 인플레이션 등 경제의 불확실성으로 인해 수익률이 달라지는 것을 포함한다. 위험이 커지면 당연히 이자율을 더 높게 책정해야 금융상품을 팔 수 있기 때문에 이자율과 위험 사이에는 대체로 양(+)의 관계가 있다. 은행예금에 비하여 사채시장에서의 금리가 훨씬 높은 것은 이와 같은 위험의 차이가 반영된 대표적인 예라고 하겠다.

유동성

유동성(liquidity)은 앞서도 설명한 바와 같이 얼마나 쉽게 현금화할 수 있는가 하는 정도를 말한다. 금융상품 가운데 일정 기간 동안 찾지 않으면 더 높은 이자를 지급하겠다는 상품은 유동성이 낮은 반면 수익성은 높은 것을 의미한다. 요구불예금에 비해 저축성 예금의 이자율이 높은 것은 유동성이 낮을수록 이자율이 높은 것을 보여 주는 대표적인 사례라고 할 수 있다.

기간구조(term structure of interest)

이자율은 또한 금융상품의 만기가 도래하는 기간의 장단(長短)에 따라 이자율이 달라진다. 일반적으로 장기상품의 경우에는 그 안에 포함되어 있는 위험성이 더 큰 것으로 평가되고, 또한 유동성이 낮은 것으로 간주되기 때문에 단기금융상품보다 이자율이 높다. 그러나 이는 경제상황에 따라 영향을 받는다. 동일한 만기를 갖는 채권의 수익률은 만기가 가까워짐에 따라 수익률이 변동하는데, 이를 수익률곡선(yield curve)이라고 한다. 수익률곡선은 만기가 가까워질수록 수익률이 떨어져서 우하향하는 경우와 반대로 우상향하는 경우가 있는데, 대체로 경기가 침체상태에 있을 경우 장기자금에 대한 수요가 줄어들기 때문에 만기가 많이 남은 상품의 수익률이 더 낮고, 활발한 경제

통계보기

그림 10-6

장단기 금리추이

자료: 한국은행.

〈그림 10-6〉은 우리나라의 대표적인 장단기 금리의 월별 추이를 비교해 놓은 것이다. 단기금리는 콜금리이고, 장기금리는 3년 만기 국채수익률이다. 이 그림에서 알 수 있듯이 전체적으로는 장기금리가 단기금리에 비해 높은 수준을 보이고 있다. 다만 1997년 말부터 1998년 사이에 일시적으로 단기금리가 크게 치솟으면서 장기금리보다 높은 수준을 보였던 적이 있고, 2003년 초와 2005년 초에 장기금리와 단기금리의 차이가 거의 없는 시기가 눈에 띄고 있다. 장단기 금리의 역전현상은 극심한 자금난으로 단기금리가 장기금리를 뚫고 올라가는 경우와, 경기침체로 장기자금의 수요가 감소하여 장기금리가 단기금리를 뚫고 내려가는 경우로 구분할 수 있다. 1997년은 우리나라가 외환위기로 인해 경제 전체가 극심한 자금난과 경기의 침체상태를 보여 단기금리가 치솟았기 때문에 장단기 금리의 역전현상이 발생하였다. 그리고 2003년부터 2005년 사이에는 전반적인 경기침체로 장기자금에 대한 수요가 감소하면서 장단기 금리가 하락하여, 금리차가 거의 없는 상태를 보였던 것으로 해석되고 있다.

성장과 호황기 등에는 만기가 도래할수록 수익률이 점차 높아지는 것으로 알려지고 있다.

point-10.6 채권가격과 이자율 · 할인율

채권이란 기업이나 정부에서 자금을 필요로 할 때, 누군가로부터 돈을 빌리고 이를 상환하기로 약속한 증서를 말한다. 따라서 그 증서에는 얼마를 빌렸다는 것(이것을 채권의 액면가격이라 한다)과 언제 상환하기로 약속한다는 내용이 적혀 있다. 그렇다면 채권을 발행하여 누군가에게서 돈을 빌렸다면 그에 대한 이자는 어떻게 지급하는가? 그것은 바로 채권을 할인판매함으로써 이루어진다. 채권은 채권시장에서 일반상품처럼 자유롭게 거래되는데, 이때 채권이 사고 팔리는 가격이 채권가격이다. 채권가격은 채권의 액면가격보다 낮게 책정되는데, 이러한 액면가격(NP)과 채권가격(RP)의 차이가 바로 이자에 해당되는 것이다. 예를 들어, 1년 만기 100만 원짜리 채권을 95만 원에 할인해서 발행하였다고 하자. 그러면 채권을 발행한 사람은 1년 후 채권을 가지고 오는 사람에게 100만 원을 지급하기로 하고 지금 95만 원을 얻게 되는 것이다. 채권을 산 사람은 지금 95만 원을 주고 사서 1년 후에 100만 원을 받게 된다. 따라서 이자율은 95만 원에 대해 1년간 5만 원의 이자를 지급하였으므로 $\frac{5}{95}\times100=5.26(\%)$가 된다. 이를 기호로 일반화시키면 $r=\frac{D}{RP}$가 된다. D는 할인액(액면가격과 채권가격의 차이), RP는 채권가격이다. 채권이 발행되어 채권시장에서 거래가 된다는 것은 채권가격이 계속 바뀌는 것을 말한다. 이는 결국 채권시장의 상황에 따라 채권으로부터 얻는 이자율, 즉 채권수익률이 계속 변하는 것을 의미하며, 따라서 채권수익률의 변화는 시중의 자금사정을 반영하는 것이라고 할 수 있다. 즉, 기업들이 자금이 몹시 필요한데 자금을 빌려 주려는 사람은 없다면, 기업들은 경쟁적으로 채권을 더 많이 할인해서 팔려고 할 것이다. 즉, 채권이 시장에서 공급초과현상을 보이게 되는 것이다. 채권가격은 하락할 것이고 따라서 이자율은 높아진다. 할인율(discount rate)은 이런 연유로 이자율을 의미하는 용어가 되었다. 중앙은행이 일반은행에 돈을 빌려 주고 받는 이자는 바로 '재할인율(rediscount rate)'이다. 일반은행이 한 번 할인해서 매입한 채권(대출을 의미함)을 중앙은행에 갖다 주면 중앙은행은 이를 한 번 더 할인해서 일반은행에 돈을 대출해 준다.

더 찾고 생각해 보기

1. 다음은 최근에 나온 통화량에 관한 신문기사이다. 제10장에서 설명한 개념과 내용들이 어떤 연관 속에서 서술되고 있는지 확인해 보자. 시중의 통화량이 증가한 원인에 대해 분석해 보자.

통화량이 팍팍 늘고 있다

올들어 현금 증가율 '2%대→5%대' 껑충

"집값 등 올라 돈 수요 늘고 이동도 활발"

내수 증가 미미 – "경기 회복" 판단 일러

경기 움직임을 민감하게 반영하는 통화량의 증가 속도가 예사롭지 않다. 그동안 경기를 살리기 위해 실질금리를 마이너스 수준으로 낮춰도 꿈쩍 않던 통화량이 지난달 눈에 띄게 늘어난 것이다. 이는 시중에 돈이 활발하게 돌기 시작했음을 반영한다는 점에서 드디어 경기가 좋아지는 것 아니냐는 관측까지 낳고 있다.

14일 한국은행에 따르면 민간과 은행이 보유하고 있는 현금의 총량인 본원통화의 증가율(전년 동기 대비)은 그동안 줄곧 2% 내외에서 머물다 지난달 갑자기 5.6%로 뛴 것으로 추정됐다. 본원통화가 5%대 중반으로 올라선 것은 지난해 10월(6.4%) 이후 9개월 만이다. 본원통화는 통화지표의 기본 단위인 현금으로 구성되기 때문에 경제 전체 통화량 증가의 출발점이 될 뿐 아니라 시중의 현금 흐름을 곧바로 보여준다.

본원통화가 늘어남에 따라 여기에 은행의 요구불예금을 합한 통화지표인 M1(협의통화)은 지난달 12%대 중반의 높은 증가율을 보인 것으로 추정됐다. 이는 2003년 1월(13.7%) 이후 30개월 만에 가장 높은 수치다.

M1은 올 들어 1월 중 5.6%의 증가율을 기록한 뒤 매달 증가폭을 넓혀 6월 말에는 10%에 육박했다. 금액으로는 2003년 7월 277조여원에서 2004년 7월 305조여원으로 늘어난 뒤 올 7월에는 344조여원에 달한 것으로 추정되고 있다. 특히 지난 1년간 늘어난 약 40조원 가운데 10조원은 7월 한 달간 증가했다.

이에 대해 한은 관계자는 "민간소비 개선과 부동산·주식 등 자산가격 상승으로 통화수요가 늘어난 데다, 장기 채권금리가 급등(채권값 급락)하면서 돈이 다른 자산으로 활발히 이동한 현상 등이 복합적으로 작용한 것 같다"고 설명했다.

그러나 경기회복을 반영한 것은 아니라는 분석이 우세하다. 소비재판매액은 지난 6월 3.8% 증가하며 5개월 연속 증가세를 보이고 있으나 여전히 회복세가 미약하고, 설비투자는 지난 6월 되레 -2.8%를 기록할 만큼 부진했다.

이에 따라 최근 통화량 증가는 1~7월 중 약 13조원 급증한 주택담보대출의 영향을 크게 받은 것으로 금융시장 전문가들은 진단하고 있다. 소비와 투자 회복보다는 부동산 및 주식 수요에 따른 자금 이동이 통화량 계수를 높이고 있다는 지적이다.

한은 관계자는 "민간소비와 설비투자 추이를 한두 달 더 지켜보면 통화량 증가의 직접적 원인을 파악할 수 있을 것"이라고 말했다. 김동호 기자

dongho@joongang.co.kr

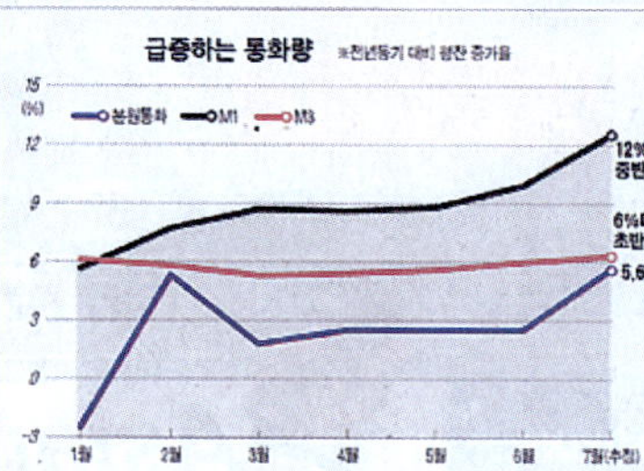

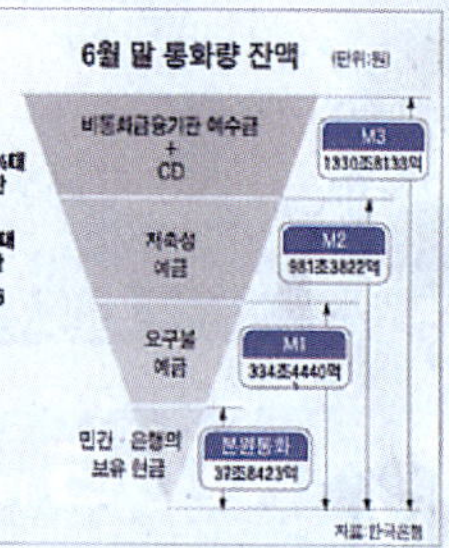

중앙일보, 2005. 8. 15

2. 현실에 존재하는 다양한 형태의 금융기관에 대해 특성 · 업무영역 · 역할 등을 자세히 알아보자.

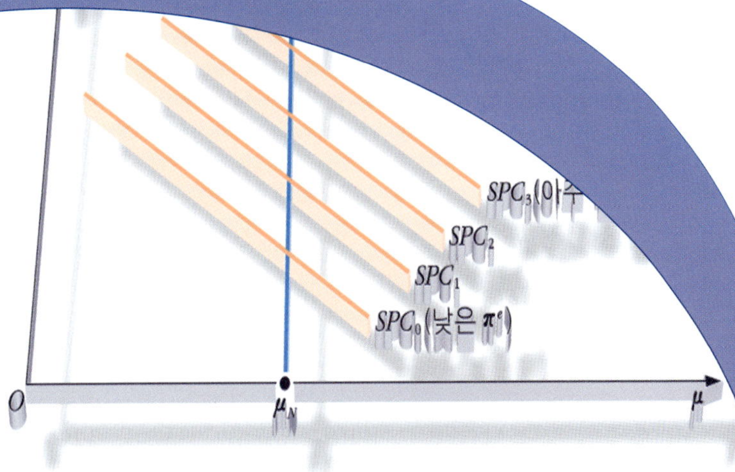

Chapter

11 실업과 인플레이션

11 실업과 인플레이션

실업과 인플레이션은 국민경제 또는 거시경제의 가장 골치 아픈 두 가지 경제현상이다. 국민경제가 지속적으로 성장하기 위해서는 어떤 형태로든 이 두 가지 현상을 다스려야만 한다. 이를 위해서는 이 현상이 발생하는 원인을 파악하여 그 대책을 마련하여야 함은 물론이다. 문제는 이 두 가지 현상이 서로 관련되어 있다는 사실이다.

자연실업률이론에 의하면, 실업과 인플레이션 사이에 단기에는 역의 관계가 존재하지만 장기적으로는 아무런 관계가 성립하지 않는다. 즉, 단기적으로 실업률이 증가하면 인플레이션이 감소하는 경향이 있으며, 역으로 실업률이 감소하면 인플레이션은 증가하는 경향을 보인다. 이렇게 단기적으로 존재하는 역의 관계를 활용하여 실업을 감소시키기 위해 정부가 경제활성화 정책을 자주 사용하면, 사람들의 인플레이션 기대심리가 조장되어 장기적으로 인플레이션만 발생하고 실업률은 자연실업률 이하로 감소하지 않는 현상이 나타나게 된다.

이번 장에서는 실업과 인플레이션을 각각 설명한 후 그 관계에 대해 살펴보기로 하자.

11.1 실업

11.1.1 실업의 개념

실업이란 일할 의사와 능력을 가지고 있는 사람이 일자리를 갖지 못한 상태를 뜻한다. 이론적으로 거의 모든 사람들은 충분한 보수가 주어질 경우 고용될 용의가 있기 때문에 실업의 개념은 다소 모호할 수 있다. 경제학자들은 현재의 임금수준에서 고용되고자 하는 개인의 의사에 의하여 실업의 정의를 내림으로써 이 딜레마를 해결하는 경향이 있는 반면, 정부의 통계는 보다 실용적인 접근방법을 취하고 있다.

한 나라의 총인구 중 일할 의사와 능력을 가진 사람을 통틀어 경제활동인구 또는 노동력(labor force)이라 부른다. 우리나라의 경우 경제활동인구는 만 15세 이상의 인구 중에서 일할 의사가 없는 학생이나 주부, 일할 능력이 없는 노약자, 심신장애자 등을 뺀

그림 11-1
실업자수 조사의 흐름

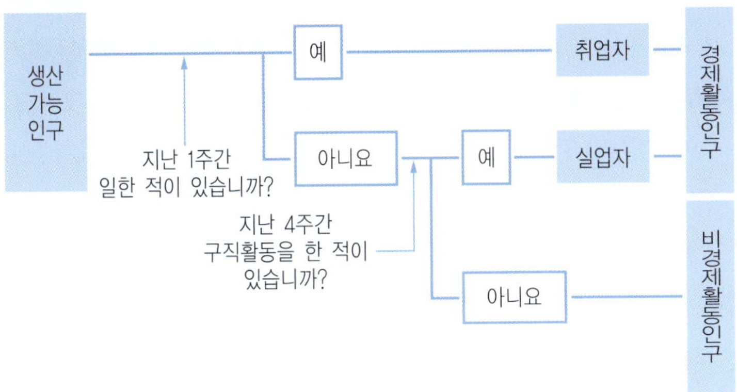

인구를 말한다. 경제활동인구의 대상을 15세 이상으로 잡은 것은 의무교육인 중학교육이 끝나야 일할 능력이 있다고 보기 때문이다. 이때 15세 이상의 인구를 생산가능인구라 하며, 이는 다시 경제활동인구와 비경제활동인구로 구분된다.

경제활동인구는 만 15세 이상 인구 중 조사대상 주간 동안 상품이나 서비스를 생산하기 위하여 실제로 수입이 있는 일을 한 취업자와 일을 하지 않았으나 구직활동을 한 실업자로 나누어진다(〈그림 11-1〉 참조). 취업자란 조사대상 주간에 소득 · 이익 · 임금 등의 수입을 목적으로 1시간 이상 일한 자, 자기에게 직접적으로는 이득이나 수입이 돌아오지 않더라도 가구단위에서 경영하는 농장이나 사업체의 수입을 높이는 데 도와 준 가족종사자로서 주당 18시간 이상 일한 자, 직업 또는 사업체를 가지고 있으나 조사대상 주간에 일시적인 병, 일기불순, 휴가 또는 연가, 노동쟁의 등의 이유로 일하지 못한 일시휴직자를 말한다. 경제활동인구에서 취업자수를 빼면 실업자수가 된다. 실업자란 15세 이상 인구 중 조사대상 주간에 일할 의사와 능력을 가지고 있으면서도 전혀 일을 하지 못하였으며, 일자리를 찾아 적극적으로 구직활동을 하였던 사람으로서 즉시 취업이 가능한 사람을 말한다.

만 15세 이상 인구 중 조사대상 주간에 취업도 실업도 아닌

상태에 있는 사람은 비경제활동인구이다. 이들은 주된 활동상태에 따라 가사 · 통학 · 연로 · 심신장애 · 기타로 구분되는데, 전업주부들이나 학생들이 여기에 속한다.

이처럼 만 15세 이상의 사람들은 노동시장에서 취업자, 실업자 · 비경제활동인구 중 어느 하나의 상태를 유지하게 되는데, 국민경제 전체의 입장에서는 많은 사람들이 그 상태를 지속적으로 변경시키고 있음을 알 수 있다.

11.1.2 실업의 측정과 그 한계

만 15세 이상의 생산가능인구에서 경제활동인구가 차지하는 비율을 경제활동참가율이라 하며, 경제활동인구에서 실업자가 차지하는 비율을 실업률이라 한다.

$$\text{경제활동참가율} = \frac{\text{경제활동인구}}{\text{생산가능인구}} \times 100(\%)$$

$$\text{실업률} = \frac{\text{실업자수}}{\text{경제활동인구(취업자+실업자)}} \times 100(\%)$$

어떤 일정 시점에 적극적으로 일하기를 원하지만 취업하지 못한 그룹의 비율을 나타내는 실업률은 위 식에서 알 수 있는 것처럼 실업자수뿐만 아니라 경제활동인구수에 의해서도 영향을 받는다. 실제로 실업률은 노동시장에서 사람들이 취업자 · 실업자 · 비경제활동인구 사이를 옮겨다님에 따라 당연히 변화하기 때문에 실업률을 해석할 때에는 경제활동참가율의 변화를 보완적으로 검토해야 한다.

노동시장에서 만 15세 이상의 사람들이 그 상태를 바꾸는 경우는 다음의 여섯 가지인데, ①에서 ③까지는 실업률이 증가

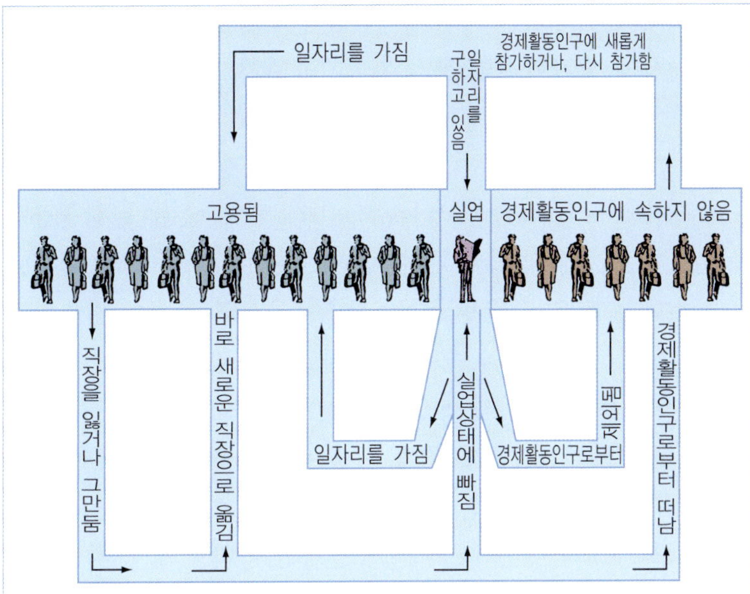

그림 11-2
노동시장의 흐름
자료: J. B. 테일러, 『테일러경제학』(2004), p. 597.

하며, ④에서 ⑥까지는 실업률이 감소한다(〈그림 11-2〉 참조).

① 취업자 → 실업자

② 취업자 → 비경제활동인구

③ 비경제활동인구 → 실업자

④ 비경제활동인구 → 취업자

⑤ 실업자 → 취업자

⑥ 실업자 → 비경제활동인구

①의 경우는 실업률공식의 분자가 증가함으로써 경제활동참가율의 변화 없이 실업률이 증가하는 반면, ②의 경우는 실업률공식의 분모가 감소함으로써 경제활동참가율의 하락과 함께 실업률이 증가한다. ③은 경제가 침체될 때 주로 나타나는데, 경제가 침체되어 가계의 주소득원이 실직을 하게 됨에 따라 이전에 가사일을 담당하던 전업주부가 일자리를 찾으려 하지만 실패하는 경우가 대표적인 예이다. 이처럼 경제활동에 참여하지 않았던 사람이 노동시장에 진입하여 일자리를 즉시 찾지 못함으로써 실업

자가 되면 실업률이 증가한다. 이 경우 실업률공식의 분자와 분모가 동시에 증가하지만 분자의 증가효과가 분모의 증가효과보다 크기 때문에 실업률이 증가하는데, 이처럼 경제활동참가율이 증가하면서 실업률이 증가하는 효과를 부가노동자효과(added worker effect or additional worker effect)라 한다. ④는 실업률공식의 분모가 증가함으로써 경제활동참가율의 증가와 함께 실업률이 감소하는 경우인 반면, ⑤는 실업률공식의 분자가 감소함으로써 경제활동참가율의 변화 없이 실업률이 감소하는 경우이다. 마지막으로 ⑥은 실업자가 일자리 찾기를 포기함으로써 비경제활동인구로 분류되는 경우인데, 이 경우 실업률공식의 분자와 분모가 동시에 감소하게 된다. 이때 분자의 감소효과가 분모의 감소효과보다 크기 때문에 경제활동참가율의 하락과 함께 실업률도 하락하게 된다. 경기침체기에 주로 나타나는 실업자가 일자리 찾기를 포기함으로써 실업률이 오히려 하락하는 이러한 현상을 실망노동자효과(discouraged worker effect)라 부른다.

경제활동참가율과 실업률에 영향을 미치는 취업 · 실업 · 비경제활동인구에 대한 구분 등은 우리나라의 경우 국제노동기구(International Labor Organization: ILO)가 권유하는 기준을 따르고 있다. 그러나 통계조사시 몇 가지 문제점이 있으며, 또한 실업자수의 증가와 감소 이외에도 실업률을 증가 또는 감소시키는 경우가 있다는 사실은 실업률이 여러 가지 이유로 인해 실업자그룹에 속한 사람들 또는 국민경제가 겪고 있는 경제적 어려움을 언제나 정확히 반영하지는 못한다는 사실과 관련되기 때문에 실업률 통계의 한계를 이해하는 것은 중요한 일이다.

국제노동기구(ILO)

국제노동기구(ILO)는 제1차 세계대전 이후 1919년 베르사유평화회의에 의해 창설되어 1946년 UN 산하기구로 편입되었다. 근로조건의 개선을 통해 사회발전과 세계평화에 이바지한다는 목표 아래 운영되고 있다. 2012년 8월 현재 가입국은 185개국이고, 우리나라는 1991년 가입하였다. 본부는 스위스 제네바에 있다.

실업률은 통계청에서 매월 약 3만 3,000 표본가구를 대상으로 하는 경제활동인구조사를 기초로 하여 측정되는데, 통계청은 대한민국에 상주하는 인구 중 만 15세 이상인 사람들을 조사대상으로 하되 현역군인 및 공익근무요원, 전투경찰, 형이 확정된 교도소 수감자, 외국인은 조사대상에서 제외하고 있다. 매월 15일이 포함된 1주간을 조상대상 기간으로 하여 그 다음 주 1주간을 실제조사기간으로 삼고 있다.

실제로 실업자수를 추정하는 방식은 경제활동인구 가운데 조사대상 기간인 1주일 동안 일을 해서 소득을 얻었는지를 물어 '예'라고 대답하면 취업자가 되고, '아니요'라고 대답하면 다시 구직활동 여부를 질문한다. 구직활동 여부는 지난 4주간 구직을 위해 노력을 하였는지 물어 보는 것으로, '예'라고 대답하면 일할 의사가 있음에도 취업을 하지 못한 것이기 때문에 실업자로 분류되고, '아니요'라고 대답하면 일할 의사가 없는 것으로 간주하여 비경제활동인구로 분류됨으로써 실업률을 계산하는 통계에서 빠지게 된다(각 질문에 대한 예, 아니요에 대한 구체적 판단기준은 11.1.1을 참조).

실업률의 해석과 관련하여서는, 첫째로 앞에서 설명한 것처럼 비경제활동인구로 분류되어 경제활동인구조사에서 제외되는 사람들의 수가 실업률에 영향을 미칠 수 있음이 고려되어야 한다. 또한 조사대상 기간이 매월 15일을 기준으로 한 1주일이기 때문에 이 기간에만 취업상태에 있는 사람이 있다면 실업률이 감소할 수 있음도 고려되어야 한다.

둘째, 일시적으로 고용되거나 파트타임으로 일하면서 정식고용을 원하는 사람이 취업자로 분류되어 실업통계에서 제외된다. 조사대상 1주일에 한 시간이라도 수입이 있는 일에 종사한 근로자는 나머지 시간을 대부분 구직활동에 할애하더라도 실업자가 아니라 취업자인 것이다. 임금을 받고 고용된 자로서 고용계약기간이 1개월 미만이면 일용근로자, 1개월 이상 1년 미만이면 임시근로자, 고용계약기간이 정해지지 않았거나 1년 이상이면 상용(常傭)종사자로 분류하고 있기 때문에, 상용종사자 중에서도 일시적으로 고용된 불완전취업자들이 많을 것이다. 같은 취업자라 하더라도 고용주 · 자영자 · 무급가족종사자 · 상용근로자 · 임시근로자 등과 같이 취업자가 실제로 일하고 있는 신분 내지 지위상태를 말하는 종사상의 지위(status of workers)를 파악해야만 진정한 의미의 취업자와 실업자를 구분할 수 있다.

셋째, 오랫동안 일자리를 찾지 못해 당분간 구직활동을 포기한 실망노동자 또는 구직단념자(discouraged worker)는 일할 의사가 없는 사람으로 간주되어 경제활동인구에서 제외되기 때문에 실업통계에서도 제외된다. 경제침체기에 취업가능성이 낮아 당분간 구직활동을 포기하면 실업자가 아니라 비경제활동인구로 분류되는 것이다. 실제로 실망노동자 또는 구직단념자는 비경제활동인구 중 취업의사와 일할 능력은 있으나 적당한 일거리가 없을 것 같아서, 또는 조사대상 주간 이전에 구직하여 보았지만 일거리를 찾을 수 없어서, 또는 자격이 부족해서 등의 이유로 조사대상 주간에 구직활동을 하지 않은 자 중 지난 1년 내 구직경험이 있었던 사람을 말한다. 그러므로 이들은 향후 노동시장에 유입될 가능성이 있는 잠재인력이란 점에서 중요한 의미를 가진다. 일자리를 성공적으로 탐색하지 못하여 탐색을 포기한 사람들이 실업자로 분류되지 않아 실업률이 하락하는 이러한 실망노동자효과는 앞에서 설명한 것처럼 경기침체기에 주로 나타나는 것으로 알려지고 있다.

이러한 세 가지 문제점 때문에 ILO 기준에 의한 실업통계는 실제 실업률을 낮게 측정하는 경향이 있음을 유념하여야 한다. 위에서 설명하였던 부가노동자효과는 경기침체기에 실업률을 증가시키게 되는데, 일반적으로 이 효과는 실망노동자효과보다 그 크기가 크지 않은 것으로 알려져 있어 실업통계가 실제 실업률을 낮게 측정하는 경향이 있다는 사실을 변화시키지는 못한다.

실업률의 다른 측면에서의 한계를 살펴본다면, 실업통계가 취업자들의 근로소득수준에 대해 아무 것도 알려 주지 않는다는 점을 우선 꼽을 수 있다. 근로소득이 빈곤수준을 초과하는지도 여기에 포함된다. 둘째, 실업자의 상당 부분이 다른 구성원들의 근로소득이 있는 가족 중에서 나타나는데, 예를 들면 실업자들 가운데 10대의 비중이 높다. 이는 실업자가 종종 가족들을 부양하는 주소득원이 아니라는 것이다. 셋째, 실업자의 상당수가 실업상태에 있는 동안 정부로부터 실업급여의 형태로 약간의 소득지원을 받는다.

마지막으로 실업률 통계가 경제활동인구 중에 일을 하지 않는 사람들의 비율에 관한 정보는 제공하지만, 만 15세 이상 생산가능인구 중 취업자의 비율에 대해서는 아무런 정보도 제공하지 않는다. 이런 문제점을 보완하기 위해 최근에는 취업자수가 생산가능인구에서 차지하는 비율을 나타내는 고용률(employment ratio)이 측정되고 있다. 앞서 지적한 대로 실업률을 해석할 때 경제활동참가율을 고려하여야 노동시장의 실업상태를 바르게 해석할 수 있다는 점을 고려할 때, 경제활동참가율의 개념이 포함된 고용률 통계가 실업률 통계보다 유용한 개념일 수 있다. 그럼에도 불구하고 실업률은 노동시장조건을 나타내는 유용한 지표임에는 틀림없다.

통계보기

그림 11-3

우리나라의 경제활동인구(2011년 12월)(단위: 천 명)
자료: 통계청.

이상의 내용을 정리하여 통계자료를 붙인 것이 〈그림 11-3〉이다. 〈그림 11-3〉은 2011년도 우리나라의 경제활동인구에 관한 통계이다. 우리나라의 경제활동인구 통계는 통계청 사회통계국 고용복지통계과에서 매월 작성하고 있다. 통계청은 취업 · 실업 · 노동력 등과 같은 인구의 경제적 특성을 조사하여 노동공급, 노동투입, 고용구조, 가용노동시간 및 인력자원의 활용 정도 파악, 고용창출 등을 위한 정부정책 입안 및 평가자료로 제공하기 위한 조사목적을 가지고 인적 항목 · 확인항목 · 세부항목 등 35개 조사항목을 조사대상 가구를 직접 방문하여 면접조사하고 있으며, 조사결과는 월별 · 분기별 및 연간 동향을 분석 · 수록한 『경제활동인구연보』 및 『경제활동인구월보』 등에 발표하고 있다. 2011년 12월 우리나라의 총인구는 4,977만 9,000명이며, 15세 이상의 생산가능인구는 4,127만 3,000명이다. 그 중 경제활동인구는 2,488만 명이어서 경제활동참가율은 60.3%이다. 경제활동인구 중 취업자는 2,412만 5,000명이고, 실업자는 75만 4,000명이어서 실업률은 3.0%였다. 취업자를 취업형태별로 분류하면 자영업주 552만 명, 가족종사자 110만 9,000명, 상용 1,082만 4,000명, 임시고용 498만 6,000명, 일용 168만 6,000명이다. 임시고용과 일용을 합한 수가 상용에 육박하여 고용상태가 불안정하다는 것을 알 수 있다. 위 통계자료는 월간자료로 아래 〈표 11-1〉의 연간자료와는 차이가 있다.

표 11-1

경제활동참가율 · 실업률 · 고용률
(단위: %)
자료: 통계청.

연도	실업률	경제활동참가율	고용률
1966	7.1	56.9	52.8
1970	4.4	57.6	55.1
1998	7.0	60.6	56.4
2002	3.1	61.9	60.0
2004	3.5	62.0	59.8
2007	3.1	61.0	59.1
2011	3.4	61.1	59.1

〈표 11-1〉은 실업률 · 경제활동참가율 그리고 취업자수를 생산가능인구로 나눈 고용률에 관한 2004년과 실업률의 비슷한 하락을 경험하였던 두 쌍의 이전 연도의 우리나라 통계자료를 보여 주고 있다. 1966년부터 1970년까지 실업률은 7.1%로부터 4.4%로 하락하였으며, 고용률은 52.8%로부터 55.1%로 증가하였다. 한편, 1998년부터 2002년까지 실업률은 7.0%로부터 3.1%로 하락하였고, 고용률은 56.4%에서 60.0%로 증가하였다. 실업률과 고용률의 변화를 살펴보면 1998년부터의 4년 동안 1966년부터의 4년에 비해 실업률 하락보다 고용률이 상대적으로 크게 증가하였음을 알 수 있는데, 이는 전자의 기간 동안에는 경제활동 참가가 단지 서서히 증가한 반면, 후자의 기간 동안에는 경제활동 참가가 매우 급속히 증가하였기 때문이다.

통계보기

실업자수와 실업률의 최근 동향은 〈그림 11-4〉와 같다. 실업률은 대체로 연초에 상승하는 모습을 보이고 있으나 3%를 약간 넘는 수준에서 변동하고 있다.

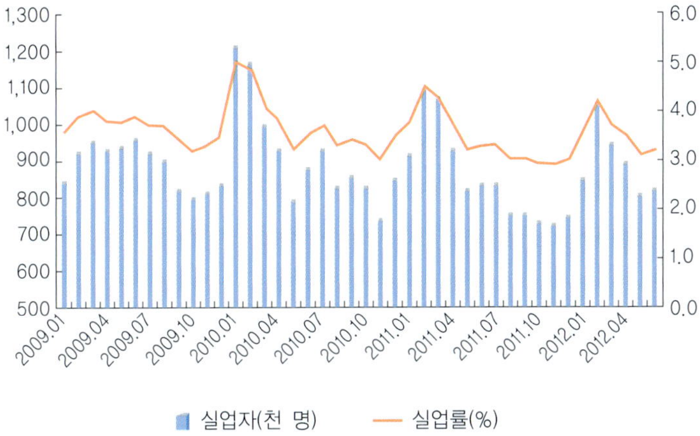

그림 11-4
실업자 및 실업률의 최근 동향
자료: 통계청.

point-11.1 구직기간과 실업률

우리나라의 실업률 통계는 그 동안 조사대상 기간인 1주간 구직활동 여부를 가지고 실업자와 비경제활동인구를 구분하였으나, 2005년 6월부터 조사대상 기간 포함 지난 4주간의 구직활동 여부를 가지고 구분하는 방식으로 기준을 변경하였다. 이렇게 기준을 변경하면 실업률은 더 높아지게 된다. 예를 들어, 조사대상 기간 3주 전에 구직활동을 하고, 그 이후 구직활동을 단념한 사람의 경우 기존의 기준으로는 비경제활동인구에 포함됨으로써 실업률 계산에서 제외되었으나, 새로운 기준으로는 실업자에 포함되기 때문이다. OECD(경제협력개발기구)의 다른 회원국들은 대부분 4주간의 구직활동 여부를 기준으로 실업률을 작성해 왔는데, 우리나라도 1999년부터 1주간 및 4주간 구직활동 여부를 동시에 조사해 오다가, 4주 기준에 의한 통계자료가 6년 정도 축적됨으로써 기준을 변경하여 실업통계를 작성하게 되었다.

11.1.3 완전고용의 의미와 자연실업률

앞에서 설명한 바와 같이, 실업률은 국민경제의 건강상태를 나타내는 유용한 지표이기 때문에 그 한계에도 불구하고 정부는 지속적으로 실업률에 대해 관심을 갖는다. 실업률이 너무 높다는 것은 많은 사람들이 자신들의 생계를 유지할 수 없으며, 국민경제의 많은 근로자들이 국민소득에 기여하지 못한다는 것을 의미하기 때문에 국가적인 관심사로 간주된다. 종종, 정부는 실업이 과도하다고 믿을 때, 어떤 방식으로든지 노동수요를 자극하는 조치를 취할 것이다.

정부는 또한 실업이 너무 낮은 수준인 것에 대해서도 우려한다. 이례적으로 낮은 실업률은 노동시장에 초과수요가 있는 상황을 반영하는 것으로 많은 사람들은 생각한다. 만약 노동수요가 공급을 초과한다면, 임금이 상승하는 경향을 보이게 되는데, 임금상승은 가격인플레이션으로 이어진다. 이 밖에도 과도하게 낮은 실업률은 근로자들을 게으르게 하고, 신규 또는 기존 설비를 확장하는 고용주들이 활용할 수 있는 재능이 있는 근로자들의 풀(pool)을 감소시킬 수 있다.

만약 실업률이 너무 높거나 낮은 것이 모두 바람직하지 않다면, 어느 정도가 적절한 수준일까? 달리 표현하면 어떤 실업률이 완전고용을 나타내는가? 완전고용실업률(full-employment rate of unemployment) 또는 자연실업률(natural rate of unemployment)을 정확하게 정의하는 것은 쉽지 않기 때문에 이에 대해 여러 개념들이 존재한다. 그 중 한 가지는 자연실업률을 임금과 가격인플레이션이 안정적이거나 또는 받아들일 만한 수준인 실업률로 정의하는 것이다. 다른 하나는 완전고용을 비어 있는 일자리수와 실업상태의 근로자수가 일치하는 실업률로 정의한다. 또 다른 한 가지는 완전고용을 총수요가 증가하더라도 실업이 더 이상 감소되지 않는 실업수준으로 정의한다. 이 정의의 변형은 자연실업률을 모든 실업이 자발적 실업(마찰적 실업)인 실업률로 파악한다. 마지막으로, 최근에는 실업수준이 변하지 않으며, 실업상태로의 근로자들의 흐름과 실업기간이 모두 정상적인 실업률이 자연실업률로 정의되고 있다.

자연실업률은 구직자와 구인기업의 탐색비용, 노동의 이동가능성, 시장의 경쟁 정도 등 노동시장과 생산물시장의 구조적 특성에 의해 결정된다. 현실적으로는 일부 구조적 실업을 포함하는 광의의 마찰적 실업이 경제활동인구에서 차지하는 비율이 자연실업률이다. 우리나라를 포함한 동아시아의 자연실업률은 2~4%대의 아주 낮은 수준으로 알려지고 있다. 미국의 자연실업률은 1960년대의 4~5% 수준으로부터, 1970년대의 약 7%를 거쳐 1980년대의 6.0~6.5%까지 시간이 경과함에 따라 변한 것으로 추계되고 있다. 최근의 연구는 미국이 1990년대 경험하였던 낮은 인플레이션율에서는 자연실업률이 5% 아래로 하락하였을지도 모른다는 것을 시사하고 있다. 그러나 만약 자연실업률이 계속하여 변한다면, 정책적 목적에 자연실업률의 추정치들이 얼마나 유용한지에 의문을 가져야만 한다. 실제로, 노벨경제학상 수상자이며 자연실업률 개념을 선도적으로 발전시킨 프리드먼(Milton Friedman)은 자연실업률을 예측하려는 어떤 시도도 거부한 바 있다.

한편, 영국 · 프랑스 · 캐나다 등의 선진국은 1980년대부터 현재까지 10% 안팎의 높은 실업률을 보이고 있는데, 케인스학파 경제학자들은 이처럼 높은 실업률이 장기간 지속되면 자연실업률 자체도 덩달아 높아진다고 주장하며 이를 이력현상(hysteresis)이라고 부른다. 유럽의 경우 높은 실업률이 지속된 결과 자연실업률 자체도 높아졌을 거라고 보는 것이다.

유럽에서 높은 실업률이 장기간 지속되는 이유로는 크게 세 가지가 지적된다. 첫째, 새로운 투자기회가 그리 많지 않아 경제성장이 지지부진하고, 따라서 고용기회가 많지 않다는 것이다. 둘째, 실업보험제도가 잘 갖추어져 있어 실업자들의 일자리 탐

마찰적 실업

마찰적 실업은 노동자들이 다른 직업을 찾기 위해 일시적으로 실업상태에 있는 것을 의미한다. 학교를 졸업하고 새로이 직장을 찾는 사람이나, 거주지를 옮겨 새로운 지역에서 직장을 찾는 사람, 더 나은 조건을 위해 다른 직장을 찾느라고 실업상태에 있는 사람 등이 해당된다. 실업자가 일자리와 일자리 사이에 끼어 있는 것처럼 생각하면 마찰적이라는 용어를 쉽게 이해할 수 있다. 대체로 더 나은 새로운 일자리를 찾기 위해 이전의 직장을 그만두는 경우가 많기 때문에 자발적 실업으로 간주하기도 한다.

히스테리시스(hysteresis)

히스테리시스란 이력(履歷)현상이라는 좀 어려운 한자말로 번역되는 용어로, 사전적 의미는 어떤 물리량(物理量)이 그 때의 물리조건만으로 일의적으로 결정되지 않고, 그 이전에 그 물질이 경과해 온 상태의 변화과정에 의존하는 현상을 말한다. 좀 더 쉽게 말하면, 외부적인 힘에 의한 어떤 물체의 성질이 변화되었을 때, 변화의 원인이 제거되었음에도 불구하고 본래의 상태로 되돌아가지 않는 현상을 말한다. 쇠붙이에 자기장을 가해

표 11-2

주요국의 실업률 추이(단위: %)
자료: 통계청.

국가	2007년	2008년	2009년	2010년
한국	3.2	3.2	3.6	3.7
중국	4.0	4.2	-	-
일본	3.9	4.0	5.1	5.1
싱가포르	4.0	4.0	-	-
대만	3.9	4.1	-	-
프랑스	8.0	7.4	9.1	9.3
독일	8.4	7.3	7.7	7.1
이탈리아	6.1	6.7	7.8	8.4
영국	5.3	5.7	7.6	7.9
미국	4.6	5.8	9.3	9.6

색기간이 길며, 셋째 노동자의 생산성이 떨어지더라도 해고가 쉽지 않은 노동시장의 경직성이 존재한다는 것이다. 노동시장의 유연성이 확보되지 않으면 신규 노동자의 취업이 쉽지 않아 실업률이 높아질 수밖에 없기 때문이다.

우리나라를 비롯한 동아시아의 실업률이 낮은 것은 높은 경제성장으로 인한 고용기회의 증대, 실업보험제도의 미비, 유교문화의 영향을 받은 근면성 등이 그 원인으로 꼽히고 있다. 평생직장의 개념이 강하여 노동시장이 경직적인데도 불구하고 위 요인들이 크게 작용하기 때문이다. 1996년 7월부터 우리나라에도 실업보험제도가 도입되었다. 실업보험제도는 일자리 탐색의 비용을 낮춤으로써 탐색적 실업을 틀림없이 증가시킬 것이다. 반면, 노동부문의 개혁은 기업의 고용조정을 허용함으로써 노동시장의 유연성을 제고시켰던바, 장기적으로 실업률을 낮추는 데 기여할 것이다. 이런 상반된 요인들이 실업률과 자연실업률에 어떤 영향을 미칠지는 아직 확실하지 않지만 장기적으로 볼 때 우리나라의 자연실업률은 서구 선진국의 자연실업률보다 낮을 것으로 전망된다(〈표 11-2〉 참조).

자성을 띠도록 만들었을 때, 자기장을 제거해도 쇠붙이는 여전히 자성을 띠고 있는 것이 예가 될 수 있다. 히스테리시스라는 용어가 경제학에서 도입된 것은 1980년대 유럽의 실업률이 지속적으로 높은 수준에 머물러 있는 현상을 설명하기 위해서였다. 제2차 석유파동에서 어느 정도 벗어난 1983년 이후에도 유럽의 실업률은 1990년의 8.1%가 최저치였고, 1985년에는 10.4%에 달할 정도로 높은 수준에서 유지되었다. 경기회복과 함께 실업률도 낮아질 것으로 보았던 경제학자들은 당황하였다. 이를 해명하기 위한 설명 가운데 하나로 실업에 히스테리시스가 존재하기 때문이라는 가설이 제시되었다. 즉, 1970년대 두 차례의 석유파동을 거치면서 대량의 실업이 발생한 이후 이들이 어떤 이유로 인해 경기회복에도 불구하고 다시 취업할 수 없는 상황이 되었다는 것이다. 그 이유로는 대개 두 가지 정도가 제시되고 있다. 하나는 실업자들이 장기간의 실업 상태에 있었기 때문에 인적 자본에 손상이 생겼다는 것이다. 또 다른 이유로는 고용상태를 유지하고 있는 노동자들(인사이더)이 고용주와의 협상과정에서 자신들의 고용상태를 유지하기 위해 실업상태에 있는 노동자들(아웃사이더)의 취업을 막고 있기 때문이라는 것이다.

11.1.4 실업이론과 시사점

경제학자들은 기본적인 수요와 공급모형을 수정하여 실업을 설명하기 위한 일자리할당(job rationing)과 일자리탐색(job search) 이론이라는 두 가지 이론을 개발하였다. 이 두 이론은 상당히 상이하지만 서로 보완적이기 때문에, 실제로 이 두 이론을 동시에 고려하는 것이 실업을 이해하는 데 도움이 된다.

일자리할당이론

일자리할당이론은 두 종류의 가정으로부터 출발한다. 첫 번째 가정은 임금은 노동의 수요량과 공급량을 일치시키는 수준보다 높다는 것이다. 왜 이러한 상황이 발생하는가에 대한 설명에는 여러 가지가 있을 수 있다. 우선 이를 노동의 수요와 공급곡선을 가지고 살펴보자. 〈그림 11-5〉에 보이는 바와 같이, 실제 실질임금은 노동의 수요량과 공급량을 일치시키는 실질임금보다 더 높은데, 이러한 임금수준에서는 기업에 의하여 수요되는 근로자의 수는 자신의 노동을 공급하려고 하는 근로자의 수보다 적다.

일자리할당이론의 나머지 부분은 실업자의 수가 어떻게 결정되는가에 대한 것이다. 일자리할당이론은 고용된 근로자의 수는 기업들이 수요하는 근로자의 수와 같다고 가정한다. 노동의 수요와 공급을 일치시키는 수준보다 높은 임금에서, 기업은 적

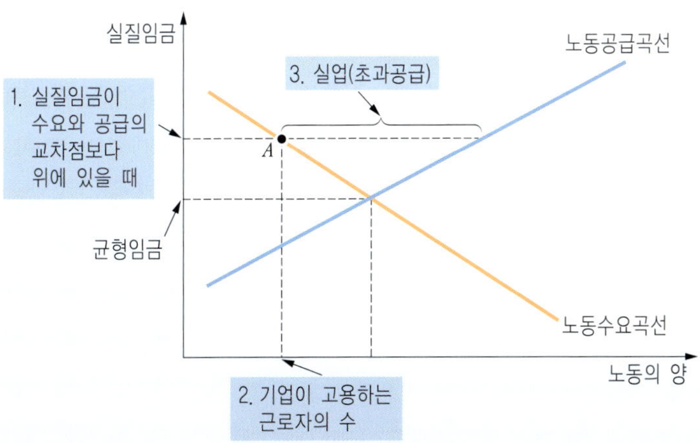

그림 11-5
노동의 초과공급과 실업

은 수의 근로자를 고용하고, 근로자들은 기업들의 수요량에 맞추어 노동을 공급한다. 〈그림 11-5〉는 이러한 결과 나타나는 고용량을 노동수요곡선상의 점 A로 나타내고 있다. 고용된 근로자의 수가 기업에 의하여 수요된 근로자의 수와 같으므로 그림에서 자신들의 노동을 공급하려는 근로자의 수는 고용된 근로자의 수보다 더 크다. 따라서 초과공급이 실업으로 발생하는 것이다. 실업의 크기는 그래프에서 수요곡선과 공급곡선의 수평적 차이로 나타난다.

이는 기업들이 지불하고 있는 임금수준에서 근로자들은 기꺼이 일을 하려고 하지만 그러한 임금수준에서는 충분한 양의 일자리가 없는 상황을 설명하는 것이다. 결과적으로 일자리는 마치 먼저 지원하는 순서라든가, 나이 든 사람 우선이라는 방법에 의해 할당되고 있는 것과 같다. 이는 기업들이 충분한 수의 근로자를 고용하였을 때, 그들의 구인사무실 문을 닫음으로써 나머지 근로자들이 실업자가 되는 것과 같다. 만일 임금이 낮아진다면 기업들은 더 많은 근로자를 고용할 것이다. 그러나 임금은 낮아지지 않는다는 것이다.

대부분의 시장에서 이와 같은 초과공급의 상태에서는 가격(이 경우에는 임금)이 하락한다. 따라서 실업발생에 대한 이러한 이론이 실제의 상황을 설명하기 위해서는 임금이 하락하는 것을 막는 어떤 힘이 존재하여야 한다. 또한 이 이론이 실업을 설명하는 하나의 이론으로 자리잡기 위해서는 이러한 힘이 불황기에만 존재하는 것이 아니라 항구적으로 존재하는 것이어야 한다. 근로자의 초과공급이 있는 경우에도 임금은 왜 하락하지 않는가?

임금이 노동의 수요량과 공급량을 일치시키는 수준보다 항상 더 높은 수준에 있는 것에 대한 설명으로는 다음의 세 가지가 있다.

최저임금 대부분의 국가들이 법으로 최저임금(minimum wage)

을 정하고 있다. 이는 고용주가 그들의 근로자들에게 지불해야 하는 최저수준의 임금을 말한다. 우리나라의 2012년 1월 1일부터 2012년 12월 31일까지 적용되는 최저임금은 〈표 11-3〉에 보이는 바와 같이 시간당 4,580원(일급 8시간 기준 3만 6,640원)인데, 최저임금은 〈그림 11-5〉에서처럼 이것이 존재하지 않는 경우보다 더 많은 실업을 발생시킬 수 있다. 만일 임금이 더 낮아진다면 고용주들은 그들의 노동수요곡선을 따라 아래로 내려오면서 더 많은 근로자를 고용할 것이다.

표 11-3
최저임금의 추이
자료: 최저임금위원회.

적용연도	최저임금액(원)		인상률(%)
	시간급	일급(8시간 기준)	
2012.1.1~2012.12.31	4,580	36,640	6.0
2011.1.1~2011.12.31	4,320	34,560	5.1
2010.1.1~2010.12.31	4,110	32,880	2.75
2009.1.1~2009.12.31	4,000	32,000	6.1
2008.1.1~2008.12.31	3,770	30,160	8.3
2007.1.1~2007.12.31	3,480	27,840	12.3
2005.9~2006.12	3,100	24,800	9.2

통계보기

표 11-4
성별 · 연령계층별 경제활동인구 (2012년 6월)(단위: 천 명, %)
자료: 통계청.

성	연령	생산가능인구	경제활동인구	실업자	경제활동참가율	실업률
남자	15~19	1,701	103	9	6.0	8.9
	20~24	1,249	546	57	43.7	10.4
	25~64	14,895	13,313	422	89.4	3.2
	65 이상	2,472	1,087	18	44.0	1.7
여자	15~19	1,601	135	14	8.4	10.3
	20~24	1,541	857	73	55.6	8.5
	25~64	14,614	8,994	224	61.5	2.5
	65 이상	3,489	906	7	26.0	0.7

우리나라의 성별 · 연령별 경제활동현황을 살펴보면 〈표 11-4〉에 보이는 바와 같이 경제활동참가율은 15~24세를 제외하고는 남성이 여성에 비해 크게 높으며, 실업률은 전체 연령에 걸쳐 남성이 여성에 비해 높은 수준이다. 실업률의 경우는 15~19세의 10대 또는 15~24세의 청년실업률이 남자와 여자 모두 다른 연령층에 비해 월등히 높아 청년실업의 심각성을 확인할 수 있다.

10대들의 실업이 높게 나타나는 이유 중의 하나는 최저임금 때문인지도 모른다. 많은 10대들은 기술이 부족하므로, 기업들이 이들에게 지불하려는 임금은 낮을 것이다. 따라서 최저임금은 임금을 높게 설정함으로써 이들을 시장에서 몰아 내어 실업상태가 되도록 하고 있는 것인지도 모른다.

내부근로자 대 외부근로자 때로는 이미 일자리를 갖고 있는 근로자의 그룹인 내부근로자들(insiders)이 임금이 하락하는 것을 막을 수 있다. 만일 이 근로자들이 하고 있는 일에 특화된 기술을 가지고 있거나 상당한 법적 비용을 부담하지 않고는 해고하기 어렵도록 이들을 보호하는 법이 있다면, 이들은 임금을 높은 수준에서 유지할 수 있는 힘을 가지고 있는 것이다. 노동조합이 이들이 높은 임금을 유지하는 것을 도울 수도 있다. 높은 임금이 가져오는 결과 중의 하나는 더 낮은 임금에서도 일하려고 하는 실업상태의 근로자인 외부근로자들(outsiders)을 기업들이 고용하는 것을 막는다는 것이다. 이 주장은 유럽 국가들에서 나타나는 매우 높은 실업을 설명하기 위하여 스웨덴 경제학자인 린드벡(Assar Lindbeck)과 영국 경제학자인 스노우어(Dennis Snower)가 실업에 대한 이론으로 개발한 것이다.

효율임금 효율임금(efficiency wage)론이란 근로자들이 보다 효율적으로 일하도록 기업이 근로자들에게 균형임금수준보다 높은 임금을 지급하는 것을 뜻한다. 임금이 높은 경우에는 근로자들이 다른 일자리를 알아볼 이유가 없으며, 또한 현재보다 더 높은 임금을 지불하는 일자리를 발견할 가능성이 낮아지므로 근로자의 이직률은 낮아질 것이다. 더 낮은 이직률은 더 적은 훈련비용을 의미한다. 또한 임금이 높을 경우 근로자들이 일을 회피하는 경향이 줄어들 수도 있는데, 이는 근로자들의 실제 작업상황을 살펴보고 감독하는 것이 힘든 기업에는 특히 중요한 점이다.

이러한 요인들이 근로자의 효율성 또는 생산성을 높이게 되어, 기업의 입장에서는 높은 수준의 임금을 지급하고도 이윤극대화를 달성할 수 있다. 효율임금을 받는 근로자들은 노동의 수요량과 공급량을 일치시키는 임금보다 더 높은 임금을 받고 있는 셈이므로, 이 경우 그렇지 않았을 경우와 비교할 때 실업이 발생하게 된다.

일자리탐색이론

일자리탐색이론 역시 기본적인 수요와 공급모형에 의한 분석을 수정한 이론이다. 새로운 일자리는 창출되고 기존의 일자리는 파괴되면서, 사람들이 하나의 일자리에서 다른 일자리로 이동하게 되고, 노동시장은 항상 변화의 물결이 발생하는 상황에 있다. 어떤 종류의 일에 대한 수요는 떨어지면서 다른 종류의 일에 대한 수요는 증가한다. 노동의 공급곡선도 수시로 이동한다.

달리 말해, 노동시장은 정지된 상태에 있는 것이 아니라 노동의 수요곡선과 공급곡선은 끊임없이 위아래로 이동하고 있으며, 이 경우 노동수요 · 노동공급 그리고 임금은 매 기간마다 다를 것이다. 경제학자들은 이와 같이 끊임없이 움직이고 있는 노동시장모형을 설명하기 위해서 확률적(stochastic)이라는 용어를 이용하여 고정된 임금과 고정된 균형고용량 대신에 확률적 균형(stochastic equilibrium)이라는 개념을 사용한다. 노동시장에서의 확률적 균형이란 끊임없는 일자리의 창조와 파괴가 경제에 존재함을 특징짓는 말이기도 하다. 사람들은 경제활동인구에 참가하기도 하고, 한 일자리에서 다른 일자리로 이동하기도 하며, 일자리를 잃기도 하고, 경제활동인구에서 이탈하기도 한다. 임금은 변하고 사람들은 이에 따라 노동시장에 진입하거나, 재진입하기도 한다(〈그림 11-2〉 참조).

확률적 균형의 경우 어느 시점에서든 일부 사람들은 일자리를 찾으며, 이러한 사람들은 적어도 얼마간의 기간 동안은 실

확률적 관계

'확률적'이란 말은 통계학에서 사용하는 용어로 변수들 사이의 관계가 확률적으로 정의되는 것을 가리킨다. 예를 들어, 100만 원의 소득을 가지고 있는 사람들이 모두 80만 원을 소비하고 20만 원을 저축한다면 소득과 소비 사이에는 '확정적(deterministic)' 관계가 있다고 하고, 100만 원의 소득을 가진 사람들 가운데 어떤 사람은 75만 원을 소비하고 어떤 사람은 85만 원을 소비하여, 대체로 80만 원을 소비한다고 하면, 이때 소득과 소비 사이에는 '확률적' 관계가 있다고 한다. 따라서 '확률적'이라는 말은 좀 거창하게 말하면, 통계학이 존립하는 근거를 제공하는 용어라고 할 수 있다.

업상태에 있게 된다. 그들은 일자리를 잃거나, 직장을 그만두거나, 일을 그만둔 후 다시 노동시장에 들어오기도 한다. 이들이 얼마간의 기간 동안 실업상태로 남아 있는 이유 중의 하나는 이들에게 제공되는 첫 번째 일자리를 받아들이지 않는 것이 자신들에게 더 유리한다고 판단하기 때문이다. 이들은 더 높은 임금을 주는 일자리를 기다리며, 기다리는 동안 실업상태에 머물게 되는 것이다.

자연실업률을 낮추는 정책들

일자리할당이론과 일자리탐색이론은 경제정책이 어떻게 앞에서 설명한 자연실업률을 낮출 수 있는가에 대해 시사점을 던져준다. 우선 높은 수준의 최저임금은 실업을 증가시키기 때문에 젊은 근로자들에게 더 낮은 최저임금을 설정한다면 실업을 줄일 수 있다. 또한 노동시장에 대한 정보교환이 개선되거나 고용알선센터를 통해 일자리에 대한 정보가 증가한다면, 일자리탐색으로 발생하는 실업이 줄어들 것으로 기대할 수 있다.

일자리를 잃은 사람들에게 지급되는 실업급여는 오랜 기간 동안 지속되지는 않으나, 근로자들이 일자리를 찾는 데 더 많은 시간을 갖도록 해 주거나 보다 높은 보수를 주는 직장을 위해 더 기다릴 수 있도록 만든다. 이와 관련하여 많은 사람들이 일자리 탐색을 멈추고 일자리를 갖는 시기가 실업급여의 지원이 끊기는 시점이라는 연구결과가 발표되고 있다. 분명히, 실업급여는 실업과 관련된 고통을 완화시키는 역할을 하지만, 또한 사람들로 하여금 일자리를 구하는 데 더 많은 시간을 가질 수 있도록 해 주며, 그 부산물로 실업을 증가시킨다.

11.2 인플레이션

물가의 일반적인 상승을 인플레이션이라고 한다. 구체적으로 인플레이션은 물가지수가 상승하는 것으로 표시되는데, 상품의 가격이 평균적으로 올라 물가지수가 상승할 때 인플레이션이 발생한다.

인플레이션이 발생하면 화폐의 가치는 떨어진다. 2010년도를 기준연도로 할 때, 우리나라 소비자물가지수는 1975년의 11.0에서 2011년에는 104.0으로 증가하였다. 이는 평균적으로 1975년에 110원을 주고 사던 소비재를 2011년에는 1,040원을 지불해야 살 수 있다는 것을 뜻한다. 36년 동안 물가가 9.5배나 오르고 돈의 가치는 1/10 수준으로 떨어진 것이다. 인플레이션이 발생한다는 것과 화폐의 구매력이 감소한다는 것은 동의어이다.

11.2.1 물가와 물가지수

국민경제에서는 수많은 상품들이 거래된다. 각 상품은 우리 생활에서 차지하는 중요도가 다르고, 그 값이 오르고 내리는 정도도 각양각색이다. 이처럼 수많은 상품들의 가격을 하나로 종합하여 전반적인 가격동향을 파악하게 해 주는 개념이 물가이다. 즉, 국민경제가 단 하나의 상품을 생산한다고 가정할 때, 그 상품의 가격이 바로 물가이다.

물가의 움직임을 측정하기 위하여 작성되는 것이 물가지수이다. 물가지수는 상품의 종류와 수량을 고정시켜 놓고 기준연도의 물가수준을 100으로 하여 비교시점의 물가를 하나의 숫자로 나타낸 지표이다.

현재 우리나라에서 흔히 쓰이는 일반적인 물가지수에는 생산자물가지수 · 소비자물가지수 · GDP디플레이터 등이 있다. 생산자물가지수는 한국은행이, 소비자물가지수는 통계청이 각각 작성하며, 기준연도는 5년마다 개편된다. GDP디플레이터는 본래 물가의 변동을 보고자 작성되는 것은 아니지만 그 정의상 일종의 물가지수가 된다.

생산자물가지수

생산자물가지수(producer price index: PPI)는 한국은행이 제1차 거래단계에서 기업 상호간에 거래되는 상품과 서비스의 평균적인 가격변동을 측정하여 작성하는 지수이다. PPI는 그 대상품목의 포괄범위가 넓어 전반적인 상품과 서비스의 수급동향이 반영되는 일반적인 물가수준의 변동을 측정할 수 있기 때문에 일반목적지수로서의 성격을 갖는다. 지수작성에 이용되는 가격은 제1차 거래단계의 가격, 즉 국내생산품의 경우 부가가치세를 제외한 생산자판매가격(공장도가격)을 원칙으로 하고 있다.

실제 추계는 2012년 현재 서울을 비롯한 전국 16개 주요 도시지역에서 거래되는 중요 품목 884개(상품 801개, 서비스 83개)의 생산자판매가격을 중요도에 따라 가중치를 달리하여 기준연도 대비 산술평균한다. 중요도에 따라 가중치(weights)를 달리한다는 것은, 예를 들면 승용차가격과 의류가격이 똑같이 5% 올랐다고 하더라도 승용차생산액이 의류생산액보다 크면 승용차가격 인상이 물가상승에 기여하는 몫을 의류가격의 기여도보다 높게 매긴다는 의미이다. 기준연도 대비 산술평균이란 각 상품의 기준연도 가격을 100으로 놓고 비교연도 가격을 평가하여 산술평균함을 뜻한다. 생산자물가지수 대상품목을 대분류하여 그 각각의 가중치를 보면 상품이 73.6%, 서비스 26.4%이며, 상품 가운데 공산품의 비중이 64.5%로 가장 높다.

소비자물가지수

소비자물가지수(consumer price index: CPI)는 가계가 소비생활을 영위하기 위하여 구입하는 일정량의 상품과 서비스의 가격변동을 종합적으로 파악하기 위해 작성되는 지수이다. CPI는 소비자가 일정한 생활수준을 유지하는 데 필요한 소비금액의 변동을 나타내므로 소비자의 구매력 측정에 사용된다. 실제 추계는 통계청 경제통계국 물가동향과에서 담당하는데, 2012년 현재 서울을 비롯한 전국 37개 도시지역에서 약 1만 3,000개 소매점포 및 서비스업체, 9,500개 임대가구를 대상으로 생활필수품 481개 품목의 소매가격을 중요도에 따라 가중치를 달리하여 기준연도 대비 산술평균한다. 소비자물가지수 대상품목을 대분류하여 그 가중치를 살펴보면 식료품 및 비주류 13.6%, 주류 및 담배 1.2%, 의류 및 신발 6.2%, 주택, 수도, 전기 및 연료 17.0%, 가정용품 및 가사서비스 3.8%, 보건 7.3%, 교통 및 통신 16.7%, 오락 및 문화 5.3%, 교육 11.4%, 음식 및 숙박 12.0%, 기타 5.4% 등이다.

실제로 통계청은 상품의 소매가격 및 서비스요금을 조사하여 소비자물가지수를 편제하고, 그 결과는 소비재의 수급계획을 포함한 각종 경제정책을 수립하거나 경제 · 사회현상의 분석시 기초자료로 이용하기 위하여, 도시가계조사 결과에 의거 총소비지출상의 중요도와 가격의 대표성을 고려하여 선정된 조사대상 품목을 농축수산물은 월 3회, 공업제품과 서비스품목은 월 1회 조사하고 있다. 그리고 이러한 조사결과는 『소비자물가(월보)』, 『물가연보』, 『소비자물가조사 가격월보』, 『소비자물가 CD』, 『통계월보』, 『통계연감』, 『주요경제지표』 등의 통계간행물에 수록하고 있다.

GDP디플레이터

GDP디플레이터는 가격변동을 직접 조사하여 작성하는 것이 아니라 명목GDP를 실질GDP로 나눔으로써 사후적으로 계산된다. 제3장에서 GDP는 한 나라 국경 안에서 일정 기간 동안에 생산된 모든 최종생산물의 시장가치라고 정의한 바 있다. 따라서 GDP디플레이터는 한 나라 안에서 생산된 모든 최종생산물의 평

통계보기

표 11-5

우리나라의 물가 추이
자료: 한국은행.

연 도	소비자물가지수	생산자물가지수	GDP디플레이터
1970	5.4	8.8	4.5
1975	11.0	20.9	10.7
1980	24.3	47.0	26.8
1985	34.2	60.3	38.1
1990	44.5	64.8	51.9
1995	60.2	75.7	75.9
2000	73.1	91.0	86.8
2005	86.1	100.0	100.0
2006	88.1	100.9	99.9
2007	90.3	102.3	101.9
2008	94.5	111.1	104.9
2009	97.1	110.9	108.5
2010	100.0	115.1	112.4
2011	104.0	122.1	114.4

〈표 11-5〉는 생산자물가지수 · 소비자물가지수 · GDP디플레이터로 파악한 1970년 이래의 우리나라 인플레이션율을 보여 주고 있다. 1970년부터 40여 년 동안 대략 생산자물가지수는 14배, 소비자물가지수는 20배, GDP디플레이터는 25배 증가하여 물가의 상승이 상당하였음을 알 수 있다. 물가가 초기에는 급속히 상승하였지만 최근 들어서는 그 상승추세가 상당히 둔화되었음도 확인할 수 있다.

point-11.2 물가지수의 차이

〈표 11-5〉에서 살펴본 바와 같이 물가의 변동을 측정하기 위한 위 세 가지 물가지수는 물가의 변동에 따라 대체로 같은 방향으로 움직이지만 똑같은 크기로 변동하지는 않는다. 이는 각 물가지수의 대상품목과 포착하는 거래단계, 그리고 가중치가 다르기 때문에 나타나는 당연한 현상이다. 구체적으로 소비자물가지수에는 소비재 및 서비스의 가격이 포함되는 반면, 생산자물가지수에 포함되는 원자재와 자본재 가격은 포함되지 않는다. 원유가격의 인상과 같은 해외부문의 충격은 수입원자재와 중간재를 포괄하는 생산자물가지수에 직접적인 영향을 미친다. 한편, GDP디플레이터에는 소비재 · 서비스 · 자본재 등이 최종생산물이면 모두 포함되기 때문에 대상품목수가 가장 광범위하다. 수입품의 가격은 소비자물가지수에는 포함되지만 생산자물가지수와 GDP디플레이터에는 포함되지 않으며, 주택 · 토지 등 부동산의 가격은 생산자물가지수와 소비자물가지수에 포함되지 않는다. 신축주택과 신축사무실은 투자항목으로서 GDP에 포함되므로 이들 가격은 GDP디플레이터에 포함된다. 그러나 부동산투기 때문에 기존 주택이나 토지의 가격이 폭등하는 것은 GDP디플레이터에도 포함되지 않는

다. 물론 주택가격의 폭등으로 주택임대료가 오른다면 이 임대료는 GDP 디플레이터와 소비자물가지수에 포함된다.

균가격을 나타내는 포괄적인 물가지수이다.

11.2.2 인플레이션의 개념

앞에서 언급한 바와 같이, 인플레이션은 일반물가수준이 상승하는 현상으로서 물가지수가 증가하는 것으로 표시되는데, 일반적으로 다음과 같은 식으로 계산된다.

$$\text{인플레이션율} = \frac{\text{이번 기의 물가지수} - \text{전기의 물가지수}}{\text{전기의 물가지수}} \times 100(\%)$$

그러나 현실적으로 인플레이션의 크기를 정확하게 알기는 어려울 때가 많다. 그 이유는, 첫째 인플레이션은 어느 물가지수를 사용하느냐에 따라 그 정도가 다르게 나타난다. 대개 국민들의 생계비 증가와 관련해서 위 식과 같이 소비자물가지수의 증가를 인플레이션으로 간주하지만, 한 나라의 총생산과 관련해서는 GDP디플레이터를 사용할 수도 있다.

둘째, 물가가 상승하여 겉으로는 인플레이션이 발생하더라도 물가가 상승한 것 이상으로 상품의 질이 향상되었다면 실질적으로 물가는 하락하였을 수도 있다. 앞에서 설명한 것처럼 상품가격의 상승은 많은 경우 상품품질의 향상을 동반한다는 사실이 그것이다. 이와는 반대로 상품가격이 인상되지 않았더라도 생산자들이 상품의 질을 떨어뜨리는 경우에는 물가지수가 상승하지 않아도 실제로 인플레이션이 발생하고 있는 것이다.

셋째, 통계당국이 발표하는 지수물가와 소비행위시 피부로 느끼는 감각물가 사이의 괴리를 문제로 지적할 수 있다. 지수물가와 감각물가는 일치하지 않는 것이 보통인데, 그 이유로는 여러 가지를 들 수 있다. 우선 우리나라의 경우에 토지와 주택의 가격이 물가지수의 작성에서 제외된다는 사실이 지수물가와 감각물가의 차이를 크게 하는 중요한 이유이다. 토지와 주택의 가격 변동은 그 결과로 나타나는 집세의 변동에 의해서만 소비자물가에 반영될 뿐인데, 주거비의 가중치가 17%에 불과하므로 집세가 폭등하더라도 소비자물가는 크게 오르지 않는다. 또한 개개인의 소비구조가 다르다는 점이다. 감각물가는 개개인이 자신의 생활에 직결된 품목만을 대상으로 하는 반면, 지수물가는 거래되는 전 품목을 중요도에 따라 가중산술평균하여 구해진다. 그러므로 만약 집세가 폭등할 경우에 무주택서민의 감각물가는 크게 오를 수 있지만 부유층의 감각물가는 거의 변동이 없게 된다.

마지막으로, 정책당국이 물가상승을 억제하기 위하여 가격통제를 실시하는 경우, 공식적인 지수물가는 별로 오르지 않지만 상품의 무게와 질이 하락하고 암시장이 형성되는 등 감각물가

통계보기

그림 11-6

우리나라 인플레이션의 추이

자료: 한국은행.

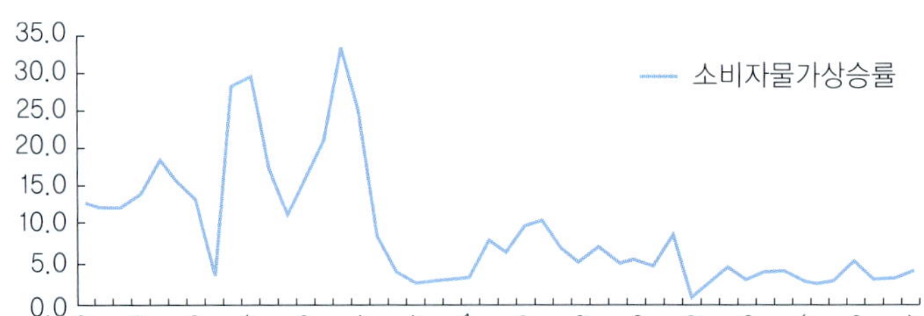

우리나라의 물가상승률을 역사적으로 살펴보면 1980년대 이전과 이후가 대조적인 양상을 보이고 있다. 〈그림 11-6〉에서 알 수 있는 바와 같이 1960년대 모든 물자가 부족하였던 때와 1970년대 급속한 경제성장을 추진하던 시기에는 지금으로서는 상상할 수도 없는 20%대의 물가상승률을 보였다. 1980년대 이후에는 물가상승의 폐해를 심각하게 인식하고 물가안정에 많은 노력을 기울였을 뿐 아니라 1980년대 중반 찾아온 3저 덕분에 1990년대의 물가상승률이 5%대에서 안정되는 모습을 보였다. 2000년 이후에는 외환위기 이후 전반적으로 경기침체 등의 영향으로 물가상승률이 5% 아래에서 안정되는 모습을 보여 왔다.

point-11.3 근원물가지수

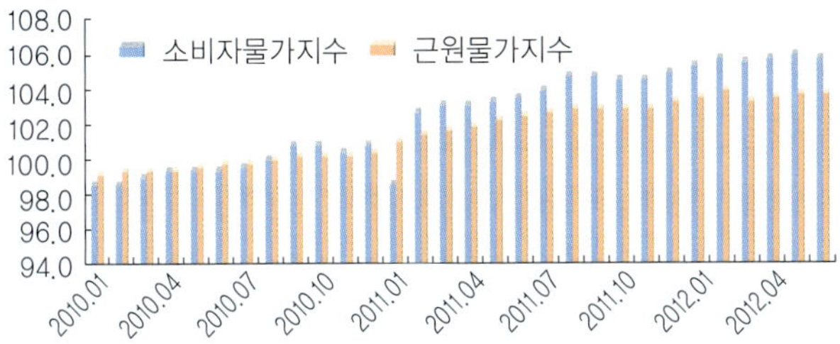

그림 11-7
소비자물가 및 근원물가지수
자료: 통계청.

한국은행에서는 소비자물가지수를 가지고 인플레이션율을 계산하여 발표하고 있는데, 최근 들어서는 이와 함께 근원물가상승률(core inflation rate)을 동시에 발표하고 있다. 근원물가상승률은 소비자물가지수에서 식료품비와 연료비를 제외한 나머지 품목을 가지고 물가지수를 작성하고, 이를 가지고 다시 물가상승률을 계산한 것이다. 그렇게 하는 이유는 농산물이나 원유 등은 날씨나 전쟁 등 경제외적이고 일시적 요인에 의해 가격의 변동이 자주, 큰 폭으로 발생하여 물가변동의 전체적 흐름을 왜곡시키는 경우가 있을 수 있기 때문이다. 따라서 근원물가상승률을 계산함으로써 정책이나 경제현상의 분석 등에 부분적으로 소비자물가상승률 대신 활용하기도 하는 것이다. 〈그림 11-7〉은 소비자물가지수와 근원물가지수를 비교한 것이다. 변동이 잦고 변동폭이 큰 요소들을 뺐기 때문에 근원물가지수는 소비자물가지수에 비해 변동폭이 작은 특징이 있다.

는 크게 오를 수 있는데, 이와 같은 상황을 억압형 인플레이션(repressed inflation)이라고 한다.

11.2.3 인플레이션의 원인

인플레이션은 국민경제 전체의 총수요와 총공급의 변동 때문에 발생한다. 총수요가 증가하기 때문에 나타나는 인플레이션을 수요견인인플레이션(demand-pull inflation), 총공급의 감소 때문에 발생하는 인플레이션을 비용상승인플레이션(cost-push inflation)이라고 한다. 이 양자를 구분하는 것은 쉽지 않지만 생산(국민소득)이 증가하는 가운데 인플레이션이 발생하면 수요견인인플레이션, 생산(국민소득)이 위축되는 가운데 인플레이션이 발생

그림 11-8

인플레이션의 유형

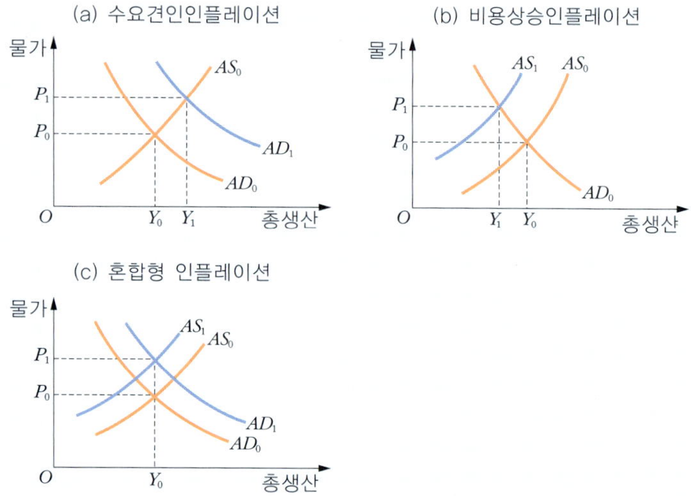

하면 비용상승인플레이션으로 판단하면 된다.

현실경제에서는 생산활동의 변동이 크게 일어나지 않으면서 인플레이션이 발생하기도 하는데, 이는 총수요의 증가와 총공급의 감소가 동시에 나타났기 때문이다. 이와 같이 수요견인인플레이션과 비용상승인플레이션이 혼합되어 발생하는 인플레이션을 혼합형 인플레이션(mixed inflation)이라고 한다.

수요측 요인

과소비풍조가 만연하거나, 기업의 투자의욕이 고취될 때, 수출이 호조를 보여 수입보다 크게 증가할 때, 사람들의 인플레이션 기대심리가 형성될 때 국민경제의 총수요는 증가한다. 물론 정부가 경기를 부양하기 위하여 확대재정정책이나 확대통화(금융)정책을 시행할 때에도 총수요는 증가하는데, 이렇게 총수요가 증가되면 수요견인인플레이션이 유발된다. 수요견인인플레이션을 일으키는 요인들 중 수요견인인플레이션을 지속적으로 발생시키는 가장 기본적인 요인은 지나친 통화공급의 증가를 가져오는 무분별한 통화팽창(금융)정책이다.

교환방정식을 변형한 아래의 항등식을 이용하면 통화공급의 증가가 인플레이션을 발생시킴을 쉽게 알 수 있다.

인플레이션율 + 경제성장률 = 통화증가율 + 화폐유통속도의 증가율
($\Delta P/P$) ($\Delta Y/Y$) ($\Delta M/M$) ($\Delta V/V$)

여기서, Δ: 변화
P: 물가수준
Y: 실질국민소득
M: 통화량
V: 화폐의 소득유통속도

화폐유통속도의 변화율은 경기순환과정에서 기복을 보이지만 장기적으로 볼 때 상당히 안정적이며, 경제성장률도 경기순환과정에서 기복을 보이지만 장기적으로 볼 때 잠재GDP성장률을 크게 벗어나지 않는다. 따라서 통화공급의 증가율이 높을수록 인플레이션율은 높아진다.

통화공급 증가 이외의 다른 총수요측 요인들은 일시적으로 인플레이션을 유발시킬지는 모르지만 지속적 인플레이션의 원인이 되지는 않는다. 통화공급의 증가가 뒷받침되지 않으면 생산과 소득이 늘어날 때 교환의 매개수단인 화폐가 상대적으로 부족하므로 화폐의 구매력이 지속적으로 하락할 수 없기 때문이다. 프리드먼 교수가 "인플레이션은 언제나 어디에서나 화폐적인 현상이다"라고 단언하였듯이, 급격한 통화증가가 급격한 인플레이션을 발생시켰음은 역사적으로 초인플레이션(hyperinflation)을 경험한 몇몇 나라의 사례가 증명하고 있다.

공급측 요인

국민경제의 총공급을 감소시켜 비용상승인플레이션을 야기

시키는 대표적인 요인으로는 임금 · 원자재가격 등 생산요소의 가격상승, 파업 등 노사분규로 인한 노동생산성의 하락 및 생산성을 상회하는 과도한 임금인상, 사람들의 인플레이션 기대심리 등을 꼽을 수 있다.

생산요소의 가격상승이나 인플레이션 기대심리는 기업의 공급능력을 하락시키기 때문에 총공급곡선을 왼쪽으로 이동시켜 총생산과 총소득을 감소시킴과 동시에 물가를 상승시킨다. 노동생산성 향상을 상회하는 임금인상이 비용상승인플레이션의 원인이 되는 이유는 생산요소시장에서의 이윤극대화 조건을 변형시킨 아래의 식을 통해 확인할 수 있다.

노동수요곡선

노동이라는 생산요소의 가격이 결정되는 원리를 설명해 보자. 기업이 노동 1단위를 추가로 고용할 때 지불하고자 하는 가격은 추가로 고용된 노동이 추가로 생산한 물건을 시장에 내다 팔아서 벌어들인 돈보다 적어야 한다. 이를 식으로 표현하면 $w \leq MP_L \times P$가 된다. w는 임금이고 MP_L은 노동의 한계생산물, P는 제품의 시장가격이다. 지급해야 하는 임금이 적다면 노동의 고용을 늘릴 것이고, 이러한 과정은 $w = MP_L \times P$가 될 때까지 계속된다. 따라서 이 식이 노동의 수요곡선이 되는 것이다(자세한 내용은 경제학 교과서를 참고하자). 이 식의 양변에 자연로그를 취해서 미분해 주면 변화율을 나타내는 관계식을 유도할 수 있다(경제수학의 기초만 알면 쉬운 내용이지만 모르면 그냥 넘어가자!).

노동생산성 증가율 + 생산물가격의 상승률 = (명목)임금상승률
($\Delta MP_L/MP_L$)　　　($\Delta P/P$)　　　($\Delta w/w$)

여기서, MP_L: 노동생산성(한계생산)
P: 생산물가격
w: 명목임금

위 식에서 임금상승률이 노동의 한계생산증가율을 상회하면 생산물가격이 상승함을 알 수 있다. 이러한 현상은 국민경제 전체적으로 볼 때 임금인상이 물가상승을 유발시키는 결과를 낳게 한다. 노동생산성 향상을 넘어선 과도한 임금인상이 물가상승을 유발시키고, 물가상승은 또다시 노동조합으로 하여금 임금인상을 요구하도록 하는 일련의 과정이 되풀이되면 물가가 걷잡을 수 없이 오르게 되는데, 이러한 현상은 임금-물가상승의 악순환(wage-price spiral)이라고 불린다. 물론 노동조합이 과도한 임금인상을 관철시키더라도 곧바로 임금-물가상승의 악순환이 발생하는 것은 아니다. 수요견인인플레이션의 경우와 마찬가지로 통화공급의 증가가 뒷받침되어야 물가상승의 악순환이 일어난다.

임금상승에 따른 비용상승인플레이션은 총공급곡선을 왼쪽으로 이동시켜 총생산과 총국민소득을 감소시킨다. 임금이 상승

통계보기

연 도	소비자물가지수	생산자물가지수	통화공급[1]
1971	13.5	9.4	29.3
1972	10.7	13.3	33.6
1973	3.2	7.6	36.1
1974	25.0	41.4	21.5
1975	25.0	26.5	25.2
1976	15.3	12.2	35.1
1977	9.8	8.9	40.1
1978	14.7	11.8	35.4
1979	18.3	18.8	29.7
1980	28.7	39.0	44.5
1981	21.4	20.3	36.1
1982	7.2	4.7	37.0
1983	3.5	0.2	22.9
1984	2.2	0.8	19.0
1985	2.4	0.9	18.1
1986	2.8	−1.5	29.5
1987	3.1	0.5	30.1
1988	7.1	2.7	29.8
1989	5.6	1.5	25.8
1990	8.6	4.1	25.3

표 11-6

혼합형 인플레이션의 사례: 통화공급(M2)증가율과 인플레이션율의 추이(단위: %)

주: ❶ 연말 잔고 증가율임.
자료: 한국은행.

1970년대의 석유파동이라는 불리한 공급충격이 나타난 상황에서 세계 각국은 경기회복을 통한 실업감소라는 정책목표를 단시일 내에 달성하기 위하여 확대재정정책과 수용된 통화(금융)정책을 동시에 실행에 옮겼다. 그 결과 사상 유례 없이 높은 혼합형 인플레이션이 발생하였는데, 이 점에서 우리나라도 예외는 아니었다.

1973~1974년의 제1차 석유파동이 일어나자 원자재에 대한 해외의존도가 큰 우리나라의 생산자물가는 41.4%나 상승하였다. 1979년 제2차 석유파동시에는 1980년의 정치불안까지 겹쳐 생산자물가가 39.0%나 증가하였다. 두 차례의 석유파동 기간중 연평균 20%의 높은 인플레이션을 경험한 것은 두 차례의 석유파동이 불리한 공급충격으로 작용한 것이 주원인이기는 하지만, 이러한 파동으로 경제가 급격하게 위축되는 것을 막기 위해 수용적인 통화정책을 쓴 데에도 이유가 있다. 1970년대와 1980년대를 비교해 보면 총통화(M2)의 연평균증가율이 1970년대에 더 높다는 사실이 이를 뒷받침한다. 1982년 이후 소비자물가는 물론 생산자물가가 상대적으로 낮은 상승세를 보인 것도 해외원자재가격이 대체로 안정세를 유지하면서 총통화의 증가가 이전에 비해 안정되었기 때문이다.

하면 고용이 줄고 실업이 늘어나기 때문에 취업자의 임금소득이 증가하는데도 불구하고 전체 가계의 구매력은 감소하며, 따라서 총수요가 줄어든다. 이때 총수요가 감소하기 때문에 물가가 일방적으로 오를 수는 없는데, 대개의 경우 정부가 경기침체를 극복한다는 명목으로 총수요곡선의 왼쪽이동을 저지하거나, 심지어는 총수요곡선을 오른쪽으로 이동시키기 때문에 임금-물가상승의 악순환이 시작된다. 즉, 경기침체시 경기침체를 극복하기 위해 통화공급을 증가시키는 수용적 통화(금융)정책(accommodative monetary policy)을 실행에 옮기기 때문에 임금-물가상승의 악순환이 나타나는 것이다.

수요측 요인과 공급측 요인의 혼합

노동조합이 과도한 임금인상 요구를 관철시키거나 석유파동·원자재파동과 같은 불리한 공급충격(supply shock)이 국민경제에 가해지면 생산감소·실업증가와 함께 인플레이션이 발생하는 스태그플레이션(stagflation)이 일어난다. 이 경우 실업을 감소시킬 목적으로 많은 정부들이 확대재정정책과 수용적 통화정책(또는 확대금융정책)을 시행하게 되는데, 이러한 정책의 결과 단기적으로 생산은 증가하고 실업은 감소할 수 있다. 문제는 이 과정에서 인플레이션이 더욱 급속히 진행된다는 사실이다. 인플레이션이 급속히 진행되면 사람들의 인플레이션 기대심리는 확고해지고, 이렇게 기대인플레이션이 형성되면 총공급곡선이 왼쪽으로 더욱 이동한다. 이에 따라 다시 생산감소, 실업증가, 실업감소를 위한 확대정책, 인플레이션, 기대인플레이션의 악순환이 나타나게 되는 것이다.

스태그플레이션

스태그플레이션이란 경기침체를 의미하는 stagnation과 물가상승을 의미하는 inflation을 합성한 용어로 경기가 좋지 않는 상황에서도 물가가 오르는 현상을 말한다. 1973년 발생하였던 석유파동으로 원자재가격이 상승해 물가는 오르면서도 소비가 줄어 경기가 침체되었던 상황이 가장 전형적인 예로 꼽힌다.

11.2.4 인플레이션의 영향

사람들은 인플레이션이 발생하면 화폐가치의 하락에 따라 구매력이 감소하여 자신들의 생활수준이 낮아질 것을 우려한다. 그러나 인플레이션이 진행되면 구매하는 재화와 서비스의 값만 오르는 것이 아니라 노동 · 자본 등 가계에서 판매하는 생산요소의 가격도 비례적으로 상승하여 명목소득이 증가하기 때문에 생활수준이 하락하는 것은 아니다. 심지어 명목소득이 물가보다 더 크게 상승한다면 인플레이션에도 불구하고 생활수준은 향상될 수 있다.

그렇다면 사람들은 왜 인플레이션을 걱정하는 것일까? 인플레이션은 주로 다음의 세 가지 측면에서 국민경제에 영향을 미친다. 첫째, 인플레이션은 국민경제 구성원 사이에 소득과 부를 재분배시킨다. 둘째, 인플레이션은 경제적 효율성을 떨어뜨림으로써 국민경제 전체의 후생수준을 하락시킨다. 셋째, 인플레이션은 생산과 고용에 부정적인 영향을 미친다.

이러한 인플레이션의 영향은 인플레이션의 발생을 사전에 사람들이 예상하였는가, 예상하지 못하였는가에 따라 그 강도가 다르게 나타난다. 대부분의 인플레이션은 사전에 예상되지 않거나, 또는 예상하였던 것보다 과도하게 발생하는 것이 일반적이긴 하지만, 이를 구분하여 설명할 필요가 있다. 물론 현실세계에서 발생하는 인플레이션을 예상된 인플레이션과 예상하지 못한 인플레이션으로 분리하기는 어렵기 때문에 현실에서 인플레이션의 영향은 두 인플레이션의 영향이 합성되어 나타난다고 할 수 있다.

예상하지 못한 인플레이션의 영향

물가가 오를 때 일반적으로 모든 사람들의 명목소득이 똑같은 비율로 증가하지는 않는다. 예상하지 못한 인플레이션은 봉급생활자와 같이 고정소득만 있는 사람, 채권자, 예금자들에게 손해를 끼친다. 봉급생활자는 화폐가치가 하락할 때 고정소득의 실질가치가 하락하므로 손실을 입게 된다. 또한 화폐가치의 하락은 채무자에게는 이득이 되지만 채권자에게는 손실을 입힌다.

화폐는 정부의 채무

앞서도 설명한 바와 같이 화폐란 어떤 재화나 서비스의 대가로 지급하는 것이고, 따라서 제공되는 재화나 서비스의 가치에 상응하는 가치를 가져야 정상이다. 금이나 은 등이 화폐로 쓰였던 것은 바로 이런 이유다. 그런데 재화나 서비스를 제공받고 상응하는 가치의 무엇인가를 나중에 주겠다고 약속한 증서를 주었다면, 그것은 바로 물건을 받은 사람이 준 사람에게 일종의 채무를 지게 되는 것이다. 우리가 일상적으로 사용하는 화폐는 바로 그 증서에 해당되는 것이고, 이를 발행한 주체가 정부이므로 '법에 의해' 가치가 부여된 화폐는 결국 정부가 국민들에게 진 부채라고 할 수 있는 것이다. 그러나 정부는 이 부채를 갚을 생각이 전혀 없고, 갚을 수도 없는 것이다.

예금자 역시 화폐가치의 하락으로 손실을 입기는 마찬가지다. 민간이 보유하고 있는 현금은 원칙적으로 정부가 구매력을 보증한 정부의 채무이지만, 일반채무와는 달리 정부가 채무를 갚으려 하지 않기 때문에 인플레이션으로 인한 화폐가치의 하락은 화폐보유자의 영원한 손실이 된다. 이런 의미에서 인플레이션은 화폐에 대해 부과되는 세금이라 할 수 있으며, 이를 인플레이션조세(inflation tax)라 부른다. 일반적으로 봉급생활자 · 채권자 · 예금자는 국민경제에서 자금공급을 담당하는 가계이고, 채무자는 자금수요의 주체인 기업이기 때문에 인플레이션이 발생하면 가계는 손실을 보고 기업은 이득을 보게 되며, 특히 물가상승에 따라 가격이 올라가는 토지 · 주택 등의 실물자산을 보유한 부유계층은 이득을 얻게 되어 소득불균등이 악화되는 상황이 발생한다.

예상하지 못한 인플레이션이 발생할 때 단기적으로는 고용과 생산이 증가할 수 있다. 그러나 예상하지 못한 인플레이션이 지속되면 미래의 인플레이션에 대한 경제주체들의 예상을 어렵게 만드는 등, 국민경제의 불확실성이 증대되어 안정된 소비와 투자계획이 이루어지지 못한다. 예상하지 못한 인플레이션이 가져오는 불확실성은 궁극적으로 경제의 효율성을 저하시키며 경제성장의 기반을 와해시키게 된다.

예상된 인플레이션의 영향

사람들이 특히 단기에 인플레이션을 정확히 예상하기란 쉬운 일이 아니다. 그러나 장기적으로는 시행착오와 학습과정을 거쳐 인플레이션을 적어도 확률적으로 정확히 예측할 수 있다고 가정할 수 있다.

사람들이 인플레이션을 정확히 예상한다면 채권자로부터 채무자로 소득재분배효과가 나타나지 않는다. 채권 · 채무관계 성립시 인플레이션을 정확히 예상하는 합리적인 채권자는 화폐가치의 하락을 보상하는 방안을 계약에 포함시킬 것이고, 채무자는 이를 수용할 수밖에 없기 때문이다. 인플레이션이 예상되면 합리적인 채권자는 명목이자율이 아니라 실질이자율에 관심을 갖기 때문에 인플레이션 몫만큼을 명목이자율에 반영시켜 일정 수준의 실질이자율을 유지하려 할 것이며, 채무자도 명목이자율을 기꺼이 부담하여야 한다. 이러한 관계는 아래와 같은 피셔(I. Fischer)의 방정식으로 나타낼 수 있다.

피셔가설: 명목이자율 = 실질이자율 + 예상인플레이션율

예상된 인플레이션은 경제주체들로 하여금 한 푼의 이자라도 더 받도록 되도록이면 많은 화폐를 은행에 맡기고 최소한의 화폐만을 보유하도록 만듦으로써, 경제주체들이 은행을 방문하는 횟수를 증가시키고 결과적으로 경제주체들의 시간낭비와 구두창의 마모를 초래한다. 또한 기업들은 가격이 오를 때마다 상품의 가격표를 바꾸고 고객에게 가격인상의 불가피성을 설명하여야만 한다. 이것이 이른바 구두창비용(shoeleather cost)과 차림표비용(menu cost)이라 불리는 인플레이션의 비용들이다.

인플레이션이 지속되면 일반적으로 상품과 상품 사이의 상대가격이 바뀌는데, 이런 상대가격의 왜곡은 자원의 효율적인 배분을 저해한다. 또한 인플레이션은 명목소득을 증가시켜 명목소득에 대해 누진적으로 과세되는 일반적인 조세체계하에서 세금의 부담을 가중시킨다.

인플레이션이 매년 낮은 수준으로 계속되면 생산에 별로 부정적인 영향이 나타나지 않는다. 오히려 이러한 서행성 인플레이션(creeping inflation)은 생산을 촉진할 수도 있다. 그러나 높은 수준으로 지속되는 주행성 인플레이션(galloping inflation)이 발생하면 생산에 악영향을 미치고 국민경제의 효율성이 파괴된다. 기업이나 부유층은 인플레이션조세를 회피하고 불로소득을 얻기

인플레이션의 금리왜곡

이자소득에 대해 세금을 부과할 경우, 인플레이션은 금리왜곡을 초래한다. 예를 들어, 명목이자율이 5%이고 물가상승률이 3%이면 실질이자율은 2%가 된다. 이자소득에 대해 10%의 세금을 부과한다면 세금이 0.5%가 되고, 따라서 실질수익률은 1.5%가 된다. 그런데 물가가 5% 오르고 명목이자율이 7%라면 실질이자율은 똑같이 2%이지만, 이제는 7%에 대해 10%의 세금이 부과되므로 실질수익률은 1.3%로 낮아진다.

위하여 정상적인 생산과 투자활동을 포기하고 부동산 · 귀금속 · 골동품 · 외환 등의 투기에 매달린다. 자원을 생산적인 투자로부터 비생산적인 투기로 흐르도록 함으로써 인플레이션은 국민경제의 생산능력을 위축시키고 자원배분을 비효율적으로 만드는 것이다. 이러한 비효율성은 초인플레이션(hyperinflation)하에서 두드러지게 나타난다.

초인플레이션

제1차 세계대전 이후 독일에서 있었던 초인플레이션이 가장 대표적인 예라고 할 수 있다. 당시 독일은 전쟁에 패하고 전쟁배상금을 지불해야 하였는데, 마땅한 재원이 없어 무분별하게 통화를 증발하였다. 1914년 7월 31일 현재 독일의 통화공급규모는 60억 마르크였으나, 1923년 11월에는 92.8×10^{18}마르크로 약 154억 배가 증가하였다(상상초월!). 당시 독일에서는 신문 한 부에 2,000억 마르크였고, 밥을 짓기 위해 연료를 사는 것보다 그냥 돈을 때는 것이 훨씬 싸게 먹힐 정도였다고 한다(맙소사!).

초인플레이션이란 아주 급속하게 진행되는 인플레이션을 말한다. 초인플레이션은 통화공급의 방만한 증가에 사람들의 인플레이션 기대심리가 가세되어 발생한다. 초인플레이션이 예상되면 경제주체들은 가치하락이 확실한 화폐의 보유를 극도로 회피할 것이기 때문에, 궁극적으로 화폐를 교환의 매개수단으로 이용하는 교환경제의 효율성이 파괴된다.

11.2.5 인플레이션 대책

적절한 인플레이션율이 얼마인가에 대한 정확한 대답은 없는 것처럼 보인다. 물가가 하락하는 음(-)의 인플레이션율(디플레이션) 또한 바람직한 것 같지 않다. 양(+)의 인플레이션율과 같은 자의적인, 그러나 반대 방향의 소득과 부의 재분배가 일어날 뿐만 아니라, 기업의 생산의욕 또한 감퇴될 것이기 때문이다. 0의 인플레이션율이 이상적일 것 같지만 이 또한 반드시 성립하지는 않는 것 같다. 인플레이션을 없애기 위한 비용이 그 편익을 초과할 수도 있다는 뜻이다.

인플레이션이 낮은 속도로 진행되면, 이를 더 낮추기 위해 인위적인 정책을 쓸 필요는 없다. 물론 인플레이션이 높은 비율로 진행되면, 그 원인을 규명하여 적절한 대책을 수립하여야 할 것이다. 기본 원칙은 총수요곡선이 너무 오른쪽으로 이동하지 않도록 하는 한편, 총공급곡선은 가급적 오른쪽으로 이동하도록 하는 것이다.

안정적인 총수요관리

지나친 통화공급의 증가가 인플레이션의 주원인이기 때문에 안정적인 통화공급이 강력한 인플레이션 대책이다. 이와 관련하여 정부의 시장개입을 반대하는 경제학자들은 *k*%준칙을 주장한다. 우리나라와 같이 잠재성장력이 5~6% 수준이면 통화공급의 연간 증가율을 5~6% 수준에서 화폐의 유통속도 변화율을 감안하여 결정하고, 경기침체 · 경기호황과 관계없이 일관성 있게 통화공급 목표로 삼으라는 주장이다. 재량정책에 따른 높은 인플레이션을 경험하였던 선진국들의 사례는 *k*% 준칙이 준수할 만한 처방이라는 점을 인식시켜 주었다. 실제로 주요 선진국이 1980년대 이후 연평균 3~4% 이하의 인플레이션율을 유지하고 있는 것은 *k*% 준칙에 가까운 보수적이고 안정적인 통화공급을 지속하고 있기 때문인 것으로 평가되고 있다.

> **재량적 경제정책**
>
> 재량적(discretionary) 경제정책이란 정부가 스스로의 판단에 따라 경제정책을 수립하고 시행하는 것을 말한다. 이와 같은 재량정책은 주로 경기변동에 대응하여 취해지는 경우가 많은데, 이에 대해 반대하는 사람들은 정부의 판단이 정치적 요인에 의해 좌우되기 쉽고, 또한 정책의 시차 등으로 인해 정책의 효과가 나타나기 어려운 점을 단점으로 지적하고 있다. 따라서 정부의 정책은 어떤 준칙(rule)을 세워놓고 일관성 있게 이를 지키는 방향으로 수립 · 시행되어야 한다는 것이다.

재정적자가 누적되면 국공채 발행에 따른 이자부담이 재정을 압박하게 되므로 정부는 통화공급을 증가시킬 유인을 가지게 된다. 따라서 재정을 건전하게 운용하여 재정적자가 누적되지 않도록 하는 것도 인플레이션을 억제하기 위한 대책이다.

또한 과소비풍조를 억제시키는 것도 수요견인인플레이션에 대한 바람직한 대책이다. 과소비는 단기적으로 총생산을 증가시킬지 모르지만 저축과 투자의 감소를 통해 장기적으로는 경제성장에 부정적인 영향을 미친다.

소득정책

총공급곡선을 왼쪽으로 이동시켜 비용인상인플레이션을 일으키는 주원인은 해외원자재가격 상승 등의 공급충격과 과도한 임금인상이다. 어떤 산업에서의 원자재가격 상승과 임금인상은 제품가격의 인상으로 전가되고, 다른 산업의 임금과 제품가격 상승으로 이어진다. 이에 대해 일부 경제학자들은 임금이 과도하게 상승하지 않도록 정부가 소득정책을 실시해야 한다고 주장한다.

소득정책(income policy)이란 임금과 물가의 상승을 규제하여 임금 및 기타 소득에 직접적인 영향을 미치고자 하는 정책을 말한다. 소득정책의 예로는 정부가 매년 임금상승률의 상한을 정하는 임금가이드라인, 임금과 물가의 인상을 억제시키는 임금-물가통제(wage-price guidepost) 등이 있다. 소득정책은 안정적인 통화공급이 뒷받침되어야만 효과를 발휘할 수 있다.

기타 정책

어떤 상품의 국내생산이 애로에 봉착하여 가격이 급등하면 그 상품의 관세율을 낮춤으로써 수입을 통한 가격안정을 꾀할 수 있다. 수입자유화와 관세율인하가 물가안정에 기여하는 것이다.

생산성이 낮아 관련제품의 비용증가가 유발되는 농업부문과 중소기업의 경우에는 투융자와 정부지원의 확대를 통해 장기적으로 물가상승 압력을 해소하는 것이 균형발전의 측면에서도 바람직하다.

공정거래법을 올바로 적용하여 기업 간의 가격담합을 방지하고 자유로운 경쟁을 유도하는 것도 독과점가격이 물가상승의 주범이 되는 것을 방지하는 방법이다. 전기료 · 수도료 · 가스요금 등의 공공요금을 적절히 규제하고, 농수산물의 유통구조를 개선하는 것도 같은 맥락의 물가안정대책이라 할 수 있다. 이런 측면에서 소비자주권을 확립하고 근검 · 절약과 건전소비를 도모하는 한편, 독과점기업의 시장지배력을 이용한 가격의 자의적인 인상을 제재하는 역할을 담당하는 소비자운동도 물가안정에 기여할 수 있다.

그러나 장기적으로 인플레이션을 억제하는 유일한 방법은 공급능력을 증가시키는 것이다. 저축 및 투자, 노동공급을 확대하고 노동생산성을 향상시키기 위한 기술혁신, 연구개발, 교육훈련이 이루어져야만 장기적으로 총공급이 증가하여 인플레이션 없는 경제성장이 가능한 것이다.

11.3 실업과 인플레이션의 관계: 필립스곡선

실업과 인플레이션은 단기적으로 역의 관계를 가진다. 단기에 인플레이션을 진정시키려면 어느 정도의 실업은 감수해야 하며, 역으로 실업을 감소시키려면 어느 정도의 인플레이션을 용인하여야 하는 것이다. 이러한 실업과 인플레이션 사이의 단기적인 상충관계(trade-off)를 보여 주는 우하향하는 형태의 곡선을 필립스곡선이라고 한다.

거시경제학의 주류를 형성하였던 케인스학파 경제학자들은 1960년대까지 실업과 인플레이션 간에는 단기에는 물론 장기에도 역의 관계가 성립한다고 생각하였다. 그러나 1970년대 이후 집중적인 연구결과는 실업과 인플레이션 간에 단기에는 역의 관계가 있지만 장기에는 아무런 관계가 없다는 것을 보여 주고 있으며, 이처럼 실업과 인플레이션 관계는 안정적이지 않다는 것이 정설이 되고 있다. 장기에는 앞에서 설명하였던 자연실업률이 어떤 수준의 인플레이션율과도 양립할 수 있다는 것이다. 단기란 물가의 변동이 완전히 이루어지지 않아 경제주체들이 인플레이션을 정확히 예측하지 못하는 기간이고, 장기는 물가의 변동이 충분히 이루어져서 경제주체들이 인플레이션을 정확히 예측하는 기간이다.

필립스곡선

필립스는 1958년 영국의 학술지 *Economica*에 논문을 발표, 1861년부터 1957년 사이 영국의 자료를 가지고 실업률과 명목임금상승률 사이에 반비례의 관계가 있음을 밝혔다. 최초의 필립스곡선은 오늘날 우리가 알고 있는 것처럼 일반물가지수가 아니라 명목임금상승률을 가지고 만들어진 것이었다. 그 후 이와 같은 관계를 미국에서도 찾아 낸 사람은 새뮤얼슨(Paul Samuelson)과 솔로(Robert Solow)였다. 필립스곡선이라는 이름을 붙인 것도 바로 이들이었다.

인플레이션율(π)과 실업률(μ) 사이의 관계를 나타내는 필립스곡선은 일반적으로 다음의 식으로 표시된다.

$$\pi = -\beta(\mu - \mu_N) + \pi^e + \varepsilon \quad (\text{단}, \beta > 0)$$

실제실업률(μ)이 자연실업률(μ_N)보다 크게 높지 않을수록,

예상인플레이션(π^e)이 높을수록, 음(-)의 공급충격이 클수록 인플레이션이 높다는 것을 보여 주는 위 식은 자연실업률이론을 수용한 것이다. 최초의 필립스곡선에 예상인플레이션율(π^e)이 덧붙여졌기 때문에 기대부가 필립스곡선(expectation-augmented Philips curve)이라고 불린다.

11.3.1 단기필립스곡선

영국의 경제학자 필립스는 1861~1957년의 영국 시계열자료를 이용하여 명목임금상승률과 실업률 사이에 음(-)의 관계가 있다는 것을 보였다. 명목임금상승률과 인플레이션율 사이에는 양(+)의 관계가 있다는 사실에 착안하여 발견자의 이름을 딴 최초의 필립스곡선은 인플레이션과 실업 사이에 음(-)의 관계가 있는 것으로 표시된다.

$$\pi = -\beta\mu \quad (\text{단}, \beta > 0)$$

위 식으로 표시되는 최초의 필립스곡선은 앞에서 설명한 수요견인인플레이션과 밀접한 관계를 가진다. 총수요가 증가하여 생산이 증가하는 과정에서 물가가 상승하는 것이 수요견인인플레이션인데, 생산이 증가하면 고용이 늘고 실업이 감소하기 때문에 물가상승과 실업감소가 동시에 발생하여 물가와 실업 간에 음(-)의 관계가 성립한다는 것이다. 〈그림 11-9〉 (a)에서 국민경제가 E_0로부터 E_1로 이동하는 것은 〈그림 11-9〉 (b)의 필립스곡선을 따라 E_0'에서 E_1'로 이동하는 것과 동일한 것이다. 즉, 실업률이 낮아지면(국민소득이 증가하면) 인플레이션이 높아져야만 하고, 반대로 실업률이 높아지면 인플레이션율은 낮아져야만 한다.

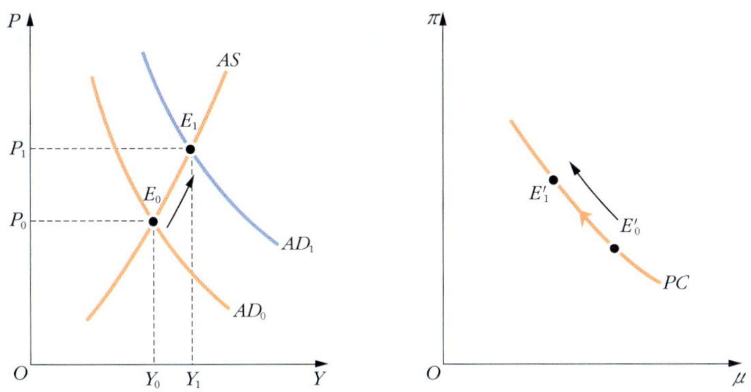

(a) 수요견인인플레이션 (b) 최초의 필립스곡선

그림 11-9
수요견인인플레이션과 최초의 필립스곡선

11.3.2 장기필립스곡선과 자연실업률이론

1970년대 들어 실업률이 높아지는데도 불구하고 인플레이션율이 낮아지지 않거나 실업률이 불변인데도 불구하고 인플레이션이 높아지는 기이한 현상이 나타났는데, 이를 스태그플레이션(stagflation)이라 한다. 즉, 경제가 침체(stagnation)하여 생산활동이 위축되고 실업률이 높은데도 불구하고 상당히 높은 수준의 인플레이션이 계속되는 상태를 스태그플레이션이라 하는데, 이는 앞에서 설명한 비용상승인플레이션과 관련이 있다.

1970년대는 1973~1974년의 제1차 석유파동과 1978~1979년의 제2차 석유파동을 경험한 바 있는데, 이 두 차례의 석유파동은 대표적으로 불리한 공급충격인바, 이를 수용하게 되면 필립스곡선은 다음의 식으로 표시된다.

$$\pi = -\beta\mu + \varepsilon \quad (\text{단}, \beta > 0)$$

그림 11-10

단기필립스곡선의 오른쪽 이동

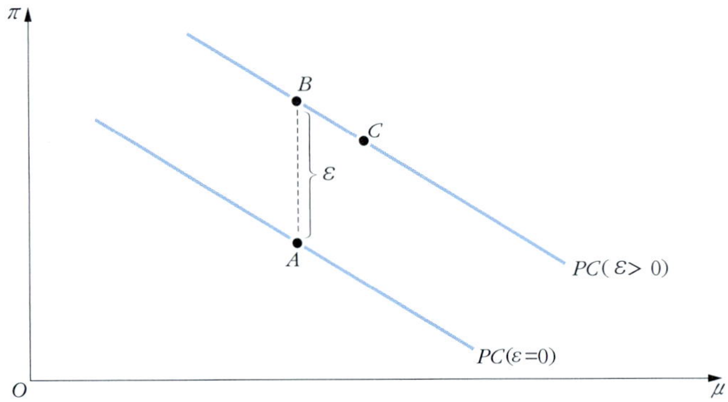

불리한 공급충격(ε)이 발생하면 〈그림 11-10〉의 *B*처럼 실업률이 불변인데도 불구하고 높은 인플레이션이 나타나거나 *C*처럼 실업과 인플레이션 수준이 다같이 높아질 수 있는 것이다.

그러나 비용상승인플레이션은 스태그플레이션을 만족스럽게 설명하지 못한다. 이러한 케인스학파의 한계를 극복하고 스태그플레이션을 만족스럽게 설명하기 위해 등장한 이론이 자연실업률이론이다.

고전학파 계통의 미국 경제학자인 프리드먼과 펠프스(E. S. Phelps)는 1968년에 각각 독자적으로 자연실업률이론을 제시하였다. 앞에서 설명한 바와 같이 자연실업률이란 고전학파가 주장한 완전고용의 개념을 현대적으로 발전시킨 것이다.

이질적인 노동이 무수히 많은 시장에서 거래되는 현실경제의 모든 시장이 단기에 균형을 이룰 수는 없다는 현실을 감안하여, 프리드먼은 모든 노동시장에 걸쳐 기업들의 구인자수와 노동능력이 있는 구직자수가 같으면 완전고용이 달성되었다고 간주하고 이 경우의 실업률을 자연실업률이라고 불렀다. 경제 전체의 구인자수와 구직자수가 같다면 일부 산업에서 노동수급에 불균형이 있더라도 별 문제가 되지 않으며, 따라서 평균적으로 전체 노동시장이 균형이라고 볼 수 있다는 것이다.

구인자수는 통계에 의해 정확히 측정되지 않기 때문에 자연실업률은 공급 측면의 교란이 없을 때 현재 진행되는 인플레이션을 가속시키지도 않고 감속시키지도 않는 실업률 수준이라고 정의를 내릴 수 있다. 즉, 현재의 실업률이 자연실업률보다 낮다면 구인자수가 구직자수보다 많다는 것을 의미하며, 이는 현재의 임금상승률을 더 높임으로써 현행 인플레이션을 더 높일 것이다. 반대로 실업률이 자연실업률보다 높다면 구인자수보다 구직자수가 더 많기 때문에 현재의 임금상승률을 둔화시키는 힘이 작용하여 현행 인플레이션이 낮아질 것이다. 실업률이 자연실업률과 같을 때에만 현행 인플레이션이 더 높아지지도 않고 더 낮아지지도 않아 현재 수준을 유지하게 된다.

자연실업률이론에 의하면, 사람들의 예상인플레이션이 일정한 단기에는 필립스곡선이 최초의 필립스곡선처럼 우하향하는 형태로 그려진다. 그러나 사람들의 예상인플레이션이 상승하면 필립스곡선은 예상인플레이션율만큼 오른쪽으로 이동한다. 궁극적으로 장기에는 실업률이 인플레이션율과 상관없이 자연실업률 수준으로 회귀하게 되어 필립스곡선은 수직선의 형태를 띠게 된다. 즉, 장기에 예상인플레이션이 실제인플레이션과 같게 되고($\pi = \pi^e$), 공급충격이 없게 되면($\varepsilon=0$) 기대부가 필립스곡선은 다음 식의 오른쪽 식으로 나타난다.

$$\pi = -\beta(\mu - \mu_N) + \pi^e + \varepsilon \quad (\text{단}, \beta > 0) \quad \Rightarrow \quad \mu = \mu_N$$

자연실업률이론으로는 1970년대의 스태그플레이션을 간결하게 설명할 수 있다. 물가가 안정적이었던 1960년대까지의 단기필립스곡선은 〈그림 11-11〉의 SPC_0과 같이 그려질 수 있다. 1960년대 중반 이후 실업을 줄이려는 목표하에 정부가 확대정책을 시행하게 되자 물가가 상승하였으며, 이는 사람들의 예상인

그림 11-11

단기기대부가 필립스곡선과 장기필립스곡선

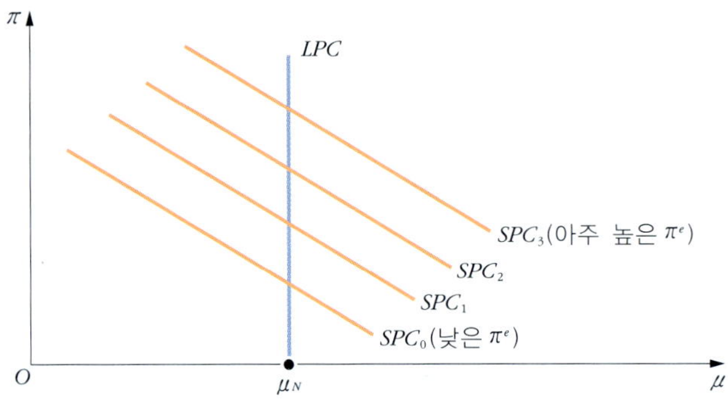

표 11-7

실업률과 인플레이션율의 추이 (단위: %)

주: ❶ 소비자물가지수 증가율 (기준연도: 2010).

자료: 한국은행.

연 도	인플레이션율❶	실업률	연 도	인플레이션율❶	실업률
1966	11.3	7.1	1989	5.7	2.6
1967	10.9	6.1	1990	8.6	2.4
1968	10.8	5.0	1991	9.3	2.4
1969	12.4	4.7	1992	6.2	2.5
1970	16.0	4.4	1993	4.8	2.9
1971	13.5	4.4	1994	6.3	2.5
1972	11.7	4.5	1995	4.5	2.1
1973	3.2	3.9	1996	4.9	2.0
1974	24.3	4.0	1997	4.4	2.6
1975	25.3	4.1	1998	7.5	7.0
1976	15.3	3.9	1999	0.8	6.3
1977	10.1	3.8	2000	2.3	4.4
1978	14.5	3.2	2001	4.1	4.0
1979	18.3	3.8	2002	2.8	3.3
1980	28.7	5.2	2003	3.5	3.6
1981	21.4	4.5	2004	3.6	3.7
1982	7.2	4.4	2005	2.8	3.7
1983	3.4	4.1	2006	2.2	3.5
1984	2.3	3.8	2007	2.5	3.2
1985	2.5	4.0	2008	4.7	3.2
1986	2.8	3.8	2009	2.8	3.6
1987	3.0	3.1	2010	3.0	3.7
1988	7.1	2.5	2011	4.0	3.4

플레이션율을 높여 단기필립스곡선을 SPC_1과 같이 오른쪽으로 이동시키게 되었다. 이후 두 차례의 석유파동은 불리한 공급충

격으로 작용하여 단기필립스곡선을 SPC_2와 같이 더 오른쪽으로 이동시켰다. 따라서 장기필립스곡선은 자연실업률(μ_N) 수준에서 수직인 직선으로 나타난다.

자연실업률이론은 정부가 확대정책을 남용하거나 공급 측면에서 불리한 충격이 작용하면 우하향하는 단기필립스곡선이 오른쪽으로 이동한다는 것을 보임으로써 스태그플레이션현상을 설명하고 있는데, 이는 정부의 안정화 정책 시행 여부와 관계없이 국민경제는 자연실업률 수준으로 회귀한다는 것을 밝힘으로써 단기의 재량적인 정책이 불필요하다는 고전학파 계통의 입장을 확인하고 있다.

11.3.3 우리나라의 필립스곡선

우리나라의 필립스곡선을 그려 보면 〈그림 11－12〉에 보이는 바와 같이 1970년대의 필립스곡선이 1960년대의 그것보다 오른쪽으로 이동해 있는데, 케인스학파는 불리한 공급충격으로 이 이동을 설명한다. 그러나 그림을 살펴보면, 제2차 석유파동 이전부터 필립스곡선이 1960년대의 필립스곡선에서 벗어나고 있음을 알 수 있다. 1970년대 들어 1980년대 중반까지는 전형적인 스태그플레이션의 형태를 보이고 있다. 그러나 제2차 석유파동 이후 1980년대에는 석유가격이 하락하고 국제원자재가격이 안정세를 보였음에도 불구하고 최초의 필립스곡선으로 회귀하지 않고 있다.

1980년대 중반부터 물가가 안정세를 보이자 사람들의 예상인플레이션율이 낮아져 단기필립스곡선은 다시 왼쪽으로 이동하는 경향을 보였으며, 이런 일련의 과정을 거쳐 국민경제는 인플레이션율과 관계없이 5~6%의 자연실업률 수준으로 회귀하려는 성질을 보이고 있다.

그림 11-12

우리나라의 필립스곡선

자료: 한국은행.

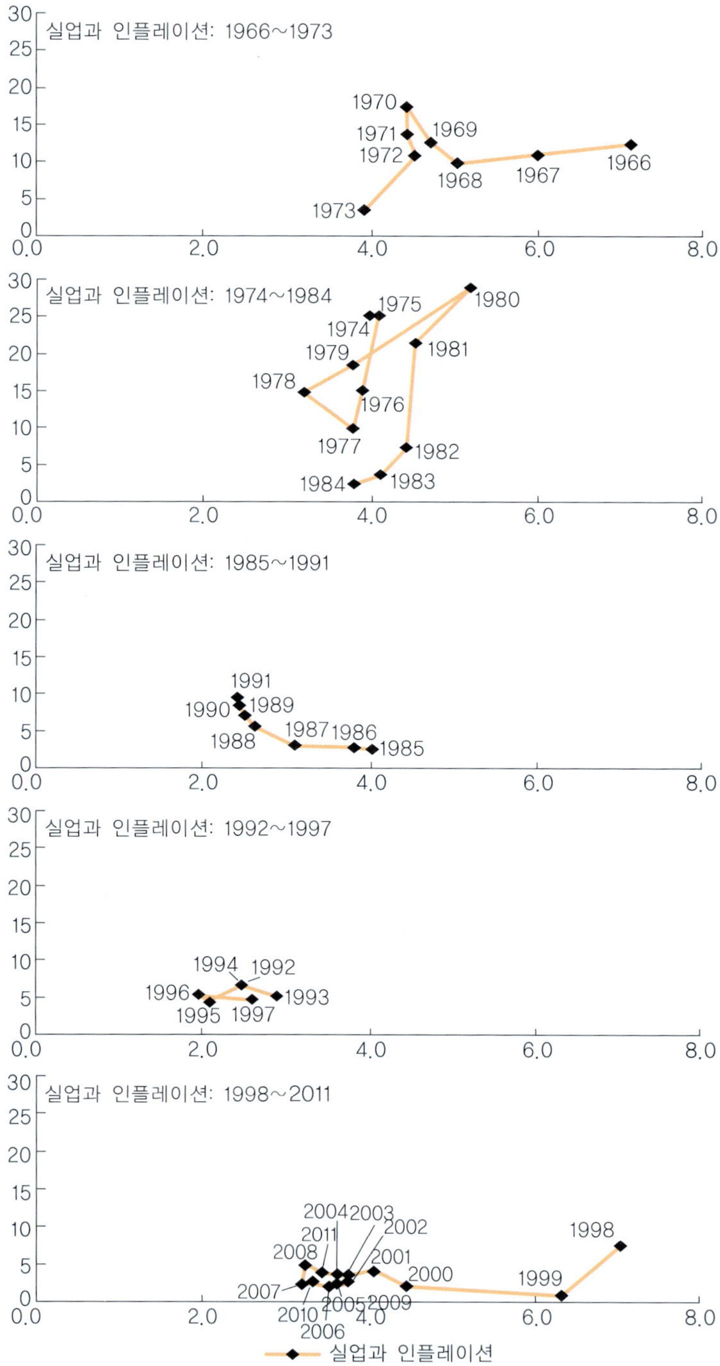

더 찾고 생각해 보기

1. 다음의 신문기사는 최근의 물가동향에 관한 내용이다. 소비자물가상승률이 안정적인 수준을 유지하고 있는 원인을 총수요와 총공급 측면을 구분하여 찾아보자. 소비자물가상승률과 근원인플레이션의 변동이 어떻게 차이가 나는지 확인해 보자.

소비자물가 상승률 6년만에 최저

통계청, 농수산물값 안정 힘입어 10월 2.5% 그쳐

농수산물 가격 안정에 힘입어 지난달 소비자물가 상승률이 10월 기준으로 6년 만에 최저치를 기록했다. 통화정책의 목표가 되는 근원물가 상승률도 5년4개월 만에 가장 낮은 수준으로 떨어졌다.

통계청이 1일 발표한 '소비자 물가동향'에 따르면 10월 소비자물가는 지난해 같은 기간에 비해 2.5% 상승했다. 9월(2.7%)보다 0.2%포인트 낮은 수준이며 10월만 놓고 볼 때는 1999년(1.2%) 이후 6년 만에 최저치다. 중국산 김치 파동으로 배추값이 98.0%나 뛰었지만 전체 물가에는 큰 영향을 미치지 못했다. 소비자물가

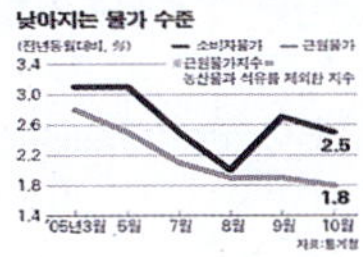

상승률은 지난 6월 2.7%를 기록한 이후 5개월째 2%대의 안정세를 보이고 있다.

통화량과 무관한 농산물과 석유류 제품 가격을 빼고 계산한 근원물가는 1.8% 오르는 데 그쳐 한은의 물가억제 목표치(2.5~3.5%)를 크게 밑돌았다. 10월 근원물가 상승률은 2000년 6월(1.6%) 이후 64개월 만에 가장 낮은 수준이다.

통계청은 고(高)유가에도 불구하고 물가가 이처럼 안정된 요인으로 우선 우리나라의 석유의존도가 갈수록 낮아지고 있다는 점을 꼽았다.

한성희 통계청 물가통계과장은 "중국산 저가 수입품이 넘쳐나고 부동산 대책으로 집세가 안정된 점도 물가가 낮은 수준을 유지하게 된 주 요인"이라고 설명했다.

안재석 기자 yagoo@hankyung.com

한국경제신문, 2005. 11. 2

2. 제11장에 나와 있는 〈그림 11-12〉 우리나라의 필립스곡선에 대해 시기별로 특성과 변화 추이, 그리고 그러한 패턴을 보이게 된 경제적 원인 등을 분석해 보자.

3. 필립스곡선은 본래 명목임금상승률과 실업률 사이의 관계를 가지고 작성되었다가 오늘날 물가상승률과 실업률 사이의 관계를 나타내는 곡선이 되었다. 한국은행과 통계청의 홈페이지에서 물가상승률과 명목임금상승률 사이에 어떤 관계가 있는지를 찾아보자. 또한 필립스곡선은 경제성장과 물가 사이의 관계로 해석되기도 하는데, 실제로 경제성장률과 실업률의 변동 사이에 의미 있는 관계가 있는지 통계자료를 찾아 그래프를 그려 보자.

Chapter

12 국제수지와 환율

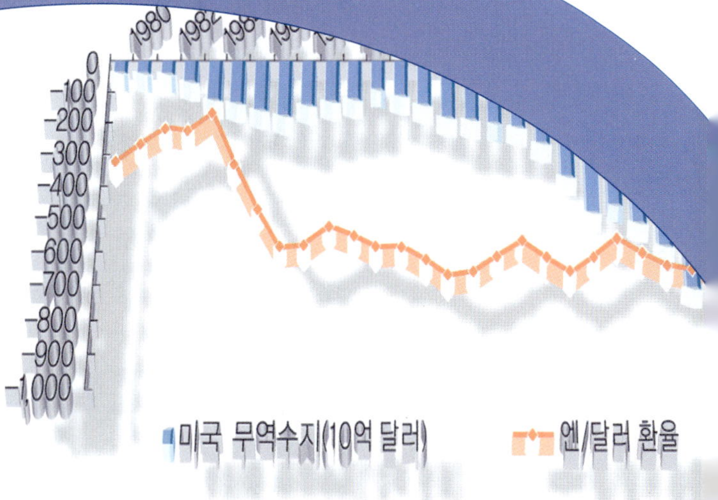

12.1 국제수지의 개념
12.2 국제수지와 국민소득
12.3 환율의 개념
12.4 환율의 결정 및 변동요인
12.5 환율과 거시경제변수 및 정책

12 국제수지와 환율

오늘날 세계경제는 급속한 정보통신 및 수송기술의 발달에 힘입어 그 어느 때보다도 빠르게 통합되어 가는 양상을 보이고 있다. 한 나라의 경제가 다른 나라와의 관계를 고려하지 않고는 더 이상 생존하기도 어려운 상황이 되었고, 또한 국내경제가 국제경제환경의 변화에 매우 민감하게 반응하게 되었다. 실물부문에서 수출과 수입이 생산 및 소비에서 차지하는 비중은 여전히 높은 수준을 유지하고 있으며, 자본 및 인력의 이동 또한 생산요소의 중요한 공급원이 된 지 오래다.

이번 장에서는 GDP 구성의 중요한 요소로서 수출과 수입, 그리고 이러한 재화 및 서비스의 국제 간 거래에 있어서 가격의 측면을 구성하고 있는 환율에 대해서 살펴본다.

12.1 국제수지의 개념

국제수지(balance of payments)란 한 나라가 다른 나라들과 행한 모든 경제거래를 의미한다. 여기에는 재화 및 서비스의 거래뿐 아니라 자본의 이동도 포함된다. 이러한 국가 간의 거래를 일정 기간에 대해 체계적으로 분류해 놓은 것이 국제수지표이다.

국제수지표는 크게 두 가지로 구분하여 작성한다(〈그림 12-1〉 참조). 첫째는 실물부문에서의 거래를 나타내는 경상수지(current account)이고, 둘째는 금융거래 및 자본의 이동을 나타내는 자본 · 금융계정(capital and financial account) 등이다. 각각의 계정에서 수취와 지급의 차이를 수지라고 하고, 수취가 지급보다 많으면 흑자, 반대의 경우는 적자라고 한다.

우리나라의 국제수지표는 1993년 IMF의 신국민계정 제안에 따라 1995년부터 약 2년간의 준비작업을 거쳐 1998년부터 〈그림 12-1〉의 왼쪽 분류에 따라 작성되어 왔으나 2011년부터 일부 수정하여 오른쪽의 분류기준에 따르고 있다. 아래에서는 기존의 분류개념과 새로운 분류개념을 비교하여 설명한다.

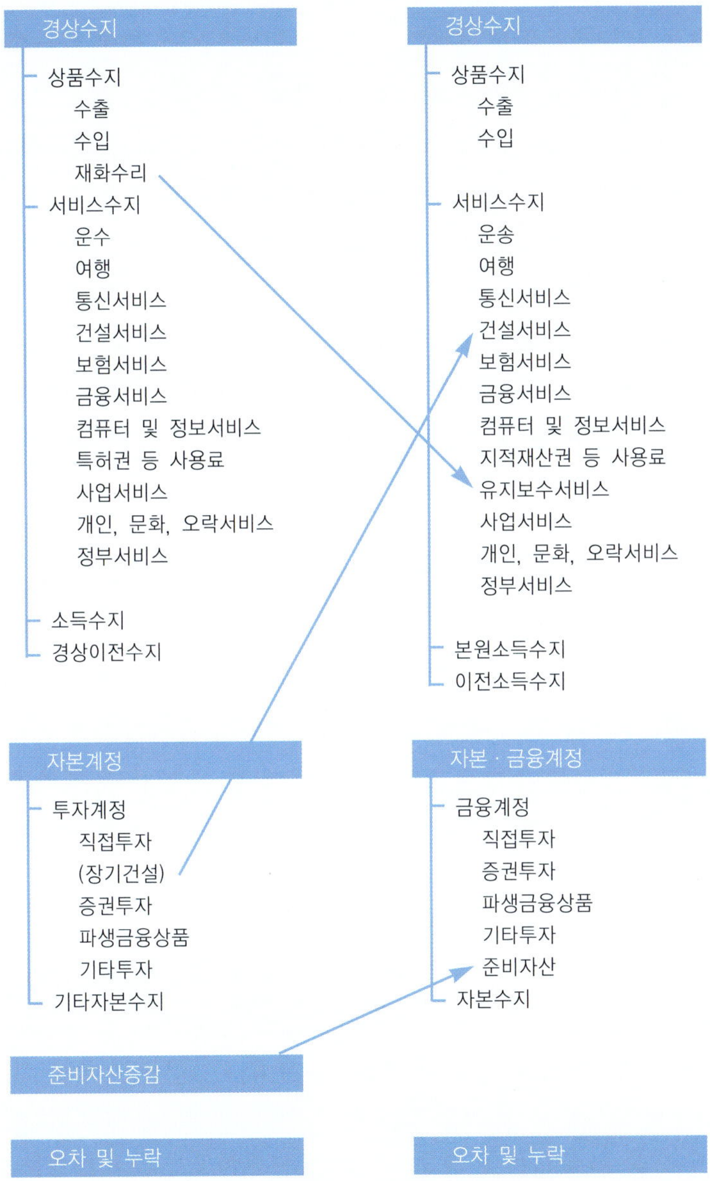

그림 12-1

국제수지 구성의 변화

자료: 한국은행.

12.1.1 경상계정

경상계정은 무역거래 · 무역외거래 · 이전거래 등으로 구분된다. 무역거래는 대외거래 가운데 가장 기본이 되는 항목으로 손으로 만질 수 있는(tangible) 재화의 수출과 수입으로 구성된다. 무역외거래는 손으로 만질 수 없는 각종 서비스의 국가 간 거래를 말한다. 여기에는 운수 · 보험 · 수리 · 여행 · 투자송금 · 차관이자 · 해외건설 등에 따른 수취와 지급이 포함된다. 이전거래(transfer payments)는 대가가 지불되지 않는 재화, 서비스 및 현금의 거래를 말한다. 무상원조나 무상증여, 이민에 따른 자금의 이출입 등이 여기에 포함된다.

> **이전거래**
>
> 이전거래 또는 이전지출이란 대가가 지불되지 않는 거래를 말하는데, 이는 국제수지에서만 쓰이는 용어는 아니다. 국내에서도 각 경제단위 상호간 소득의 이전에 불과한 지출을 말한다. 개인소득으로 간주될 수 있는 정부의 연금 및 구호금의 지불과 기업에 지불되는 보조금 등과 기업의 기부금 등은 국민소득으로 볼 수 없으며, 이들이 이전지출의 개념에 속한다. 이전거래를 하는 이유는 무엇일까? 여기에 딱히 무슨 이유가 있어야 되는 것은 아니지만, 대체로 국내에서의 이전거래는 정부의 확대재정 정책의 일환으로 쓰이는 경우가 많고, 국제거래에서는 외국에서의 소득증가를 통한 국내수출의 증대를 꾀하는 경우를 생각해 볼 수 있다. 물론 이전거래에는 인도주의적 요소가 많이 들어 있기는 하지만 말이다.

1998년부터 적용된 신국민계정의 기준에 따르면, 경상계정은 상품수지 · 서비스수지 · 소득수지 · 경상이전수지로 구분된다. 이는 자본의 유출입이 실물부문과 얼마나, 또한 어떤 방식으로 관련되어 있는가를 기준으로 구분한 것으로 볼 수 있다. 상품수지에는 기존 분류방식의 무역거래에다 무역외수지에 계상되었던 재화수리를 추가로 포함시켰다. 서비스수지는 무역외거래에서 재화수리를 빼고, 그리고 투자수익 등 소득수지에 포함되는 항목을 제외시킨 순수한 서비스거래만을 포함시켰다. 소득수지에는 자본소득수지와 급료 및 임금이 포함되었다. 이전거래는 경상이전거래와 자본이전거래로 구분하여, 자본이전거래는 자본계정에, 경상이전거래는 경상계정에 포함시켰다.

2011년 수정된 내용은 재화수리를 서비스수지로 이전시켰고, 서비스수지의 운수는 운송으로, 특허권 등 사용료는 지적재산권 등 사용료로 이름이 바뀌었다는 점이다.

12.1.2 자본계정 · 금융계정

자본계정은 국가 간 자본거래를 나타내는 항목으로 장기자본거래와 단기자본거래로 구분된다. 통상 유입에서 유출까지의 기간이 1년 이내이면 단기, 그 이상이면 장기로 분류한다. 장기자본거래에는 외국인 직접투자 · 공공차관 · 상업차관 등과 이들에 대한 원금상환 등이 포함된다(투자수익의 송금이나 차관에 대한 이자 등은 자본이라는 생산요소를 제공한 서비스의 대가로 간주하기 때문에 무역외거래에 포함시켜 왔다). 단기자본거래는 상품의 도입에 따른 단기무역신용이 주를 이루고 있으며, 직접금융시장에 투자하는 자금도 단기자본거래에 포함된다.

새로운 분류기준에서 자본계정은 국제자본의 유동성이 증가하면서 국제자본거래의 장단기 구분의 의미가 퇴색됨에 따라 기간구분을 폐지하고, 자본의 성격에 따라 투자계정과 기타자본수지로 구분하도록 하고 있다. 투자수지는 개편 전의 자본계정과 통화당국의 준비자산 증감을 제외한 금융계정을 포괄하며, 기타자본수지에는 자본이전과 특허권 등 기타자산의 거래를 계상하도록 하고 있다.

투자수지는 투자형태에 따라서 직접투자 · 증권투자 및 기타투자로 세분하였으며, 기타투자는 분석의 편의를 위하여 다시 장단기 및 부문별(통화당국 · 일반정부 · 예금은행 및 기타부문)로 구분하였다.

기존의 금융계정은 통화금융기관이 경상 및 자본계정의 거래를 통해 발생한 외환의 과부족을 채우는 항목을 말한다. 종합수지가 적자가 되어 외화가 부족해지면 보유하고 있는 외환을 사용하거나 신규 차입 등으로 메운다. 반대로 종합수지의 흑자로 외환이 남는 경우에는 외환보유의 증가 또는 차입금 상환 등에 쓴다. 따라서 금융계정은 일종의 '나머지(residual)'의 개념으로 종합수지와는 부호만 다르고 그 크기가 항상 같다.

신국민계정의 체계에 따르면, 금융계정 가운데 통화당국에 의한 준비자산의 증감을 제외하고는 모두 자본계정에 포함시키기 때문에, 금융계정이라는 용어보다는 그냥 '준비자산의 증감'

통계보기

표 12-1

우리나라 국제수지의 추이
(단위: 백만 달러)
자료: 한국은행.

항목명	2002년	2003년	2004년	2005년	2006년
경상수지	7,541.9	15,584.3	32,312.4	18,606.5	14,083.2
상품수지	15,203.2	24,027.9	39,660.5	32,856.9	31,433.4
서비스수지	-6,442.3	-5,792.2	-5,957.8	-9,951.6	-13,331.8
본원소득수지	399.3	253.2	1,041.7	-1,817.3	74.5
이전소득수지	-1,618.3	-2,904.6	-2,432.0	-2,481.5	-4,092.9
자본 · 금융계정	-7,009.8	-16,347.4	-35,466.6	-19,529.4	-14,151.4
자본수지	-1,086.8	-1,398.4	-1,752.8	-2,340.4	-3,126.1
금융계정	-5,923.0	-14,949.0	-33,713.8	-17,189.0	-11,025.3
투자수지	5,876.4	10,900.4	4,996.7	2,616.8	11,087.6
준비자산증(-)감	-11,799.4	-25,849.4	-38,710.5	-19,805.8	-22,112.9
오차 및 누락	-532.1	763.1	3,154.2	922.9	68.2
항목명	2007년	2008년	2009년	2010년	2011년
경상수지	21,769.7	3,197.5	32,790.5	29,393.5	26,505.3
상품수지	37,129.1	5,170.1	37,866.0	40,082.5	30,950.3
서비스수지	-11,967.3	-5,734.1	-6,640.5	-8,626.0	-4,377.4
본원소득수지	135.0	4,435.4	2,276.7	1,015.9	2,455.8
이전소득수지	-3,527.1	-673.9	-711.7	-3,078.9	-2,523.4
자본 · 금융계정	-23,876.6	-1,154.0	-34,651.2	-27,478.5	-31,964.6
자본수지	-2,387.5	109.3	289.6	-217.9	150.0
금융계정	-21,489.1	-1,263.3	-34,940.7	-27,260.6	-32,114.6
투자수지	-6,360.7	-57,709.3	33,725.7	-290.0	-18,202.0
준비자산증(-)감	-15,128.4	56,446.0	-68,666.4	-26,970.6	-13,912.6
오차 및 누락	2,106.9	-2,043.5	1,860.7	-1,915.0	5,459.3

우리나라는 전통적으로 대규모의 경상수지 적자를 보여 왔다. 1950년대와 1960년대는 우리나라의 생산기반이 취약해 국내수요도 충족시키지 못하여 생필품을 중심으로 많은 수입이 있었다. 1970년대 중반 이후 수입대체를 위해 중화학공업을 육성하면서 이와 병행해 대규모 수출드라이브정책을 시행하였지만, 수출의 수입유발효과, 다시 말해 수출품을 만들기 위해 물품을 수입해야 하는 규모가 커지면서 경상수지는 여전히 큰 폭의 만성적 적자를 보였다. 우리나라가 정부수립 이후 경상수지 흑자를 이룩한 것은 1980년대 중반 이른바 3저효과로 수출증가, 수입액의 감소, 외채상환 부담의 완화 등이 일거에 반영되면서부터였다. 그러나 3저의 퇴조로 우리나라의 경상수지는 다시 적자로 돌아서 1997년 외환위기를 맞았던 시기까지 계속되었다.

1998년 외환위기 극복을 위해 금리가 높아지고, 원화가치가 큰 폭으로 하락한 데 힘입어 우리나라의 경상수지는 다시 흑자를 기록하였고, 이후 지금까지 경상수지 흑자가 이어져 오고 있다.

준비자산인 외환보유고는 국제수지의 항등적 균형을 나타내기 위해 증가를 마이너스(-)로 표시한다. 준비자산은 1997년 외환위기 당시 큰 폭의 감소세를 나타낸 이후 1998년부터 무역수지의 흑자 등에 힘입어 다시 증가세로 돌아서 지난 2004년에는 한 해에 무려 387억 달러가 늘었고, 이후 증가폭은 줄었지만 여전히 큰 폭의 증가를 나타내고 있다.

point-12.1 적정 규모의 외환보유고

우리나라는 달러화를 준비자산으로 보유하고 있다. 준비자산은 외환시장에서 달러에 대한 수요가 공급을 초과할 때 이에 대응하기 위해 보유하고 있는 데에서 붙여진 명칭이다. 특히, 외환시장에서 원화의 가치가 심하게 떨어질 때, 즉 원화의 대미 달러환율이 급격하게 상승할 때, 이를 방어하는 데 쓰이게 된다. 1997년 인도네시아와 태국 등에서 시작된 아시아 외환위기 당시 우리나라 역시 외환관련 위기상황을 맞았다. 외국자본들이 자본을 철수시키면서 달러에 대한 수요가 급증하였고, 원화의 가치는 떨어지기 시작하였다. 한국은행은 준비자산을 가지고 원화가치의 방어를 위해 개입하였지만, 얼마 안 가 준비자산이 바닥나면서 결국 IMF에 자금지원을 요청할 수밖에 없는 상황을 맞았던 것이다. 그 후 우리나라는 준비자산의 중요성을 깨달아, 환율을 높게 유지함으로써 경상수지의 대폭적인 흑자를 시현하였고, 그 결과 준비자산은 크게 늘었다. 그렇다면 준비자산은 많을수록 좋은 것인가? 반드시 그렇지 않다. 예를 들어, 달러화를 중심으로 대규모 준비자산을 보유하고 있는데 달러가치가 큰 폭으로 하락하면 정부의 자산에 큰 환차손이 발생하는 셈이 된다. 이것이 2004년 우리나라를 비롯해 준비자산을 많이 보유하고 있는 나라들이 겪은 공통적인 문제였다. 그렇다고 외환보유고의 적정수준이 일률적으로 정해져 있는 것은 아니다. 환율방어를 위한 심리적 안정성을 확보한 가운데 환차손이 발생할 경우 이에 대비해 준비자산을 활용할 수 있는 방안을 강구하는 것이 필요하다(환율과 경상수지의 관계, 환율조정을 위한 중앙은행의 개입정책 등은 아래 환율에 관한 내용을 참조).

이라는 항목을 두고 있다. 준비자산의 증감 역시 앞에서 설명한 금융계정과 마찬가지로 일종의 나머지 개념이고, 따라서 국제수지는 궁극적으로 항상 균형을 이룰 수밖에 없다. 이를 국제수지의 항등적 균형이라고 한다. 현실적으로 우리가 국제수지의 균형이라고 말할 때의 균형의 개념은 다음 절에서 설명한다.

2011년 개정된 내용은 투자계정을 금융계정으로, 기타자본수지는 자본수지로 이름을 바꾸었고, 준비자산증감은 금융계정에 포함시켰다는 점이다.

point-12.2 국제수지 균형의 개념

국제수지표는 복식부기의 원리로 기록되므로 항상 양변이 같아질 수 밖에 없다. 이를 다른 측면에서 보면 경상수지와 자본수지를 합한 결과가 준비자산의 증감에 반영되기 때문에 최종적으로 국제수지는 항상 균형을 이루게 되어 있다는 말이다. 그렇다면 국제수지의 적자나 흑자 또는 균형이라는 말은 현실적으로 어떤 의미로 쓰이고 있는가?

국제수지의 균형이라고 할 때는 국제수지표상의 어딘가에 선을 그어서 그 위쪽의 항목들만(above the line)을 가지고 평가한 것이다. 이때 선을 긋는 기준은 선 위쪽의 항목들이 자율적 거래가 되도록 하고, 선 아래쪽 항목들은 보정적 거래가 되도록 한다는 것이다. 자율적 거래란 다른 요인이 아니라 경제적 동기에 의해, 다시 말해 이윤동기나 효용의 증대와 같은 동기에 의해 이루어지는 거래를 말한다. 보정적 거래는 이러한 자율적 거래에 따른 결과를 메우기 위해 이루어지는 거래를 말한다. 예를 들어, 우리나라의 생산능력과 소비수준에 따라 재화의 수출과 수입이 이루어지고 그 결과 상품수지의 적자가 발생하였다고 하자. 수입이 수출보다 많았으므로 수출로 번 돈만 가지고는 수입을 충당할 수 없고, 따라서 재화의 수출과 수입이라는 자율적 거래를 보정하기 위해 적자에 해당되는 금액만큼을 어느 곳으로부터든 자본도입을 통해 메워야 한다. 이때 무역거래는 자율적 거래, 자본거래는 보정적 거래가 되는 것이다.

그런데 현실적으로 어떤 항목들이 자율적 거래에 해당되는지에 대해서는 다양한 의견들이 있다. 기본적으로 경상거래가 자율적 거래에 해당된다는 견해에 대해서는 의견의 차이가 없으나, 자본거래가 자율적 거래인지, 또 자본거래 가운데서도 어느 특정한 경우만을 자율적 거래에 포함시켜야 하는지에 대해서는 견해가 다른 것이다. 기존의 국제수지표 작성기준에서는 대체로 장기자본수지까지를 자율적 거래로 간주하여 기초수지를 국제수지 균형의 기준으로 보는 경향이 강하였으나, 최근 들어 주식시장에 투자되는 자금 등 단기자본 가운데에서도 자율적 거래의 성격이 강한 거래가 이루어지고 있어 이와 같은 구분이 큰 의미가 없어졌다고 할 수 있다. 신국민계정에 의한 분류에서 자본수지를 장단기로 구분하지 않게 된 것도 바로 이런 이유에서라고 할 수 있다. 따라서 오늘날 국제수지의 균형이라고 하면 기본적으로 전체적인 균형보다는 분석목적에 따라 각각의 항목을 중심으로 균형개념을 활용하고 있다.

12.2 국제수지와 국민소득

국제수지표는 경상계정과 자본금융계정으로 구성되어 있

다. 이는 실물부문과 화폐부문의 국제거래 측면이라고 생각할 수 있다. 따라서 이러한 국제수지의 구조는 국내경제의 실물부문과 화폐부문에 연결되어 있다. 순수출(net export)은 수출과 수입의 차이를, 해외순자산(net foreign investment)은 내국인이 취득한 외국자산과 외국인이 구입한 국내자산의 차이를 말한다. 이들 사이에는 항등적 관계가 성립한다.

$$NFI = NX$$

이 관계가 항등적이라는 것을 예를 들어 살펴보자. 미국의 비행기 제작회사(A사)가 우리나라의 항공사(B사)에 비행기를 팔고, 우리나라의 전자회사(C사)는 미국 수입업자(D사)에 휴대전화기를 파는 경우를 생각해 보자. 먼저 미국에서 우리나라에 비행기를 팔면 미국 회사는 원화로 돈을 받는다. 이때 미국의 입장에서 보면 순수출이 증가함과 동시에 같은 규모의 해외순자산(비행기 대금으로 받은 원화)이 증가한다. 미국의 비행기회사가 받은 원화를 달러로 바꾼다 하더라도 그것을 바꿔 준 미국의 금융기관은 여전히 원화를 보유하고 있는 것이므로, 미국 전체의 입장에서 보면 해외순자산은 증가한 상태로 유지된다.

이러한 증가된 해외순자산은 우리나라에서 미국에 휴대전화기를 판매함으로써 반대의 무역흐름이 발생할 경우에만 상쇄된다. 즉, 미국에 판매된 휴대전화기만큼 우리나라의 순수출이 증가하고(미국의 입장에서는 순수출의 감소), 이는 앞서 미국의 논리와 똑같이 우리나라 해외순자산의 증가(미국의 해외순자산 감소)를 의미하게 된다. 미국의 비행기제작사는 우리나라로부터 휴대전화를 수입하고자 하는 회사에 원화를 넘겨 주고 달러를 받는다. 그러면 D사는 휴대전화를 수입하면서 원화로 대금을 지불하면 되는 것이다. 따라서 비행기를 판매함으로써 늘어났던 미국의

통계보기

그림 12-2

우리나라의 저축, 투자 및 순수출(해외자산)의 추이: 1970~2011년

자료: 한국은행.

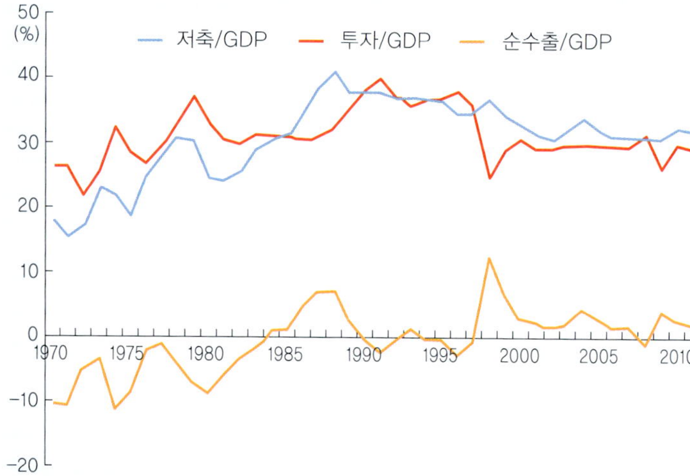

〈그림 12-2〉는 우리나라의 저축과 투자 그리고 해외순자산(순수출)의 추이를 보여 주고 있다. 물론 이들 자료는 GDP에 대한 비중으로 표시되어 있다. 국내저축보다 국내투자가 많다면 우리는 저축을 초과하는 돈을 외국 어딘가로부터 조달해야 한다. 이는 우리의 해외순자산이 감소하는 것으로 나타날 것이다. 그림에서는 해외순자산의 변화가 0 아래로 나타나 있다. 반대로 국내투자가 저축보다 적으면 남은 저축이 해외순자산으로 축적될 것이다. 따라서 해외순자산의 변화는 0보다 위로 올라오게 된다. 이와 같은 상황은 1980년대 중반 이후 우리 경제가 정부수립 이후 처음으로 무역수지 흑자를 기록하였을 때와, 1997년 외환위기 이후 환율의 급등으로 무역수지가 흑자를 기록하였던 시기에 해외순자산이 0보다 위에 표시되어 있다.

1980년대 중반 무역흑자가 생겼을 때, 우리나라는 외채를 갚을 것인지, 아니면 다른 나라에 돈을 빌려 주고 높은 이자를 챙길 것인지를 놓고 '행복한 고민'에 빠지기도 하였다. 1970년대와 1980년대 초반까지도 세계에서 다섯 손가락 안에 꼽히는 외채대국이었던 우리나라가 갑자기 무역흑자로 달러가 넘치게 되자 이와 같은 고민에 빠졌던 것이다. 그러나 3저호황이 끝나면서 무역수지는 3년 만에 다시 적자로 돌아섰고, 해외순자산을 어떤 형태로 보유할지에 관한 고민도 끝났다. 외환위기 이후 무역흑자에 따라 다시 늘어나기 시작한 해외순자산의 증대는 주로 외환보유고의 증가였다. 그러나 2004년 미국 정부가 불어나는 무역적자를 해소하기 위해 달러화의 약세를 유도하면서, 대규모의 달러를 외환보유고로 가지고 있는 우리 정부로서는 다시 환차손을 우려해야 되는 상황을 맞이하였다.

우리나라의 외환보유액 추이
(단위: 천 달러)

연도	금액
1995	32,712,100
1996	33,236,696
1997	20,405,458
1998	52,040,827
1999	74,054,541
2000	96,198,117
2001	102,821,378
2002	121,412,508
2003	155,352,365
2004	199,066,133
2005	210,390,703
2006	238,956,116
2007	262,224,070
2008	201,223,413
2009	269,994,736
2010	291,570,661
2011	306,402,488

순수출은 감소하고, 이와 함께 늘어났던 외화자산도 줄어들게 된다.

우리는 앞의 제2장에서 국민소득과 관련한 다음의 항등식을 소개한 바 있다.

$$Y = C + I + G + (X - M)$$

여기서 저축(S)은 전체 소득 가운데 민간과 정부의 지출을 뺀 나머지이므로 위 식은 다음과 같이 바꿔 쓸 수 있다.

$$Y - C - G = S = I + NX = I + NFI$$

이 식은 폐쇄경제하에서는 $NX = NFI = 0$이 되므로 $S = I$가 균형조건이 됨을 의미한다. 그런데 개방경제하에서는 저축이 국내투자(I)로 쓰이거나 해외에 순자산을 축적(NFI)하는 형태로 쓰이게 되는 것을 의미한다.

12.3 환율의 개념

지금까지 다루어 온 국제수지의 문제는 재화 및 용역 그리고 자본의 이동을 양적인 측면에서 살펴본 것이다. 이러한 재화 및 용역, 그리고 자본이동의 수량적 측면은 반드시 이러한 거래가 이루어지는 가격적 측면과 함께 다루어져야 할 것이다. 그 가격적 측면이 바로 환율이다. 이번 절에서는 환율의 기본적인 개념과 함께 다양한 종류의 환율에 대해 설명한다.

환율(exchange rate)이란 국가 간 통화의 교환비율을 의미한다. 예를 들어, 우리나라의 환율이 달러당 1,050원이라고 하면 미국 돈 1달러와 우리나라 돈 1,050원이 같은 값어치로 교환된다는 의미이다. 이렇게 외환시장에서 통화들 사이의 교환이 이루어지는 데 직접 적용되는 환율을 명목환율(nominal exchange rate)이라고 한다.

환율은 그 정의상 통화의 교환비율이므로, 1달러당 1,050원도 환율이고, 1원당 0.000952달러도 환율이다. 그러나 일반적으로 환율은 외국돈을 분모에 넣어서 '외국통화 1단위당 국내통화 얼마'라는 식으로 표시한다. 일반적으로 환율의 개념을 이와 같이 쓸 때 한 가지 주의할 점은 환율과 자국통화의 가치가 반대로 움직인다는 것이다. 즉, 환율이 상승하면 자국통화의 가치하락, 환율이 떨어지면 자국통화의 가치상승이 된다. 통화가치가 상승하는 것을 평가절상(appreciation), 가치가 하락하는 것을 평가절하(depreciation)라고 한다.

실질환율(real exchange rate)은 같은 재화가 교환되는 비율을 의미한다. 예를 들어, 우리나라에서의 쌀 한 가마니 가격과 미국에서의 쌀 한 가마니 가격의 비율이 실질환율이다. 즉, 미국에서 쌀 한 가마니가 우리나라의 쌀 몇 가마니에 해당되는지가 바로 실질환율인 것이다. 명목환율이 통화의 교환비율을 말하는 것이라면, 실질환율은 구체적인 상품의 교환비율이 되는 것이다.

명목환율과 실질환율 사이에는 일정한 관계가 존재한다. 위의 예에서 실질환율을 계산하기 위해서는 우리는 명목환율을 알아야 한다. 그래서 한국 쌀과 미국 쌀 사이의 가격을 같은 통화로 비교할 수 있어야 한다. 따라서 실질환율과 명목환율은 다음과 같은 식으로 그 관계를 나타낼 수 있다.

$$\text{실질환율} = \frac{\text{명목환율} \times \text{미국 쌀가격}}{\text{한국 쌀가격}}$$

명목환율이 달러당 1,050원일 때 위의 예를 가지고 실질환율을 계산하면 다음과 같다. 한국 쌀은 20kg짜리 한 가마니당 30,000원이고, 미국 쌀은 가마니당 30달러라고 하자.

$$실질환율 = \frac{1,050(원/달러) \times 30(달러/가마니)}{30,000(원/가마니)} = \frac{1,050}{1,000} = 1.05$$

원화로 표시한 미국 쌀은 가마니당 31,500원, 한국 쌀은 가마니당 30,000원이 되므로, 미국 쌀 1가마니로 한국 쌀 1.05가마니(또는 한국 쌀 1가마니로 미국 쌀 0.952가마니)를 살 수 있다는 말이 된다. 즉, 실질환율이 1.05가 되는 것이다. 실질환율은 명목환율과 양국에서의 물가에 의해 좌우된다.

실질환율은 같은 물건이 두 나라 사이에서 어떤 값에 팔리고 있는지를 나타내 주는 지표이기 때문에 어느 나라의 물건을 살 것인지를 결정하는 데 중요한 역할을 한다. 위의 예에서 쌀의 품질이 동일하다면 우리나라 사람들은 결코 미국 쌀을 사지 않을 것이다. 반대로 쌀을 수송하는 데 가마니당 1.43달러 이하의 돈이 든다면 미국 사람들은 우리나라 쌀을 사게 될 것이다. 따라서 쌀은 우리나라의 대미수출품목이 된다.

일반적으로 실질환율을 나타낼 때는 품목별로 각 가격을 적용해 따로 계산하는 것이 아니고 양국의 물가지수를 이용해 계산한다.

$$실질환율 = \frac{eP^*}{P}$$

여기서, e: 명목환율
P^*: 외국의 물가지수
P: 국내물가지수

위 식은 결국 명목환율을 P/P^*로 나눈 것과 같은데, 이는 명목환율을 외국에 대한 우리나라의 상대물가지수로 나눈 것을 뜻한다. 이 식으로부터 알 수 있는 것은 외국에 비해 우리나라의 물가가 상대적으로 더 빨리 상승하면 명목환율이 변동이 없다고 하더라도 실질환율은 떨어지고, 우리의 대외무역은 불리한 입장에 처하게 된다.

우리는 실효환율 또는 실질실효환율이라는 용어도 자주 접하게 된다. 실효환율은 교역상대국이 여러 나라일 때, 각국의 교

point-12.3 고정환율 · 변동환율 · 페그제

우리는 흔히 환율제도와 관련하여 고정환율 · 변동환율이라는 말을 많이 듣는다. 용어의 뜻을 새겨 보면 그리 어렵지 않게 이해될 수 있는 말이지만, 한 가지 유의할 점이 있다. 그것은 고정환율제에서 환율이 변동할 수 없지 않다는 점이다. 고정환율제도하에서 환율이 정부가 원하는 어떤 수준으로 유지되는 것은 목표수준을 벗어날 때마다 정부가 개입을 하기 때문이다. 즉, 어떤 수준으로 처음부터 정해져 있는 것이 아니라 환율은 시장에서 여러 가지 이유로 변하지만, 정부에서 이를 어떤 수준으로 항상 되돌려 놓는다는 의미이다. 지금은 고정환율제를 택하고 있는 나라가 얼마 안 되지만, 그렇다고 고정환율제를 유지하기 어려운 것만은 아니다. 왜냐하면, 외환시장에는 항상 환차익을 노리는 환투기꾼들이 있고, 이들이 환율을 안정화시키는 쪽으로 작용을 해 주기 때문이다(물론 예외도 있어 아시아의 외환위기가 생기기도 하였지만). 즉, 고정환율을 택하고 있는 A국에서 환율이 하락하면 곧 A국의 통화당국이 개입해서 환율을 상승시키려 할 것이다. 이를 아는 투기세력은 A국의 통화가치가 하락하기 전에 A국의 통화를 외환시장에서 팔아치우려 할 것이고, 따라서 A국 통화의 환율은 당국이 개입하기 전부터 상승하게 된다.

고정환율의 대표적인 예가 바로 제2차 세계대전 이후 성립한 브레튼우즈체제(Bretton Woods System)인데, 이 경우도 미국의 달러화 가치를 금에 연결시켜 두고 다른 나라들은 달러화를 기축통화로 하여 달러가치에 자국통화의 가치를 연결시키되, 위아래로 변동할 수 있는 폭을 정해두었다. 또한 국제수지에 근본적인 문제가 생기면 IMF의 승인을 얻어 달러화에 대한 가치를 변동시킬 수 있도록 하였다. 고정환율 가운데 특히 법률이나 규정 등으로 환율을 일정하게 정해 둔 것을 특별히 페그제(peg system)라고 한다. 오늘날 이와 같은 페그제를 유지해 왔던 대표적인 나라가 중국이다. 그러나 중국도 2005년 7월 미국의 환율절상 압력으로 페그제를 폐지하고 통화바스켓제로 전환하였다.

역량을 가중치로 하여 개별적 환율을 기하평균하여 지수화한 것이다. 실질실효환율은 실질환율을 가지고 실효환율을 계산한 것이다. 각각의 공식은 다음과 같다.

$$\text{실효환율} = \prod_{i=1}^{n}(E)^{w_i}$$
$$\text{실질실효환율} = \prod_{i=1}^{n}\left(\frac{E_i P_i}{P_0}\right)^{w_i}$$

실질실효환율은 자국통화의 실질실효가치가 어떻게 변하고 있는가를 보여 준다. 실질실효환율지수가 변하지 않는다는 것은 개별적인 통화에 대해서는 가격경쟁력이 높아지거나 낮아질 수 있지만 전반적으로 경쟁력이 변화가 없음을 말해 주는 것이라고 할 수 있다.

통계보기

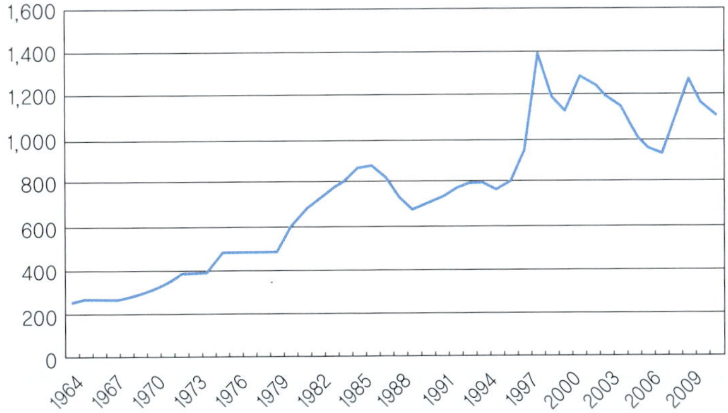

그림 12-3
우리나라 원화의 대미국 달러 환율
자료: 한국은행.

우리나라의 환율은 그 동안 제도적으로 많은 변화를 겪어 왔다. 1964년 이전에는 공정환율이라고 해서 정부가 환율을 설정하는 페그제를 채택하여 상황에 따라 실세수준으로 환율을 조절해 왔다. 그러다 1965년부터는 단일변동환율제를 채택하였으나 1974년 12월 이후에는 1달러당 484원으로 사실상 페그제로 운영되었다(그래프상에서 일직선으로 나타나 있는 부분). 1980년 2월부터는 복수통화 바스켓페그제도를 실시하여 IMF의 특별인출권(SDR)과 독자바스켓에 의한 원/달러 환율을 가중평균하여 환율을 산출하여 고시하는 방식으로 환율제도가 운영되었다. 경제 및 대외교역의 규모가 확대되어 외환제도를 신축적으로 운영할 필요성이 제기되면서 1990년 3월부터는 시장평균환율제도를 채택함으로써 외환시장에서의 수요와 공급에 의해 환율이 결정되도록 하였다. 이후 1997년 외환위기가 발생하면서 환율의 변동에 대한 압력이 시장메커니즘에 의해 즉각 반영될 수 있도록 환율변동폭의 제한을 폐지하여 마침내 완전자유변동환율제의 시대로 들어갔다.

〈그림 12-3〉은 공정환율이 폐지된 시기부터 대미국 달러환율의 변동을 보여 주고 있다. 그 동안 우리나라의 환율은 1960년대와 1970년대 경제개발계획을 시행하면서 많은 외자도입의 필요성과 수출증대의 필요성 때문에 급격하지 않은 상승세를 보였다. 환율이 상승하면 수출에는 도움이 되지만, 원자재 등의 수입이 부담되고, 또한 외채부담이 증가하는 문제가 있다(다음 절 참조). 1980년대 들어서 미국의 감세정책 등 재정팽창정책에 따라 금리가 상승하고, 이로 인해 달러화가 강세를 보이면서 원화의 환율도 급속히 상승하였다. 그러나 무역수지 적자를 우려한 미국의 요청으로 선진국들이 외환시장에서 달러화의 약세를 유도하면서 1980년대 후반에는 우리나라의 환율도 떨어져 원화가치가 상승하는 양상을 보였다. 이것이 1980년대 중반 우리에게 무역수지 흑자를 가져다 주었던 3저(유가 · 국제금리 · 달러가치) 가운데 하나인 것이다. 달러가치가 낮아지고 원화가치가 높아지면 수출이 불리해질 수 있지만 당시 엔화가치의 상승폭이 워낙 컸기 때문에 상대적으로 우리 상품의 경쟁력이 높아졌고, 또한 수입원자재의 가격하락 등으로 가격경쟁력을 높일 수 있는 여지가 컸기 때문에 무역흑자를 달성할 수 있었다.

1990년대는 대체로 800원선에서 안정적으로 환율이 유지되었으나, 1997년 아시아의 외환위기 여파로 환율이 큰 폭으로 상승하여 우리나라에도 외환위기의 파고가 밀려 왔다. 1997년 환율은 한때 1964년 이래 최고치인 1,700원에 이르기도 하였다. 환율상승으로 무역수지는 개선되었고, 또한 고금리정책으로 외국자본이 꾸준히 들어온 덕분에 우리나라는 빠른 속도로 외환위기에서 벗어날 수 있었다. 그 결과 환율도 다시 1,200원을 넘나드는 수준으로 안정되었다가 2000년대 이래 다시 1,200원선 아래로 떨어졌고, 최근에는 1,100선을 웃도는 수준을 유지하고 있다.

12.4 환율의 결정 및 변동요인

환율은 어떤 요인에 의해 결정되고, 또한 어떤 요인에 의해 변동하는 것일까? 환율의 결정요인과 변동요인이 모두 서로 관련이 있지만 이번 절에서는 환율결정에 관한 이론을 먼저 살펴보고, 이런 환율의 변동이 어떤 경우에 발생하는지에 대해 살펴본다. 환율의 결정 또는 변동에 관해서는 그 동안 많은 연구가 이루어졌음에도 불구하고 아직 명확하게 구명된 이론이 없다. 그것은 환율의 결정 또는 변동에 영향을 주는 요인들이 워낙 다양하고, 여기에 미래의 환율예상에 대한 사람들의 주관적인 판단이 개입되기 때문이다.

12.4.1 외환에 대한 수급

외환시장에서 균형환율을 결정하는 가장 기본적인 요인은 바로 외환에 대한 수요와 공급이다. 외환에 대한 수요와 공급은 이번 장의 앞부분에서 살펴본 국제수지표와 관련이 깊다. 즉, 재화 및 서비스의 국제 간 거래에서 대금을 결제하면서 외환에 대한 수요와 공급이 발생할 뿐 아니라, 자본거래를 통해서도 외환에 대한 수요와 공급이 발생한다.

외환에 대한 수요는 수입과 해외에서의 자본투자로 구성된다. 외국에서 물건을 들여오려면 결제대금으로 달러 등 외환이 필요하며, 또한 외국의 자산에 투자하기 위해서는 역시 외환이 필요하다. 이와 반대로 외환의 공급은 우리가 수출을 통해 벌어들인 외환이 된다. 여기에 우리나라의 자산에 투자하기 위해 들어온 외환자금은 이를 원화로 바꾸는 과정에서 외환시장에 공급으로 나타나게 된다.

외환에 대한 수요는 환율의 감소함수가 된다. 수입재의 수요는 가격이 오르면 감소하는데, 우리가 수입하는 물건이 외국에서 가격이 일정할 때 환율이 오르면(외국통화의 가치가 높아지면) 수입재의 국내가격은 올라가게 되고 따라서 국내에서의 수입재 수요는 감소한다. 수입재의 수요가 감소하면 외환에 대한 수요 역시 감소한다. 외국에 투자하려는 외화자금의 경우 환율이 올라 외국통화의 가치가 상승하면, 앞으로 외국통화의 가치가 하락할 경우 환차손을 입을 수 있기 때문에 외국자산에 대한 투자를 줄이게 된다. 따라서 이 경우도 환율이 오르면 외환에 대한 수요는 줄어들게 된다. 결국 외환의 수요는 환율에 대해 감소함수가 되는 것이다.

똑같은 이유로 외환에 대한 공급은 환율의 증가함수가 된다. 환율이 상승하면 우리나라가 외국에 수출하는 물건의 외국판매가격은 하락하게 되고 수출은 증가한다. 따라서 외환의 공급은 증가한다. 자본거래에서도 환율상승(원화가치의 하락)은 앞으로 원화가치가 높아질 가능성이 크기 때문에 환차익이 발생할 수 있으므로 국내자산에 대한 외국자본의 투자는 늘어나게 된다. 따라서 외환의 공급이 늘어나므로 외환공급은 환율의 증가함수가 된다.

따라서 외환에 대한 수요와 공급은 일반적 상품의 수요와 공급과 똑같은 형태를 보이게 되고, 수요와 공급이 만나는 점에서 균형환율과 외환의 수급량이 결정되는 것이다. 이것이 일반적으로 외환시장에서 환율이 결정되는 과정을 설명한 것이다.

12.4.2 구매력평가지수

구매력평가는 두 나라의 통화가 실제로 재화나 서비스를 구매할 수 있는 능력의 비율이 바로 환율이 된다는 이론이다. 구매력평가설(purchasing power parity: PPP)의 기본적인 전제조건은 모든 곳에서 특정한 재화나 서비스의 가격은 항상 같다는 것이다. 즉, 일물일가의 법칙(law of one price)이다. 만일 일물일가의 법칙이 성립하지 않으면 누군가가 싼 곳에서 물건을 사다가 비싼 곳에서 파는 이른바 재정거래(裁定去來, arbitrage)가 발생하고, 따라서 물건 값이 싼 곳에서는 수요가 늘고, 높은 곳에서는 수요가 줄어 궁극적으로 가격이 같아진다는 것이다. 이러한 논리를 국가 간의 거래로 확대시킨 것이 바로 구매력평가설이다.

앞에서 예로 들었던 쌀의 가격을 생각해 보자. 1원의 화폐로 구입할 수 있는 쌀의 양은 0.666667g이 되고, 1달러의 화폐로 구입할 수 있는 쌀의 양은 666.667g이 된다. 따라서 구매력으로 평가한 양국 통화의 교환비율은 1달러에 1,000원이 되는 것이다. 이것이 구매력을 기준으로 환율을 정한 것이다. 이를 식으로 표현하면 다음과 같다.

$$\frac{1}{P^*} = e \times \frac{1}{P}$$

이 식을 환율의 형태로 다시 쓰면 다음과 같다.

$$e = \frac{P}{P^*}$$

이 식은 명목환율이 양국의 가격의 비율임을 보여 주는 것이다. 따라서 명목환율은 양국에서의 물가가 변하면 달라지게 된다. 즉, 국내물가가 외국의 물가에 비해 상대적으로 더 빨리 상승하면 환율은 올라가고 원화의 가치는 떨어진다. 우리나라에서의 쌀값이 30,000원에서 36,000원이 되었다면 환율은 달러당 1,200원이 된다. 물론 구매력평가설에 의해 환율의 결정을 설명할 때 개별 상품의 가격을 사용하는 것이 아니고 경제 전체를 대표하는 물가지수를 사용한다.

환율이 물가에 의해 좌우된다면 물가를 변동시키는 요인 또한 환율을 변동시키는 것으로 볼 수 있다. 앞의 제5장에서 설명한 바와 같이 통화량은 물가의 변동을 초래한다. 즉, 통화량이 증가하면 물가가 상승한다. 따라서 통화량이 증가하면 물가상승으로 환율이 상승하는 것이다.

구매력평가설에 의해 설명한 명목환율은 그 식의 모양이 마치 실질환율과 일정한 관계가 있을 것처럼 보인다. 위의 식을 앞절에서 설명한 실질환율의 형태로 바꾸면 다음과 같이 된다.

$$\frac{eP^*}{P}=1$$

이 식이 말하는 것은 구매력평가에 의한 명목환율을 실질환율로 바꾸면 그것은 1로 항상 일정하다는 것이다. 이는 앞서 설명한 실질환율의 개념을 머릿속에 떠올리면 금방 명확해진다. 구매력평가에 의한 명목환율(e)은 두 나라에서의 가격을 같도록 만들어 주는 환율이다. 왜냐하면, 여기에서의 명목환율은 일물일가의 법칙이 적용된다는 전제하에 각국의 통화가 구매할 수 있는 능력을 비교한 것이기 때문이다. 따라서 일물일가의 법칙이 적용된다는 전제하에 환율을 계산하고, 이를 가지고 양국에서의 실제 재화나 서비스의 가격을 비교하면 항상 같을 수밖에 없다. 그러므로 실질환율은 1이 되는 것이다.

구매력평가에 의해 환율이 결정되어야 한다는 주장은 이론적으로는 당연한 내용일 것이다. 그러나 현실적으로 구매력평가지수가 환율로 쓰일 수는 없다. 왜냐하면, 구매력평가지수는 바로 일물일가의 법칙을 전제로 하기 때문이다. 일물일가의 법칙이란 어느 곳에서든 같은 재화나 서비스에 대해서는 하나의 가격만 존재해야 하는 것을 말하는데, 이를 위해서는 다음의 두 가지

조건을 만족시켜야 하지만 현실적으로 그럴 수가 없기 때문이다.

첫째, 재화나 서비스의 이동에 제한이 없어야 한다. 즉, 완전한 유동성(perfect mobility)이 보장되어야 한다. 그러나 현실적으로 비교역재(non-tradable)가 존재하기 때문에 완전한 유동성이 보장되지 않는다. 예를 들어, 이발서비스는 한국보다 미국에서 훨씬 비싼 것으로 알려져 있다. 그렇다고 한국의 이발사들이 미국으로 대거 건너감으로써 우리나라의 이발요금은 비싸지고, 미국의 이발요금은 싸질 것으로 기대할 수는 없는 것이다. 주변을 조금만 둘러보아도 이런 예는 얼마든지 있다.

둘째, 비교되는 모든 재화가 질적으로 동일하여 완전대체재(perfect substitute)이어야 하는데, 이 또한 현실적으로 가능하지 않다. 앞서 예를 든 쌀의 경우에도 우리나라에서 생산된 쌀과 캘리포니아에서 생산된 쌀은 품종이 같더라도 완전대체재라고는 볼 수 없다. 삼보에서 만든 노트북과 IBM에서 만든 노트북은 모든 사양이 같다고 하더라도 사람에 따라서 어떤 사람은 삼보를, 어떤 사람은 IBM을 더 선호한다. 이런 경우 가격차이가 존재하더라도 재정거래가 발생하지 않으므로 구매력평가에 의한 환율은 성립하지 않게 된다.

이처럼 구매력평가설에 의한 환율결정론이 한계를 갖는다는 점은 두 가지 의미를 갖는다. 첫째는 단기적인 환율의 변동을 구매력평가설로 설명할 수 없다는 점이다. 다만 장기적인 환율의 변동추세는 대체로 구매력평가설로 설명할 수 있다는 것이 일반적인 견해이다. 즉, 20년 전 또는 10년 전보다 달러화에 대한 엔화의 가치가 상승하였다면, 이는 일본 경제의 향상으로 엔화의 구매력이 그만큼 높아졌기 때문으로 볼 수 있다는 것이다. 따라서 구매력평가설에 의한 환율을 기준으로 보면 단기적으로 외환시장에서 결정된 환율이 장기적 수준보다 고평가되었는지, 저평가되었는지를 판단할 수 있다.

둘째로는 현실적으로 실질환율이 변동할 수 있다는 점이다.

앞에서 설명하였듯이 환율이 양국 통화의 구매력에 의해 결정된다면 실질환율은 항상 1로 일정할 수밖에 없다. 그러나 구매력평가설이 환율결정을 설명하는 데 한계가 있다면, 바로 그런 이유 때문에 실질환율은 현실적으로 변동할 수 있는 것이다. 이 또한 현실적인 환율변동이 자국통화의 고평가를 의미하는지, 저평가를 의미하는지를 보여 주는 것이며, 따라서 외환을 보유할 것인지, 팔아 치울 것인지에 대한 힌트를 준다고 할 수 있다.

point-12.4 빅맥지수(Big Mac Index)

구매력평가설은 환율결정을 설명하는 가장 바람직한 이론이지만 현실적인 이유로 인해 한계를 가질 수밖에 없다고 하였다. 따라서 실제로 구매력평가설에 의해 (장기적) 환율을 계산하는 경우는 그리 흔하지 않다. 그러나 구매력평가설이 가지고 있는 이론적 매력을 그냥 버릴 수는 없다. 그래서 탄생한 것이 이른바 빅맥지수이다.

빅맥지수는 영국의 주간 시사경제잡지인 *Economist*가 매년 한 차례씩 계산하여 발표하는 단일상품 구매력 평가환율이다. 이때 단일상품은 물론 맥도날드 햄버거사에서 판매하는 빅맥이라는 햄버거이다. 빅맥이 각국 통화의 구매력을 평가하는 기준상품으로 선정된 것은 전 세계적으로 가장 많은 나라에서 판매되고 있는 단일상품이고, 또한 가장 표준화된 상품이기 때문이다. 다시 말해, 질적 차이가 가장 적으면서도 먹는 상품이기 때문에 다른 요인에 따른 선호의 차이가 상대적으로 적은 상품이라는 말이다.

〈표 12-2〉는 2007년 7월에 발표된 빅맥지수이다. 이 표를 보면 각국의 실제환율이 빅맥지수에 비추어 볼 때 얼마나 고평가 또는 저평가되었는지를 알 수 있다. 예를 들어, 아르헨티나의 경우 빅맥의 현지가격은 8.25페소였는데, 미국에서의 빅맥 가격이 3.41달러였기 때문에 빅맥으로 계산한 PPP는 $\frac{8.25}{3.41}$=2.42(peso/dollar)가 된다. 그런데 실제로 외환시장에서 거래된 페소화의 대달러 환율은 3.09(peso/dollar)이므로 페소화는 자신이 가진 구매력보다 외환시장에서 그 가치를 제대로 평가받지 못하고 있다고 할 수 있다. $\frac{2.42-3.09}{3.09}$=−0.22이므로 페소화는 22%만큼 저평가되어 있는 것이다.

이 표에 따르면, 당시 우리나라에서 빅맥의 판매가격은 2,900원이었고 환율은 923원이었다. 따라서 빅맥으로 계산한 구매력 평가환율은 $\frac{2,900}{3.41}$=850(원/달러)이 된다. 우리나라의 원화도 실제 구매력보다 외환시장에서의 가치가 더 낮게 평가되었다고 할 수 있다. $\frac{850-923}{923}$=−0.08이므로 원화는 약 8% 정도 저평가된 것으로 볼 수 있다.

빅맥지수는 구매력평가에 의한 환율을 보여 주는 것이지만, 단일상품의 가격으로 계산한 환율이기 때문에 한계를 가질 수밖에 없고, 따라서 공식적인 환율로 사용되기보다는 하나의 참고자료로 활용될 수 있을 것이다.

표 12-2
빅맥지수
자료: *Economist.*

Cash and carry
The hamburger standard, July 2007

	Big Mac prices		Implied	Actual dollar	Under(−)/over(+)
	in local currency	in dollars	PPP of the dollar	exchange rate July 2nd	valuation against the dollar, %
United States	$3.41	3.41			
Argentina	Peso8.25	2.67	2.42	3.09	−22
Australia	A$3.45	2.95	1.01	1.17	−14
Brazil	Real6.90	3.61	2.02	1.91	+6
Britain	£1.99	4.01	1.71	2.01	+18
Canada	C$3.88	3.68	1.14	1.05	+8
Chile	Peso1,565	2.97	459	527	−13
China	Yuan11.0	1.45	3.23	7.60	−58
Czech Republic	Koruna52.9	2.51	15.5	21.1	−27
Denmark	Dkr27.75	5.08	8.14	5.46	+49
Egypt	Pound9.54	1.68	2.80	5.69	−51
Euro area	€3.06	4.17	1.12	1.36	+22
Hong Kong	HK$12.0	1.54	3.52	7.82	−55
Hungary	Forint600	3.33	176	180	−2
Indonesia	Rupiah15,900	1.76	4,663	9,015	−48
Japan	¥280	2.29	82.1	122	−33
Malaysia	Ringgit 5.50	1.60	1.61	3.43	−53
Mexico	Peso29.0	2.69	8.50	10.8	−21
New Zealand	NZ$4.60	3.59	1.35	1.28	+5
Peru	New Sol9.60	3.00	2.79	3.17	−12
Philippines	Peso85.0	1.85	24.9	45.9	−46
Poland	Zloty6.90	2.51	2.02	2.75	−26
Russia	Rouble52.0	2.03	15.2	25.6	−41
Singapore	S$3.95	2.59	1.16	1.52	−24
South Africa	Rand15.5	2.22	4.55	6.97	−35
South Korea	Won2,900	3.14	850	923	−8
Sweden	SKr33.0	4.86	9.68	6.79	+42
Switzerland	SFr6.30	5.20	1.85	1.21	+53
Taiwan	NT$75.0	2.29	22.0	32.8	−33
Thailand	Baht62.0	1.80	18.2	34.5	−47
Turkey	Lire4.75	3.66	1.39	1.30	+7
Venezuela	Bolivar7,400	3.45	2,170	2,147	+1
Colombia	Peso6,900	3.53	2,023	1,956	+3
Costa Rica	Colon1,130	2.18	331	519	−36
Estonia	Kroon30.0	2.61	8.80	11.5	−23
Iceland	Kronur459	7.61	138	61.7	+123
Latvia	Lats1.39	2.72	0.41	0.51	−20
Lithuania	Litas6.60	2.61	1.94	2.53	−24
Norway	Kroner40.0	6.88	11.7	5.81	+102
Pakistan	Rupee140	2.32	41.1	60.4	−32
Paraguay	Guarani10,500	2.04	3,079	5,145	−40
Saudi Arabia	Riyal9.00	2.40	2.64	3.75	−30
Slovakia	Koruna61.3	2.49	18.0	24.6	−27
Sri Lanka	Rupee210	1.89	61.6	111	−45
UAE	Dirhams10.0	2.72	2.93	3.67	−20
Ukraine	Hryvnia9.25	1.84	2.71	5.03	−46
Uruguay	Peso62.0	2.59	18.2	23.9	−24

12.4.3 이자율평형

국제자본의 이동과 관련하여서도 환율은 영향을 받는다. 국가 간 자본이동은 궁극적으로 '안전하게' '더 높은 수익을 얻기 위해서' 일어난다. 따라서 국제자본이동은 자산의 안정성(바꾸어 말하면 위험성)과 수익성에 의해 크게 좌우된다고 할 수 있다.

먼저 국가 간의 자본이동에 아무런 제약이 없는 경우를 생각해 보자. 이때 한 나라의 이자율은 국제금리와 같아질 수밖에 없다. 예를 들어, 우리나라의 금리가 국제금리보다 높은 경우, 외국으로부터 자본이 유입되면서 금리가 낮아질 것이고, 우리나라의 금리가 낮은 경우에는 반대로 자본이 유출될 것이다. 이와 같은 금리재정거래(interest arbitrage)로 인해 국내금리는 국제금리와 같아지게 된다.

그런데 외국자본이 국내에, 또는 우리 자본이 외국에 투자되었는데 환율이 변동하면 어떻게 될까? 투자자는 환차손 또는 환차익을 얻게 된다. 이렇게 되면 단순히 이자만이 문제가 되는 것이 아니라 환차익 또는 환차손까지를 포함한 수익률이 문제가 된다. 즉, 수익률이 같아지도록 이자율이 조정되는 것이다. 이를 식으로 표현하면 다음과 같다.

$$i = i^* + \frac{(E^e - E)}{E}$$

이 식은 국내에서의 수익률은 외국의 수익률에다 환율의 변동에 따른 수익을 합한 것과 같다는 것을 나타낸 것이다. 예를 들어, 국내에서의 이자율이 5%이고 외국에서의 이자율이 3%라면, 국내투자가의 입장에서 외국에 투자하였을 때 환율변동에 따라 2%의 환차익을 보는 경우 투자를 더 이상 하지 않게 되는 것이다. 즉, 미국 달러에 대한 원화의 환율이 지금 1,050원일 때 1년 후 환율은 1,070원이 될 것으로 예상하는 경우를 생각해 보자. 100만 원을 국내에서 투자할 경우 1년 후 원리금은 105만 원이 된다. 이 돈을 외국에 투자하는 경우에는 우선 100만 원을 달러로 바꾸어서 952.38달러를 투자하게 되고, 여기에 3%의 이자를 받게 되면 1년 후 원리금은 981달러가 된다. 그런데 환율이 1,060원이 되었다면 투자원리금을 다시 원화로 환전하였을 때 약 104만 원이 된다. 다시 말해, 외국에 투자하면 손해를 보는 것이다. 이는 뒤집어 말하면 외국에서 국내로 투자하는 자본이 존재한다는 것을 의미한다. 그러나 환율이 1,070원이 되었다면 원리금을 다시 원화로 환전하였을 때 105만 원이 되므로 한국에 투자하나 미국에 투자하나 차이가 없어 자본의 국가 간 이동이 발생하지 않는 것이다. 1년 후 환율이 1,070원보다 높을 것으로 예상되면 환차익이 2%보다 커져 외국에 투자하는 것이 이득이 되고, 자본은 우리나라에서 외국으로 유출된다.

통계보기

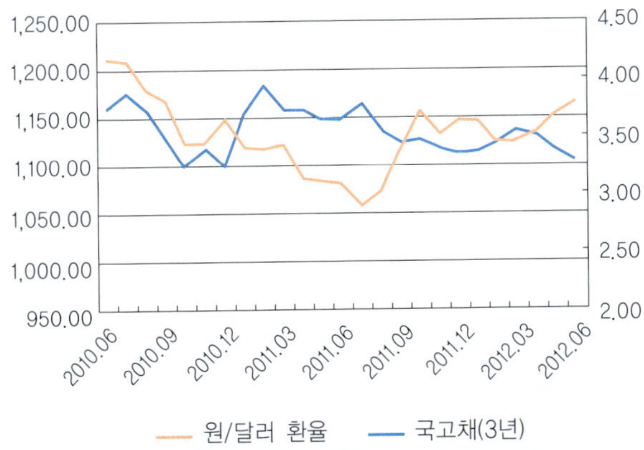

그림 12-4
금리와 환율의 변동
자료: 한국은행.

금리와 환율 사이에는 반대로 움직이는 관계가 존재한다. 이와 같은 사실은 〈그림 12-4〉에서도 확인된다. 장기적 흐름은 유사성이 있지만 이는 두 변수 외의 다른 요인들에 의한 영향이고, 두 변수 사이에는 반대로 움직이는 경향이 나타난다.

커버된 이자율평형

이자율평형에는 커버된(covered) 이자율평형과 커버되지 않은(uncovered) 이자율평형이 있다. 커버된 이자율평형은 이자 차익거래를 하면서 외환선물시장을 이용해 이자수익을 환위험으로부터 보호하는 것을 말한다. 커버되지 않은 이자율평형은 국가 간 이자수익의 차이에 환율에 대한 예상을 반영하는 것을 말한다. 즉, 우리나라의 이자율이 5%이고 외국의 이자율이 3%라면 그 차이는 바로 원화의 가치가 앞으로 1년 동안 2% 정도 하락할 것을 예상하였다는 의미가 된다. 따라서 환위험을 제거하지 않고 수익률에 반영시키므로 'uncovered' 라는 용어를 쓴다.

이것이 이른바 이자율평형(interest parity)이다. 이자율평형은 국내이자율과 외국의 이자율, 그리고 환율에 대한 예상이 일정할 경우 균형환율이 얼마가 될지를 보여 주는 것이다. 국내이자율이 상승하면, 외국에서 자본이 국내로 유입되고 환율은 하락한다. 〈그림 12-4〉는 국내이자율과 환율의 관계를 보여 주고 있다. 금리는 국고채 3년 만기 금리이다. 이 그림은 금리와 환율 사이의 정확한 관계를 보이고 있지는 않지만, 1997년 이후의 외환위기를 제외하면 대체로 금리와 환율이 서로 반대로 움직이고 있음을 확인할 수 있다.

12.4.4 환율의 변동

환율의 결정에 관한 이론은 위에서 설명한 것보다 훨씬 더 복잡하다. 그러나 위의 설명으로부터 기본적으로 환율이 어떤 요인들에 의해 변동하는지를 살펴볼 수 있다.

외환시장에서의 수급에 영향을 주는 요인들, 예를 들면 국제수지의 변동은 환율에 영향을 준다. 또한 통화의 구매력에 영향을 주는 것은 경제의 기본 능력에 달려 있으므로, 이른바 펀더멘털이라고 하는 경제의 기초체력이 튼튼해지는가의 여부도 환율에 영향을 준다고 할 수 있다. 그 밖에 국내금리가 국제금리에 비해 상대적으로 어떻게 변하는가도 환율의 변동에 영향을 준다고 할 수 있다. 이처럼 환율결정의 기본 이론으로부터 도출할 수 있는 변동요인 외에도 환율에 영향을 주는 요인들은 많다.

먼저 환율에 대한 예상을 들 수 있다. 환율에 대한 예상은 앞서 설명한 이자율평형에도 등장하는 변수였다. 예를 들어, 원화의 달러에 대한 환율이 상승할 것으로 예상이 되면, 사람들은 원화가치가 하락할 것이기 때문에 외환시장에서 실제로 원화를 매도하게 되어 원화의 가치는 하락하고 환율은 상승한다. 환율이 상승할 것이라는 예상이 실제로 환율을 상승시키게 되는 것이다.

여기서는 환율의 예상에 영향을 주는 요소들에 대해 살펴보자. 먼저 정부 당국자의 구두개입이 있다. 만일 우리나라의 환율이 급속하게 하락하는 경우, 외환정책을 책임지고 있는 중앙은행의 총재가 의회의 증언, 강연, 또는 언론과의 인터뷰 등에서 급속한 환율하락에 대한 심각한 우려를 표명하였다고 하자. 그러면 외환시장에서는 조만간 정부당국이 개입하여 환율이 다시 상승할 것으로 예상하게 된다. 따라서 시장참여자들은 원화를 매도함으로써 환율은 정부의 개입이 없더라도 상승하게 된다. 이것이 이른바 '구두개입(口頭介入)'이다.

환율에 영향을 주는 또 다른 요인은 이른바 '미인투표'방식에 따른 환율예상이다. 케인스는 일찍이 주식시장에서 일어나는 투기적 성향을 미인투표에 비유한 바 있다. 어느 미인대회에서 관객의 투표에 의해 미인을 선발한다고 하자. 단, 최고의 미인으로 선정된 후보에게 투표한 사람에게는 일정한 보상이 따른다고 하면 사람들은 누구에게 투표할까? 사람들은 자신이 미인이라고 생각한 사람보다는 다른 사람들이 미인으로 생각할 사람이 누구인지를 고려해서 투표를 하게 될 것이다. 외환시장에서의 투기도 마찬가지다. 환율변동에 있어서 다른 사람들이 중요하게 생각하는 요인과 자신이 중요하게 생각하는 요인이 다를 때, 시장에서 가장 중요하게 생각하는 요인의 변동을 따라 환율을 예상하고, 이를 근거로 투기를 해야 수익을 얻을 수 있는 것이다.

미국의 무역수지와 환율변동은 이러한 미인투표식의 환율예상의 전형적인 예라고 할 수 있다. 1985년 플라자협정에 따라 주요 선진국들이 외환시장에 개입하기 시작한 후 외환시장에서는 미국의 무역적자에 온통 신경을 곤두세웠다(자세한 내용은 다음 절을 참조). 당시 외환시장에 개입하게 된 배경이 미국의 무역적자 규모가 엄청나게 커졌다는 사실이었기 때문에, 미국의 무역적자가 개선되었다는 발표가 있으면 개입이 줄어들고 따라서 달러화의 가치가 회복될 것으로, 무역적자가 악화되었다면 개입

환투기의 역할

환율에 대한 예상은 환투기와 매우 밀접한 관계에 있다. 환율이 하락(원화가치의 상승)할 것으로 예상되면 원화를 매입할 것이고, 환율이 오를 것(원화가치의 하락)이 예상되면 원화를 매도할 것이다. 프리드먼은 수익을 올리는 제대로 된 환투기는 환율안정에 도움이 된다고 하였다. 즉, 환투기를 통해 수익을 얻으려면, 통화가치가 하락하였을 때 사서 통화가치가 올랐을 때 팔아야 한다. 즉, 원화가치가 떨어질 때(환율이 상승할 때) 원화를 매입함으로써 가치하락을 중단시킬 수 있고, 원화가치가 올라갈 때(환율이 하락할 때) 원화를 매도함으로써 환율이 지나치게 하락하는 것을 막아 준다는 것이다. 문제는 누가 이것을 정확하게 예측할 수 있는가 하는 점이다. 그러니 환율안정을 명분으로 함부로 환투기를 조장할 수는 없는 노릇이다.

이 강화되면서 달러화의 가치가 하락할 것으로 예상하여 외환거래에 참여하였던 것이다. 환율의 변동이 무역수지에 영향을 준 것이 아니라, 반대로 무역수지의 상황이 환율의 변동에 영향을 준 것이다. 외환시장에 참여하는 다른 모든 사람이 그런 근거에 의해 환율을 예상하면 누구든 거기에 따라가지 않을 수 없는 것이다.

12.5 환율과 거시경제변수 및 정책

환율의 변동은 다른 거시경제변수들과 어떤 관계가 있을까? 이 번 절에서는 환율과 거시경제변수들 사이의 관계와 정부의 경제정책 · 환율정책에 대해 살펴본다.

12.5.1 환율이 거시경제에 미치는 영향

환율이 가장 직접적으로 영향을 주는 변수는 국제수지이다. 환율이 상승하면(자국통화의 가치가 하락하면) 수출품의 해외시장가격이 하락하게 됨으로써 수출이 증대되고, 반면 수입품의 국내시장가격은 상승함으로써 수입이 감소한다. 따라서 경상수지는 개선되는 효과가 있다. 〈그림 12-5〉는 우리나라의 환율과 무역수지 사이의 관계를 잘 보여 주고 있다. 무역수지에 영향을 주는 요인이 환율뿐만이 아니기 때문에 양자 사이에 1:1의 대응관계를 기대할 수는 없으나, 전체적으로 환율과 무역수지 사이에 추세적으로 대응되는 모습을 읽을 수 있다.

환율이 상승하면 물가는 대체로 상승하는 효과가 있다. 이는 환율상승이 수입물가의 상승을 초래함으로써 전체적인 물가상승을 초래하기 때문이다. 〈그림 12-6〉은 이와 같은 관계를 잘 보

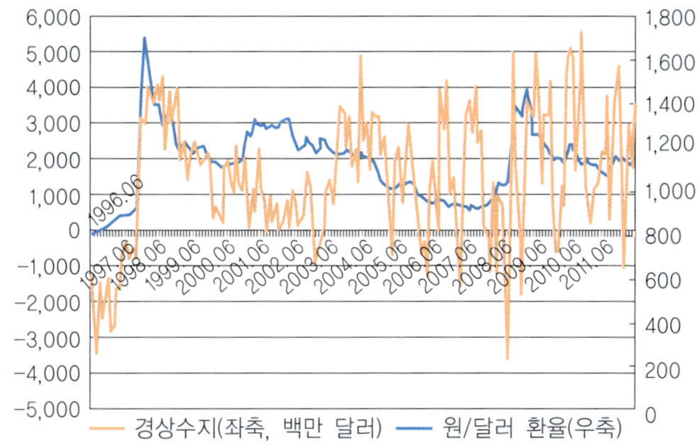

그림 12-5

환율과 무역수지
자료: 한국은행.

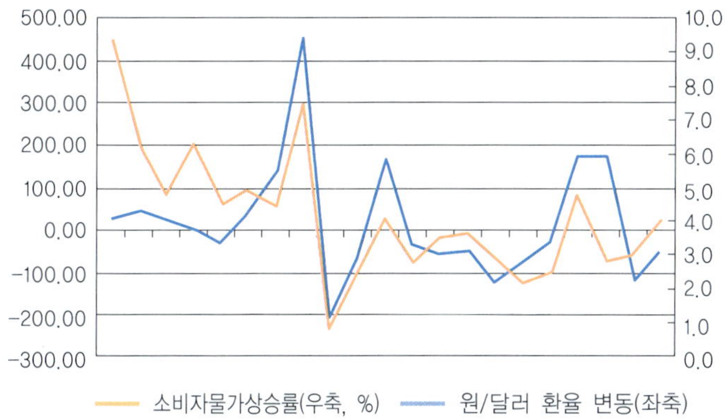

그림 12-6

환율변동과 물가상승률
자료: 한국은행.

여 주고 있다.

환율이 상승하면 또한 외채상환 부담이 증가한다. 이는 물가가 상승하면 실질부채가 증가하는 것과 같은 원리라고 할 수 있다. 즉, 달러화의 가치가 높아지면 같은 금액의 달러표시 외채라 하더라도 원리금의 상환을 위해 더 많은 원화가 필요한 것이다.

이상의 효과를 종합해 보면, 환율상승 또는 하락이 경제에 전반적으로 긍정적인지 부정적인지를 판단하기 어렵다. 환율상승으로 국제수지는 개선될 수 있으나 물가와 외채상환에는 부담이 따르게 되고, 반대로 환율이 하락하면 물가안정과 외채상환 부

point-12.5 J-커브효과

환율이 상승하여 자국통화의 가치가 떨어지면 수출은 증가하고 수입은 감소하게 됨으로써 무역수지가 개선되는 것이다. 그러나 환율변동의 초기에는 환율상승에도 불구하고 무역수지가 개선되지 않는 역설적 현상이 나타나기도 한다.

환율과 무역수지 사이에 역설적 현상이 나타났던 것은 1980년대 중반으로 거슬러 올라간다. 1980년 미국 대통령에 취임한 로널드 레이건은 이른바 공급중시정책을 내세워 대폭적인 감세정책을 시행하였다. 이로 인해 미국 정부의 재정적자는 점차 커져 갔고, 국채발행이 늘어나면서 국채의 가격은 하락하고 금리는 상승하였던 것이다. 금리가 상승하면서 달러화의 가치는 높아졌고, 이로 인해 미국의 무역적자가 크게 늘어나게 되었다. 1984년에는 재정적자와 무역적자가 동시에 1,000억 달러를 넘어서서 이른바 '쌍둥이적자(twin deficits)'라는 신조어를 탄생시키기도 하였다. 계속 커져만 가던 무역적자문제로 골머리를 앓던 미국은, 1985년 이를 해소하기 위해 선진 5개국에 외환시장 개입을 통해 달러화의 약세를 유도해 주도록 요청하게 되었고, 그 때부터 달러화의 가치는 단시일 내에 급속한 하락세를 보이기 시작하였다.

당시 미국은 달러화의 가치가 하락하면 미국의 수출은 증가하고 수입은 감소함으로써 무역수지가 개선될 것으로 보았다. 그러나 기대하였던 효과는 2~3년이 지나도 소식이 없었고, 이를 해명하기 위해 이른바 J-커브효과(J-curve effects)라는 이론이 등장하였다. J-커브효과란 환율이 변동하더라도 수출과 수입의 수량변동은 가격변동보다 느리게 나타나므로, 무역수지가 처음에는 오히려 악화되다가 시간이 지나면서 점차 개선된다는 내용이다. 예를 들어, 일본으로부터 미국에 수입되는 물건의 경우 엔화가 강세를 보여 미국 내 판매가격이 올라도 가격변동에 수량변동이 즉각적으로 반응하지 않으면, 초기에는 같은 수입물량에 대해 더 높은 값을 지불해야 하기 때문에 무역수지가 오히려 악화된다는 것이다. 그러다가 가격이 올랐기 때문에 사람들이 점차 일본 상품에 대한 수요량을 줄여 나가게 되고, 그렇게 해서 무역수지가 개선된다는 것이다. 세로축을 무역수지, 가로축을 시간으로 하는 평면에 시간의 경과에 따른 국제수지의 개선상태를 그래프로 그려 보면 환율변동의 초기에는 그래프가 아래쪽(무역수지 악화)으로 움직이다가 점차 위쪽(무역수지 개선)으로 향하게 되고, 이 모양이 마치 영문자의 J자와 유사하다 하여 이를 J-커브효과라고 부르게 되었다.

실제로 미국의 무역수지 적자는 1988년부터 개선되기 시작하여 약 4년간에 걸쳐 감소세를 보였다(〈그림 12-7〉 참조). 그러나 엔화가 그 후에도 지속적으로 강세를 보였지만 미국의 무역수지가 획기적으로 개선되지는 못하였고, 1990년대 이후 다시 커지기 시작한 미국의 무역적자는 오늘날 해마다 기록을 경신하며 또다시 미국의 두통거리로 등장하였다. 미국은 다시 우리나라를 비롯해 중국 등에 대해 환율을 조정하라는 압력을 가하고 있다. 이에 따라 일본과 우리나라의 환율은 2003년부터 꾸준히 강세를 보여 왔고, 중국도 마침내 환율을 조정하기에 이르렀다. 중국은 2005년 7월 전격적으로 위안화를 2.1% 절상시키는 조치를 취하였다. 그러나 그 효과는 아직 미지수라고 하겠다. 경제의 구조적 문제를 제쳐 두고 환율만으로 무역수지 개선을 꾀하려는 미국의 정책이 어쩌면 한계를 보이는 것일지도 모르겠다.

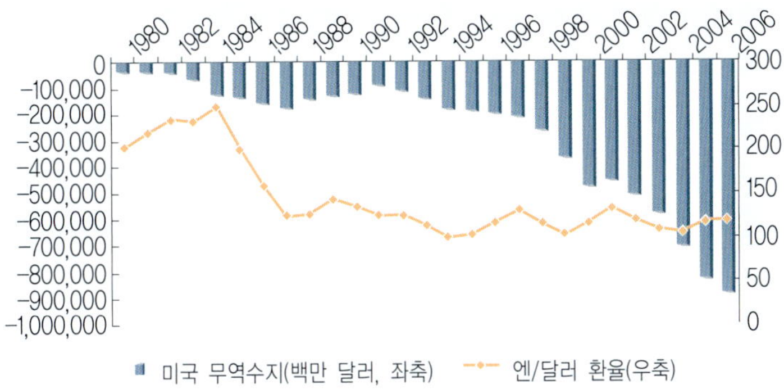

그림 12-7
엔/달러 환율과 미국의 무역적자
자료: 한국은행.

담의 감소로 도움이 될 수 있으나 국제수지는 어려워진다. 따라서 환율의 변동은 경제가 처한 상황에 따라 그 효과를 판단해야 할 것이다. 예를 들어, 2004년 미국은 심각해진 무역적자를 개선하기 위해 우리나라를 비롯해 중국과 일본에 대해 자국통화의 가치를 높이도록 압력을 가하였다. 이로 인해 우리나라의 환율은 급격하게 하락하였다. 당시 상황에서는 국내소비가 침체되어, 그나마 경제가 수출에 의존하고 있던 터에 환율이 하락하니 환율변동의 영향이 매우 부정적일 수밖에 없었다. 반면, 만일 경제가 호황국면을 지나 과열양상을 보인다면 국제수지가 다소 악화되더라도 환율하락으로 물가를 안정시키는 것이 더 바람직할 수도 있을 것이다.

12.5.2 환율정책

정부에서는 경제상황에 따라 환율을 조정할 필요가 발생하면 외환시장에 개입할 수 있다. 우선 고정환율제를 실시하는 경우에는 외환시장에 끊임없이 개입하여 환율을 일정한 수준으로 유지해야 하고, 변동환율제를 채택하는 경우에도 외환시장에 개입할 필요가 있다. 물론 변동환율제하에서 지나친 개입은 오히려 여러 가지 부작용을 낳을 수 있지만, 앞서도 언급하였듯이 국내경제의 조정을 위해 환율의 지나친 변동을 억제할 필요가 있을 경우에는 외환시장에 개입하는 정책을 취할 필요가 있다.

정부가 외환시장에 개입하는 경우 보유외환을 가지고 외환시장에서 직접 원화를 사거나 팔아 환율을 조정한다. 원화의 가치를 높이기 위해서는 외환매도 개입을 통해 외환을 팔고 원화를 거두어들인다. 외환시장에서 원화의 공급이 줄고 외환의 공급은 늘어남으로써 원화가치가 높아지면서 환율은 하락하는 것이다. 반대로 원화의 가치를 떨어뜨리고자 할 경우에는 외환매입 개입을 통해 외환을 거두어들이고, 원화를 방출한다.

정부는 직접 또는 간접으로 외환시장에 개입하여 외환을 매매하기 위하여 기금을 조성하는데, 이 기금을 외국환평형기금이라고 한다. 우리나라의 외국환평형기금은 외화기금계정과 원화기금계정으로 구분되어 한국은행에 설치되어 있다. 외국환평형기금의 소요자금은 주로 외국환평형채권을 발행하여 조달하고 있으며, 자금의 운용은 한국은행, 국내의 외국환은행, 외국금융기관 등에 예치 또는 대여하거나 외환매매시 결제자금으로 사용되고 있다.

정부가 외환시장에 개입하면 환율조정이 가능하지만 부작용이 생긴다. 바로 시중에서 원화의 유통량, 즉 통화량이 늘거나 줄어드는 것이다. 예를 들어, 우리나라의 원화가치가 너무 빠른 속도로 상승하여 수출에 심각한 타격을 줄 것으로 예상되는 경우 외환매입 개입을 통해 환율을 상승시키는 정책을 쓸 수 있다. 이때 원화의 가치는 떨어지겠지만, 시중에 통화량이 늘어남으로써 물가상승이 우려되는 상황이 생길 수 있는 것이다.

이런 상황에서 정부는 외환시장에 개입하는 정책과 동시에

point-12.6 외환정책과 원-엔 디커플링(decoupling)

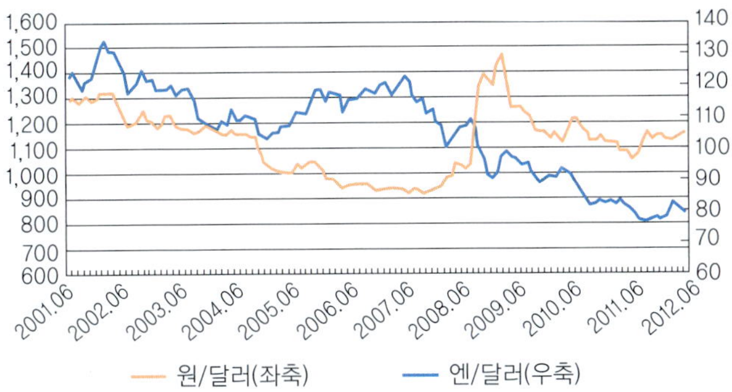

그림 12-8
원/달러 환율 및 엔/달러 환율의 추이
자료: 한국은행.

1997년 말부터 우리나라가 외환위기를 겪으면서 완전자유변동환율제로 이행한 후, 원/달러 환율과 엔/달러 환율은 2003년 중반까지 매우 밀접한 관계를 유지하면서 변동하였다. 이를 원화와 엔화 사이에 동조화 현상이라고 한다. 그 이유는 무엇일까?

여기에 대한 설명은 다양하다. 첫 번째는 엔화가 약세를 보이면 일본 제품이 가격경쟁력을 확보하고, 주요 세계시장에서 일본 제품과 경쟁을 하고 있는 우리나라의 수출이 어려워져 우리 경제의 펀더멘털이 약해짐으로써 원화가 약세를 보이게 된다는 주장이다. 두 번째는 이와 같은 상황을 정부가 잘 알고 있기 때문에 엔화가 약세를 보이면 정부에서도 암묵적으로 원화의 약세를 유도한다는 것이다. 세 번째는 우리나라의 환율제도가 완전자유변동환율제로 이행하면서 외환시장에서 원/달러 환율이 엔/달러 환율의 변동에 민감하게 반응하게 되었다는 주장이다. 이러한 주장들 가운데 어떤 주장이 정확하게 원-엔 사이의 동조화 현상을 설명할 수 있는지는 알 수 없지만, 이들 요인이 복합적으로 작용한 것으로 보는 것이 타당할 것이다.

이러한 원-엔 동조화 현상은 2003년 중반 이후 뚜렷한 변화를 보인다. 이른바 원-엔 디커플링(탈동조화)현상이 나타난 것이다. 이와 같은 탈동조화의 요인에 대해서도 다양한 해석이 가능하나, 단기적으로 볼 때 미국의 통화가치 절상압력이 한국과 일본에 대해 차이를 보였기 때문이라는 주장이 가장 설득력이 있다고 할 수 있다. 2002년 이후 지속적으로 나타난 원화와 엔화의 강세가 미국의 무역적자 심화에 따른 미국의 절상압력에 따른 것임을 감안할 때, 압력의 정도에서 차이가 나면 정부의 입장에서는 당연히 통화의 약세를 유도하거나 용인함으로써 가격경쟁력을 확보하려고 할 것이기 때문이다.

통화량을 조절하는 정책을 쓸 수 있다. 이러한 정책을 불태화정책(不殆化政策, sterilization policy)이라고 한다. 외환정책에 의한 다른 영향이 잉태되지 못하게 한다는 의미에서 붙여진 이름이다. 앞에서 든 예를 살펴보면, 환율상승을 위해 외환매입 개입을 실시한 경우 통화긴축정책을 동시에 쓰는 것이다. 즉, 외환시장에 개입하는 정책으로 늘어난 통화량을 통화안정증권 등의 발행을 통해 흡수하는 것이다.

더 찾고 생각해 보기

1. 다음의 신문기사는 원-엔 환율의 변화에 관한 것이다. 최근 들어 원화와 엔화 사이의 탈동조화(decoupling) 현상이 심화되고 있다는 내용인데, 그 원인과 결과가 무엇인지 확인해 보자.

100엔=899.36원

원-엔환율 7년만에 900선 붕괴
달러대비 엔 약세·원 강세 따라

수출 경쟁력 악영향 우려

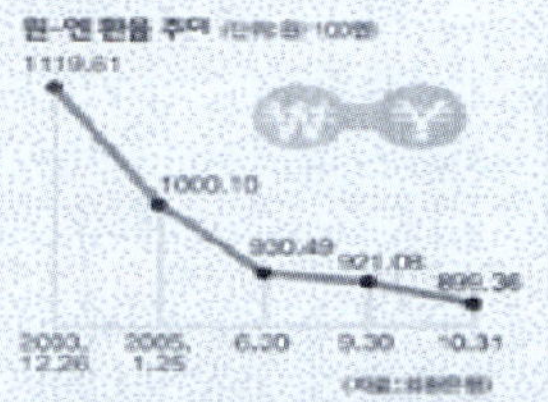

원-엔 환율이 7년2개월 만에 100엔당 900원선 밑으로 떨어졌다. 원-엔 환율 하락이 계속될 경우, 국산제품의 수출경쟁력 하락이 예상된다.

31일 서울 외환시장에서 원-엔 환율이 지난주 말 종가에 비해 100엔당 4.16원 하락한 899.36원으로 마감했다. 원-엔 환율이 900원 아래로 떨어진 것은 1998년 8월 24일의 899.02원 이후 처음이다.

달러에 대한 원화의 상대적 강세=원-엔 환율은 지난 2003년 말 100엔당 1119원대를 기록하며 '100엔=1000원대'를 지켜 왔으나 이후 계속 하락해 올해 1월26일 995.75원으로 1000원대가 깨졌다. 원-엔 환율은 올 들어서도 소폭의 등락을 보이긴 했지만 꾸준히 하락해 8월 말 100엔당 932.72원, 9월 말 921.08원으로 하락세를 이어왔다. 원-엔 환율은 외환시장에서 원-달러 환율과 엔-달러 환율에 의해 결정된다. 세계적인 달러화 강세에 따라 엔-달러 환율은 계속 상승해 왔으나, 원-달러 환율이 엔-달러 상승 속도를 따라잡지 못해 결과적으로 원-엔 환율의 하락세가 이어진 것으로 분석된다.

한국은행 외환시장팀 관계자는 "미국 금리인상 분위기로 달러화 강세기조가 계속되고 있어 달러화에 대해 엔화는 뚜렷한 약세를 보이고 있다"며 "그러나 원화는 시장에서 물량부담으로 이를 반영하지 못하면서 엔화에 대해 원화가 강세를 보인 것"이라고 설명했다.

오석태 한국씨티은행 부장도 "원-엔 환율이 계속 떨어지는 것은 수출업체들의 달러 매물 요인이 가장 크다"면서 "국외에서는 달러 강세가 대세이나 국내에서는 그렇지 못한 현상이 나타나고 있으며 이는 수출업체들이 환율이 오를 때마다 달러 매물을 내놓기 때문"이라고 말했다.

노상칠 국민은행 외화자금팀 딜러는 "원-엔 환율이 100엔당 900원대가 깨졌지만 급락하지는 않을 것"이라며 "점진적 하락이 당분간 계속될 수 있겠지만 중기적으로는 다시 상승할 것으로 예상된다"고 말했다.

수출 경쟁력 약화 우려=업계에서는 중기적으로 자동차, 반도체, 컴퓨터 관련제품 등의 수출경쟁력에 악영향을 미칠 것으로 내다보고 있다. 신민영 엘지경제연구원 선임연구위원은 "원-엔 환율이 1% 하락하면 전체 수출이 0.3~0.4% 하락할 것으로 예상된다"며 "수출에서 원-엔 환율은 원-달러 환율보다 더 부정적 요인이 될 수 있다"고 말했다. 최희남 재정경제부 외화자금과장은 "원-엔 환율이 하락세를 보이고 있지만 수출이 호조세를 보이고 있는 것을 볼 때 지금까지는 수출에 큰 영향을 미치지 않고 있는 것 같다"면서도 "이런 하락세가 장기화하면 우리 기업의 수출 경쟁력이 떨어질 것으로 우려된다"고 말했다.

김성재 박순빈 박현 기자 seong68@hani.co.kr

한겨레신문, 2005. 11. 2

2. 1997년 우리나라가 외환위기에 처하였을 때 많은 기업들이 막대한 환차손을 보았다(물론 환차익을 경험하였던 기업들도 있었다). 급격한 환율변동에 대처하기 위해 기업들이 어떤 대책을 세우고 있는지 알아보자. 1985년 이른바 '플라자협정' 이후 일본의 기업들이 엔화의 급격한 가치상승에 어떻게 대응하였는지 알아보고, 우리 기업들의 대응책과 비교해 보자.

3. 중국 정부는 최근 위안화의 가치를 절상하는 조치를 취하였다. 중국이 위안화를 절상할 수밖에 없었던 국제경제적 배경과, 위안화의 절상이 우리 경제에 미칠 수 있는 영향에 대해 분석해 보자.

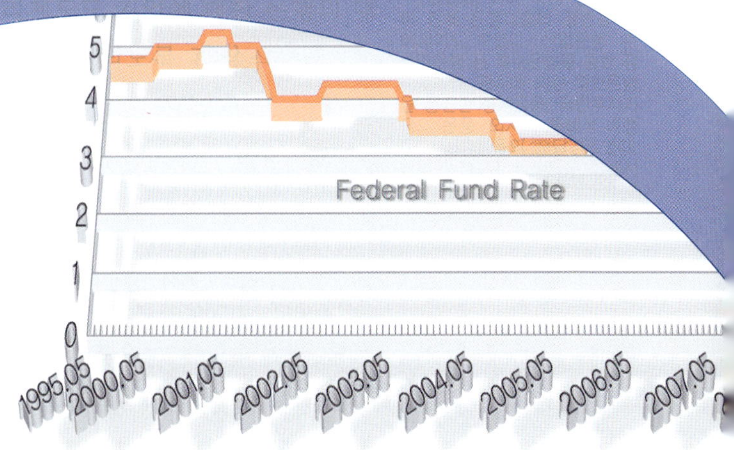

Chapter 13 경제안정화 정책

13.1 재정과 재정정책
13.2 통화의 공급과 금융정책
13.3 재정정책 및 금융정책과 이자율
13.4 경제정책과 관련한 몇 가지 이슈

13 경제안정화 정책

경제정책은 장기정책과 단기정책으로 구분된다. 장기정책은 경제성장을 지속시키기 위한 정책으로서 기술혁신 · 생산성 향상 · 인력양성 · 투자증대 등을 통해 국민경제의 총공급, 즉 생산능력을 확대시키는 정책이다. 총공급이 증가하여야만 장기적으로 물가를 안정적으로 유지하면서 경제성장을 촉진시킬 수 있기 때문이다. 반면, 단기정책은 총수요를 조절하여 경기변동의 폭을 줄이고자 하는 정책으로 안정화 정책이라고 불린다. 안정화 정책은 대내적으로 완전고용(고용안정)과 물가안정을 도모하고 대외적으로 국제수지의 균형을 달성함으로써 경제안정을 지향하는 총수요관리정책 또는 경기대책의 성격을 띠게 된다. 대개 단기경기변동의 주기인 3~5년을 대상으로 하는 정책이 안정화 정책이며, 그 이상의 기간을 대상으로 하는 정책이 장기정책이다.

안정화 정책은 크게 재정정책과 금융정책으로 구분된다. 재정정책은 정부지출이나 세금의 조정을 통하여 경제를 안정시키고자 하는 정책인 반면, 통화정책 · 통화신용정책 · 통화금융정책이라고도 불리는 금융정책은 통화량이나 이자율의 변동을 통하여 경제를 안정화시키고자 하는 정책이다.

13.1 재정과 재정정책

13.1.1 재정의 개념과 범위

정부의 수입과 지출에 관련된 정부의 모든 경제활동을 재정이라 하는데, 정부는 재정을 꾸려 나가기 위해 매년 예산을 편성하여 그 해의 수입(세입)과 지출(세출)에 관한 계획을 세운다. 예산은 원칙적으로 1월 1일부터 12월 31일까지 한 회계연도의 모든 수입과 지출을 망라하여 빠짐없이 작성되는 것이므로 한 해에 한 번의 본예산 편성으로 그쳐야 하나, 회계연도 도중에 국내외 정세의 변화나 천재지변과 같은 돌발사태 등으로 예산을 변경할 필요가 있을 경우에는 추가경정예산을 편성하기도 한다.

한편, 예산을 집행한 결과를 결산이라 한다. 결산은 예산에 준하여 이루어져야 하지만, 회계연도에 예산과 결산이 반드시 일치한다는 보장은 없다. 호황이나 불황에 따라 조세수입이 예산과 달라질 수도 있고, 계획하였던 사업에 차질이 생길 수도 있기 때문이다.

아무튼 국민들로부터 징수한 세금이 대부분인 정부세입을 근거로 재정활동이 이루어지며, 재정활동은 국민경제에 엄청난 영향을 미치기 때문에 예산의 확정과 결산에는 엄격한 통제장치가 마련되어 있다. 즉, 예산은 정부가 편성하지만 국회의 의결을 거쳐야 확정되며, 그 결산도 국회에 보고되어야 한다. 예산의 집행에 대해서도 감사원의 감사가 뒤따르게 된다.

세입과 세출의 차이를 재정수지라 하는데, 세입이 세출보다 커서 재정수지가 양(+)이면 재정흑자(budget surplus)라 하며, 반대로 세출이 세입보다 커서 재정수지가 음(−)이면 재정적자(budget deficit)라 한다. 세입과 세출이 같아 재정수지가 0이면 균형재정이라고 한다.

우리나라 재정에 관한 통계는 〈그림 13-1〉에 보이는 바와 같이 중앙정부 · 지방정부 · 비금융공기업 · 공공금융부문의 4개 부문으로 나뉘어 집계되고 있다.

중앙정부 재정에는 일반회계와 기타특별회계 · 기금 등이 있는데, 일반회계는 일반행정 · 국방 · 교육 · 공공사업 등 일반적인 중앙정부의 활동에 관련된 세출과 이를 충당하는 세입을 나타내는 회계이다. 이 일반회계를 지칭하여 일반적으로 예산이라고 말한다. 특별회계는 ① 나라가 특정한 사업을 운영할 때, ② 특정한 자금을 보유하여 운용할 때, ③ 특정한 세입으로 특정한 세출에 충당함으로써 일반회계와 달리하여 계리할 필요가 있을 때 특별히 설치 · 운영되는 회계이다. 흔히 일반회계와 특별회계를 합쳐 넓은 의미의 정부예산이라고 부른다. 특별회계는 크게 기업특별회계와 기타특별회계로 나누어진다. 기업특별회계는 국가의 비금융공기업활동에 속하는 특별회계로서, 기업예산회계법에 의거 국가에서 특정한 목적의 사업을 운영하기 위하여 설치 ·

그림 13-1
우리나라의 재정범위

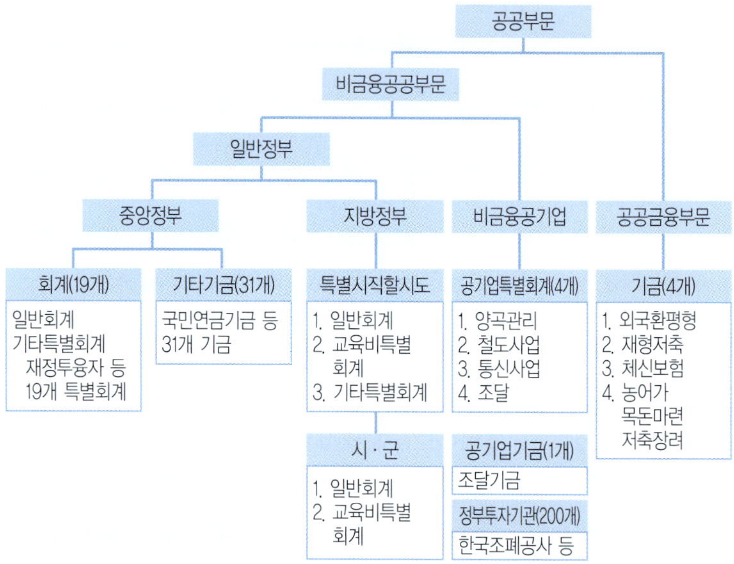

운영하는 예산이다. 현재 ① 철도사업 운용을 위한 철도사업특별회계, ② 우정사업과 그 부대사업의 경영을 위한 통신사업특별회계, ③ 정부양곡의 관리를 위한 양곡관리특별회계, ④ 정부수급물자 등의 구매관리를 위한 조달특별회계의 4개가 설치 · 운영되고 있다. 기타특별회계는 4개 기업특별회계 외에 특별한 정부기능의 수행을 목적으로 하는 특별회계로 중앙정부에 포함된다.

> **양특적자**
>
> 1970년대와 1980년대에 언론에 심심찮게 등장하던 용어 가운데 양특적자(糧特赤字)라는 게 있었다. 이는 바로 양곡관리특별회계상의 적자를 의미한다. 즉, 정부가 쌀 등의 농산물을 수매할 때, 대체로 비싸게 사서 싸게 방출함으로써 발생하는 적자를 말한다. 그러나 WTO의 농산물관련 협상에서 농업에 대한 예외 없는 관세화 조치의 일환으로 국내보조가 금지되면서 추곡수매가 2005년부터 폐지되었다.

일반회계와 특별회계 외에도 정부가 사업운용상 필요한 경우 설치하여 예산과는 독립적으로 운용하는 것이 기금(fund)이다. 기금은 예산원칙의 일반적인 제약으로부터 벗어나 좀더 탄력적으로 운용할 수 있도록 특정 사업을 위해 보유 · 운용하는 특정 자금이라고 할 수 있다. 기금의 재원은 일반회계로부터의 지원, 한국은행 차입, 국채발행 등에 의하여 조달되고 있는데, 예산은 매년 계획을 세워 국회의 심의를 받아 의결된 다음에야 집행할 수 있는 반면에, 기금은 이러한 까다로운 과정을 흔히 거치지 않고 융통성 있게 운용된다. 〈그림 13-1〉에서 보는 바와 같이, 공기업기금으로 분류되는 조달기금과 공공금융부문으로 분류되는 네 기금을 제외한 나머지 정부기금을 중앙정부의 기타기금으로 분류한다.

지방정부 재정에는 지방자치단체의 일반회계와 특별회계가, 비금융공기업 재정에는 앞에서 설명한 4개 기업특별회계와 1개의 공기업기금인 조달기금이 각각 포함된다. 공공금융부문 재정에는 정부의 소유 · 관리하에 금융서비스를 제공하는 기능을 가진 외국환평형기금 · 재형저축기금 · 체신보험기금 · 농어가목돈마련저축장려기금의 4개 기금이 포함된다.

중앙정부와 지방정부를 합하여 일반정부라 하고, 일반정부와 비금융공기업을 합하면 비금융공공부문이 된다. 마지막으로 비금융공공부문과 공공금융부문을 합하면 공공부문이 된다.

13.1.2 세입과 세출

세입(총수입)은 크게 경상수입과 자본수입으로 나누어지는데, 경상수입은 다시 조세수입과 세외수입으로 나뉜다. 조세수입은 국민으로부터의 세금징수액이며, 세외수입은 조세 이외의 수입으로서 수수료 · 입장료 · 벌과금 등으로 얻는 수입을 말한다. 자본수입은 정부가 소유하는 토지 · 건물 등을 팔았을 때 얻는 수입이다. 세입 중 조세수입이 절대적으로 큰 비중을 차지한다.

우리나라의 조세는 과세대상에 따라 크게 소득세 및 이익세, 재산세, 재화 및 서비스세, 관세, 기타 등으로 분류할 수 있다. 소득세 및 이익세는 개인소득세 · 법인세와 같이 개인의 소득이나 법인의 이윤에 부과되는 세금이며, 재산세는 토지세 · 상속세 · 증여세와 같이 재산의 보유 · 이전에 대하여 부과하는 세금이다. 재화 및 서비스세는 부가가치세 · 특별소비세 · 주세와 같이 재화와 서비스의 매매 · 소비에 대하여 부과하는 세금이며, 관세는 수입품에 부과되는 세금이다. 방위세 · 교육세와 같이 특정 목적을 위해 부과되는 세금이 기타 항목에 포함된다. 이 중 재

표 13-1
우리나라의 재정현황
(단위: 10억 원)
자료: 통계청.

항목명	2005년	2006년	2007년	2008년	2009년	2010년
1. 세입	191,446	209,573	243,633	250,713	250,810	270,923
경상수입	190,165	208,091	241,693	248,809	248,278	268,540
조세수입	127,466	138,044	151,459	167,306	164,542	177,718
사회보장기여금	24,905	27,315	29,739	32,896	33,896	35,601
세외수입	37,794	42,733	50,495	48,607	49,840	55,221
자본수입	1,281	1,482	1,940	1,904	2,532	2,383
2. 총지출 및 순융자	186,557	203,585	206,584	234,854	268,431	254,231
경상지출	158,884	171,345	173,278	200,935	215,134	216,937
자본지출	24,648	26,493	26,199	28,439	35,248	34,209
순융자	3,024	5,746	7,107	5,480	18,049	3,084
3. 통합재정수지	4,890	5,989	37,049	15,860	−17,620	16,692
4. 보전재원	−4,890	−5,989	−37,049	−15,860	17,620	−16,692
국내	−717	−2,802	−33,016	−10,936	18,634	−15,885
해외	−2,783	−844	−805	−943	−1,014	−807

화 및 서비스세가 가장 큰 비중을 차지하고 있다.

정부는 세입의 대종을 이루는 조세를 이용하여 국민경제에 여러 가지로 바람직한 영향을 미치고자 한다. 이것이 앞에서 언급한 재정정책인바, 거시적으로는 경기가 과열되었을 때 세금을 더 많이 거두어들임으로써 경제가 안정될 수 있도록 한다. 반면, 경제가 침체되어 실업자가 늘어나고 기업의 생산이 부진할 때에는 세금을 적게 거두어들임으로써 가계나 기업이 더 많은 돈을 소비나 투자에 쓰도록 하여 경기회복을 꾀한다. 이를 안정화 정책이라 한다. 재정정책은 미시적으로도 영향을 미치는데, 소득수준이 낮은 사람에게는 세금부담을 줄이고 소득이 많은 사람에게는 세금부담을 누진시켜 소득격차를 줄이기도 하며, 특정 산업을 지원 · 육성할 필요가 있을 때에는 그 산업의 세금부담을 면제하거나 경감해 줌으로써 투자를 촉진시키기도 한다. 또 사치품의 소비를 억제할 필요가 있을 때에는 세금을 무겁게 부과하는 반면, 생활필수품에 대해서는 세금부담을 경감하여 서민생활을 보호하고 국민들의 건전한 소비를 유도하기도 한다.

세출을 경제적 성격에 따라 분류하면 경상지출 · 자본지출 ·

순대출로 나눌 수 있다. 경상지출은 공무원 봉급지급과 사무용품 구입 등을 포함한 정부소비지출, 정부가 차입한 채무에 대한 이자지급 및 이전지출 등으로 구성된다. 자본지출은 정부가 토지와 각종 자본재 등을 취득하는 데 따른 지출로서, 공기업의 기계설비 · 차량 · 건축물 등 각종 자본재를 구입하기 위한 자본지출은 정부투자지출이 된다. 순대출은 정부가 각종 기관에 빌려준 융자금에서 회수금을 뺀 것이다. 〈표 13-1〉에서와 같이 중앙정부 재정에서 경상지출이 세출의 2/3 이상을 차지하고 있다.

한편, 세출을 기능적 성격에 따라 분류하면 일반행정비 · 국방비 · 교육비 · 사회개발비 · 경제개발비 등의 항목으로 나누어진다. 정부가 기본적인 행정활동과 관련하여 지출하는 경비를 일반행정비라고 하는데, 국민들을 각종 범죄와 화재로부터 보호하여 평안한 생활을 할 수 있도록 하기 위한 경찰서 · 소방서 등의 설치 · 운영, 행정업무 처리를 위한 공무원의 고용 등과 관련된 비용이 여기에 속한다. 국방비는 국민들의 생명과 재산을 보호하기 위해 국군을 유지하고 방위산업을 육성하는 등의 일에 지출되는 경비이며, 교육비는 교육환경의 개선을 위하여 지출되는 경비이다. 사회개발비는 상하수도 시설확충, 환경오염 방지사업의 강화, 사회보장 및 복지, 주택 및 지역사회 개발 등을 위하여 지출되는 경비를 말하며, 도로와 항만, 공항과 같은 사회간접자본을 건설하고 자원을 개발하며 경제발전에 필요한 산업을 지원 · 육성하기 위한 각종 투자지출을 경제개발비라 한다. 이 밖에도 정부는 나라 전체의 균형적인 발전을 꾀하기 위하여 재정이 넉넉하지 못한 지방자치단체에 교부금을 지원하고 있다.

우리나라는 1960년대 이래 경제개발비 · 사회개발비 · 교육비 등의 증대가 주축이 되어 명목GDP의 증가세와 비슷하게 재정이 팽창되어 왔다. 그리하여 2003년 현재 중앙정부 세출에서 차지하는 경제개발비의 비중은 28%로 가장 높고, 다음으로 교육비 18%, 사회개발비 13%의 순서를 보이고 있다.

13.1.3 재정정책

세출에서 가장 큰 비중을 차지하고 생산 · 고용 · 소득에 직접 영향을 미치는 것은 정부소비지출과 투자지출인데, 정부소비지출과 투자지출이 합쳐져 정부지출을 구성한다. 제8장에서 설명한 GDP의 구성항목 중 G는 세출을 뜻하지만 세출에서 정부소비지출이 차지하는 비중이 크기 때문에 흔히 정부소비지출과 G를 동일시하기도 하며, 정부투자지출은 GDP 구성항목 중 I에 속한다. 한편, 세입에서 가장 큰 비중을 차지하고 생산 · 고용 · 소득에 직접 영향을 미치는 것은 조세수입인바, GDP의 직접적인 구성항목은 아니지만 T로 표기되는 부분은 원래는 세입을 뜻하지만 흔히 조세수입을 지칭하는 것으로 간주한다.

정부지출과 조세수입을 의도적으로 변경시키게 되는 재정정책(fiscal policy)의 최종목표로는 앞에서 설명한 바와 같이 물가안정, 완전고용(실업감소), 국제수지의 균형, 경제성장, 공정분배 등을 들 수 있는데, 이는 국민경제의 안정적 성장과 복지증대로 요약할 수 있다. 이러한 최종목표 중 물가안정, 실업감소, 국제수지의 균형은 단기적인 목표라 할 수 있는 반면, 경제성장과 공정분배는 단기간에는 해결하기 어려운 중장기적인 목표라 할 수 있다.

재정정책의 최종목표인 국민경제의 안정적 성장과 복지증대를 도모하기 위해서는 공급능력의 지속적인 확대와 더불어 확대되는 공급능력에 부응하는 수요 측면의 관리 · 조절이 필요하다. 단기적으로 경제의 공급능력은 크게 변하지 않기 때문에 공급능력의 확대에 의한 경제성장은 장기적인 목표라 할 수 있으며, 따라서 단기의 재정정책은 주어진 공급능력에 맞추어 수요 측면을 조절하는 총수요관리정책(aggregate demand management policy) 또는 안정화 정책(stabilization policy)의 성격을 가진다. 즉, 경기가 과열되었을 때는 정부지출을 감소시키고 세금을 더 많이 거두어들여 재정흑자를 지향함으로써 과열된 경기를 진정시키는 반면,

기업의 생산활동이 위축되고 실업자가 늘어나는 등 경기가 침체되면 세금을 적게 거두어들이고 정부지출을 늘려 재정적자를 냄으로써 가계의 소비와 기업의 투자를 촉진시켜 경기회복을 도모하는 것이 안정화 정책으로서의 재정정책이다.

재정정책은 불가피하게 재정흑자 또는 재정적자를 수반하기 때문에 예산의 제약을 받을 수밖에 없는데, 이 내용은 재정수지 적자가 발생하였을 때 이를 어떻게 충당하는가를 나타내는 〈표 13-1〉의 보전재원항목을 통해 확인할 수 있다. 정부의 예산제약식(government budget constraint)이라 불리는 다음의 식은 이 보전재원항목을 정리한 것이다.

> 세출(G)－세입(T)＝통화공급 증가＋국공채발행 증가
> ＋해외차입 증가

단, 통화공급 증가는 한국은행과 예금은행으로부터의 차입이 이루어질 때 나타나는 현상을 뜻한다.

해외차입이 무시된다면, 즉 국내경제만을 고려한다면 위 식은 재정적자는 통화공급이나 국공채발행을 통해 보전되어야 함을 보여 준다. 순수한 의미의 재정정책이란 통화공급의 변화를 초래하지 않는 정부지출이나 조세수입의 변화를 뜻하기 때문에 재정적자를 통화공급이 아닌 국공채발행의 증가로, 또는 재정흑자를 한국은행과 예금은행에 대한 차입금의 상환이 아닌 국공채발행의 감소로 해결하는 것이 재정정책이라 할 수 있다.

13.1.4 재정정책의 효과

정부지출은 총수요의 구성항목이므로 정부지출이 증감하면 총수요가 증감한다. 조세수입은 총수요의 직접적인 구성항목은 아니지만 총수요에 간접적으로 영향을 미친다. 예를 들

그림 13-2

총수요곡선의 오른쪽 이동

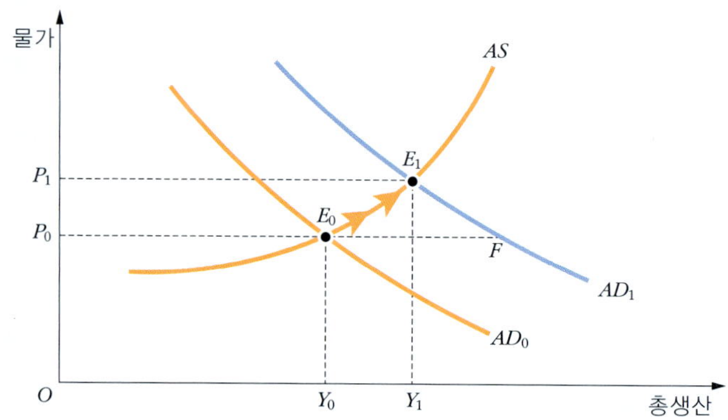

어, 개인의 소득세율을 낮추어 주면 종전보다 적은 세금을 내게 되므로 가계의 가처분소득이 증가함으로써 민간소비수요가 증가한다. 기업의 법인이윤에 대한 세금인 법인세의 세율을 낮추어 주면 배당과 투자재원이 늘어나 민간소비수요와 투자수요가 촉진된다. 법인이윤 중 투자하는 몫을 과세대상에서 공제해 준다면 기업의 투자수요가 촉진되어 총수요가 증가한다.

한편, 정부지출 증가 · 세금감면 · 세율인하 등의 확대재정정책을 실시하면 〈그림 13-2〉와 같이 총수요곡선이 오른쪽으로 이동하게 되어 총생산이 증가하고 고용이 늘어난다. 따라서 물가가 상승하는 부작용이 있기는 하지만 경기가 침체되어 있고 물가불안이 심각하지 않을 때에는 경기를 회복시키기 위해 확대재정정책을 펼 수 있다.

그리고 정부지출 축소 · 세금감면 축소 · 세율인상 등의 긴축재정정책을 실시하면 〈그림 13-3〉과 같이 총수요곡선이 왼쪽으로 이동하게 되어 물가가 하락한다. 따라서 총생산이 감소하고 실업이 증가하는 부작용이 있기는 하지만, 경기가 과열되고 물가불안이 심각할 경우에는 경기를 진정시키기 위하여 긴축재정정책을 펼 수 있다.

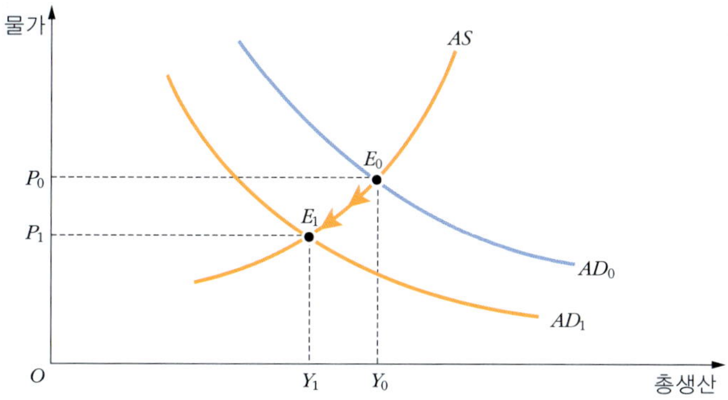

그림 13-3
총수요곡선의 왼쪽 이동

13.2 통화의 공급과 금융정책

13.2.1 통화공급함수

제10장에서 통화량은 중앙은행이 결정한 본원통화(B)에 통화승수 $1/\{c+r(1-c)\}$를 곱한 값으로 정해지며, 이러한 관계를 통화공급함수라 한다는 것을 살펴보았다.

$$M = \frac{1}{c+r(1-c)}B$$

여기서, c: 현금통화비율
r: 지급준비율

위 식에 따르면 시중에 돈이 얼마나 풀려 있는가는 본원통화(B), 지급준비율(r), 현금통화비율(c)이라는 세 가지 요인에 의해 결정된다. 즉, 한 나라의 통화공급은 본원통화가 클수록, 일반대중의 현금통화비율이 작을수록, 예금은행의 지급준비율이 작을수록 커진다.

본원통화(reserve)는 한국은행의 창구를 통하여 시중에 나온 현금이기 때문에 한국은행이 그 크기를 조절할 수 있다. 법정지급준비율(legal reserve ratio)과 초과지급준비율(excess reserve ratio)의 합인 지급준비율도 대체적으로 한국은행에 의해 조절될 수 있는 변수이다. 즉, 법정지급준비율은 한국은행이 결정하는 반면, 초과지급준비율은 예금은행의 관행에 일정 수준으로 주어지기 때문에 한국은행의 조절에 의해 지급준비율이 결정된다는 것이다. 마지막으로 현금통화비율의 크기는 사람들이 얼마나 현금통화를 보유하는가 하는 관습에 달려 있는데, 경제가 발달해 갈수록 점차 낮아지는 경향이 있지만 적어도 단기적으로는 크게 변하지 않는다.

위 식에 따르면, 통화량을 결정하는 나머지 요인들인 현금통화비율과 초과지급준비율이 적어도 단기적으로는 크게 변하지 않기 때문에, 한국은행은 법정지급준비율과 본원통화의 크기를 결정하면서 정확하지는 않지만 대체적으로 시중의 통화량을 조절할 수 있다는 것이다.

고성능화폐

돈에도 성능이 있는가? 고성능화폐란 앞서 제5장에서 설명한 통화승수와 관련된 용어이다. 즉, 본원통화를 늘리면 통화승수배만큼 통화량이 증가된다. 따라서 본원통화를 조금만 늘려도 통화량이 크게 늘어나니 성능이 좋다고 할 수밖에…

달리 표현하면 한국은행은 고성능화폐(high-powered money)인 본원통화를 직접 조절함으로써 또는 법정지급준비율을 변경시켜 통화승수를 바꿈으로써 시중의 통화량을 조절하게 되는데, 법정지급준비율을 수시로 변경시키는 경우가 흔하지 않기 때문에 한국은행은 본원통화의 크기를 조절함으써 통화공급량을 대체적으로 결정하게 된다.

이때 본원통화는 네 가지 경로를 통하여 공급된다.

첫째, 본원통화는 정부부문을 통하여 공급된다. 한국은행의 정부에 대한 대출이 커질수록, 정부의 한국은행에 대한 예금이 줄어들수록, 한국은행의 창구를 통하여 더 많은 현금이 빠져 나가므로 본원통화는 많이 공급된다. 앞에서 설명한 바와 같이, 재정적자가 커지는 경우 또는 재정흑자폭이 줄어드는 경우에 정부가 한국은행의 차입을 통해 재정적자를 충당하려 할 때 이와 같은 상황이 발생한다.

둘째, 본원통화는 예금은행을 통하여 공급된다. 예금은행이 은행의 은행인 중앙은행으로부터 대출을 많이 받을수록 본원통화는 그만큼 증가한다.

셋째, 본원통화는 해외부문을 통하여 공급된다. 재화와 서비스의 수출과 외국자본의 유치를 통해 외환이 국내에 유입될 때 한국은행이 외환관리 차원에서 외환을 매입하면 그 대금을 원화로 지급하기 때문에 본원통화가 증가한다. 반대로 상품수입과 해외투자에 필요한 외환을 한국은행이 매각하면 그 대금을 원화로 흡수하기 때문에 본원통화가 감소한다. 따라서 한국은행의 매입외환이 매각외환보다 많아지면 본원통화의 순증가가 발생한다.

넷째, 한국은행은 기타자산의 순증가를 통해 본원통화를 증가시킬 수 있다. 한국은행이 국공채와 같은 유가증권을 매입하거나 건물·시설 등을 구입하는 경우 본원통화가 증가하는 것이다.

13.2.2 금융정책

금융정책(monetary policy)은 통화(금융)당국이 통화량이나 이자율을 조절하여 국민경제의 안정적 성장을 실현하고자 하는 정책으로 통화정책·통화신용정책·통화금융정책이라고도 부른다. 금융정책의 체계는 일반적으로 최종목표·운용목표 그리고 수단의 세 가지 요소로 구성된다.

금융정책의 최종목표란 금융정책이 실현하고자 하는 국민경제상의 단기 및 장기목표로 물가안정·완전고용·국제수지 균형·경제성장·공정분배 등을 말하며, 이것들을 줄여서 흔히 국민경제의 안정적 성장이라 부른다.

금융정책의 운용목표는 금융정책의 최종목표를 달성하기 위하여 통화당국이 직접 영향을 미칠 수 있는 지표를 말하는데,

그림 13-4

금융정책의 파급경로

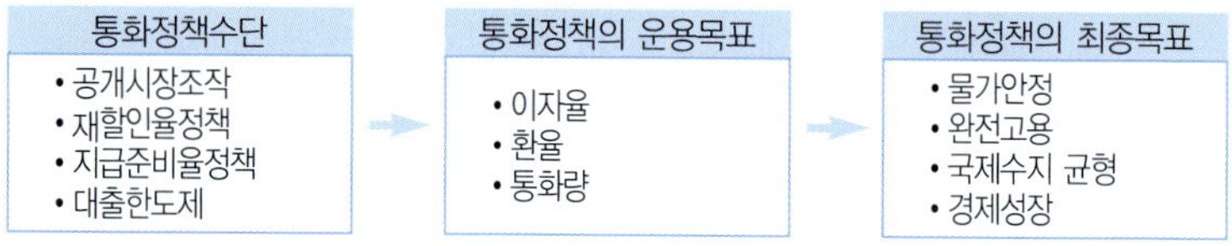

이에는 가격지표로서의 이자율, 수량지표로서의 통화량이 있다. 예를 들어, 물가안정을 금융정책의 최종목표로 설정하였을 경우 금융정책당국은 직접 물가를 조절할 수 없기 때문에 통화량을 조절함으로써 물가안정을 꾀하는데, 이 통화량이 금융정책의 운용목표가 되는 것이다.

금융정책의 수단이란 금융정책의 운용목표인 이자율과 통화량을 조절 · 통제하기 위하여 통화당국이 직접적으로 사용하는 정책도구를 말한다. 이에는 공개시장조작 · 재할인율정책 · 지급준비율정책 · 대출한도제 등이 있다.

결국 금융정책을 운용한다는 것은 통화당국이 금융정책수단을 사용하여 금융정책의 운용목표를 변화시킨 다음, 이 변화를 통하여 금융정책의 최종목표를 달성하고자 하는 것을 뜻한다. 이와 같은 일련의 과정을 금융정책의 파급경로라 한다.

통화안정증권

한국은행은 공개시장조작을 위해 통화안정증권을 발행한다. 통안증권은 문자 그대로 통화량 안정을 위해 한국은행이 발행하는 국채의 일종이다. 발행한도는 총통화의 50%이고 만기는 주로 14일, 91일, 364일이다. 한국은행은 통안증권을 발행하여 대부분 금융기관들로 하여금 매입하도록 하며, 금융기관들은 단기자금 운용수단으로 활용한다. 1980년대 물가안정이 매우 중요한 경제정책의 목표였을 때, 한국은행은 시중에 자금이 많이 풀려 물가불안이 야기되면 즉각 대규모의 통안증권을 발행하였고, 그 때마다 경제신문들은 이를 대서특필하고는 하였는데, 최근 들어서는 통안증권의 발행이라는 정책의 영향력이 크게 줄어, 이를 취급하는 기사의 크기도 비례적으로 작아졌다.

13.2.3 금융정책수단

금융정책수단은 크게 일반적 수단과 선별적 수단으로 구분한다. 일반적 수단이란 정책효과가 국민경제 전반에 미칠 수 있도록 고안된 수단인 반면, 선별적 정책수단이란 정책효과가 국민경제의 어떤 특정 부문에만 선별적으로 미치는 수단을 말한다.

일반적 정책수단은 한국은행이 통화량과 이자율을 조절하는 가장 기본적인 수단인데, 구체적으로는 공개시장조작 · 지급준비율정책 · 재할인율정책을 뜻한다. 이 중 공개시장조작(open market operation)이란 통화당국이 일상적으로 활용할 수 있는 통화

조절수단으로서 한국은행이 증권시장에서 국공채를 매입하거나 매각하여 통화량을 조절하는 것을 말한다. 한국은행이 국공채와 같은 유가증권을 매입하면 한국은행의 순기타자산과 본원통화가 증가하는데, 본원통화의 증가는 통화량을 증가시킨다. 반대로 한국은행이 국공채를 매각하면 본원통화가 감소하여 통화량이 감소한다.

공개시장조작은 이자율도 변화시킨다. 채권의 가격과 이자율은 서로 반대 방향으로 움직이기 때문에, 한국은행이 국공채를 매입하면 국공채에 대한 수요가 증가하여 국공채가격이 오르고 이자율이 하락한다. 반대로 한국은행이 국공채를 매각하면 국공채의 공급이 증가하여 국공채의 가격이 하락하고 이자율은 상승한다.

지급준비율정책이란 한국은행이 예금은행에게 강제시키는 법정지급준비율을 변경시킴으로써 통화량을 조절하는 것을 말한다. 한국은행이 법정지급준비율을 인상하면 예금은행의 지급준비율이 상승하고, 이는 통화승수를 작게 만들어 통화증가율을 감소시킨다. 반대로 한국은행이 법정지급준비율을 인하하면 통화승수가 커져 통화량이 증가한다.

재할인율정책이란 한국은행이 예금은행을 상대로 재할인율을 변동시켜 통화량을 조절하고 시중금리에 영향을 미치는 금융정책수단이다. 재할인(rediscount)이란 예금은행이 할인한 고객의 약속어음을 다시 한국은행에 제시하여 할인받고 자금을 차입하는 것을 말하며, 이 경우 한국은행이 예금은행에 대하여 적용하는 이자율을 재할인율 또는 공정할인율이라 부른다. 한국은행은 재할인율을 인상하거나 인하함으로써 통화량을 조절할 수 있는데, 예를 들어 재할인율을 인상하면 한국은행의 예금은행에 대한 대출이 감소함에 따라 본원통화가 축소되어 통화량이 감소한다. 반대로 재할인율이 인하되면 한국은행의 예금은행에 대한 대출이 증가하여 통화량이 증가한다.

우리나라는 자금의 만성적인 초과수요에 따라 재할인율의 변경에 의한 간접적인 통화량의 조절보다는 재할인비율의 변경이나 재할인한도 설정 등에 의한 직접적인 통화량의 조절에 주로 의존해 왔다. 재할인비율을 변경시킨다는 것은 예금은행이 할인한 상업어음을 전부 재할인해 주지 않고 일정 부분만을 할인해 주었는데, 그 할인해 주던 상업어음의 비율을 늘리거나 줄이는 것을 말한다. 재할인한도를 설정한다는 말은 각 은행마다 재할인해 주는 금액의 상한을 설정하여 그 상한 내에서 재할인해 준다는 것이다. 한국은행이 재할인율 · 재할인비율 · 재할인한도 등 재할인 관련사항을 변경시키면 예금은행에 대한 대출이 증감할 뿐만 아니라 예금은행의 대출금리도 영향을 받게 된다. 한국은행이 시중금리를 내리고 싶을 때는 공정할인율을 내리고, 시중금리를 높이고 싶을 때에는 공정할인율을 높인다.

일반적 정책수단이 통화나 이자율에 대한 간접규제수단인 데 비하여 선별적 정책수단은 직접규제수단이다. 일반적 정책수단만을 가지고는 충분한 통화량 조절의 효과를 기대할 수 없는 경우에 보다 직접적인 수단을 사용한다. 선별적 금융정책은 경제의 안정화를 위하여, 또는 국민경제의 어떤 특정 부문에 대한 자금의 공급을 촉진하기 위하여 이루어진다. 선진국이 일반적 정책수단을 사용하는 데 반하여 금융부문이 활성화되지 못한 개발도상국은 선별적 정책수단을 많이 사용한다. 선별적 정책수단 중 중요한 것으로는 대출한도제와 이자율규제가 있다. 대출한도제는 금융기관이 대출해 줄 수 있는 한도를 정하는 제도이다. 한국은행이나 예금은행이 국내에 제공하는 여신총액인 국내신용에 대하여 최고한도제를 운용하는 것이다. 이자율규제는 금융시장의 이자율을 규제함으로써 신용의 규모와 배분 그리고 통화량 등을 조절하고자 하는 정책을 말한다. 이자율규제는 은행의 예금이자율과 대출이자율에 상한을 설정하거나 통화당국이 이들 이자율수준을 직접 결정하는 방식을 취한다. 이 밖에도 선별적

정책수단에는 정책금융과 여신관리제도 등이 있다. 정책금융이란 수출산업 · 첨단산업 · 중소기업 등 국가가 중요하다고 판단하는 부문에 낮은 금리의 자금을 정책적으로 많이 배분하는 것을 말하는데, 통화량을 조절하는 목적보다는 특정 산업에 대한 지원을 목적으로 시행된다. 여신관리제도도 기업에 대한 은행의 대출이 원래의 의도대로 생산적으로 사용되도록 관리 · 감독하는 제도인데, 결과적으로 통화량에 영향을 미치게 된다.

> **정책금융**
> 정책금융은 정부가 금융기관으로 하여금 정책적으로 특정 분야나 대상에 대해 우선적이고 의무적으로 특혜적 성격의 대출을 하도록 하는 것을 말한다. 이른바 개발독재 시절, 주요 금융기관은 정부의 입김에서 자유로울 수 없었고, 이에 따라 정책금융이 전체 은행대출의 절반을 넘어서기도 하였다. 산업은행 · 수출입은행 등 특수은행을 통한 정책금융과, 관치에 의한 일반은행을 동원한 정책금융, 국민투자기금의 운용, 외자의 특혜적 배정 등이 정책금융의 전달경로였다. 당연한 결과로 끊임없는 특혜시비가 일었고, 관치금융이라는 말과 더불어 금융의 총체적 부실이라는 우리 경제의 중증의 원인이 되었다.

13.2.4 금융정책의 효과

중앙은행이 통화량이나 시중의 이자율을 변동시켜 총수요를 조절하고 경제를 안정시키고자 하는 정책이 금융정책임은 설명한 바 있다. 통화량은 총수요의 구성항목은 아니지만 총생산에 직접 · 간접으로 영향을 미치는데, 통화량이 총생산에 직접 영향을 미치는 경로는 교환방정식을 통해 설명할 수 있으며, 간접적으로 영향을 미치는 경로는 이자율의 총수요에 대한 영향을 통해 설명할 수 있다.

교환방정식

제8장에서 살펴본 바와 같이 명목국내총생산은 일정 기간 동안에 국내에서 생산된 모든 최종생산물의 시장가치인데, 물가수준(P)에 실질국내총생산(Y)을 곱한 것으로 정의된다. 명목국내총생산은 최종생산물의 총거래액으로도 생각할 수 있는데, 최종생산물의 총거래액만큼 경제주체들이 화폐로 지출하였음을 나타낸다. 이때의 총지출액은 통화량(M)에 화폐의 유통속도(V)를 곱한 것으로 표시할 수 있다. 화폐의 유통속도 또는 화폐의 소득유통속도란 일정 기간 동안에 생산된 모든 최종생산물이 시장에서 거래되는 데 화폐 1단위가 평균적으로 사용된 횟수로, V = 명목국내총생산/통화량으로 정의되며, 화폐의 포괄범위에 따라 M1,

M2, M3의 유통속도를 계산할 수 있다.

이와 같은 내용을 정리하면 다음과 같은 교환방정식이 성립하는데, 교환방정식은 항상 성립하는 항등식이다.

$$\text{명목국내총생산} = \text{물가수준}(P) \times \text{실질국내총생산}(Y) = \text{통화량}(M) \times \text{화폐의 유통속도}(V)$$

케인스(J. M. Keynes) 이전의 고전학파 경제학자들은 화폐의 유통속도가 일정하다고 생각하였다. 화폐의 유통속도는 소득지불방법, 금융기관의 발달 정도, 일반적인 화폐사용 습관 등에 의존하는데, 단기적으로 이것들이 쉽게 변하지 않기 때문에 현실적으로 화폐의 유통속도도 변하지 않는다는 것이었다.

케인스는 화폐의 유통속도가 일정한 것이 아니라 이자율에 의해 영향을 받는다고 주장하였다. 이자율은 1단위 화폐의 사용을 포기하는 대가이므로 이자율이 높아지면 화폐보다 정기예금이나 채권 같은 수익성 자산을 가지고 있는 것이 유리하다. 즉, 이자율이 높아지면 화폐보유의 기회비용이 커지기 때문에 사람들은 자기 수중에 화폐를 오래 보유하려 하지 않아 화폐의 유통속도가 빨라진다는 것이다. 반대로 이자율이 떨어지면 화폐보유의 기회비용이 작아져 사람들이 화폐를 빨리 처분할 유인을 가지지 않으므로 화폐의 유통속도가 낮아진다.

케인스가 지적한 것처럼 화폐의 유통속도는 이자율이 올라갈 때 증가하고 이자율이 떨어질 때 감소하는 경향이 있지만, 그 반응의 폭은 그리 크지 않고 상당히 안정적이다.

교환방정식을 통하여 통화량이 증가하면 실질총생산이 직접 증가하는 것을 설명할 수 있다. 통화량(M)이 증가하면 화폐의 유통속도(V)가 그리 크게 변하지 않으므로 총지출(MV)이 증가하며, 이에 따라 명목총생산(PY)이 증가한다. 통화가 늘어나면 교환방정식에 의해 명목총생산이 직접 증가하는 것이다. 명목총생산(PY)이 증가하면 단기에 물가(P)도 오르지만 실질총생산(Y)도 증가한다. 통화량이 늘어나면 사람들의 구매력이 늘어나므로 실질총생산에 대한 수요, 즉 총수요가 증가하는 것이다. 반대로 통화량이 감소하면 총수요가 감소한다.

통화와 이자율

이자율은 화폐보유를 포기한 대가이므로 이자율이 오르면 사람들은 가급적 적게 돈을 수중에 가지고자 하는 한편, 높은 이자소득을 바라고 정기예금을 하거나 채권을 사고자 한다. 즉, 이자율이 오르면 사람들이 기꺼이 보유하고자 하는 화폐량인 화폐수요가 감소하는 반면, 이자율이 내리면 보유하기를 원하는 화폐량이 증가한다. 따라서 〈그림 13-5〉에 보이는 바와 같이, 화폐에 대한 수요곡선은 화폐수요가 이자율과 음(−)의 관계를 가지기 때문에 우하향한다.

화폐공급, 즉 통화량은 앞에서 설명한 바와 같이 한국은행에 의해 결정되는 수준에서 고정된다. 따라서 통화량은 다른 경제변수, 특히 이자율에 의해 좌우되지 않는다. 일단 한국은행이 화

그림 13-5

화폐시장의 균형

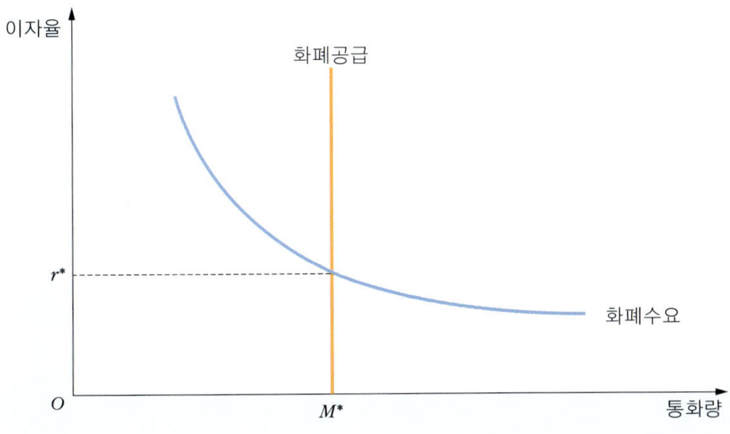

폐공급에 관한 정책을 결정하고 나면 통화량은 이자율과 관계없이 일정하다. 이처럼 통화량은 한국은행에 의해 고정되기 때문에 〈그림 13-5〉에서 화폐공급은 수직선으로 표시되어 있다.

point-13.1 기준금리

한국은행에는 금융통화위원회(금통위)라는 게 있다. 이는 통화신용의 운영관리에 관한 정책의 수립을 담당하기 위하여 설치된 합의제 정책결정기구이다. 한국은행권 발행에 관한 사항을 비롯하여 금융기관의 최저지급준비율, 한국은행의 금융기관에 대한 재할인, 기타 여신업무의 기준 및 이자율, 한국은행의 공개시장에서의 증권매매 및 통화안정증권 발행 · 상환 등에 관한 사항 등 통화신용정책과 관련된 주요 사안들을 심의 · 결정한다. 금통위가 결정하는 금융정책 가운데 최근 들어 그 영향력에 있어서 가장 주목을 받는 것이 기준금리의 결정이라고 할 수 있다. 콜금리는 금융기관들 사이에서 1~3일 정도의 극초단기로 돈을 빌리고 빌려 줄 때 적용하는 금리로, 단기실세금리의 대표라고 할 수 있다. 콜자금의 시장은 전체 금융시장의 상황을 비교적 민감하게 반영하기 때문에 콜금리에 대해서는 한국은행이 그 목표치를 정해서 조정한다. 우리가 언론에서 접하는 바와 같이 한국은행이 콜금리를 높였다거나 낮추었다는 말은 사실 콜금리의 '목표치'를 그렇게 하였다는 말이다. 이것이 바로 한국은행이 결정하는 기준금리이다. 한국은행은 그 동안 통안증권의 발행 등을 통해 통화량을 직접 조절하는 정책에 중점을 두어 왔으나, 경제규모가 커지면서 점차 금리를 조절하는 정책으로 금융정책의 중점을 옮겨 가는 것으로 볼 수 있다. 따라서 기준금리를 조절하는가의 여부가 매번 민간의 큰 관심거리로 되고 있다.

우리나라의 기준금리는 2008년 경기부진을 반영해 급속히 낮아져 왔으나 2010년부터 상향조정되었다(기준금리의 변동은 〈그림 13-6〉 참조).

그림 13-6

우리나라 기준금리의 변화
자료: 한국은행.

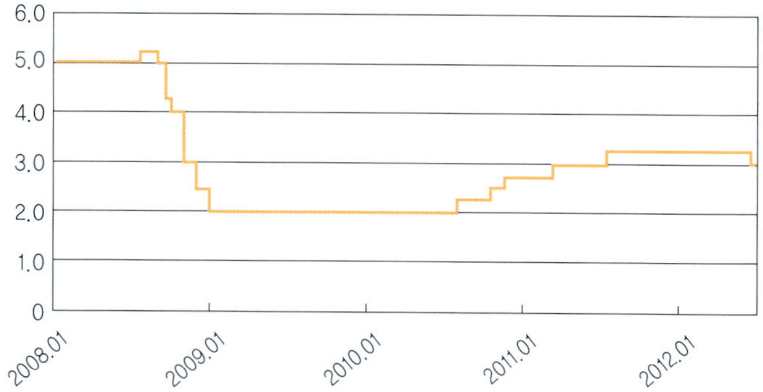

화폐시장에서도 여느 시장과 마찬가지로 수요와 공급의 원리가 작용하는데, 화폐의 수요곡선과 공급곡선이 교차하는 곳에서 시장균형이자율(r^*)이 결정된다. 통화당국이 화폐공급을 증가시키면 화폐공급곡선은 오른쪽으로 이동한다. 결과적으로 이전의 균형이자율 수준에서는 화폐의 초과공급이 발생하고, 이를 해소하기 위하여 이자율이 하락하게 된다. 이처럼 통화량이 늘어나면 이자율이 떨어지는 반면, 화폐공급을 줄이면 이자율이 올라간다.

이자율이 하락하면 소비수요와 투자수요가 늘어나 총수요가 증가한다. 따라서 화폐공급을 늘리면 이자율의 하락을 통하여 총수요가 증가하는 것이다. 이자율은 원래 가격변수이지만 이자율의 결정을 자유롭게 화폐시장에 맡겨 두지 않고 정책적으로 조정을 통하여 결정할 수 있다. 이 경우 이자율은 소비수요와 투자수요에 직접적으로 영향을 미치는 금융정책수단이 된다.

통화량을 증가시키거나 이자율을 인하시키는 정책을 확대금융정책이라 하며, 반대로 통화량을 감소시키거나 이자율을 인상시키는 정책을 긴축금융정책이라 한다. 경기침체시에는 확대금융정책, 경기과열시에는 긴축금융정책을 각각 사용할 수 있다.

13.3 재정정책 및 금융정책과 이자율

확대재정정책과 확대금융정책은 모두 총수요곡선을 오른쪽으로 이동시켜 물가를 상승시키지만 총생산을 증가시킨다는 것을 살펴보았다. 또한 긴축재정정책과 긴축금융정책은 모두 총수요곡선을 왼쪽으로 이동시켜 총생산을 감소시키지만 물가를 안정시킨다는 것도 살펴보았다. 그렇다면 재정정책과 금융정책의 효과는 동일한가?

재정정책과 금융정책은 이자율에 미치는 효과가 서로 다르다. 확대금융정책은 앞에서 살펴본 바와 같이 이자율을 인하시키지만, 확대재정정책은 이자율을 인상시킨다.

정부가 재정정책이나 금융정책을 사용할 때 재원조달면에서 아무런 제약이 없지는 않다. 정부도 가계와 마찬가지로 예산의 제약을 받기는 마찬가지이다. 앞에서 설명한 바와 같이, 해외차입을 무시한다면 정부는 다음과 같은 예산제약식의 제약을 받는다.

정부지출(G)=세금(T)+통화공급 증가+국공채발행 증가

위 식은 재정적자가 발생할 경우에는 화폐를 더 발행하든지 국공채를 더 발행하여 부족한 자금을 조달해야 한다는 것을 보여 주고 있다. 반대로 재정흑자일 경우에는 그 흑자액이 통화공급의 축소나 국공채의 상환으로 쓰일 수 있음도 보여 준다.

확대재정정책은 G를 증가시키거나 T를 감소시키므로 $G-T$를 종전보다 증가시킨다. 이 증가분을 국공채발행의 증가로 보전하는 것이 확대재정정책이다. 즉, 순수한 의미의 확대재정정책은 통화량의 변동을 초래하지 않고 '$G-T$=국공채발행 증가'의 관계를 만족시키면서 양 변의 값을 증가시키는 것이다. 국공채의 추가발행으로 재원을 조달하여 다시 정부지출로 방출하기 때문에 통화량의 변동은 없게 된다.

국공채가 거래되는 시장에서 국공채의 추가발행은 〈그림 13-7〉에 보이는 바와 같이 국공채의 공급곡선을 오른쪽으로 이동시키고, 결과적으로 국공채가격을 하락시킴과 동시에 국공채 거래량을 증가시킨다. 이때 국공채가격의 하락은 이자율의 상승을 의미한다.

확대재정정책이 이자율의 상승을 초래하여 민간소비와 투자활동을 위축시키는 효과를 구축효과(crowding-out effect)라 하는

구축효과

구축(驅逐)효과는 몰아서 쫓아 낸다는 뜻의 비교적 어려운 한자말이다. 그런데 영어의 crowding-out은 빽빽한 콩나물시루 안에 콩나물을 추가로 계속 밀어 넣게 되면 다른 쪽 어딘가에서 콩나물이 밀려나가게 되는 것과 같은 상황을 말한다. 정부지출이 늘면 금리가 오르고 민간투자가 줄어들게 되어 전체적으로 GDP가 변함이 없게 되는데, 변함 없는 GDP에 정부지출이 밀고 들어오니 마치 민간투자가 밀려나는 것과 같은 상황을 표현한 용어라고 할 수 있다.

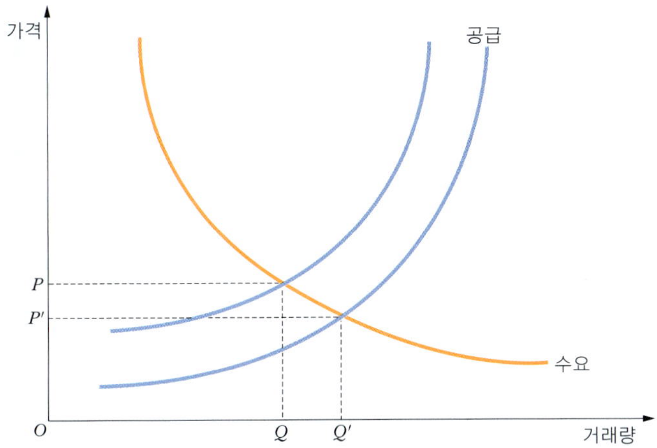

그림 13-7

국공채시장의 균형

데, 재정정책은 표방하는 목표와 상충되는 요소를 그 자체 안에 가지고 있다는 것을 구축효과는 보여 준다. 침체된 경기를 부양시키기 위해 정부가 확대재정정책을 펴면, 이자율이 상승하여 민간의 소비와 투자활동이 위축된다. 반대로 과열된 경기를 진정시키기 위하여 긴축재정정책을 펴면, 이자율이 하락하여 민간의 소비와 투자활동을 오히려 촉진시킨다.

금융정책은 재정정책과 같은 자가당착적인 메커니즘을 내포하고 있지는 않다. G와 T가 변동하지 않으며, 국공채 잔고의 변동을 통하여 통화량을 변동시킬 따름이다. 통화당국이 공개시장조작을 통해 국공채를 매입하면 매입대금만큼 통화량이 증가하고 국공채 잔고는 감소한다. 국공채의 매입은 국공채 수요곡선을 오른쪽으로 이동시켜 국공채가격을 상승시킨다. 이것이 이자율의 하락과 같다는 것은 이미 앞에서 설명한 바와 같다.

그러나 재정정책이 자가당착적인 메커니즘을 갖고 있는 반면, 금융정책은 그렇지 않다는 사실이 금융정책이 재정정책에 비하여 수요곡선을 이동시키는 데 보다 효과적이라는 것을 의미하지는 않는다. 재정정책과 금융정책이 총수요에 미치는 영향은 통화량의 변동이 이자율을 얼마나 변화시키는가와 이자율의 변동이 소비수요와 투자수요에 얼마나 영향을 미치는가를 나타내는 이자율의 화폐공급에 대한 탄력성, 소비 및 투자수요의 이자율 탄력성 등에 의해 결정되기 때문이다. 실제로 정부의 개입을 옹호하는 케인스학파의 경제학자들은 재정정책이 보다 효과가 있다고 주장하는 반면, 정부의 개입을 반대하는 고전학파 계통의 경제학자들은 금융정책이 훨씬 영향력이 있다고 주장한다. 물론 고전학파 계통의 경제학자들은 정부의 시장개입을 반대하기 때문에 금융정책을 사용할 것을 주장하지는 않는다.

13.4 경제정책과 관련한 몇 가지 이슈

13.4.1 정책의 시차문제

정부에서 경제정책을 시행하면 그 효과가 바로 나타나는 것이 아니다. 정부가 정책의 필요성을 인식하여 정책을 시행하고자 한 시기와 그 결과가 나타나는 시기까지의 차이를 정책시차라고 한다. 정책시차는 크게 내부시차와 외부시차로 구분할 수 있다.

내부시차는 정책의 필요성을 인식하고 이를 구체적인 정책으로 입안하여 시행을 결정하는 데 필요한 시간을 의미한다. 외부시차는 정책을 시행하고 나서 그 효과가 나타날 때까지 걸리는 시간을 의미한다. 일반적으로 금융정책은 중앙은행에서, 재정정책은 재정경제부와 같은 행정부서에서 결정하여 시행한다. 금융정책은 중앙은행의 판단에 따라 통화공급을 조정하거나 금리를 조정하는 정책이므로 내부시차는 비교적 짧은 반면에, 이러한 정책을 시행한 후 구체적인 결과가 나오는 데 상당한 시간이 걸려 외부시차가 긴 것으로 간주된다. 반면, 재정정책은 정부의 지출이나 조세를 조정하는 것으로, 이는 세입 · 세출과 관련된 내용이 많아 각 부처의 이해관계가 얽혀 있고, 또한 국회 등의 동의를 필요로 하기 때문에 대체로 내부시차가 긴 것으로 평가된다. 재정정책의 경우 정책이 일단 결정되면 직접 시중에 돈을 풀거나(정부지출의 확대), 조세감면을 통해 시중에서 가용할 수 있는 자금을 늘려 주는 등의 정책이므로 그 효과는 비교적 단시일 내에 나타날 수 있다. 즉, 재정정책의 외부시차는 상대적으로 짧다는 것이다.

정부에서 경제정책을 쓸 때에는 이와 같은 정책의 시차문제를 잘 고려하여야 한다. 경기가 과열양상을 보여 경기진정책을 시행하였는데 그 효과가 경기침체기에 나타나 경제를 더욱 어렵게 만들거나, 경기회복을 위해 경기진작책을 썼는데 그 효과가 호황기에 나타나게 되면 경기과열이 심화됨으로써 여러 가지 의도하지 않은 부작용이 생길 수 있다.

13.4.2 정책무력성 명제

정책무력성(policy ineffectiveness)의 명제는 주로 고전파 경제학자들이 주장하는 합리적 기대가설(rational expectation hypothesis)에 근거하고 있다. 합리적 기대가설의 기본 가정은, 첫째 각 경제주체들은 필요한 모든 정보를 입수할 수 있고, 이들 정보를 효과적으로 사용함으로써 체계적 오류를 지속적으로 범하지 않는다는 것이다. 둘째, 모든 시장은 즉각적으로 청산되어 불균형이 발생하여도 곧바로 균형이 회복된다는 것이다. 이렇게 되면 정부가 어떤 정책적 필요성에 의해 앞으로 어떤 정책을 시행할 것이라고 공표하는 경우, 시장참여자들은 이러한 정보를 즉각 자신의 경제행위에 반영함으로써 정작 정책이 시행되었을 때에는 그와 같은 정책의 필요성이나 효과가 사라지게 된다는 것이다. 따라서 정책무력성의 명제를 신봉하는 고전파 경제학자들은 정부가 정책의 효과를 얻기 위해서는 경제주체들이 예상할 수 없는 상황에서 정책을 시행할 때에만 효과를 얻을 수 있다고 주장한다.

샤워장의 바보

섣부른 개입이 경제를 오히려 더 불안하게 만들 수도 있다. 프리드먼(M. Friedman)은 '샤워장의 바보'라는 비유를 들어 정부개입이 긁어 부스럼을 만들 수 있음을 경고하였다. 샤워꼭지를 처음 틀 때에는 으레 찬물이 나오기 마련이다. 사리가 있는 사람은 조금 지나면 따뜻한 물이 나올 것을 알고 기다린다. 반면에 찬물에 기겁해 온도를 높이려고 샤워꼭지를 힘껏 왼쪽으로 돌리는 사람도 있다. 물이 너무 뜨거워지자 그는 이제 샤워꼭지를 힘껏 오른쪽으로 돌린다. 이렇게 샤워꼭지를 이리저리 틀다 보면 찬물, 뜨거운 물의 세례를 피할 수 없다. 정책효과가 나타나려면 일정 기간의 시차가 필요한데, 이를 무시하고 부양책과 안정책을 조급하게 반복하면 경제가 안정될 틈도 없이 요동치게 된다는 비유다(「이창용의 경제읽기」, 한국경제신문, 2001년 10월 23일자).

13.4.3 준칙 vs. 재량

경제정책에 있어서 준칙(rule) 대 재량(discretion)의 문제는 앞서 설명한 정책시차의 문제나 정책무력성의 명제와 관련하여 거시경제학의 두 조류가 갖는 입장의 차이에서 발생한다.

고전파 경제학자들은 경제 내의 불확실성 때문에 발생하는 정책의 시차문제가 경제상황을 더욱 어렵게 만들 뿐 아니라, 정책 자체가 합리적으로 판단하는 경제주체들에 의해 그 효과를 볼 수 없기 때문에 정부가 임의적 판단에 따라 정책을 시행하는 것을 반대한다. 이들은 따라서 재정정책이든 금융정책이든 일정한 준칙을 정해 놓고 일관성 있게 정책을 시행하는 것이 결과적으로 경제의 변동에 효과적으로 대처하는 것이라고 주장한다.

그러나 케인스학파 경제학자들은 경기변동이 발생하여 시장상황이 악화되거나 과열되는 양상은 일종의 시장실패현상으로 볼 수 있고, 따라서 정부가 적극적으로 개입하여 정책적으로 이와 같은 시장실패에 대처해야 한다고 주장한다. 따라서 정부의 판단에 따라 재량적으로 정책을 시행하는 것이 바람직하다는 것이다.

이들 두 학파의 주장은 사실 보다 근본적인 경제이론적 차이에서 발생한다. 고전파 경제학자들은 총공급곡선이 사실상 수직선에 가깝다고 보는 반면, 케인스학파 경제학자들은 총공급곡선이 우상향하는 기울기를 갖는다고 본다. 따라서 고전파 경제학자들은 총수요곡선을 이동시키는 정책을 써 봐야 GDP가 증대되기 어렵다는 것이다. 결국 총공급곡선을 이동시킴으로써 경제 내의 생산능력을 향상시키는 데 정책의 초점이 맞추어져야 된다고 보는 것이다. 이러한 총공급곡선을 이동시키려는 정책은 단기적으로 몇 가지 정책수단을 활용한다고 되는 것이 아니라는 것이다. 반면, 케인지언의 세계에서는 총수요곡선이 이동함으로써(총공급곡선이 양의 기울기를 가지기 때문에) GDP의 증대가 얼마든지 가능하다는 것이다. 따라서 총수요곡선을 이동시킬 수 있는 경제안정화 정책이 효과가 있고, 이러한 정책은 정부가 정책의 필요성과 그 시기에 대해 적절한 판단을 통해 시행될 때 효과를 극대화할 수 있다는 것이다.

정책의 시행과 관련하여 이들 두 학파의 견해에 대해 어느 이론이 옳다고 일률적으로 판단하기는 어렵다. 실제로 정부에서 정책을 시행하는 경우, 경제의 구조나 경기상황 등에 따라 준칙을 따를 것인지, 정부의 재량을 따를 것인지가 결정되어야 할 것이다. 그래서 정책은 늘 성공하지 못하고 또한 어려운 일인지도 모르겠다.

더 찾고 생각해 보기

1. 한국은행이 시중의 금리를 조정하기 위해 콜금리 목표치를 변동시키는 것과 마찬가지로 미국의 중앙은행인 연방준비제도이사회(FRB)는 연방기금 금리(Federal Fund Rate)의 목표치를 조정한다. 최근 FRB는 연방기금 금리의 목표치를 4%까지 끌어올렸다. FRB가 이러한 정책을 시행하게 된 경제적 배경과, 미국의 금리인상이 우리 경제에 미치는 영향에 대해 분석해 보자.

앨런 그린스펀 FRB 의장

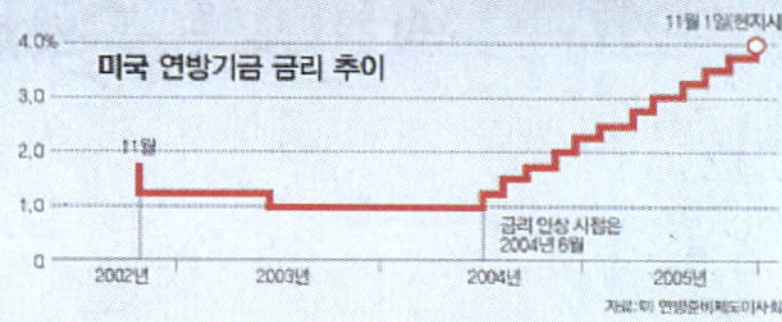

美금리 인상… '콜금리 인상' 커지는 압력

양국금리차 0.5%P로 확대
"금통위 또 인상가능성 적어"

미국 연방준비제도이사회(FRB)는 1일(현지 시간) 연방공개시장위원회(FOMC) 정례회의에서 연방기금 금리를 4.0%로 0.25%포인트 인상했다.

미국의 연방기금 금리는 이로써 2001년 6월 이후 가장 높아졌다.

미국의 금리 인상으로 최근 한국은행 금융통화위원회가 금리를 인상하면서 0.25%포인트로 좁혀졌던 한국과 미국의 정책금리 차이는 다시 0.5%포인트로 벌어졌다.

FRB는 이날 금리를 인상하면서 물가안정 유지를 위해 필요한 조치를 할 것이라고 밝혀 앞으로 금리를 추가로 올릴 가능성을 강하게 시사했다.

FRB는 2004년 6월 금리를 0.25%포인트 올린 이후 이번까지 12차례나 연속해 금리를 인상했다.

앨런 그린스펀 FRB 의장 주재로 열린 이날 FOMC 회의에서는 지난번 회의 때 일부 위원이 허리케인 피해 상황을 지켜보자며 금리 인상에 반대한 것과는 달리 만장일치로 인상을 결정했다.

내년 1월 말로 퇴임하는 그린스펀 의장은 앞으로 2차례 더 금리를 인상할 가능성이 있는 것으로 전문가들은 관측했다.

한편 미국의 금리 인상은 이날 한국 금융시장에는 큰 영향을 미치지 않았다. 금리 인상이 어느 정도 예상됐던 결과라 이미 시장에 반영됐다는 분석이다.

다만 한미 양국 간 정책금리 차이가 벌어지면서 콜금리 인상에 대한 압력이 앞으로 높아질 것으로 보인다. 정책금리 격차가 벌어지면 시장금리에 영향을 미쳐 자본 이탈 등의 부작용이 우려되기 때문이다.

한은 금통위는 지난달 11일 3년 5개월 만에 콜금리를 연 3.25%에서 3.50%로 0.25%포인트 인상했다.

LG경제연구원 신민영 연구위원은 "미국의 금리 인상이 콜금리 결정에 다소 영향을 주겠지만 연말을 앞둔 상황에서 금통위가 연달아 두 차례 콜금리를 인상할 가능성은 적어 보인다"며 "최근 경기지표가 다소 나아지고 있다고 해도 질적으로 나아지고 있는지는 조금 더 두고 봐야 한다"고 지적했다.

벤 버냉키 FRB 의장 내정자가 상원 인준을 통과해 내년 2월부터 새 의장으로 취임하면 FRB가 지금과 같은 금리 인상 기조를 유지할지에 관심이 모아지고 있다.

일각에서는 버냉키 내정자가 지금까지 인플레이션에 대해서는 다소 유화적이고 오히려 성장을 중시하는 점에 비춰 그린스펀 의장이 주도한 금리 인상 기조가 다소 완화될 것이라는 분석도 내놓고 있다.

그러나 버냉키 내정자가 "그린스펀 의장 체제의 정책기조를 유지하겠다"고 공개적으로 밝힌 점에 비춰 정책 변경 가능성은 낮다는 전망도 나온다.

뉴욕=공종식 특파원 kong@donga.com
홍석민 기자 smhong@donga.com

동아일보, 2005. 11. 3

2. 최근의 언론보도 가운데 정부가 경기회복을 위해서 시행하는 정책에 어떤 것들이 있는지 찾아보자. 이들 정책을 재정정책과 금융정책으로 구분하여 어떤 경우에 어떤 정책을 시행하였는지 분석해 보자. 또한 경제정책을 둘러싼 정치적 논쟁을 경제이론에 근거해 비판적으로 검토해 보자.

3. 흔히 정부의 경제정책은 정치변동과 상당히 맞물려 있다는 주장이 있다. 미국의 경우 대통령의 임기인 4년을 주기로 경기변동이 발생한다는 주장이 있을 정도다. 우리나라에서 그 동안 있었던 대통령 및 국회의원 선거와 주요 정책, 그리고 경기동행지수의 변동을 분석해 보자.

참고문헌

〈단행본〉

김양렬 · 민충기, 『경제경영통계학』, 명경사, 2005.
맨큐, N. G., 『거시경제학』 5판, 시그마프레스, 2003.
부크홀츠, T. G., 『유쾌한 경제학』, 김영사, 1996.
안국신, 『경제학 길잡이』, 율곡출판사, 2004.
오완근 · 백웅기, 『디지털경제와 경기변동』, 정보통신정책연구원, 2004.
이준구, 『미시경제학』 4판, 법문사, 2004.
조순 · 정운찬 · 전성인, 『경제학원론』, 율곡출판사, 2003.
테일러, J. B., 『테일러 경제학』, 시그마프레스, 2004.
한국개발연구원 경제정보센터, 『나라경제』, 각 호.
Baumol, W. and A. Blinder, *Economics: Principles and Policy*, Thomson/South Western, 1985
Mankiw. N. G., *Principles of Economics*, 3rd ed., International Student Edition; Thompson, 2004.
McConnell, C. R and S. L. Brue, *Economics*, 17th ed., McGraw-Hill, 2006.
The Economist, London; The Economist Newspaper, Ltd., 각 호.
Varian, H. R.. *Intermediate Microeconomics; A Modern Approach*, 6th ed., Norton, 2003.

〈일간지〉

동아일보, 각 호.
중앙일보, 각 호.
한겨레신문, 각 호.
한국경제신문, 각 호.

〈참고 Website〉

통계청(http://www.nso.go.kr)
한국은행(http://www.bok.or.kr)
한국개발연구원 경제정보센터(http://epic.kdi.re.kr)
삼성경제연구소(http://www.seri.org)
LG경제연구원(http://www.lgeri.com)
U.S. Bureau of Economic Analysis(http//www.bea/gov)

찾아보기

ㅇ

ㅈ